U0617947

**权威·前沿·原创**

皮书系列为
"十二五""十三五"国家重点图书出版规划项目

上饶蓝皮书

**BLUE BOOK** OF
SHANGRAO

# 上饶发展报告
# （2017~2018）

ANNUAL REPORT ON THE DEVELOPMENT OF SHANGRAO
(2017-2018)

主　编／雷　平
副主编／姜　斌

社会科学文献出版社
SOCIAL SCIENCES ACADEMIC PRESS（CHINA）

图书在版编目（CIP）数据

上饶发展报告. 2017~2018 / 雷平主编. -- 北京：
社会科学文献出版社，2019.7
（上饶蓝皮书）
ISBN 978-7-5201-4977-8

Ⅰ.①上… Ⅱ.①雷… Ⅲ.①区域经济发展-研究报
告-上饶-2017-2018②社会发展-研究报告-上饶-
2017-2018 Ⅳ.①F127.563

中国版本图书馆 CIP 数据核字（2019）第 104826 号

上饶蓝皮书
上饶发展报告（2017~2018）

主　　编 / 雷　平
副 主 编 / 姜　斌

出 版 人 / 谢寿光
责任编辑 / 杨　阳　马云馨

出　　版 / 社会科学文献出版社·群学出版分社（010）59366453
　　　　　 地址：北京市北三环中路甲 29 号院华龙大厦　邮编：100029
　　　　　 网址：www.ssap.com.cn
发　　行 / 市场营销中心（010）59367081　59367083
印　　装 / 三河市龙林印务有限公司

规　　格 / 开本：787mm×1092mm　1/16
　　　　　 印张：27.75　字数：460 千字
版　　次 / 2019 年 7 月第 1 版　2019 年 7 月第 1 次印刷
书　　号 / ISBN 978-7-5201-4977-8
定　　价 / 158.00 元

皮书序列号 / PSN B-2014-377-1/1

本书如有印装质量问题，请与读者服务中心（010-59367028）联系

# "上饶蓝皮书"编委会

主　　任　谢来发

副 主 任　雷　平

主　　编　雷　平

副 主 编　姜　斌

编　　审　（按姓氏笔画为序）

王忠毅　毛传荣　叶震春　危　岩　李荣良

吴云飞　吴　华　吴树俭　何党生　余接成

张　平　陈长智　陈文宏　陈　敏　邵小亭

周荣华　郑小明　郑华森　孙亚非　胡心田

胡建中　胡　斌　郭　峰　徐建波　徐树斌

黄胜富　龚汉城　彭民坚　彭辉鸿　程　文

傅福泉　潘　琍

编　　辑　闫淼淼　缪振飞　郑佩琼　周景莲

# 主要编撰者简介

**谢来发**　工学博士学位（在职），教授级高级工程师。现任中共上饶市委副书记、市政府市长，长期致力于经济社会实践和理论研究，政策理论水平较高，对城市经济地位、城市发展、县域经济研究均有独到的见解。在国家级、省级期刊发表《两岸经济合作三前提》《工程项目招标投标存在的突出问题与防控对策研究》《吹响高速公路发展"三个号角"》等论文。

**雷　平**　现任中共上饶市委常委、市政府副市长。

**姜　斌**　上饶市社会科学联合会暨江西省社会科学院上饶分院主席、党组书记，高级经济师。

# 摘　要

本书是由中国社会科学院与上饶市人民政府合作编研推出的上饶蓝皮书，由来自政府机构的相关研究人员共同撰写而成，全书由总报告、部门篇、属县篇三大部分组成。

总报告指出，2018 年是贯彻党的十九大精神的开局之年。一年来，在江西省委、省政府的坚强领导下，上饶市坚持以习近平新时代中国特色社会主义思想为指导，深入实施江西省委"创新引领、改革攻坚、开放提升、绿色崛起、担当实干、兴赣富民"工作方针，始终坚定信仰、信念、信心，以时不我待、只争朝夕的紧迫感，以逆水行舟、滚石上山的精气神，以踏石留印、抓铁有痕的好作风，主动担当，稳扎稳打，不断加快"决胜全面小康、打造大美上饶"进程，以优异成绩庆祝新中国成立 70 周年。

部门篇以上饶市"十三五"规划纲要为依据，从解决经济社会发展的突出矛盾和问题入手，研究了党的十九大以来上饶市综合、工交、城建、商金、涉外、旅游、农林水、科教、文卫等市直相关部门及有关单位今后发展的战略重点、发展措施、重大布局等，并做出相应的政策安排。

属县篇以上饶市县（市、区）、上饶经济技术开发区、三清山风景名胜区管委会、上饶高铁经济试验区管委会"十三五"规划纲要为依据，从本地实际情况出发，科学分析十九大以来经济社会发展现状与存在的问题，明确今后发展的战略重点、发展措施、重大布局等，并提出相应的对策。

本书的创新之处在于，在研究过程中以上饶市委、市政府确定的"十三五"规划纲要为依据，以全面做好全市经济社会发展工作为重点，把握发展成果惠及全体人民的根本目标，力求通过数据分析、个案比较、理论假设与实证等进行研究，并关注城市定位与经济发展转变之间的关系，从而积极寻求对策。理论的研究更具有可操作性与实证检验性，使研究的各个要素能充分、全面、客观、有机地串联起来。

# Abstract

Blue Book of Shangrao is jointly compiled by the Chinese Academy of Social Sciences and the Shangrao Municipal People's Government, and is co-authored by researchers from different government agencies. This book consists of three parts: General Report, Divisons Reports and Counties Reports.

The General Report points out that 2018 is the beginning year of the implementation of the spirit of the 19th session of national congress of the Communist Party of China. Over the past year, under the strong leadership of Jiangxi Provincial Committee of the Communist Party of China (the Provincial Committee for short) and Jiangxi Provincial People's Government (the Provincial Government for short), Shangrao adhered to the Xi Jinping Thought on Socialism with Chinese Characteristics for a New Era; and deeply implemented the Provincial Committee's working principles of "innovation-leading, reform-tackling, opening-up and promotion, green rise, practical work, enriching Jiangxi and its people"; being firm in the faith, belief and confidence, with a sense of urgency of not waiting for the time but fighting for the night, and upholding the spirit of sailing boat against the river and rolling stone up to the mountain, with the practical work style of stepping on stones and scratching iron with marks, took the responsibility initiatively, steadily, and constantly speeded up the process of "winning a well-off society in an all-round way and building a beautiful Shangrao" to celebrate the 70th anniversary of the establishment of new China with outstanding achievements.

The part of Divisons Reports, based on the 13th Five-Year Plan Outline of Shangrao City, and with purpose of solving the prominent contradictions and problems in economic and social development, consists of studies including strategic priorities, development measures, significant deployments and policy arrangements of relevant departments and units directly related to Shangrao City since the 19th session of national congress of the communist party of China, which are sections of integrated management, industry and transportation, urban construction, commerce and finance, tourism, management of agriculture, forestry and water, science and education, culture and health etc.

The part of Counties Reports, based on the 13th Five-Year Plan Outline of Shangrao City and its subordinate counties (cities, districts), Shangrao Economic and Technological Development Zone, Sanqingshan Scenic Area Management Committee and Management Committee of Shangrao High-speed Railway Economic Test Zone, and based on local realities as well, consists of county analysis from perspectives of economic and social development status and existing problems since the 19th session of national congress of the Communist Party of China, which have clarified the strategic focus, development measures, significant deployments and countermeasures for the future county development.

The innovation of this book lies in that, based on the 13th Five-Year Plan Outline decided by the Shangrao Municipal Committee of the Communist Party of China and the Shangrao Municipal People's Government, with the focus on the overall economic and social development of Shangrao city, with the fundamental goal of benefiting all the people from the development results, paying attention to the relationship between city positioning and economic development transition, in order to seek positive countermeasures as well, through methods of data analysis, case comparison, theoretical assumption and empirical study, the whole research has fully, comprehensively, objectively and organically linked various elements in a systematic whole, which makes theoretical research more operable and empirical.

# 乘风破浪　砥砺奋进　以优异成绩
# 庆祝新中国成立70周年（前言）

中共上饶市委书记　马承祖

2018 年是贯彻党的十九大精神的开局之年。一年来，在江西省委、省政府的坚强领导下，上饶市坚持以习近平新时代中国特色社会主义思想为指导，深入实施省委"创新引领、改革攻坚、开放提升、绿色崛起、担当实干、兴赣富民"工作方针，始终坚定信仰、信念、信心，以时不我待、只争朝夕的紧迫感，以逆水行舟、滚石上山的精气神，以踏石留印、抓铁有痕的好作风，主动担当，稳扎稳打，不断加快"决胜全面小康、打造大美上饶"进程，以优异成绩庆祝新中国成立 70 周年。

## 一　高质量跨越式发展成为全市最鲜明的主旋律

在经济下行压力较大的情况下，上饶市全面超额完成主要经济指标任务，能够交出一份比较漂亮的"成绩单"。预计 GDP 增长 8.8%，财政总收入增长 10.3%，规模以上工业增加值增长 9.0%，固定资产投资增长 11.3%，社会消费品零售总额增长 11.2%，城镇和农村居民人均可支配收入分别增长 8.8% 和 9.7%，主要经济指标增速保持全省"第一方阵"。更为可喜的是，一些结构性指标表现抢眼，经济发展质量明显提升。前三季度，第三产业占比 44.6%，较上年提高 2 个百分点。1 ~ 11 月，存贷比达 73.8%，比年初提高 5.1 个百分点；工业企业效益良好，工业增值税增幅超过 20%。全年税占比达到 78.3%，较上年同期提高 1.7 个百分点。

### （一）坚持在学懂、弄通、做实上下工夫

学习贯彻习近平新时代中国特色社会主义思想和党的十九大精神，是当前

和今后一个时期的首要政治任务。上饶市委坚持把学习贯彻作为做到"两个维护"的先导性、基础性工作，着力在学懂弄通做实上下工夫，积极推动党的理论创新在上饶落地生根、开花结果。

狠抓学习研讨。市委常委会坚决把思想与行动统一到中央精神和省委部署要求上来，带头开展"大学习、大调研、大落实"活动，以此推动作风大转变、工作大提高、事业大发展。对习近平总书记发表的重要讲话、做出的重要指示和中央召开的重要会议，市委常委会第一时间传达学习，并结合上饶实际提出贯彻落实举措。市委理论中心组进行了19次集体学习，重点学习了习近平总书记对江西工作的重要要求、《习近平谈治国理政》（第一、二卷）、《习近平新时代中国特色社会主义思想三十讲》等重要学习资料；再次举办全市县处级主要领导干部专题研讨班，以及7期县处级党员干部专题研讨班，助推理论学习入脑入心、嵌入灵魂。

狠抓宣传宣讲。组建市、县、乡、村四级宣讲团，依托基层新时代文明实践中心、公共文化服务中心等平台，用群众喜闻乐见的语言和形式，开展上千场基层理论宣讲，有效推动学习贯彻往实里走、往深里走、往心里走。

狠抓贯彻落实。坚持学以致用、用以促学，自觉用习近平新时代中国特色社会主义思想武装头脑、指导实践、推动工作。重点围绕习近平总书记对江西工作的重要要求、江西省委"二十四字"工作方针，结合上饶市情，提出了强化"发展第一、项目优先、创新引领、支持实体、重视三产、担当实干"六种导向的工作思路，进一步深化和完善了"决胜全面小康、打造大美上饶"的总体发展战略。

## （二）坚持在打基础、管长远、立规矩上下工夫

新时代要有新担当、新作为、新气象，必须聚焦影响经济发展和社会风气的"老大难"问题，动真碰硬，攻坚克难，努力创造经得起历史和实践检验的业绩。

殡葬改革七个月时间基本完成。这是一项破千年旧俗、树一代新风的社会改革。自2018年4月2日"德兴会议"以来，我们坚持全市"一盘棋"，依法依规整治"三沿六区"乱埋乱葬坟墓10万多座，建成公益性墓地2599个、安息堂47个，基本实现公益性墓地和安息堂建设全覆盖。到2018年11月的

时候，全市所有县（市、区）的火化率全部达到 100%，上饶成为全省第一个 100% 实现火化的设区市。

农村宅基地改革一年半时间基本完成。截至目前，全市参与宅改的农户 102 万户，已退出宅基地 9.4 万宗，退出面积 962 万平方米，"一户一宅""建新必须拆旧""多占宅基地多交人民币"等观念深入人心。

村集体经济不断壮大。这既是一个经济问题，更是一个关系党在农村执政基础和执政地位的政治问题。过去全市 80% 以上是"空壳村"，通过两年努力，基本消除"空壳村"，村集体经济平均收入达到 10 万元。

农民建房秩序全面建立。农民建房不仅是一家一户的事情，也是一项公共事业。这几年，我们结合秀美乡村建设，在每个乡镇都设立了规划所，全面进行规划和管控。现在，农民在哪建房、建多大的房、按什么风格建房，都有规矩，而且执行得很好。为了把这些规矩上升到法律层面，制定出台了《上饶市农村居民住房建设管理条例》，这是全国第一部关于规范农民建房的地方性法规。

违章建筑保持"零增长"。过去上饶违章建筑"遍地开花"，现在这种歪风邪气已得到根本遏制。仅城区范围，2018 年拆除违章建筑 75 万平方米，2015 年以来累计拆除 620 万平方米。

棚改工作获得国务院通报表扬。这项工作对于改善棚户区居民住房条件、提升城市品位、稳定房地产市场具有重要意义。2018 年，全市完成城市棚改 2.6 万户 390 万平方米。2016 年以来累计完成城市棚改 9.6 万户 1740 万平方米。

## （三）坚持在抓项目、提质量、增后劲上下工夫

发展始终是第一要务，必须加强党对经济工作的领导，不断完善发展思路，强化发展举措，切实加快发展步伐。

项目建设取得大突破。把扩大有效投资作为经济工作的重中之重，始终坚持项目为大、项目为王，全力推进重大项目建设。工业方面，围绕打造世界光伏城、中国光学城、江西汽车城的目标，强力推进了晶科"双倍增"、汉腾二期、爱驰汽车、长安跨越、吉利新能源汽车五个"百亿级"的大项目。2018 年 1 ~ 11 月，全市"两光一车"产业规模以上工业增加值增长 20.9%，高于

全市平均水平11.7个百分点。旅游方面，围绕打造华东区域旅游目的地、中转地和集散地的目标，在中心城区布局了城东旅游综合体、城西"十里楮溪"生态旅游度假区、城南捷成梦都影视城、野生动物乐园、灵山国际光影小镇、工匠小镇、水上乐园、云谷田园综合体等一大批集聚人气的项目。2018年1～11月，全市接待游客1.75亿人次，同比增长15.5%；旅游综合收入1620亿元，同比增长20.6%。基础设施方面，围绕国务院赋予上饶的"全国性综合交通枢纽"定位，推进了上饶国际物流园、上饶至浦城高速公路、鄱余高等级公路等项目，谋划和对接了沪昆高速公路"四改八"、德景高速等项目。这些项目建成后，上饶的交通区位优势将更加凸显。

数字经济迎来大发展。把数字经济作为"变道超车"的关键产业来抓，着力打造全省数字经济示范区。在高铁经济试验区重点布局大数据产业，目前入驻企业达140多家。其中，总投资12亿元的华为上饶云数据中心已开始调试；阿里云大数据学院已正式签约；中科院云计算中心大数据研究院已孵化企业69家；滴滴上饶全国呼叫总部一期已投入运营，全市呼叫席位超过4000个。此外，大健康产业、电商产业也保持良好发展态势。

城市品质实现大提升。把完善城市功能作为城市建设的当务之急，深入实施"去杂乱、补短板"工程，不断提高城市承载力。近年来，新建了37条城市道路，总长超过100公里；新改扩建医院6所，新增1200多张床位。特别是教育方面，集中开工了市一中新校区、市三中、信美学校、叶挺学校、带湖学校、明叔小学、时乔小学等一批建设项目。同时，北大、北师大、华东师大已与上饶市签约，准备合作办学，这几所学校一旦建成，将大大提高上饶的城市品位。

乡村面貌发生大变化。把秀美乡村建设作为落实乡村振兴战略的重要抓手，加快完善农村基础设施建设，大力发展现代农业。全年启动4192个村点建设，累计拆除违章房、危旧房、废弃房290多万平方米，完成"赣派"民居改造4.3万余栋，打造3A级以上乡村旅游点168家，横峰县、信州区、婺源县、三清山提前实现四年"扫一遍"目标。加快推进农业结构调整，初步构建了"东柚、西蟹、南红、北绿、中菜"产业布局，总的种养面积超过600万亩；建设高标准农田56.5万亩，打造了一批稻虾（蟹）共作示范基地；完成土地流转238.4万亩，流转率达45.9%；引进农业招商项目45个，实际进资 26 亿元，全市农业园区核心区面积达 17.4 万亩，示范区面积达 122 万亩。

### （四）坚持在促改革、扩开放、优环境上下工夫

在改革开放 40 周年的历史节点上，必须坚定不移推进思想再解放、改革再出发、开放再提升、环境再优化，着力营造创新创业良好氛围。

强力推进政务服务"一网一门一次"改革。坚持向浙江杭州、衢州等地学习，加快推进政务服务"一网一门一次"改革，进一步缩短办事流程，提高办事效率，优化营商环境。按照中央和江西省委统一部署，扎实推进了农业农村、财税金融、生态文明、司法体制等方面的改革工作。

大力促进开放升级。积极对接融入"一带一路"建设、长江经济带发展，坚持把招商引资作为"一号工程"来抓，大力发展开放型经济。2018 年 1～11 月，全市新签约项目 264 个，签约金额达 1317.5 亿元，项目注册率 92.0%、开工率 65.2%、投产率 28.4%。

着力优化营商环境。政务环境方面，在全省率先启动以作风建设为主题的专项巡察，持续整治"怕、慢、假、庸、散"等作风顽疾，加快建设忠诚型、创新型、担当型、服务型、过硬型"五型"政府，打造政策最优、成本最低、服务最好、办事最快的"四最"发展环境。深入抓好"降成本、优环境"专项行动，共为企业减负 140 多亿元。金融环境方面，全市金融总量突破 6200 亿元，较 2015 年底将近增加 2500 亿元；组建了 22 支产业引导基金，到位资金 195 亿元，目前已支持项目 49 个，累计投放金额 125 亿元；引导成立了中小微企业转贷互助帮扶基金，为企业节约融资成本 3600 多万元。社会环境方面深入推进扫黑除恶专项斗争，成功打掉了一批黑恶势力；深化"网格化"管理，配备了 2 万余名网格员，90 多万人注册"上饶公众"App。营商环境的改善，极大地促进了民营经济发展。2018 年前三季度，全市非公经济上缴税金增长 21.6%；2018 年 1～11 月，规模以上非公企业工业主营业务收入占全市的比重达 93.4%。

### （五）坚持在抓重点、补短板、强弱项上下工夫

打好防范化解重大风险、精准脱贫、污染防治三大攻坚战，是习近平总书

记和党中央部署的重大任务，必须以高度负责的态度坚决打好打赢，切实增强人民群众的获得感、幸福感、安全感。

树立底线思维，坚决打好防范化解重大风险攻坚战。加强政府债务管理和金融风险管控，依法打击非法集资，努力化解不良贷款，坚决守住不发生区域性金融风险的底线。加快投融资企业的市场化转型，政府不再研究融资事项。目前，上投集团信用等级达到3A，资产总额突破2000亿元，负债率降到36.7%。

咬定总攻目标，坚决打好精准脱贫攻坚战。连续开展"春季攻势""夏季整改""秋冬会战"三大行动，大力整治脱贫攻坚领域的形式主义、官僚主义突出问题，全市脱贫攻坚的质量和成效进一步提升。在2017年全省扶贫开发成效考核中，上饶市位列全省第一方阵；上饶县、横峰县脱贫摘帽，全市183个贫困村、9.27万贫困人口脱贫，贫困发生率由2017年的3.09%降至1.7%。

提高政治站位，坚决打好污染防治攻坚战。以配合中央环保督察"回头看"和省环保督察为契机，广泛发动群众举报，全面摸排和解决环境突出问题。创新推出"环保警察"做法，积极推广"垃圾兑换银行"模式。深入开展长江经济带"共抓大保护"攻坚行动，关停封堵入河排污口115个，关闭污染企业212家，关停生猪养殖场680多家，拆除黏土砖瓦窑700多座，建设污水管网440多公里。坚决淘汰落后产能，关闭煤矿24处，烟花爆竹企业全部退出。集中开展打击电鱼网鸟专项整治活动，查处相关违法犯罪案件1100多起，收缴非法电渔具1.35万套。稳步推进城乡环卫一体化工作，启动了7座垃圾焚烧发电厂建设，目前万年的垃圾焚烧发电厂已经投入运行、开始发电，弋阳的垃圾焚烧发电厂基本建成。2018年，上饶城区空气质量优良率为91.8%，列全省第二；PM 2.5累计平均浓度为36微克/立方米，列全省第三；全市饮用水水源达标率为100%；圆满完成省委、省政府下达的消灭劣V类水任务。

市委以打好"三大攻坚战"为突破口，统筹做好各项民生事业，全市信访秩序进一步好转，安全生产形势总体平稳，社会大局和谐稳定。

**（六）坚持在增共识、强法治、聚合力上下工夫**

做好上饶工作，必须统揽全局、协调各方，充分调动方方面面的积极性、主动性、创造性，形成增进团结、促进发展的强大合力。

思想文化建设更加深入。坚持正确政治方向、舆论导向、价值取向，切实做好新形势下宣传思想工作。严格落实意识形态责任制，不断加强对意识形态阵地和薄弱环节的管理。大力培育和践行社会主义核心价值观，深入开展"推动移风易俗，促进乡风文明"行动，继续加大"道德模范""上饶好人"的评选和宣传力度，充分发挥蓝天救援队、三清媚女子文学社等民间组织的引领作用，唱响时代主旋律，弘扬社会正能量。狠抓基层文化阵地建设，广泛开展群众性文化活动。成功举办第二届上饶文博会。电影《信仰者》广受好评，得到国家电影局推广。启动"百里信江文化经济带"建设，着力提高上饶文化产业竞争力。

民主政治建设更加扎实。支持上饶市人大对"一府一委两院"开展监督，充分发挥"法律巡视"作用，推动热点难点问题解决；加强市县乡人大建设，完善人大代表联系群众制度，夯实人大工作基层基础。加强和改进人民政协民主监督，为更好发挥政协职能作用提供保障。充分发挥各民主党派、工商联和无党派人士参政议政作用，大力推进社会主义协商民主，举办纪念"五一口号"70周年主题活动。扎实做好民族宗教工作，团结引导信教群众感党恩、听党话、跟党走。群团改革、党管武装、双拥工作以及军民融合发展实现新进步。

法治上饶建设更加有力。实施农村"法律明白人"培养工程，提升人民群众的法治素养。推进司法体制改革，促进社会公平正义。加快地方立法工作，颁布实施了城市管理、农民建房管理条例，制定了大坳水库饮用水水源保护、历史建筑保护条例，初步构建了党委领导、人大主导、政府依托、各方参与的立法工作格局。

## （七）坚持在讲政治、压责任、抓整改上下工夫

办好上饶的事情，关键在党、关键在人，必须全面贯彻新时代党的建设总要求，压紧压实管党治党政治责任，推动全面从严治党向纵深发展，大力营造干事创业的好氛围、好环境、好风气。

深入践行新时代党的组织路线。坚持以党的政治建设为统领，把党的政治建设摆在首位。从严落实"三会一课"、组织生活会、民主评议党员和定期填

写《严肃党内政治生活"一本清"》等党的组织生活制度，把全面从严治党要求落实到每一个支部、每一名党员。组织开展学习《红色家书》系列活动，引导党员干部重温革命历史、缅怀革命先烈、传承红色基因。深入开展"我是党员我带头""争当方志敏式好干部"教育活动，持续增强党员干部的存在感、价值感、荣誉感。全面建成方志敏干部学院，着力打造全国性的理想信念教育基地。完成村（社区）"两委"换届工作，扎实推进城市党建工作，党支部标准化、规范化建设水平进一步提升。大力弘扬担当实干作风，进一步坚持正确的选人用人导向。建成全市人才综合信息库，召开招才引智大会，启动"饶才回流"工程，开展招才引智全国行系列活动，人才聚集效应显著增强。

深入推进党风廉政建设和反腐败斗争。坚持从政治上、思想上、工作上、组织上、作风上、家教家风上，坚决全面彻底肃清苏荣案余毒。强化纪律教育和家风建设，新华社《内部参考》专题报道上饶市党纪法规知识四级联考工作，铅山祝氏家训、婺源"微家训"受到中央媒体重点关注。完成市县监委会组建，并以铅山县、婺源县赋春镇为试点，探索提升基层监督实效。中央纪委、国家监委先后有4个调研组来上饶调研扫黑除恶、案件审理、履行监督首要职责、后勤保障等工作，并给予充分肯定。扎实开展省、市、县三级联动脱贫攻坚暨扫黑除恶、作风建设专项巡视巡察。严肃查处腐败领域典型问题，通过严惩"极少数"，震慑教育了"大多数"。

深入开展巡视整改工作。省委巡视问题反馈后，市委迅速制定整改方案，列出整改清单，明确整改责任，全力推动整改工作落实落地。截至目前，省委巡视组反馈的6大类13个方面50个具体问题，已整改到位30个问题，并出台相关制度231个，进一步强化了标本兼治的效果。

## 二 关于2019年经济工作目标任务

2019年是新中国成立70周年，是全面建成小康社会关键之年，做好2019年经济工作意义重大。2019年全市经济工作的总体要求是：以习近平新时代中国特色社会主义思想为指导，深入贯彻党的十九大，十九届二中、三中全会，中央经济工作会议和江西省委十四届七次全会精神，从更高层次贯彻落实习近平总书记对江西工作的重要要求，坚持稳中求进工作总基调，坚持新发展理念，坚持高质量跨越式发展首要战略，坚持以供给侧结构性改革为主线，坚持深化市场化改革、扩大高水平开放，统筹做好产业升级、城乡建设、改革开放、县域发展、民生保障、社会治理等工作，切实巩固上饶来之不易的好势头、好局面、好氛围，努力保持经济持续健康发展和社会大局稳定，为与全国全省同步全面建成小康社会收官打下决定性基础，奋力迈出"决胜全面小康、打造大美上饶"的坚实步伐，以优异成绩庆祝新中国成立70周年。

市委考虑，2019年全市经济增长预期目标为8.2%～8.6%，各项主要经济指标的增幅不低于全省平均增幅，发展的质量和效益持续提升，城乡居民收入增长与经济增长基本同步。

## （一）紧紧扭住发展"第一要务"，着力推动高质量跨越式发展

中央经济工作会强调，要坚持把发展作为党执政兴国的第一要务，坚持以经济建设为中心，激励干部担当作为，鼓励创造性贯彻落实。在江西省委全会上，刘奇书记明确指出，要紧紧扭住发展第一要务，着力激发微观主体活力，振兴实体经济，扩大市场需求，等等。确实，发展问题仍然是头等大事。特别是对上饶来讲，要全面建成小康社会，最大的困难、最大的短板、最大的矛盾，仍然是发展不足、发展不充分的问题。所以，在任何时候、任何情况下，都要把发展作为核心的核心、关键的关键，这是讲政治的表现，也是对上负责、对下负责的表现。我们要自觉对标中央精神，坚持稳中求进的工作总基调，在"稳字当头"的基础上，自我扬鞭，自我加压，全力抓好"稳"的基础、始终保持"进"的信心，尽最大努力争取"好"的结果。

## （二）积极破解"两大难题"，努力保持良好发展势头

一要破解"钱从哪里来"的问题，也就是要千方百计筹措发展资金。要进一步加大招商引资力度，在经济下行的大环境下争取到更多的外来投资；要积极推进"造地"工作，继续做好旱改水、增减挂文章；要认真研究上级政策，争取在公路建设、棚户区改造、脱贫攻坚等领域发行一批地方政府专项债券；要用好PPP模式，抓紧谋划、论证、推出一批符合要求、比较成熟的PPP项目；要把国有投融资企业真正推向市场，不断做大资产规模，提升信用等级，增强融资能力；要加强沟通对接，继续争取国开行、农发行等政策性银行

的支持。

二要破解"干部劲头从哪里来"的问题，也就是要千方百计调动基层干部积极性。总书记指出，干部敢于担当作为，这既是政治品格，也是从政的本分。要在强化责任约束的同时鼓励创新、宽容失误。探索就有可能失误，做事就有可能出错，洗碗越多摔碗的概率就会越大。我们要正确把握失误的性质和影响，切实保护干部干事创业的积极性。要坚决贯彻落实中央和省委的要求，采取切实可行的措施，改变"上面千把锤，下面一根钉"的状况，让基层干部有盼头、有劲头，真正做到敢想、敢干、敢冲、敢担当。要端正选人用人之风，坚持用干事的人、用敢闯的人、用群众公认的人、用善于解决问题的人、用能够改变一个地方面貌的人。要关心关爱基层干部，多鼓励、多支持，少督查、少责骂、少给基层添麻烦。要把压力传导下去，让各地各部门单位相互比较，相互竞争，形成更加浓厚的比学赶超氛围。

## （三）坚决打好"三大攻坚战"，全力突破全面建成小康社会的重要关口

一要坚决打好防范化解重大风险攻坚战。强化政府性债务管理，严守政府性债务"红线"，明确债务主体，划清债务责任，防范和化解政府债务风险。严厉打击非法集资活动，做到早发现、早介入、早处置。加强企业信用债违约、P2P网络借贷等风险点整治，坚决打击违法违规金融活动，更加注重防范跨市场跨领域风险传导，坚决守住不发生区域性金融风险的底线。要把防风险和服务实体经济更好地结合起来，深化金融体制改革，扎实推进普惠金融发展，让金融"活水"更好浇灌实体经济。

二要坚决打好精准脱贫攻坚战。2019 年、2020 年两年，全市还有 10.59 万人要减贫，还有余干、鄱阳这两个百万人口的大县要脱贫摘帽，任务依然十分艰巨，我们要咬定目标、一鼓作气、尽锐出战，奋力夺取脱贫攻坚战的全面胜利。要把脱贫质量摆在首位，切实抓好中央脱贫攻坚专项巡视整改，重点解决好实现"两不愁三保障"面临的突出问题，确保脱贫质量和成效始终保持全省第一方阵。要扭住产业脱贫这个关键，围绕市场需求发挥龙头企业、合作社等新型经营主体的带动作用，搭建产业与贫困户的利益联结机制，让贫困群众稳定增收。要把扶贫与扶志、扶智、扶德结合起来，大力开展脱贫攻坚

"感恩行动"。要探索建立帮扶政策与贫困群众参与挂钩的办法，激发贫困人口的内生动力，坚决杜绝"养懒汉"。要统筹做好城镇贫困人口脱贫解困工作，认真解决那些收入水平略高于建档立卡贫困户标准的群体缺乏政策支持等新问题，确保全面小康路上一个都不少。

三要坚决打好污染防治攻坚战。现在，环保问题抓不好，是绝对过不了关的。我们一定要提高政治站位，坚决落实中央和省里的决策部署，确保全市生态环境质量不下降。要铁心硬手抓好中央环保督察"回头看"和省环保督察反馈问题整改，打好蓝天保卫战、碧水保卫战、净土保卫战、自然生态保护与修复、工业污染防治、农业农村污染防治、长江经济带"共抓大保护"、鄱阳湖生态环境专项整治八场标志性重大战役，集中力量解决突出环境问题。要加快转变经济发展方式，大力发展绿色产业，让"绿水青山"真正变为"金山银山"。

### （四）扎实做好"六稳"工作，强力推进重大项目建设

中央经济工作会议再次提出了稳就业、稳金融、稳外贸、稳外资、稳投资、稳预期的"六稳"目标。这六个稳，对上饶来说，最紧要的还是稳投资。要牢固树立"项目为大、项目为王"的理念，始终保持一个高强度的项目投入。

一要抓好一批工业项目。从市本级来讲，还是要围绕"两光一车"产业抓项目。光伏方面，继续抓好晶科"双倍增"项目，支持企业进一步做大做强。光学方面，继续抓好海康智慧物联网产业园、华芯芯片封装、裸眼3D系列产品项目，争取2019年上半年陆续建成投产。汽车方面，继续抓好爱驰汽车、博能商用车、中汽瑞华、吉利汽车、长越新能源汽车等整车项目建设，力争爱驰汽车2月底整车下线，中汽瑞华6月整车下线；加快推进汉腾汽车投资20亿元的增程器项目，力争6月开工；积极推进吉利集团投资20亿元、占地6100多亩的汽车综合试验场项目，力争7月开工。做好比亚迪新能源电池项目的对接工作，争取尽快签约落地。从各县（市、区）来讲，要围绕已经确定的主导产业，按照省、市统一部署，实施好集群式项目满园扩园行动、工业崛起"2050"工程，确保国家级开发区每年至少引进一个投资超50亿元的产业项目，省级开发区每年至少引进一个投资超20亿元的产业项目。

二要抓好一批旅游项目。当前，上饶市中心城区有一批非常好的旅游项

目。比如，华熙集团投资的城东旅游综合体项目，总投资达300亿元，目标是打造一个国际化的商旅文化中心，2019年商业中心广场超高层酒店要实现结构封顶。棕榈集团投资的"十里槠溪"生态旅游度假区项目，总投资达110亿元，预计2019年年底可以基本完成主体工程。捷成公司投资的影视城项目，总投资达160亿元，2019年要争取1个外景组团、1个摄影棚和1个剧组酒店主体基本建设完成，并开始接待剧组进场拍摄。北京佳龙集团投资的野生动物乐园项目，已经签订框架协议，计划投资100亿元以上，该项目由主题野生动物公园、马戏主题游乐园、主题度假酒店群、主题商业街小镇四大板块组成，里面的宾馆有1万多张床位，建成以后，完全是一个中国独有的、世界级水平的旅游项目。星光文旅公司投资的灵山国际光影小镇项目，也已签订框架协议，计划投资30亿元，目标是打造华东地区"最美夜游景区"。国开基金计划联手山水文园、法国PVCP公司、日本mokumoku农场等企业，投资数百亿元，在上饶打造一个国际生态旅游度假区，这个项目要做好跟踪洽谈。上饶国际旅游港、工匠小镇、水上乐园、云谷田园综合体等项目也要加快推进，力争早日建成。要以项目为牵引，加速将上饶中心城区打造成华东区域旅游目的地、中转地和集散地。

三要抓好一批新经济项目。重点抓好省级大数据科创城建设，继续做好华为、滴滴等企业服务工作，加快推进阿里云大数据学院、洋码头、博雅软件园等项目，推动全省公安灾备中心、全省旅游数据中心、全省政务数据中心等项目尽早落地，确保2019年大数据产业主营业务收入突破200亿元、新增企业200家以上。同时，要重点抓好瑞士AMAC宇航集团投资项目的落地。这家企业是全球知名的飞机维修改装企业，他们准备联手全球通航机场第二大运营商阿联酋JETEX航空服务公司及其供应商，计划投资160亿元左右，在上饶打造一个占地2400多亩的产业基地，其中包括飞机维修、改装、翻新、销售、运营、运输一条龙的产业闭环。建成以后，实际上就是这家企业的亚太总部基地，至少可以解决3000人就业，形成350亿元的产值。对这样的好项目，各有关部门单位要盯住不放，力争项目早日签约落户。

四要抓好一批重大基础设施建设项目。铁路方面，要确保建成上饶西货站一期（坑口铁路专用线），力争完成上饶动车组存车场项目（一期）主体工程，配合做好昌景黄高铁建设工作，助力余干、鄱阳早日迈入"高铁时代"。要积极推动赣东北旅游轻轨项目。通过轻轨，把灵山、三清山、婺源、龟峰等景区与景德镇、鹰潭龙虎山串起来，打造一个赣东北旅游轻轨经济圈。公路方面，要加快上浦高速、鄱余高等级公路建设，积极做好沪昆高速"四改八"、德景高速、义金衢上高速、杭州（富阳）至上饶（德兴）高速等项目前期工作。机场方面，三清山机场2018年的旅客吞吐量超过30万，2019年可以超过50万。目前，三清山机场的改扩建工程已列入省里规划，要按照有关要求，启动前期工作。能源建设方面，继续推进上饶发电厂项目，争取使其列入国家"十四五"电力发展规划；抓好上饶光伏发电技术领跑项目，加快推动电动汽车充电基础设施建设。物流方面，加快推进规划面积10平方公里的上饶国际综合物流园建设，全力引进国内知名物流企业入园，为构建大交通、大物流、大产业体系奠定基础。

五要抓好一批生态环保项目。加快城市污水管网建设，力争完成160公里污水管网建设的年度目标任务。扎实推进城市黑臭水体整治项目，确保中心城区解放河黑臭水体、三江排涝站黑臭水体、水南黑臭水体的整治取得明显成效。继续抓好垃圾焚烧发电项目，确保到2020年实现城乡生活垃圾焚烧发电全域覆盖。

六要抓好一批民生项目。要牢固树立以人民为中心的发展思想，多做一些老百姓欢迎的事情，切实解决好民生"痛点"问题。尤其是学校、医院、公园、菜市场、停车场、公共厕所、里弄小巷改造这些项目，都是老百姓想要的项目，我们要在力所能及的范围内，尽量多搞一些。

## （五）切实做到"七个坚定不移"，奋力开创新时代上饶改革发展新局面

一要坚定不移壮大工业实力。工业对一个地方的发展至关重要，工业上不去，财税就上不去，经济实力就上不去。我们要坚持"主攻工业、决战园区"不动摇，把工业发展作为第一位经济工作，全力推动上饶工业发展再上新台阶，为重塑江西制造辉煌贡献力量。要切实加快"世界光伏城""中国光学城""江西汽车城"建设步伐，不断强化"两光一车"主导产业对全市工业的辐射带动效应；要根据县域工业发展三年强攻计划，强力实施"2019年县域工业发展巩固年"活动，促使各县（市、区）三大主导产业初具规模，其中首位产业形成100亿元以上规模，两个主导产业均达到50亿元以上规模；要

抓紧推进"信江产业新城"的规划编制工作,力争下半年落户一批重大项目,着力将上铅快速通道及其周边打造成一个"黄金工业走廊";要大力推进"亩均论英雄"改革,注重集约用地,强化税收、就业等贡献导向,尤其要以标准厂房为基础,加快建设产城融合、产业集聚的"小微产业园",从而壮大规上企业队伍,提升产业集聚效应。

二要坚定不移发展新经济。新经济是未来的发展方向,是大势所趋,只有拥抱新经济,才能为今后发展抢得先机。在大数据产业上,要以高铁经济试验区为平台,用好江西省数字经济示范区这块"金字招牌",集中力量抓好大数据产业招商引资,深入实施"补链、强链、延链"工程,大力培育数据存储、计算、运营等核心业态,加快发展数字医疗、数字金融、数字文化、数字营销、数字呼叫等关联业态,全力构建数字经济生态圈,着力打造国家级数字经济小镇以及全省最大的呼叫产业城、游戏产业城。在大健康产业上,要大力实施"药材种植扩面工程""知名药企入饶工程""饶信医药振兴工程",打造一批道地药材种植示范基地,推动国家中医药健康旅游示范区建设取得更大成效;积极推动上饶国际医疗旅游先行区升级为国家级的先行区,为发展大健康、干细胞产业提供更大空间。在旅游产业上,要按照全域旅游的理念,坚持景区旅游、城区旅游、乡村旅游同步发力,继续抓好景区创建工作,力争篁岭成功创建国家5A级景区;要结合秀美乡村建设,大力发展乡村旅游,力争每个县都有4A级乡村旅游点、旅游风情小镇和精品民宿;要积极开展"可爱的中国"文化旅游年主题活动,做大上饶红色旅游品牌;要着力推进文旅融合发展,切实加快"百里信江文化经济带"的规划建设,做大游戏、动漫、文博园等文化产业平台;要加快智慧旅游建设,扎实做好旅游交通中转、旅游信息服务、旅游商品开发等工作,让每一位到上饶的游客都能有一种良好的旅游体验。与此同时,要大力发展商贸服务、健康养老、文化创意、会展经济等其他现代服务业,进一步提升消费对经济增长的拉动作用。

三要坚定不移加快城市建设。国务院给上饶的定位是全国性综合交通枢纽,江西省给上饶的定位是区域中心城市,这些定位都是比较高的,我们要按照省委提出的"精心规划、精致建设、精细管理、精美呈现"要求,继续加大城市建设力度,把上饶打造成为老百姓喜欢的城市、大家愿意落户的城市、市民幸福感强的城市。在规划方面,要尽快完成《上饶市城市总体规划

（2017—2035）》审批工作，规划一旦确定下来，就要严格执行，确保"一张蓝图绘到底"。在建设和管理方面，要全面推进城市功能与品质提升三年行动，以创建国家卫生城市和全国文明城市为抓手，按照"一年有提升、两年上台阶、三年争一流"的目标要求，抓紧抓实治脏、治乱、治堵、功能修补、生态修复、特色彰显、亮化美化、治理提升"八大行动"，努力把城市打造成功能完备、品质一流、特色鲜明、宜居宜业的美好家园。在精美呈现方面，要依托山水、人文资源，全面展现城市的地域风情、时代风貌、人文风格，着力打造独具特色的山水田园城市。

四要坚定不移落实乡村振兴战略。要突出产业振兴、人才振兴、文化振兴、生态振兴、组织振兴"五个振兴"，扎实做好"三农"工作，推动农业农村现代化。在产业振兴方面，按照"什么赚钱就搞什么"的原则，加快农业结构调整，重点抓好农产品基地建设、高标准农田建设、农村土地流转、农业招商等工作。在人才振兴方面，深入实施新型职业农民培育工程，扶持培养一批龙头企业、各类农民专业合作社"领头人"，让有文化、懂技术、会经营的新型农民成为乡村振兴的主体力量；加强对"第一书记"、驻村干部、大学生村官、农业技术人员的教育监督管理，培养造就一支懂农业、爱农村、爱农民的"三农"工作队伍，为乡村振兴注入新鲜"血液"。在文化振兴方面，充分发挥村规民约、红白理事会的作用，坚决遏制大操大办、厚葬薄养、人情攀比、高额彩礼等陈规陋习，推动农村移风易俗；深入推进文化下乡工程，广泛开展形式多样、雅俗共赏、喜闻乐见的文化活动，不断丰富群众文化生活。在生态振兴方面，聚焦"赣派"民居改造、垃圾污水处理、厕所革命、村容村貌提升，深入推进农村人居环境整治，提高群众生活品质。在组织振兴方面，要强化农村基层党组织在农村各项事业中的领导地位，充分发挥基层党组织推动发展、服务群众、凝聚人心、促进和谐的作用；继续抓好村集体经济，因地制宜发展土地合作型、资源开发型、物业经营型、乡村服务型等多种集体经济形式，推动资源变资产、资金变股金、农民变股东。继续抓好秀美乡村建设，力争提前一年基本完成"四年扫一遍"的目标。

五要坚定不移深化改革开放。始终高举改革开放的伟大旗帜，永远保持逢山开路、遇水架桥的劲头，一步一个脚印把上饶改革开放事业不断推向前进。在改革方面，要对照新形势、新任务，主动查找思想观念上的差距，以思想的

"破冰"，促进行动的"突围"，赢得发展的"先机"；要坚决落实中央和省委各项改革部署，切实抓好机构改革、国资国企改革等工作，尤其要认真贯彻"巩固、增强、提升、畅通"八字方针，更多采取改革的办法，更多运用市场化、法治化手段，持续深化供给侧结构性改革，不断改善供给结构，提高经济发展质量和效益；要针对民营经济发展面临的市场需求不旺、生产要素成本上升、融资难融资贵问题突出、转型升级压力较大等实际情况，切实加大改革力度，为民营经济持续健康发展创造良好环境；要奔着问题抓改革，什么问题突出就改什么，确保投融资平台市场化改革、政务服务"一网一门一次"改革、招投标改革、工业园区体制机制改革等工作取得更大的成效。在创新方面，要注重发挥企业创新主体作用，鼓励和引导企业加大研发投入，加强知识产权保护，激活企业创新因子；要进一步做强创新平台、做优创新环境，全力支持大学生、返乡农民工创业，加快形成大众创业、万众创新的生动局面；要继续做好招才引智工作，重点抓好"饶才回流"工程，切实做到五湖四海聚人才、不拘一格用人才。在开放方面，努力提升招商引资层次和水平，大力发展高质量开放型经济，突出科技创新，积极寻求与中科院、知名院校和以色列有关方面合作，探索建立上饶国际基金（双创）生态示范城、以色列科技产业园；加快推进赣浙边际合作示范区建设，着力打造"衢饶示范区"，把上饶建设成名副其实的江西对外开放"门户城市"。

六要坚定不移发展县域经济。上饶这几年市本级经济慢慢起来了，但是县域经济还有很大的潜力。我们要把加快县域经济发展摆在更加突出的位置，着力培育产业鲜明、各具特色、富有竞争力的"板块经济"，不断激发县域经济活力。上广玉地区经济基础较好，要为全市发展大局多挑担子、多做贡献。其他县（市、区）也要因地制宜，扬优成势，做大做强，努力闯出一条高质量跨越式发展的新路子。

七要坚定不移保障和改善民生。认真落实以人民为中心的发展思想，切实做好普惠性、基础性、兜底性民生建设，不断增强人民群众的获得感、幸福感、安全感。坚持量力而行、尽力而为的原则，不断加大财政投入，精心做好就业、社保、教育、医疗、养老、食品药品安全等民生工作。完善信访工作机制，主动化解各类社会矛盾。坚持发展新时代"枫桥经验"，全面推行网格化管理、组团式服务，及时解决好群众反映的各类问题。深入推进扫黑除恶专项斗争，坚决打掉黑恶势力背后的"保护伞""关系网"。强化"不抓好安全生产就是对人民的犯罪"的理念，严格落实安全生产责任制，坚决遏制重特大事故发生，确保社会大局和谐稳定。

## 三　关于全面加强新时代党的建设

党的领导是我们做好一切工作的根本保证。我们要始终坚持以党的政治建设为统领，全面贯彻新时代党的建设总要求，着力提高党的建设质量。

### （一）要坚定理想信念，始终做到对党绝对忠诚

2019年是方志敏同志诞辰120周年。方志敏同志坚如磐石的信仰，以及对党无限的忠诚，永远值得我们学习。我们要以方志敏同志为榜样，坚持把政治纪律和政治规矩挺在前面，把对党绝对忠诚融入"血脉"灵魂、贯穿于修身为政的全过程，牢固树立"四个意识"，始终坚定"四个自信"，坚决做到"两个维护"，确保在思想上、政治上、行动上同以习近平同志为核心的党中央保持高度一致。要把坚决贯彻落实习近平总书记重要指示批示精神和党中央决策部署作为重要政治责任、领导责任、工作责任，始终做到党中央号召的坚决响应、要求的坚决照办、禁止的坚决不干、部署的坚决落实，以强大的执行力确保中央各项决策部署在上饶落地生根。要按照党中央部署组织开展"不忘初心、牢记使命"主题教育，并结合上饶实际，持续开展"我是党员我带头""争当方志敏式好干部"教育活动。要进一步严肃党内政治生活，坚决落实"三会一课"、民主生活会、组织生活会、民主评议党员等制度，营造清清爽爽的党内同志关系。要涵养积极健康的党内政治文化，大力弘扬忠诚老实、公道正派、实事求是、清正廉洁的价值观，决不让危害党中央权威和集中统一领导的现象在上饶有任何市场。

### （二）要加强思想建设，广泛汇聚同心奋进力量

当前，上饶正处于重要的战略机遇期、窗口期，大事多、好事多，难事也多，做好新形势下宣传思想工作至关重要。要紧紧围绕"举旗帜、聚民心、育新人、兴文化、展形象"的使命任务，全面加强和改进宣传思想工作，进一步加强意识形态工作，唱响主旋律，汇聚正能量，努力形成"一盘棋"抓

工作、一股劲促发展的生动局面。要深入学习贯彻习近平新时代中国特色社会主义思想和党的十九大精神，从根本上拧紧思想"总开关"、把握政治"指南针"，确保在大是大非面前旗帜鲜明、在风浪考验面前无所畏惧、在各种诱惑面前立场坚定。要把握正确舆论导向，在倡导什么、反对什么、坚持什么、弘扬什么的问题上，旗帜鲜明，绝不含糊。尤其是对影响到党的形象的问题，必须坚决斗争，绝不能当爱惜羽毛的绅士。要加强新型智库建设，加快实现县级融媒体中心建设全覆盖，坚决打好网上舆论斗争主动仗，不断增强社会主义意识形态的凝聚力和引领力。要充分发挥统一战线工作的独特作用，扎实做好强信心、聚民心、暖人心、筑同心的工作。要严厉打击非法宗教渗透活动，继续做好团结引导信教群众工作，确保宗教领域和谐稳定。要深入推进新时代文明实践中心建设，培育践行社会主义核心价值观，全面实施公民道德建设工程，大力开展志愿者服务活动，加快构建社会信用体系。要坚持以文铸魂、以文化人、以文兴业，深入实施文化强市战略，大力弘扬和传承饶信文化，着力加快文化事业和文化产业发展，广泛汇聚同心奋进的强大正能量。

### （三）要夯实基层基础，着力营造大抓基层氛围

基础不牢、地动山摇。要认真贯彻落实《中国共产党支部工作条例（试行）》，坚持一切工作到支部，坚持眼睛向下、重心下沉，抓基层打基础，推动基层党组织全面进步、全面过硬。要把党的支部建设摆在更加突出的位置，从最基本的东西抓起，抓好基本教育、加强基本建设、建强基本队伍、落实基本制度、搞好基本保障，全面推进党支部标准化、规范化建设，持续整顿软弱涣散党组织，努力使每一个基层党组织都成为宣传党的主张、贯彻党的决定、领导基层治理、团结动员群众、推动改革发展的坚强战斗堡垒。要统筹加强企业、农村、机关、学校、科研院所、街道社区、社会组织等各领域基层党建工作，探索加强新兴业态和互联网党建工作，走好网上群众路线，健全基层组织服务体系，推动党的组织和党的工作全覆盖，像磁石一样把广大人民群众紧紧团结在党的周围。要更加重视基层、关心基层、支持基层，为基层创造良好工作条件。

### （四）要端正选人用人之风，鲜明树立担当实干导向

毛泽东同志指出，正确的路线确定之后，干部就是决定性的因素。要全面

贯彻新时代党的组织路线，认真落实新时代好干部标准，把好干部选出来、用出来、管出来、带出来。要坚持赛场选马、担当实干的风向标，注重在招商引资、项目建设、社会治理一线培养锻炼干部，大胆启用那些有信仰、有激情、有担当、有创造力的干部，切实把正气充盈的用人风气树起来。要加强干部培养，有计划地组织干部派上去开阔眼界、走出去增长见识、沉下去摸爬滚打。要加强对干部近距离、多角度的考察，给干部精准"画像"，使选出来的干部组织放心、群众满意、干部服气。要坚持事业为上，坚决破除论字排辈，不搞平衡照顾，真正把合适的干部放在合适的岗位上。要加大年轻干部的选拔培养力度，让更多优秀年轻干部到重点工作一线摔打磨砺、增长才干。要建立健全容错纠错机制，对因大胆做事得罪人的干部给予保护和鼓励，对无事生非、诬告陷害的不良行为坚决予以惩处。要严控各种督查、检查、考核、评比活动，让基层干部有更多时间抓落实。

### （五）要持之以恒正风肃纪，巩固风清气正政治生态

上饶的自然生态是一流的，政治生态也要一流。要严格落实全面从严治党政治责任，坚持问题导向，抓住"关键少数"，强化标本兼治，坚决全面彻底肃清苏荣案余毒，坚持不懈抓好省委巡视反馈问题整改。要继续紧盯不敬畏、不在乎、喊口号、装样子的问题，狠刹不良风气，坚决破除形式主义、官僚主义。要持续整治"怕、慢、假、庸、散"等作风顽疾，加快解决中梗阻、"小鬼难缠"、"小二管大王"等突出问题，让"占着位子、顶着帽子、混着日子、摆着样子"的干部混不下去。要深入开展巡察监督和派驻监督，用好"四种形态"，抓早抓小、防微杜渐，巩固发展反腐败斗争压倒性胜利。要强化思想建党与制度建党相结合、道德引领与严守底线相结合、正面引导与反面警示相结合，坚决整治群众身边的腐败和作风问题，着力加强选人用人、审批监管、资源开发、金融信贷、大宗采购、土地出让、工程招投标等重点领域的监管，加快构建不敢腐、不能腐、不想腐的长效机制，从根本上铲除腐败滋生的土壤。各级党员干部要发挥模范作用，自觉尊崇党章，带头讲规矩、守纪律、走正道、扬正气，当好政治生态"护林员"。

# 目　录

## Ⅲ　属县篇

皮书数据库阅读 **使用指南**

# CONTENTS

## I General Report

## II Divisions Reports

CONTENTS

# Ⅲ　Counties Reports

CONTENTS

上饶蓝皮书

# 总 报 告

**General Report**

# B.1

# 2018年上饶市高质量发展
# 研究报告

上饶市经济发展研究课题组

**摘　要：**　做好 2019 年经济工作，要以习近平新时代中国特色社会主义思想为指导，深入贯彻党的十九大、党的十九届二中全会、党的十九届三中全会、中央经济工作会议和江西省委十四届七次全会精神，从更高层次贯彻落实习近平总书记对江西工作的重要要求，坚持稳中求进工作总基调，坚持新发展理念，坚持高质量跨越式发展首要战略，坚持以供给侧结构性改革为主线，坚持深化市场化改革、扩大高水平开放，统筹做好产业升级、城乡建设、改革开放、县域发展、民生保障、社会治理等工作，切实巩固上饶来之不易的好势头、好局面、好氛围，努力保持经济持续健康发展和社会大局稳定，为与全国全省同步全面建成小康社会收官打下决定性基础，奋力

迈出"决胜全面小康、打造大美上饶"的坚实步伐，以优异成绩庆祝新中国成立70周年。

**关键词：** 高质量发展　跨越式发展　全面升级　稳中求进

# 一　2018年工作回顾

2018年是深入学习贯彻党的十九大精神的开局之年，也是实施"十三五"规划承上启下的关键一年。在习近平新时代中国特色社会主义思想的正确指引下，上饶深入落实江西省委24字工作方针，主动作为"打硬仗"，精准发力"解难题"，统筹做好稳定增长、改革开放、结构调整、生态优化、民生保障、风险防御各项工作，全市经济社会进一步呈现出高质量跨越式发展的良好态势。财政总收入增长10.3%，比年度预期高3.3个百分点，比全省平均水平高0.3个百分点。根据初步核算，地区生产总值增长8.8%，比预期高0.3个百分点，比全省高0.2个百分点；固定资产投资增长11.3%，比预期高0.3个百分点，比全省高0.3个百分点；社会消费品零售总额增长11.2%，比全省高0.2个百分点；规上工业增加值增长9%，比预期高0.4个百分点，比全省高0.2个百分点；城镇居民人均可支配收入增长8.8%，比预期高0.3个百分点，比全省高0.3个百分点；农村居民人均可支配收入增长9.7%，比预期高0.7个百分点，比全省高0.7个百分点。全市税收占财政总收入的比重为78.3%，较2017年提高1.7个百分点，达到近6年来的最高值；全市金融总量达6000亿元，存贷比达73.8%，较2017年提高5.1个百分点，是近11年来的最高值。

## （一）重点工作

### 1. 乘势而上加快产业升级

从市本级和县域两个层面推进工业升级。继续着力加速"两光一车"产业发展，其中晶科能源组件出货量占全球份额有望突破10%；海康智慧物联网产业园、华芯科技芯片封装、维真裸眼3D等项目顺利推进；吉利新能源、长安跨越正式开工，汉腾二期整车下线，新能源汽车产业集群初具雏形。2018

年1~11月，光伏、光学、汽车三大产业增加值增长20.9%，高于全市规上工业增速11.7个百分点。实施县域工业攻坚突破，各县（市、区）集中财力、集中要素重点发展3个以内的主导产业，全市新开工建设标准厂房1162万平方米，已建成780万平方米。

聚焦大旅游、大健康、大数据推进现代服务业升级。设立"优质旅游诚信理赔基金"，开工建设城南捷成梦都影视城、城东文化旅游综合体、城西"十里楮溪"生态旅游度假区等投资过百亿的旅游项目，出台进一步加快发展乡村旅游的意见，成功举办首届上饶乡村旅游文化节。新增国家4A级景区5家，总数达到30家，预计全年游客接待量达1.8亿人次，旅游及周边产业收入达1800亿元，较2017年分别增长12.5%、21.5%。国际医疗旅游先行区和国家中医药健康旅游示范区"两大平台"建设进展顺利，国内最大的多能干细胞库和细胞制造中心建成运营。创新高铁经济试验区管理体制，建立全程代办服务机制。华为云数据中心基本建成，文娱创意中心投入运营，大数据科创城全面启动，江西省阿里云大数据学院正式落户。

围绕做大规模、做响品牌推进农业升级。建成高标准农田56.5万亩，新增马家柚、虾蟹、红芽芋、茶叶、蔬菜种养面积58.4万亩，新增"三品一标"农产品62个，总数达到573个，新增江天农业为国家级农业产业化龙头企业。制定了马家柚地方标准，引进了山东鲁花、华润五丰等一批知名农业企业。

2. 借势发力加快城乡建设

扎实推进基础设施建设。昌景黄高速铁路、上饶至浦城高速公路、鄱阳至余干高等级公路正式动工，上饶铁路西货站、上饶动车组存车场等项目顺利推进。

加快推进宜居城市建设。天佑大道、吴楚大道、茶圣东路等城区主干道建成通车。开工建设地下综合管廊16公里。实施"去杂乱、补短板"工程，拆除改造杂乱面积62.6万平方米，改造提升里弄小巷19条，综合枢纽立体停车场、城东集贸市场等功能性项目基本建成。完成各类棚改50255套，多措并举推进棚改做法获得国务院通报表扬。

持续推进秀美乡村建设。以"七改三网"为重点，新建秀美乡村点4192个。完成农村公路建设1548.7公里，改造危桥222座。村集体经营性收入3万元以下的"空壳村"全面消除。积极稳妥推进绿色殡葬改革，规划公益性

墓地 2954 个，已建成 2599 个，规划安息堂 88 个，已建成 47 个，全市火化率一举实现 100%。

切实提升城乡管理水平。在全国率先出台《农村居民住房建设管理条例》，在全省率先出台《城市管理条例》，扎实推进城乡环境综合整治，大力开展"百日攻坚"净化行动和中心城区"最干净街道（乡镇）"评选活动，全面启动全国文明城市、国家卫生城市创建工作。

强力推进生态文明建设。不断深化"河长制"，全面建立"湖长制""林长制"，《大坳水库饮用水水源保护条例》正式颁布。坚决打好污染防治攻坚战，狠抓中央环保督察反馈问题整改，广泛发动群众参与，打响了一场环保"人民战争"。严厉打击非法"电鱼""网鸟"行为，关停封堵入河排污口 115 个，全面实施生活垃圾焚烧发电项目 7 个。优良率达 91.8% 的城区空气质量，较上年提高 6.3 个百分点，PM 2.5 全年累计平均浓度 36 微克/立方米，同比下降 18.2%。

3. 顺势而为加快改革开放

着力深化重点领域改革。政务服务"一网一门一次"改革稳步推进，市本级依申请事项网上可办率全覆盖，进驻办事大厅事项全部实现受、办一体化。国资国企改革纵深推进，新组建市医投集团、教投集团、水投集团、农垦集团，上投集团资产总额突破 2000 亿元，信用等级获评为国内最高的 3A 级。创新存量用地开发利用模式，消化"批而未用"土地 3.2 万亩，批而未用率下降 14 个百分点。

着力提升开放实效。扎实开展主导产业龙头项目招大引强竞赛，成功举办浙商项目对接会、南宁产业推介会、深圳高新技术产业对接会、闽东南招商引智推介会。以饶商联合总会换届为契机，联动推进项目、资金、技术、总部、人才"五位一体"回归。2018 年 1~11 月，全市签约项目 264 个、投资额 1317.5 亿元，其中工业项目 236 个、投资额 964.6 亿元，项目数和投资额分别占比 89.4%、73.2%。外贸出口质量大幅提升，生产型出口占比 57%，较上年提高 16 个百分点。上饶至哈萨克斯坦中欧（亚）班列顺利开行。

着力增强创新活力。获批国家高新技术企业 91 家，还有 88 家正在公示，全市高新技术企业数量可实现翻番。开展"招才引智全国行"系列活动，新引进国家"千人计划"专家 2 名，新认定高层次人才 26 名。

着力壮大非公经济。深入实施"三十九证合一",电子营业执照得到大力推广应用。2018 年,私营企业新增 21086 户,较上年增长 17%;个体工商户新增 45724 户,较上年增长 22.1%;农民专业合作社新增 2224 户,较上年增长 8.3%。

4. 因势利导加快民生改善

坚决打好精准脱贫攻坚战。接续实施春季攻势、夏季整改、秋冬会战行动,2018 年上饶县、横峰县实现"摘帽",全市 183 个贫困村退出、9.27 万贫困人口脱贫,脱贫攻坚年度目标任务圆满完成。城镇贫困群众脱贫解困工作正式启动。

加快发展社会事业。就业创业服务体系进一步健全完善,城镇就业新增 5.5 万人,转移农村劳动力 8.5 万人。大力推进社会保险精准扩面、精准征缴,"五险"参保人数均超额完成年度计划。新(改、扩)建校舍 134 万平方米,中心城区 8 所学校全面开工。鄱阳、余干、铅山、横峰四县高质量通过国家评估,全市域实现义务教育发展基本均衡。市妇幼保健院、市第二人民医院综合楼完成主体工程及市人民医院城北院区加快建设。顺利通过省级卫生城市复审。上饶国际马拉松赛、玉山中式台球世锦赛等 39 项大型国际体育赛事在上饶成功举办。

切实加强社会治理。全面完成第十届村(居)委会换届选举工作。创新构建网格化治理工作新格局,全省深入推进基层社会治理工作暨综治中心实体化建设现场会在上饶市召开。通过开展安全生产"十大专项整治"行动和"企业主体责任强化年"活动,成功关闭煤矿 24 处,退出 52 家烟花爆竹企业。扫黑除恶专项斗争持续深入开展,创建全国禁毒示范城市工作扎实开展,加大工作力度化解信访问题,进一步提升人民群众安全感。

## (二)危中有机

危机,是传统发展之"危",也是转型发展之"机"。对当前形势,一定要全面地看、辩证地看,精准把握"大变局"中的"危"与"机",在应对危机中找准机遇、创造机遇,把准节点、踩准节奏,敏锐果敢地抢"红包"、争"红利",真正把经济下行的压力转变为高质量跨越式发展的动力。

2019 年是新中国成立 70 周年,也是决胜全面小康、打造大美上饶的关键

之年。对当前宏观形势，中央经济工作会议做出了一个全新判断：世界面临百年未有之大变局，经济发展稳中有变、变中有忧。从国际看，世界经济下行风险逐步加大，保护主义、单边主义加剧，不稳定性、不确定性更加凸显，中美经贸摩擦影响逐步显现，下一步走势难以预料。从国内看，中央在安全、环保、金融等领域加大监管力度，倒逼发展方式转变，经济增长的下行压力、企业的经营压力、要素的约束压力、环保的减排压力、金融的防风险压力等问题相互交织。这将会直接影响上饶的产业转型升级，直接影响当地的投资需求增长、企业生产和项目落户。

针对当前形势，中央明确指出，我国发展仍处于并将长期处于重要战略机遇期，变局中危与机同生并存，重申要坚持稳中求进的工作总基调，对宏观政策、财政政策、货币政策、结构性政策、社会政策等方面进行了部署强调。这些政策取向，体现了"直面压力、精准发力"的调控导向，其中也蕴含着许多新的机遇。

## 二　2019年的工作思路和主要任务

做好 2019 年经济工作，要以习近平新时代中国特色社会主义思想为指导，深入贯彻党的十九大、党的十九届二中全会、党的十九届三中全会、中央经济工作会议和江西省委十四届七次全会精神，从更高层次贯彻落实习近平总书记对江西工作的重要要求，坚持稳中求进工作总基调，坚持新发展理念，坚持高质量跨越式发展首要战略，坚持以供给侧结构性改革为主线，坚持深化市场化改革、扩大高水平开放，统筹做好产业升级、城乡建设、改革开放、县域发展、民生保障、社会治理等工作，切实巩固上饶来之不易的好势头、好局面、好氛围，努力保持经济持续健康发展和社会大局稳定，为与全国全省同步全面建成小康社会收官打下决定性基础，奋力迈出"决胜全面小康、打造大美上饶"的坚实步伐，以优异成绩庆祝新中国成立 70 周年。

### （一）预期目标

生产总值增长 8.2% ~8.6%，财政总收入增长 6%，规模以上工业增加值增长 8.6% 左右，固定资产投资增长 9.2% 左右，社会消费品零售总额增长

10.6%左右，实际利用外资增长6.1%，城镇居民人均可支配收入增长8.5%，农村居民人均可支配收入增长9%，居民消费价格总水平涨幅控制在3%左右，城镇登记失业率控制在4.5%以内，节能减排完成江西省下达任务。

与2017年相比，上述目标既有指标设置上的调整，也有增幅上的变化：一是与中央和江西省对表，降低了外贸出口指标，设置了GDP增长区间式目标。二是兼顾发展需要与现实条件，在保持必要增速的同时，适当降低了部分经济指标增幅，为转型发展预留回旋空间。

### （二）主要举措

1. 要把握好"高质量"与"加速度"的关系

发展速度和发展质量是一枚硬币的两面，是对立统一的辩证关系。高质量发展是事关发展方式、经济结构、增长动力的深刻变革；跨越式发展是欠发达地区奋起直追、同步小康的必然选择。要深入贯彻新发展理念，进一步把创新作为第一动力，大力发展新经济新业态，加速新旧动能接续转换，推动质量变革、效率变革、动力变革，努力在"高质量"的前提下，尽可能地形成"加速度"，致力实现又好又快发展。

2. 要把握好"扬优势"与"补短板"的关系

扬长补短，是唯物辩证法的实践和运用，也是抓好经济工作的方法论。一方面，要利用好区位、交通、生态等基础优势，特别是"两光一车"和大数据、大旅游、大健康等产业优势，深化市场化改革，扩大高水平开放，让强项更强、特色更特、优势更优；另一方面，要抓紧补齐科技创新活力不足、县域工业实力不强、民生投入欠账较多等"短板"，妥善有序地解决好影响经济发展的结构性矛盾，全面提升综合实力和整体竞争力。

3. 要把握好"快发展"与"优生态"的关系

发展和生态相辅相成，并不存在对立的矛盾关系。但是，以破坏生态、牺牲环境为代价的发展，就是盲目无效的发展、得不偿失的发展。绝不能身子进入了"新时代"、脑子还停留在"旧时代"，绝不能一边喊环境保护重要一边又让破坏生态环境的现象屡禁不止。一定要坚持生态优先理念，坚决摒弃"先污染、后治理"的老路，深刻认识保护生态就是保护生产力、改善环境就是发展生产力，努力打通绿水青山到金山银山的转换通道。对于那些有环境污

染的项目，哪怕有再大的投资，产生再高的GDP，带来再多的税收，财政状况再紧张，也坚决不要。

4. 要把握好"搞建设"与"防风险"的关系

根据中央经济工作会议精神，打好防范化解重大风险攻坚战，要稳妥处理地方政府债务风险，做到坚定、可控、有序、适度。但是，上饶的财政还是"吃饭财政"，要为发展添后劲，要为百姓办实事，不投资、不融资也是不可能的。解决这个问题，关键是要让民间投资"热"起来，让双创热潮"火"起来，让市场之手"动"起来，真正使市场在资源配置中起决定性作用。包括国有企业，也有债务风险控制的问题。这方面，政府就要有所行动，在企业负债"分子"扩大的同时，支持企业把资产这个"分母"做大。比如，可以把分散在各个行政企事业单位的经营性资产剥离出来，把掌控在政府手中"沉睡"的资源激活，经过评估后依法注入国有企业，以此来把它做大做强。这样做，就能够有效降低企业债务风险，提高企业融资能力。

5. 要把握好"抓当前"与"谋长远"的关系

当前复杂多变的宏观形势，要求政府必须把解决当前问题与实现长远发展结合起来，既要集中精力保持经济平稳较快发展，又要着眼打基础、拓空间、添后劲，不断增强经济社会可持续发展能力。眼下，特别要高度重视全国第三次国土调查相关数据的核定工作。这次调查，将把原来分散在国土、林业、水利、农业等部门的数据，全部统一到"一张图"上来。今后，永久基本农田红线、生态保护红线、城市边界红线，都将根据这张"图"来划定；编制国土空间规划、自然资源负债表，开展领导干部自然资源离任审计，也将以这张"图"为依据。因此，各地、各部门一定要强化统筹观念和大局意识，齐心协力、科学合理地把辖区内的"山水林田湖草"相关数据分配好、调整好、核定好，最大限度地为今后的发展留足空间。

## （三）重点方面

### 1. 加力加速主攻工业

持之以恒抓好产业、企业、项目这三大关键要素，推动工业经济总量和质量同步提升，以工业集聚式、突破性发展，带动全市高质量、跨越式发展。

大力实施"2050"工程。省委、省政府提出，国家级园区每年至少要引进产业项目1个投资超50亿元，省级园区每年至少要引进产业项目1个投资超20亿元，这是推进工业扩量提质的关键一招。要全面落实《工业崛起"2050"工程实施意见》，全力以赴引进一批龙头企业、骨干项目，加速形成有竞争力的块状经济。深入推进上饶经济开发区"三城"创建，大力开展"县域工业发展巩固年"活动，坚定不移培育壮大主导产业，全力打造3个千亿级产业（有色、光伏、汽车产业），3个五百亿级产业（电子信息、新型建材、现代纺织产业），若干个百亿级产业（光学、食品等产业），引领带动全市产业上规模、提层次、增效益。

持续做强园区平台。深入推进开发区改革和创新发展，大力实施"两型三化"园区管理提标提档行动，推动县级经济管理权限向园区"下沉"，进一步理顺园区社会事业管理体制、财政税收分配机制，有效激发园区发展动力，让工业园区真正成为"大家都想去、去了能干事、干事能成事"的好平台。树立"以亩产论英雄"导向，分类处置"僵尸企业"，加快清理"僵尸项目"，有效盘活闲置土地，不断提高集约节约用地水平。

创新工业发展模式。借鉴和引入招商安商一体化的园区开发模式，深入推进"小微产业园（众创城）"建设，协同解决工业发展存在的"招商难""用地难""融资难""监管难"等实际问题。高起点、高标准规划建设信江产业新城，努力争取把温州万洋集团引进来，运用"产业集聚、产城融合、产融互动、资源共享"模式，打响产业新城发展"第一炮"。坚持把标准厂房建设作为落实产业规划的重要抓手，统筹推进厂房建设和项目引进，使企业"拎包入驻"的过程成为产业"延链壮链"的过程。

加大企业帮扶力度。围绕"兴实业、强实体"，持续"减负担、增效益"，不折不扣落实"降成本优环境"各项政策措施，及时跟进国家减税降费举措。完善和落实市县领导挂点帮扶企业制度，准确把握好"亲清"政商关系，主动热情、清白纯洁地为企业服务，千方百计化解要素制约，切实帮助企业解决实际问题。

2. 加力加速发展现代服务业

把现代服务业作为扩大市场需求的重要增长点，以大数据、大旅游、大健康为龙头，加快推进消费提质升级。

做大数字经济。数字经济这一块，上饶起步较早、势头较好，一定要作为

"变道超车"的重要产业紧盯不放，不断巩固和提升在全省"领先""领跑"的地位。抓紧完成大数据科创城规划编制，全面推进大数据创新应用园区、数字文化应用园区、大数据呼叫城建设。重点围绕数据存储运营、数字文化、数字呼叫、数字金融、数字医疗、数字营销等业态，持续引进一批大企业、好项目。全面落实产业扶持政策，统筹实施包容审慎监管，严格落实全程代办制度，完善企业服务和项目推进机制，全力打造数字经济集聚区、示范区。

做强全域旅游。加快推进城东文化旅游综合体、"十里槠溪"生态旅游度假区、捷成梦都影视城、野生动物乐园、光影小镇等项目，尽快在城区四周构建一条高端旅游环线。依托众多秀美乡村点，加快完善游乐设施，健全车位、餐位、床位、厕位、摊位等功能配套，打造一批精品线路，通过串点成线、以线带面，促进乡村旅游持续升温。继续支持婺源篁岭景区创5A，启动婺源瑶湾、灵山大峡谷等景区创4A工作。以"可爱的中国"为主题开展文化旅游年活动，积极推动全国旅游标准化试点城市创建工作，促进全市旅游服务质量整体提升。

做实大健康产业。加快建设上饶国际医疗旅游先行区，瞄准高端医疗、精准医疗开展招商引资，加快推进汉氏联合医院、上饶国际精准医疗产业园等项目建设。积极创建国家中医药健康旅游示范区，进一步扩大中药材种植规模，重点围绕中药材加工、中医药养生、健康养老等领域引进一批大项目、好项目，进一步提高中医、健康、旅游等要素的融合发展水平。

做活商贸、物流、金融业。引导商贸业顺应消费升级趋势转型发展，大力推动上饶品牌"走出去"、响起来。促进物流业与制造业、农业、商贸业联动发展，积极培育供应链管理、冷链物流等新兴业态，加快建设上饶国际物流园、江天农产品冷链物流园二期项目，确保物流大道建成通车。进一步完善融资担保体系，推动更多信贷资金流向实体经济，加快发展以股权投资业和资本市场为核心的直接融资，持续实施"映山红行动"，力争全市直接融资额增长20%以上。

3. 加力加速打造宜居城市

按照"精心规划、精致建设、精细管理、精美呈现"的要求，坚持建设与管理同步、面子与里子并重，全面推进城市功能与品质提升"八大行动"，努力打造令创业者称赞、本地人自豪、外地人向往的现代化城市。

以"大美"的标准提升城市功能。启动上饶三清山机场改扩建前期工作，加快推进昌景黄高铁、沪昆高速公路改扩建等项目建设，重点推进上饶动车组存车场、上浦高速、鄱余高等级公路等项目建设。强化设施配套，大力推进城市交通基础设施、地下综合管廊、环保设施、停车设施等建设，不断提升城市综合承载能力。突出风貌塑造，依托山水、人文资源，高标准规划建设几个城市亮点区块，进一步提升城市的感知度和美誉度。

以"民本"的理念提升城市品质。把里弄小巷作为感知群众冷暖的"温度计"，持续推进里弄小巷改造提升工程。大力推进黑臭水体整治和滨水空间改造，实施"厕所革命"三年行动，2019年新（改）建城镇公厕220座。结合城市山体修复、围墙拆除，实施复绿、增绿、透绿工程，一两年内不开发的小地块，一律建成小绿地、小游园或停车场，真正做到"300米见绿、500米见园"。特别要强调的是，要继续把棚改作为城市建设、城市改造、城市提升的重要抓手，真正做到应改尽改，并同步推进海绵城市和地下综合管廊建设，真正做到改一片、像一片。

以"绣花"的功夫提升城市管理。2019年是上饶全国文明城市、国家卫生城市"双城"同创之年。要以此为契机，认真落实《城市管理条例》，全面推进城管体制改革，制定出台《城市市容和环境卫生管理办法》，不断提升城市管理法制化、社会化、智能化、标准化水平。深入开展道路本色、立面清爽等行动，努力实现"路见本色、房见底色"。聚焦重点区域、重点行业、重点地段、重点部位，大力整治乱扔乱倒、乱摆乱占、乱停乱放、乱贴乱画、乱拉乱挂等环境"乱象"。

4. 加力加速实施乡村振兴战略

以"产业兴旺、生态宜居、乡风文明、治理有效、生活富裕"为标准，加快推进农业农村现代化，塑造大美上饶、秀美乡村的新风貌。

让农业产业"旺"起来。围绕上饶农业"十大工程"和"东西南北中"特色产业布局，持之以恒做大规模、做优质量、做响品牌，致力于打造马家柚、虾蟹、茶叶三个百亿级产业。统筹推进"菜篮子"工程建设，力争在2019年新增蔬菜种植面积10万亩。挖掘农业全方位功能，延长农业全产业链条，把加工和流通作为重点工作抓好抓实，进一步促进一、二、三产业融合发展。做实农业园区平台，着力引进一批有资金实力、有尖端技术、有先进理念

的龙头企业，有效增强农业园区的辐射带动作用。

让农村要素"活"起来。通过盘活产权、入股产业等方式，培育发展壮大村集体经济，抓好农村集体产权制度改革。完成集体建设用地和农村宅基地使用权确权登记发证工作。通过农村空闲地、盘活闲置宅基地、工矿和砖瓦窑废弃地等资源，大力推进一批城乡建设用地"增减挂钩"项目。继续抓好林地流转改革试点，有序开展农垦国有农用地使用权抵押、担保试点。

让乡村环境"美"起来。进一步巩固和扩大秀美乡村建设成果，确保提前一年完成"四年扫一遍"任务。严格执行《农村居民住房建设管理条例》，坚决落实"一户一宅"制度。持续推进一整治（三沿六区）、二建设（公益性墓地和殡仪馆）、三巩固（火化率100%、进公墓100%、源头治理），真正把绿色殡葬改革这件破旧立新的难事办好。聚焦垃圾污水治理、"厕所革命"、村容村貌提升，深入推进农村人居环境整治，不断改善乡村环境面貌。

让农民生活"好"起来。拓宽农民增收渠道，确保农村居民收入稳定增长。积极实施促进乡村就业创业行动，带动更多农民在家门口实现就业创业。将法治与德治相结合，加强法治宣传教育，实施"法律明白人"培养工程，传播继承优秀传统文化，大力塑造文明乡风、良好家风、淳朴民风，让广大农民"口袋"富起来、"脑袋"富起来。

5. 加力加速深化改革开放

把改革开放作为重要法宝、必由之路，紧盯问题抓改革，紧盯产业扩开放，紧盯实效谋创新，为高质量、跨越式发展增添动力和活力。

抓好重点领域改革。扎实推进市县机构改革，确保2019年3月底前全面完成任务。深化供给侧结构性改革，抓紧淘汰落后产能，关闭煤矿12处。继续抓好国资国企改革，进一步理顺上投集团及其子公司管理和运营体制，推动形成"主业清晰、管理有序、发展联动"的工作格局。加快推进第二批市直单位与所属企业分离划转工作，全面完成市本级"政企分开、事企分开和管办分离"改革工作。持续推进政务服务"一网一门一次"改革，从现在开始，直接为企业和群众提供与日常生产生活密切相关事项的办理窗口，要实行全天候服务；市本级政务服务大厅要确保在5月全面升级运行；到2019年底前，各县（市、区）依申请类政务服务事项"一网一门一次""一窗式"受理率达到70%以上。

增强开放招商实效。对标江西开放门户城市的定位，瞄准重点区域、重点领域扩大开放合作，努力打造对接长三角区域一体化发展的先行区。深化主导产业龙头项目招大引强竞赛活动，全面开展请老乡回家乡、请校友回母校、请战友回驻地"三请三回"活动，吸引更多国企、民企、外企投资上饶。完善和落实"四抓"工作机制（抓洽谈签约、抓开工竣工、抓核查巡查、抓分析调度），倒逼招商引资取得更大实效。

提升创新驱动能力。深入实施创新型企业、高新技术企业和科技型中小企业培育工程，引导各类创新要素向企业聚集，以企业为主体、以市场为导向，构建"产学研用金"相结合的技术创新体系。全面推进上饶（国际）基金双创生态示范城建设。积极推进上饶国家汽车高新技术产业基地创建工作。健全柔性引才机制，大力实施"十百千万"人才计划，打好招才引智"组合拳"，形成聚才留才"强磁场"。

大力发展民营经济。全面推进"证照分离"改革，通过"照后减证"，提升市场准入的便利化程度。鼓励民营企业运用多种融资工具，综合施策优先解决民营企业特别是中小企业融资难问题。坚决打破各种"卷帘门""玻璃门""旋转门"，为民营经济发展创造充足市场空间。依法保护民营企业家的人身安全和财产安全，让民营企业吃下定心丸、安心谋发展。

6. 加力加速推进生态文明建设

坚决落实生态优先、绿色发展理念，强化底线思维、问题导向和责任意识，统筹推进山水林田湖草系统治理，切实保护好上饶绿色生态"金字招牌"。

坚决打好污染防治攻坚战。紧抓中央和江西省委环保督察问题整改落实，深入推进长江经济带"共抓大保护"攻坚行动，在保卫蓝天、碧水、净土上持续攻坚。实施大气污染防治行动计划，持续开展工地和道路扬尘、餐饮油烟、工业废气、机动车尾气等专项治理，让"上饶蓝"成为常态。严格落实"水十条"，坚决处置好"散乱污"企业、化工污染企业、畜禽养殖企业，下大力气健全和完善污水管网，认真落实《大坳水库饮用水水源保护条例》，不断提升河湖全流域治理水平。大力实施化肥农药"零增长"行动，全面加强固体废弃物处置管控，不断改善土壤环境质量。

加大生态修复与建设力度。划定并严守生态保护红线、环境质量底线、资源利用上线"三条红线",确保生态功能不降低、面积不减少、性质不改变。实施森林质量提升工程,完成植树造林 8.3 万亩、退化林修复 18.6 万亩,落实"绿化、美化、彩化、珍贵化"建设任务 2.9 万亩,打好松材线虫病防控保卫战。生活垃圾分类试点全面启动,加快推进生活垃圾焚烧发电项目建设,加快推进城乡生活垃圾处理一体化、无害化。

健全和落实生态文明制度。全面推行河长制、湖长制、林长制,稳步推进自然资源资产有偿使用制度改革试点,建立健全自然资源资产化、价值化转化机制。巩固和运用中央环保督察反馈问题整改成果,持续打好环保问题治理的"人民战争",充分发挥"环保警察"作用,严厉打击环境违法犯罪行为。

7. 加力加速增进民生福祉

自觉践行以人民为中心的发展思想,密切关注群众所需,做到尽力而为、量力而行,守住底线、筑牢底部,不断满足人民日益增长的美好生活需要。

坚决打好脱贫攻坚战。坚持问题导向,创新工作举措,狠抓政策落实,全力以赴确保高质量完成"1 个贫困县摘帽、67 个贫困村退出、7.88 万贫困人口脱贫"的年度任务。坚持"输血""造血"双管齐下,重点推进产业扶贫长效化、精神扶贫实效化,精心搭建产业与贫困户的利益联结机制,组织开展脱贫攻坚"感恩行动",大力营造勤劳致富、脱贫光荣的浓厚氛围。统筹推进贫困县与非贫困县、城镇与农村贫困人口脱贫,建立健全稳定脱贫的长效机制,确保遇困、遇病、遇灾不返贫。

织密织牢民生保障网。全面落实就业优先政策,把支持和促进高校毕业生、退役军人、返乡创业人员等群体的就业创业服务作为一项重点工作抓好落实。深化与华师大、北师大、北大教育学院等名校合作办学,启动名师名校长领航工程,抓好中心城区学校和医院项目建设,促进教育卫生事业扩量提质。深入实施基层公共文化服务设施提升工程,全面完成县级"三馆"建设,着力提升文化馆、图书馆和乡镇(街道)综合文化站服务效能。积极适应人口老龄化趋势,大力发展居家和社区养老服务。

加强和创新社会治理。持续推进基层治理网格化,巩固和完善"社情民意、网格收集,网格发声、综治响应,综治吹哨、部门报到"的治理模式,有效预防和化解各类矛盾纠纷。加大初信初访办理力度，推动问题在一线解决、怨气在基层化解，更好地运用法治思维和法治方式，维护正常的信访秩序。始终保持对黑恶势力的强大凌厉攻势，坚决做到有黑必扫、除恶务尽，努力实现精准打击、标本兼治。着力提升应急管理水平和防灾减灾救灾能力，统筹抓好森林防火、防汛抗旱等工作，为人民群众提供更加高效、更加可靠的安全保障。

# 部门篇
## Divisions Reports

# B.2
# 2017～2018年上饶市发展改革
# 工作分析报告

上饶市发展和改革委员会

摘　要：　2018 年是深入学习贯彻党的十九大精神的开局之年，是改革
　　　　　开放40 周年，也是决胜全面建成小康社会、实施"十三五"
　　　　　规划承上启下的关键一年。2018 年发展改革工作的总体思路
　　　　　可以概括为"134"，即"紧扣一个总体要求，做到三个对表
　　　　　聚焦，强化四项基本职责"。

关键词：　改革发展　创新作为　稳定增长

## 一　2017年发展改革工作情况

2017 年，上饶市发改系统在市委、市政府的坚强领导下，在各地党委、

政府及市直相关单位的大力支持下，在全系统的共同努力下，统筹推进发展和改革两大方面工作，为保持全市经济"基础更实、质量更优、效益更好"的发展态势做出了积极贡献，突出表现在"七个标志"上。

## （一）以各项主要经济发展指标基本完成年初目标任务为标志，稳定增长见成效

稳增长是经济工作的头等要务。2017年，上饶市发改系统坚决贯彻落实市委、市政府稳增长的有关部署，编制下达了经济社会发展计划，抓好季度、年度运行分析，会同市直有关部门研究提出完成目标任务的具体举措，实现了经济平稳健康发展。2017年，全市地区生产总值为2055.4亿元，较上年增长8.8%；规模以上工业增加值较上年增长9.1%；财政总收入为318.7亿元，较上年增长5.5%；固定资产投资为2004.2亿元，较上年增长11.9%；社会消费品零售总额为812.3亿元，较上年增长12.7%；出口总额为314.8亿元，较上年增长24.7%；实际利用外资11.4亿美元，较上年增长9.8%；城镇居民人均可支配收入为31853元，较上年增长9.3%；农村居民人均可支配收入12174元，较上年增长9.6%；居民消费价格总指数控制在计划目标3%以内。

## （二）以鄱余万滨湖三县小康攻坚升级为省级战略为标志，统筹协调有作为

协调发展是全面建成小康社会的内在要求。2017年，上饶市发改系统始终紧扣"十三五"规划纲要确定的"一核两轴两板块"总体空间格局定位，加快推进中心城区发展，按照"七区"建设要求，着力推进上饶国际医疗旅游先行区的规划与建设，完成了《上饶国际医疗旅游先行区发展规划》，与规划部门协作完成核心区详细规划编制工作，核心区20万人份干细胞库项目已建设完成；启动申报江西汉氏生命科技学院，该项目已纳入江西省"十三五"高等学校设置规划。加快推进县域经济发展，按照全面建成小康社会的目标要求，重点推进了西部滨湖板块发展，补齐全市协调发展的短板。2017年3月16日，省政府印发出台《支持鄱余万都滨湖四县小康攻坚的指导意见》，标志着上饶市鄱余万滨湖三县小康攻坚升级为省级战略，为鄱余万滨湖三县同步全面决胜小康提供了有力的政策支撑。加快推进主体功能区建设，完成了婺源

县、德兴市、横峰县三个重点生态功能区产业准入负面清单的编制工作，已报国家发改委待进行技术审查。

**（三）以上饶成功列为"全国光伏发电技术领跑基地"为标志，向上争取创佳绩**

争取支持是发改部门的重要职责。2017 年，上饶市发改系统积极抢抓中央和江西省稳增长促发展政策机遇，准确把握政策支持范围、条件和要求，积极做好谋划包装和申报争取工作。强化了重大项目争取，全年争取中央投资项目 400 个，列入省大中型项目个数（142 个）位列全省第三，总投资额位列全省第一；全市列入省市县三级联动集中开工重大项目个数（148 个）、总投资额均位列全省第二。强化了资金和用地争取，争取中央资金约 16.4 亿元（含鄱阳县）；分别为 10 个省重点项目和 4 个省重点项目申请了省级用地和林地指标，已争取到省里用地指标 3056.3 亩、林地指标 1286.8 亩。强化了企业债券争取，申请到鄱阳县国有资产投资经营有限责任公司、广丰区城市建设投资发展有限公司、弋阳县城市建设投资开发有限公司、上饶县城市建设投资开发有限公司发行不超过 49 亿元债券（其中鄱阳县 12 亿元、广丰区 7 亿元、弋阳县 15 亿元、上饶县 15 亿元）。铅山县的黄岗山投资公司、上饶经开区的江西和济投资有限公司发债申请已报国家发改委。强化了外债发行争取，为上饶城投集团争取到赴港发行规模不超 3 亿美元的债券，并于 12 月 19 日成功发行，成为江西省首笔境外债；为上饶投资控股集团有限公司争取到赴港发行规模不超 2 亿美元的债券。强化了重大政策争取，上饶光伏发电技术领跑基地申报获国家能源局批复，成功列入"全国光伏发电技术领跑基地"名单（全国仅三家，全省第一家）。争取到德兴市、婺源县、铅山县等 9 个通用机场列入省规划。横峰、玉山经开区扩区调区获得省政府批复。广丰区创建国家农村产业融合示范园区进入省级储备。新增了 5 家省级工程技术研究中心，2 家省级服务业集聚区，5 家省级服务业龙头企业。

**（四）以上饶三清山机场开通运营为标志，项目推进显效果**

重大项目是加快发展的重要支撑。2017 年，上饶市发改系统紧紧抓住项目建设这个"牛鼻子"，找准求进度和重安全的最佳平衡点，精准发力，重点突破，全力加快重大项目建设。上饶三清山机场于 5 月 28 日开通运营，截至

2017 年底，机场旅客吞吐量达 14.6 万人次，平均客座率 81.3%；九景衢铁路于 12 月 28 日正式通车；上饶动车组存车场和上饶坑口货站一期项目开工建设；昌景黄铁路获批。截至 2017 年 12 月底，全市 400 个中央预算内投资项目已开工 392 个，竣工 187 个，开工率达到 98.5%。17 个纳入 2017 年第一批省重点项目，完成投资 14.3 亿元，为年计划的 125.1%；6 个纳入 2017 年第二批省重点项目，完成投资 13.9 亿元，为年计划的 126.7%。列入全省大中型项目 142 个，其中已开工项目 140 个，实际完成投资 565.3 亿元，为全年投资总额的 115.8%。省、市、县三级联动集中开工推进项目 148 个，其中开工项目 146 个，完成计划投资 406.4 亿元，为当年计划的 111.9%。127 个市领导挂点重大项目，完成投资 669.4 亿元，为年计划的 123.7%，均超额完成年度计划。

## （五）以产业扶贫模式得到省领导肯定为标志，脱贫攻坚出特色

脱贫攻坚是全市上下共同的政治任务。2017 年，上饶市发改系统按照市委、市政府有关"脱贫攻坚"的部署安排，着力推进光伏产业扶贫，会同相关职能部门组织实施了第一批 260 万千瓦光伏扶贫电站项目的建设工作，全市完成光伏扶贫建设规模合计达到 27.059 万千瓦，覆盖 10 个县（市、区）478 个贫困村，受益扶持对象约 5.48 万户，超额完成了省能源局分配给上饶市的光伏扶贫电站建设规模指标；上饶市光伏产业扶贫模式得到了省政府吴晓军副省长的高度肯定，同时在全省光伏扶贫扩面工程推进工作电视电话会上，上饶市作了典型发言。着力推进易地扶贫搬迁，2017 年易地扶贫搬迁 7882 人，其中建档立卡贫困人口 6568 人，同步搬迁 1314 人。争取建档立卡搬迁人口省级专项补助资金 530 万元，建档立卡搬迁人口贴息贷款 2.3 亿元。着力推进驻村帮扶工作，市发改委连续两年被市里评为优秀帮扶单位；在 2017 年度上饶县扶贫成效考核中，市发改委被评定为优秀，在帮扶上饶县的所有市直单位中名列第一；玉山县王坊村扶贫工作先后五次作为典型被《上饶日报》等市县级媒体报道，得到市领导充分肯定。全系统为助力脱贫攻坚做了大量的工作，付出了艰辛和努力，取得了积极明显的成效。

## （六）以"降成本优环境"专项行动为企业减负近百亿为标志，深化改革惠民生

深化改革是持续发展的强大动力。2017 年，上饶市发改系统牵头编制了

全市经济体制和生态文明体制专项小组 2017 年工作计划，并以专项小组的名义提请市委全面深化改革领导小组研究审议《关于深化投融资体制改革的实施意见》《关于加快推进"放管服"改革工作的意见》《关于推进公共信息资源开放政务信息系统整合共享的实施方案》等重要改革文件，同步抓好相关民生改革任务的推进。精准深入降成本，全年全市税费减免约 82 亿元，降低制度性交易成本约 5000 万元，降低人工成本约 9500 万元，降低用能用地成本 14 亿元，总计约 97.5 亿。依法依规去产能，协同市煤行办抓好煤炭去产能工作，截至 2017 年底，全市煤炭行业去产能超额完成目标数，关闭退出矿井 20 处，退出产能 101 万吨，超额完成了年初计划。坚持不懈优生态，出台了《贯彻落实〈国家生态文明试验区（江西）实施方案〉的实施意见》，推动玉山县、德兴市成功创建江西省第二批生态文明示范县，铅山县、万年县成功创建江西省第三批生态文明示范县；上饶现代农业科技园、广丰区洋口镇成功创建江西省第二批生态文明示范基地；玉山县、万年县成功创建 2017 年省级园区循环化改造试点，德兴市成功创建 2017 年省级循环经济示范城市，以点带面推进全市生态文明试验区建设。千方百计稳物价。启动了 2017 年 1 月的价格临时补贴发放工作，全年共发放价格临时补贴 287.8 万元，受益对象为 26.9 万人，保持了市场价格总水平的基本稳定；完成了阶梯水价改革任务；医疗服务价格改革有序推进；成本监审依法依规落实，农本调查任务圆满完成；出台了《在市场体系建设中建立公平竞争审查制度的实施意见》。物价工作中尤其值得一提的是，价格认定监测工作成效突出，全年共受理"四涉一调"案件 1100 余件，标的额达 1.5 亿多元，保质保量完成了国家、省、市的监测任务。在 2017 年全国价格认定工作质量评定中，市价监局被国家发改委予以通报表扬，成为全国 94 个被表扬单位之一；此外，还被国家发改委价格监测中心评为 2017 年全国价格监测工作先进单位。

## （七）以法人单位均实现党组织书记和单位负责人一肩挑为标志，党建工作谋创新

发改工作的关键是党建。2017 年，上饶市发改系统深入学习贯彻党的十九大精神和习近平新时代中国特色社会主义思想，深入实施《上饶市发改委学习贯彻党的"十九大"精神活动实施方案》，有计划有步骤地开展了十九大

精神专题学习，委班子成员连续 7 周结合工作实际，领学十九大报告和新党章；邀请了市委讲师团领导作党的十九大精神专题辅导报告；开展了"畅谈十九大，情暖重阳节"老干部活动，形成了从党组到各级党组织再到党员的上下联动学习模式；建立了委党组成员每月专题领学的长效机制，从严抓好"两学一做"学习教育，全年累计开展各类专题学习近 30 次；建立健全了各级党组织机构，配齐配强了党务干部；选举产生了十个支部委员会，委属所有法人单位实现了党组织书记和单位负责人党建一肩挑；创造性地开展支部建设，组建了三清山机场、上饶动车组存车场、昌景黄高铁项目（上饶）微信党支部；扎实推进全面从严治党"两个责任"、党员领导干部"一岗双责"、中央"八项规定"和省市有关规定的落实，不断加强党风廉政建设，全系统风清气正的政治生态业已形成。

在肯定成绩的同时，也清醒地认识到，在发展改革工作推进和自身队伍建设方面还存在一些突出的问题，与市委、市政府要求，以及经济社会发展需要、基层服务对象期盼相比，各项工作还有一定的差距：一是对宏观经济形势研判不多不深，对重大战略、重大事项、重大课题研究不够不实，参谋助手职能有待强化；二是应对新时代新问题新矛盾的探究水平、思维方式与新要求不相适应；三是在错综复杂的工作中，部分干部抓总、抓主要矛盾、抓主要问题的能力有待提高；四是工作往往疲于应付，在主动作为、主动服务方面还不够；等等。针对上述问题，我们将高度重视，采取措施予以解决。

# 二　2018年发展改革工作思路

2018 年是深入学习贯彻党的十九大精神的开局之年，是改革开放 40 周年，是决胜全面建成小康社会、实施"十三五"规划承上启下的关键一年。2018 年发展改革工作的总体思路可以概括为"134"，即"紧扣一个总体要求，做到三个对表聚焦，强化四项基本职责"。

## （一）一个总体要求

全面贯彻党的十九大、中央经济工作会议、江西省委十四届五次全会和上饶市委四届五次全会精神，以习近平新时代中国特色社会主义思想为指导，按

照高质量发展的要求，坚持稳中求进工作总基调，坚持新发展理念，坚持以供给侧结构性改革为主线，统筹推进稳增长、促改革、调结构、优生态、惠民生、防风险各项工作，促进经济社会持续健康发展，全面加快"决胜全面小康、打造大美上饶"历史进程，着力打造省域副中心城市和赣、浙、闽、皖四省交界高铁枢纽城市，奋力开创新时代上饶发展改革新局面。

### （二）三个对表聚焦

1. 对表聚焦中央经济工作会议

中央经济工作会议是全国宏观经济政策"风向标"，是全国经济工作的定调会。发展改革部门作为宏观经济管理部门，要积极对表中央经济工作会议有关经济工作的总体要求、政策取向和重点任务；对表中央经济工作会议有关"经济发展进入新时代，经济由高速增长阶段转向高质量发展阶段"的重大判断；对表中央经济工作会议有关"防范化解重大风险、精准脱贫、污染防治"的决策部署，进一步学懂弄通做实中央经济工作会议精神，准确把握新时代发展改革工作新的历史方位。

2. 对表聚焦全国、全省发展改革工作会议

全国、全省发展改革工作是做好基层发展改革工作的重要指南。上饶市发改系统系统要积极对表全国发展改革工作会议明确的"四大主攻方向、十大重点任务"（四大主攻方面：要把推动高质量发展作为根本要求；要深入贯彻稳中求进工作总基调；要聚焦新时代新征程重大部署；要围绕主动适应社会主要矛盾新变化。十大重点任务：持续深化供给侧结构性改革、大力实施创新驱动发展战略、落实乡村振兴战略重大举措、推进区域协调发展、坚决打好三大攻坚战、着力创新和完善宏观调控、以完善产权制度和要素市场化配置为重点深化经济体制改革、推动形成全面开放新格局、提高保障和改善民生水平、加大生态文明建设力度），对表"持续深化供给侧结构性改革，着力推动实体经济特别是制造业转型升级、提质增效，加快培育形成新动能主体力量，破立结合推进'三去一降一补'"的重大部署安排。对表全省发展改革工作会议明确的"11345"总体思路，即落实一个思想，聚焦一个目标，突出三个着力，狠抓四个重点，推进五个协调（一个思想：习近平新时代中国特色社会主义思想，特别是以新发展理念为主要内容的习近平新时代中国特色社会主义经济思

想。一个目标：聚焦构建具有江西特色的现代化经济体系这个战略目标。三个着力：牢牢把握稳中求进的工作总基调，牢牢把握高质量发展的根本要求，着力巩固稳增长的基础，着力加快调结构的步伐，着力推动高质量的发展）。对表"新动能培育、生态文明试验区建设、开发区改革创新、重大项目建设"四大工作重点；对表"实体经济与虚拟经济、重大区域板块、对内深化改革与对外扩大开放、新型城镇化与乡村振兴、经济增长与民生改善"五大协调发展。

3. 对表聚焦省委十四届五次全会、市委四届五次全会

省委十四届五次全会和市委四届五次全会对全省、全市经济工作进行了部署安排，也是全省、全市经济工作的部署会。全系统要积极对表省委十四届五次全会鹿心社书记提出的"三项要求、六大工作"（三项要求：巩固稳增长的基础、加快调结构的步伐、推动高质量的发展；六大工作：加快建设现代化经济体系、纵深推进改革开放、大力实施乡村振兴战略、深入推进国家生态文明试验区建设、打好防范化解重大风险攻坚战、提高保障和改善民生水平），对表刘奇省长提出的"五项要求、七大工作"（五项要求：全力以赴提质量、突出特色扬优势、坚定不移补短板、千方百计强弱项、持之以恒优环境；七大工作：深入挖掘内需潜力、聚焦振兴实体经济、深入推进改革攻坚、持续推进开放合作、统筹推进区域城乡发展、加强生态文明建设、着力保障改善民生）。着重对表省委十四届五次全会有关"支持上饶打造省域副中心城市和赣浙闽皖四省交界高铁枢纽城市"的目标定位。积极对表市委四届五次全会马承祖书记提出的"发展第一、项目优先、创新引领、支持实体、重视三产、担当实干"六种导向，"产业发展要高质量、城市发展要高质量、秀美乡村建设要高质量、生态文明建设要高质量、改革开放要高质量、民生事业要高质量"六个高质量；对表谢来发市长在政府工作报告中提出的"五个聚焦、五个着力"（聚焦发展质量提升，着力做优现代产业体系；聚焦发展格局优化，着力提升城乡品质；聚焦发展动力增强，着力深化改革开放；聚焦发展方式转变，着力巩固生态优势；聚焦发展成果共享，着力增进民生福祉）；对表市委四届五次全会其志常务副市长代表市政府提出的"三个必须、六个着力抓好"（三个必须：必须进一步强化"抢抓机遇"的意识、必须进一步加快"扬优成势"的步伐、必须进一步营造"担当实干"的氛围；六个着力抓好：着力抓项目

增后劲、着力推创新优供给、着力促改革强动力、着力补短板惠民生、着力护生态增优势、着力防风险守底线），进一步综合施策，突出重点，精准发力，为推动全市经济高质量发展展现发改系统应有作为。

### （三）四项基本职责

1. 强化参谋助手职责

全系统要全力研究重大政策，强化政策储备，对近年来中央和江西省出台的一系列重大政策进一步进行认真梳理、深入研究，挖掘对上饶市有利的政策信息，对准"政策眼"，挖掘"含金量"，精准化争取支持，最大限度地实现政策项目化、项目实体化，让政策落地落实、开花结果。要全力研究宏观经济形势，围绕经济运行的特点，党委、政府关切的重点，社会关注的热点，群众关心的焦点，定期不定期地开展调查研究，形成一批有质量、有深度、有见地、有前瞻的课题成果，供党委、政府决策参考。

2. 强化向上争取职责

县（市、区）一级的发展改革部门，不具体制定政策，更多的是对接上级政策和落实上级政策。作为基层发改部门，要想有为有位，就必须把争取政策、资金和项目支持作为一项重要职责。要着力研究对接国家和江西省政策、资金以及项目投向重点，着力加强对国家产业政策的学习研究，及时掌握国家出台的相关政策和资金扶持方向，着力研究好国家和省"投什么、投多少、怎么投"的问题，找到突破口，并有针对性地落实好自己"报什么、报多大、如何报"的问题，集中力量谋划和筛选上报各类投资项目和政策试点示范，积极向国家、省相关部门汇报沟通，了解信息，掌握情况，争取更多国家、省相关政策、资金和项目支持。

3. 强化协调服务职责

服务基层、联系上下、贯通左右，是发改部门发挥综合协调作用的具体体现。全系统要深化"放管服"改革，再精简审批程序，再提高审批效率。积极推行绿色通道、并联审批、"互联网＋政务"等服务，按照党委、政府的部署，全面推开"最多跑一次"改革，逐步实现"一次不跑"；规范招投标程序，健全公平、公开、公正的招投标竞争机制；推行挂点联系服务基层的"一线工作法"，搞好联通，加强指导，积极主动做好重点项目跟踪服务和综合协调工作，及时掌握重点项目重大事项的进展情况及存在的问题，帮助基层和企业提出可行的解决方案和意见建议；注重加强与行业部门、相关单位的沟通联系，强化协作，形成合力；对内要进一步规范管理，提高效率。

4.强化自身建设职责

加强自身建设，是发展改革部门围绕中心、服务大局、履好职能的基本前提和重要保障。全系统要结合定位转型和形势任务的新要求，把强化系统自身职能建设与深入学习党的十九大精神，学习省委、市委全会精神紧密结合起来，与进一步转变管理职能、服务方式、工作作风紧密结合起来，与统筹推进业务、党务队伍建设紧密结合起来。真正实现从微观向宏观、从审批向监管、从项目谋划到项目实施监管的深入转变。

# 三　2018年全市发展改革工作打算

市"两会"通过了2018年经济社会发展的主要目标，全市经济增长预期目标确定为8.5%左右，各项主要经济指标的增幅不低于全省的增幅。全市发改系统要认真贯彻落实，围绕既定的发展目标，遵照发改工作"134"的总体思路，凝心聚力，真抓实干，着力在"七个抓"方面精准发力，抓出成效。

## （一）抓改革，进一步增强发展活力

重点抓好"供给侧结构性改革"，当前仍要把持续深化供给侧结构性改革放在首位，统筹抓好"经济体制和生态文明体制重点领域的改革"。供给侧结构性改革方面，继续抓好省市"降成本优环境"有关政策举措的落实，加快推进政务信息共享，重点开展事中事后监管，切实降低制度性交易成本，推动专项行动取得实质性成效。运用市场化、法治化手段去产能，主要从总量性去产能转向以结构性优产能为主，将产能利用率保持在合理区间。继续协助做好煤炭去产能工作，确保关闭退出矿井22处，退出煤矿产能90万吨。经济体制和生态文明体制重点领域改革方面，"放管服"改革持续扩大推进，联动推进国有企业混合所有制、完善产权保护制度、激发企业家精神等有关改革，实现要素市场化配置改革，全面推进落实公平竞争审查制度，加快构建竞争公平有序的市场体系，不断推进社会信用体系建设。按照市委全面深化改革部署，编

制完成经济体制和生态文明体制 2018 年工作计划。加快投资体制改革，推行联审联批机制，实行网上并联审批，规范网上审批监管平台系统建设，积极探索企业投资项目试点"承诺制"和"先建后验"管理模式；完成行业协会商会与行政机关脱钩工作及脱钩成效评估工作；建立健全守信联合激励和失信联合惩戒机制；加快推进全市事业单位车改工作；深化价格机制改革；全面贯彻新修订的《江西省定价目录》；推动污水处理费改革；研究制定农业水价改革方案；继续推进医疗服务价格改革；制定实施上饶国际医疗旅游先行区招商引资项目准入审批机制。

### （二）抓项目，进一步扩大有效投资

重点抓好"投资谋划、项目推进和后续监管"。一是抓好投资谋划。紧密对接国家和省重点投向，重点加大城市基础设施、重大交通、现代农业、生态环保、社会民生等领域投资，谋划和储备好项目，编制完成 2018 年全市项目投资计划，共安排项目 1353 个，总投资 7807 亿元，2018 年计划投资 2352 亿元；列入省大中型项目 219 个（含鄱阳县 7 个），比 2017 年增加 77 个，其中有 6 个项目投资额超过 50 亿元。二是抓好项目推进，继续推进一批基础设施和民生领域项目建设。通用机场方面，加快全市通用机场布点建设，重点加快德兴、鄱阳、弋阳、玉山、婺源等地通用机场前期工作。铁路方面，完成上饶动车组存车场项目主体工程，协调推进昌景黄铁路项目征地拆迁工作，积极做好上饶市城区轨道交通项目、上饶市旅游轨道交通项目前期工作，研究环鄱阳湖城际铁路（鄱阳—万年—鹰潭段）规划方案，配合推进上饶西货站一期（坑口铁路专用线）建设。港口航道方面，协助完成信江高等级航道的余干八字嘴航电枢纽工程和鄱阳双港航运枢纽工程项目前期工作并开工建设。加快推进鄱阳港、万年港等港口码头工程建设。水利方面，启动马鞍山水利枢纽前期工作。争取大坳灌区尽快完成前期工作和列入国家计划并开工建设。能源方面，实施好光伏发电技术领跑基地建设；建设好各县（市、区）城市天然气管网工程和汽车加气站项目。社会民生方面，确保市妇幼保健院和市儿童医院建成投入使用，加快建设市人民医院城北院区，开工建设市一中新校区、叶挺学校、带湖学校等项目。三是抓好后续监管。创新项目监管方式，推行项目月调度、季通报、年考核的模式，按照一个项目、一个档案的要求，对项目监管

做到全覆盖；全面落实项目建设的主体责任和监督责任，各级政府和行业主管部门对中央、省投资项目建设负主体责任，各级发改部门负监督责任，层层传导和压实责任；切实抓好《企业投资项目事中事后监管办法》的贯彻落实，进一步规范企业投资行为，维护公共利益和企业合法权益。

### （三）抓产业，进一步促进转型升级

重点抓好"新经济、实体经济和现代服务业发展"。新经济方面，用足用好省里支持新经济发展的"窗口期"，抓好《上饶市贯彻新理念培育新动能实施意见》的贯彻落实，加快发展新兴产业；研究设立上饶产业投资引导基金和新兴产业发展引导基金，重点用于"四新""四众"等平台载体建设；扎实做好"双创"工作，继续办好创业大赛、"双创"活动周等活动。实体经济方面，进一步夯实实体经济发展平台，提高园区土地承载能力，积极推进余干高新区、上饶高新区（原广丰经开区）、鄱阳工业园区、婺源工业园区扩区调区，力争年内完成2家园区扩区调区工作。全力推动上饶国际医疗旅游先行区申报国家级先行区。进一步优化实体经济发展环境，积极引导资金项目向实体产业倾斜。现代服务业方面，树立"重视三产"的导向，充分发挥第三产业的拉动作用，大力发展现代金融、现代物流、总部经济、养老养生、文化体育等现代服务业；对接江西省要求，研究编制服务业发展提速新三年行动计划；力争新增省级现代服务业集聚区和省级服务业龙头企业各5个。

### （四）抓战略，进一步夯实平台支撑

重点抓好对接"一带一路"和长江经济带战略平台，积极推进鄱阳湖生态经济区建设、原中央苏区振兴发展、赣东北扩大开放合作等战略，加快推进县域经济和产城融合发展。对接"一带一路"和长江经济带战略方面，加强与长江沿线城市对接合作，在人才、技术、产业方面形成互补，加大产业承接力度，积极支持晶科能源等有实力的企业"走出去"；继续着力抓好长江经济带生态大保护工作。鄱阳湖生态经济区建设方面，加快推进鄱余万滨湖三县小康攻坚工作，抓好省《支持鄱余万都基础设施建设和民生事业发展行动方案（2017—2020）》序时推进，研究出台市级层面支持鄱余万小康攻坚政策举措和工作要点，编制出台鄱余万滨湖三县产业发展规划，切实增强鄱余万滨湖三

县发展内生动力。原中央苏区振兴发展方面，重点加快上饶县、广丰区、弋阳县、横峰县、铅山县原苏区五县脱贫攻坚步伐，继续推进精准扶贫工作。做好全省原中央苏区第七次领导小组会议的相关准备工作。赣东北扩大开放合作加快发展方面，着力抓好《深化赣东北扩大开放加快发展行动计划》涉饶事项的有效推进，做好2018年度赣东北扩大开放合作上饶会议的筹备工作。县域经济和产城融合发展方面，引导支持各地发展1个首位产业和2~3个主导产业。支持上饶高新区争创国家级高新区，支持朝阳产业园、茶亭产业园申报省级经济技术开发区。继续做好省级产城融合示范区申报工作，支持上饶经开区申报国家级产城融合发展示范区。军民深度融合发展方面，积极争取军民融合发展先行先试政策、重大项目和重大资金支持；建立完善相关工作制度；督促军地各有关部门根据行动计划，制定时间表路线图，细化工作举措，加快推进军民融合方面的改革创新和重大项目建设。

### （五）抓民生，进一步增进民生福祉

重点抓好"脱贫攻坚、生态文明试验区建设和价格调控监管"。脱贫攻坚方面，突出抓好产业扶贫、光伏扶贫、易地扶贫搬迁等脱贫攻坚重点民生工程，尤其要进一步强化光伏产业支撑，优化光伏扶贫长效机制，开展约110兆瓦光伏扩面工程及约200兆瓦集中式光伏扶贫工程建设，做好全市光伏发电项目（含光伏扶贫项目和普通光伏发电项目）的补贴申报工作。生态文明试验区建设方面，根据《江西省生态文明建设目标评价考核办法（试行）》有关要求，在全市开展生态工作综合考核；贯彻落实《江西省人民政府办公厅关于健全生态保护补偿机制的实施意见》要求，完善上饶市生态保护补偿机制；积极推进省生态文明示范县区、示范基地的申报创建工作，支持广丰、上饶、弋阳等县（区）开展省生态文明示范县区建设，为全市、全省生态文明建设积累有益经验。价格调控监管方面。围绕价格调控目标，做好重要民生商品价格调控；抓好《关于进一步完善社会救助和保障标准与物价上涨挂钩联动机制的通知》有关精神的落实；进一步加强对各县（市、区）补贴发放工作指导；对群众关心的公租房租金和物业服务价格做好动态价格管理工作；按照省《关于做好污水处理费收费标准调整工作的通知》文件要求，调整污水处理费标准；抓好《政府制定价格成本监审办法》学习、培训与贯彻

落实；加强对市场价格行为的监管，完善经营者诚信信用评估，建立信用评估档案。

### （六）抓研判，进一步稳增长调结构

重点抓好"经济运行及价格监测和重大问题研究"。一是加强经济运行监测预警。建立健全全市经济运行部门联席会议制度，充分利用各成员单位的已有信息，联合建立经济监测预警体系；依托清华同方大数据分析与决策支持平台，加强对区域经济、城乡建设、现代服务业、重大项目、重点企业有关情况的监测、分析和研判，对经济运行中的苗头性、倾向性、潜在性问题做到及时发现并妥善解决；重点加强对投资形势的监测分析，密切关注政府投资、产业投资、房地产投资等重点领域投资运行态势，及时提出对策建议。二是加强价格监测预警。认真落实应对市场价格波动的紧急措施，加强对重点民生商品和热点、焦点问题的市场价格监测分析与调查研究，为价格决策提供依据。三是加大重大问题研究力度。全系统要学习领会贯彻好习近平新时代中国特色社会主义经济思想，紧密结合各地实际，加强对首位产业、主导产业、新兴产业、实体经济、现代化经济体系、生态文明试验区、民间投资、乡村振兴等重大问题的研究，提出切实可行的发展改革新举措，发挥好参谋助手作用。

### （七）抓党建，进一步强化队伍建设

重点强化"思想政治建设、基层组织建设、党风廉政建设"。一是着力抓思想政治建设。全系统要深入学习贯彻党的十九大精神，学习省、市有关会议精神，进一步推动"两学一做"学习教育常态化、制度化，在"学""做""建"上深化拓展、聚力用劲，弘扬系统正能量。二是着力抓基层组织建设。按照基层党组织建设标准，在推进组织体系设置、班子配备建设、党员教育管理、党内组织生活、服务作用发挥、工作运行机制、基本工作保障7个方面下工夫，严格党的组织生活制度，落实好"三会一课"制度，落实好意识形态责任制。三是着力抓党风廉政建设。新形势下，面对新任务，发改系统定位转型、职能转变也要与时俱进。现在发改部门所涉及的项目、资金可能没有以前多，但仍存在不少廉政风险点，丝毫不能松懈，必须坚决贯彻中央"八项规定"和省、市有关规定以及党内有关法规条例。全面落实从严治党"两个责

任"，深化监督执纪"四种意识"，做到敢管敢严、真管真严、长管长严。同时，深入推进法治机关建设，不断提高依法行政的能力和水平。干部队伍建设方面，全系统的干部要重点强化争当"急先锋、实干家、协调员、清白人"的意识。一要当好急先锋。强化超前思维，提高研判能力，跳出上饶看上饶，站在全局的高度，从宏观经济走向，研判上饶发展定位、发展方向、发展趋势，当好宏观谋划的"急先锋""排头兵"，全力打造党委、政府决策部署的重要参谋机关、执行机关。二要当好实干家。习总书记说，幸福都是奋斗出来的！不驰于空想、不骛于虚声。蓝图已经绘就，目标已经确定。全系统必须坚定信心、主动作为，抓好党委、政府交办的各项任务，少讲"不能办"的困难，多想"怎么办"的方法，抛弃浮躁扎实学，沉下身子勤调研，撸起袖子加油干，把全部心思用在想干事上，把所有本领放在会干事上，把实际行动落在干成事上。三要当好协调员。发改工作千头万绪，很多工作需要牵头推动，而人员编制有限，结构性缺人、"事多人少"成为发展改革系统共性问题。因此，一些工作需要善于借力，协调调动方方面面的力量，当好"协调员"，弹好"协奏曲"，唱准"和谐音"，注重在服务中协调，在协调中服务，提高协调部门、服务一线的能力。同时系统内要加强团结协作和干部队伍建设，切实提高争资金争项目争政策的本领。四要当好清白人。全系统要坚持坚定信念，慎用权力，守住底线，接受监督；要挺纪在前，厉行法治；既要干事、成事，更要忠诚、干净、担当；要做思想上的清醒人、政治上的清白人、工作上的实在人、生活上的干净人，真正让组织放心、干部信任、群众满意。

新时代需要新气象，新征程需要新作为。2018年，在市委、市政府的坚强领导下，上饶市发改系统将进一步坚定信心，开拓创新，攻坚克难，以时不我待只争朝夕的精神投入工作，奋力开创上饶发展改革工作新局面，为加快"决胜全面小康、打造大美上饶"历史进程做出发改系统应有贡献！

# B.3
# 2017~2018年上饶市财政发展分析报告

上饶市财政局

**摘　要：** 2017年是实施"十三五"规划的重要一年，也是深入推进供给侧结构性改革的深化之年，上饶市财税部门牢固树立和贯彻创新、协调、绿色、开放、共享的发展理念，扎实推进财税体制改革，继续深化供给侧结构性改革，着力完善体制机制，激发创新活力，增强发展动力，为全市经济社会发展提供有力支撑。

**关键词：** 稳定增长　深化改革　创新活力

## 一　2017年财政发展情况

2017年上饶市财政总收入完成318.7亿元，同比增长5.5%，超过年初人大审议通过的5%的增长目标。其中，国税收入完成140.6亿元，地税收入完成103.4亿元，财政部门组织的收入完成74.7亿元，税收占比为76.6%，较2016年提高5.9个百分点，税占比在江西省的排位较2016年相比前移三位。县（市、区）方面，广丰区完成46.6亿元，德兴市完成36亿元，信州区、上饶县、玉山县分别完成23.9亿、23.6亿、23.5亿元；8个县（市、区）收入增幅超过全市平均增幅；4个县（市、区）税占比达到80%以上。全市一般公共预算支出累计完成550.3亿元，同比增长11.1%，支出总额首次突破500亿大关，8个县（市、区）一般公共预算支出实现两位数以上增长。

### （一）坚持围绕中心，全力服务发展大局

认真贯彻实施积极财政政策，有效推进供给侧结构性改革，全力以赴促

进经济发展。落实结构性减税和普遍性降费政策，2017年全年减免税费82.3亿元，开展了涉企收费清理情况专项检查，按规定下调了社会保险缴费率。争取政府债券资金131.5亿元，全部用于置换政府债务和重大公益性项目建设；争取中央预算内资金14.8亿元，支持重点项目建设。积极盘活存量资金，统筹用于稳增长、调结构、惠民生等重点领域，增强盘活工作的有效性。支持实体经济发展，自实施"财园信贷通""财政惠农信贷通"以来，累计为企业发放贷款156亿元，企业和新型农业经营主体受益8381户。助推发展升级，创新扶持方式，市财政落实工业发展、农业发展、外贸发展、旅游发展、光伏产业、电子商务等各类发展资金近1亿元，支持战略新兴产业发展，落实新增纳入统计范围企业省市财政奖励资金3762万元，支持企业做大做强。

### （二）着眼年初目标，狠抓财政收入质量

全市财税部门通力合作，同心同德，充分依托2018年上饶市经济发展的良好态势，抓住有色金属价格回升、房地产市场回暖等有利因素，强化征管，应收尽收，较好地完成年初财政收入预算目标。全市财政总收入完成318.7亿元，增长5.5%。狠抓财政收入质量，增强后劲，一是严格落实《关于进一步加强税收保障工作的意见》，进一步完善税收综合管理长效机制，为税收收入持续稳定增长提供制度保障；二是充分依托综合治税平台，"一窗通办"模式，不断提升科学化、信息化征管水平；三是严格按照《加强市级财源建设，强化税收征管的指导意见》，积极培育战略新兴财源，做大做强主体财源。全市税收收入完成244亿元，增长14.3%，占财政总收入的比重达到76.6%，较上年同期提高了5.9个百分点。

### （三）聚焦民生福祉，强化重点支出保障

全市一般公共预算支出首次迈上500亿台阶，完成549.6亿元，增长10.9%，财政保障能力进一步增强。狠抓支出进度，对县（市、区）支出进度进行了定期考核和通报。继续采取加快预算执行、加强国库资金调度、加大存量资金盘活和向上争资力度等措施，积极保障市委、市政府确定的重点项目和民生实事，全市民生八项支出完成388.9亿元，增长12.8%，高出一般公共

预算支出增幅1.7个百分点。大力实施扶贫攻坚，投入各类扶贫资金达22亿元，着力改善农村生产生活条件，促进农民增收。提升支出绩效，实现了市级项目资金绩效评价全覆盖。加强预算评审，全年共完成政府投资项目预算评审269个，受理评审项目投资39亿元，审减金额4.9亿元，平均审减率12.5%。

### （四）突出重点攻坚，深化财税体制改革

认真落实全面营改增后中央与地方增值税收入、省以下税收收入划分改革，明确完善了部分市与县体制，激发体制活力，调动发展积极性。完善政府预算体系，进一步加强了全口径预算管理，加大预算统筹力度，根据财政部规定将新增建设用地有偿使用费转列一般公共预算。预算公开全面化制度化规范化，严格执行《市级预算公开办法》，按规定全面公开市级政府预决算、转移支付情况表及说明，设立统一公开平台，集中公开除涉密单位外的99家部门预决算和"三公"经费预决算。严格按照《市级财政专项资金管理办法》，进一步明确了财政和主管部门的职责分工，完善和规范专项资金的设立调整、分配使用、预算管理和公开，强化监督检查和责任追究。代政府起草了《关于进一步严肃财税纪律 规范产业发展扶持政策的通知》，对规范产业发展扶持政策、加强产业规范管理提出了严格要求，加强了纪律约束，规范了市场行为。

## 二 上饶财政发展的思路和对策

根据上级有关经济工作指示精神，2018年全市财政工作总体目标要求是：以习近平新时代中国特色社会主义思想为指导，深入学习贯彻落实党的十九大精神，紧紧围绕省委、省政府和市委、市政府的决策部署，落实预算法和改革完善预算管理制度意见要求，牢固树立过紧日子的思想，厉行勤俭节约，量入为出，量力而行；加大财政资金统筹力度，有效盘活存量资金，调整优化支出结构，强化保障重点；深化部门预算改革，规范和加强项目支出管理，全面推进绩效管理，提高财政资金使用效益；增强部门预算的严肃性、时效性；加强预算公开，严格预算执行，建立全面规范透明、标准科学、约束有力的预算制度。

2018 年全市财政总收入预算安排 341 亿元，同比增长 7% 左右。一般公共预算收入预算安排 220.4 亿元，同比增长 3% 左右。

### （一）更加注重质量和效益，加强改善调控功能

密切跟踪和准确把握经济走势，充分发挥市场对资源配置的决定性作用，支持推进供给侧结构性改革，继续实施减税降费政策，帮助企业用足用活用好"财园信贷通""财政惠农信贷通"等扶持政策，支持实体经济发展。适度扩大支出规模，灵活运用奖补、贴息、债券、政府采购，鼓励民间投资，稳定经济增长，加快转型升级。结合上饶实际，对接上级政策，精准谋划工作抓手，积极争取上级在转移支付、债券额度、改革试点等方面，加大对上饶市的支持力度。切实贯彻新的发展理念，将财政收入工作重心转移到财源培植、结构优化和质量提升上来，推动实现财政收入有质量、有效益、可持续的增长。

### （二）更加注重统筹和整合，集中保障重点需求

加强政府预算全口径大统筹，进一步提高政府性基金、国有资本经营预算调入一般公共预算统筹安排的比例，优化预算管理流程，增强预算统筹能力。用好增量，盘活存量，采取收回预算、调整用途、调入预算稳定调节基金等盘活措施，统筹用于稳增长、调结构、惠民生等重点领域。优化支出结构，继续加大对民生领域、精准扶贫等方面的投入，统筹加大涉农扶贫资金整合力度，建立健全支持农业转移人口市民化的财政政策体系，让广大人民群众享有更高的幸福感和获得感。

### （三）更加注重公开和绩效，完善强化预算管理

推进透明预算制度建设，进一步扩大公开范围、细化公开内容，提高预算的透明度，完善公开程度，落实公开责任，统一公开平台，做到"主动晒"和"方便看"有机结合，结合支出经济分类改革，优化公开格式，让人民群众看得清、看得懂。加强市级专项资金管理，及时清理长期固化和非急需的支出项目，进一步加强对支出政策的定期评估，减少或不再安排绩效不高、资金沉淀项目的预算。建立健全全过程绩效预算管理机制，全面推进项目资金绩效评价，完善部门自评、重点评价、引入第三方评价相结合的评价机制，提高绩

效评价质量，做到用钱必问效，无效则问责，加强绩效评价结果运用。加强政府投资项目评审，完善评审制度，优化评审流程，以提高评审质量和时效为抓手，提升政府投资项目绩效。

### （四）更加注重创新和活力，深入推进财税改革

完善政府预算体系，加强四本预算之间的有机衔接和统筹联动。增强预算执行的刚性约束，细化预算编制，进一步提高年初预算到位率。建立健全财政政策体系，加快实现基本公共服务常住人口全覆盖。密切关注财政事权与支出责任划分改革动态，划分市、县财政事权与支出责任，明确基本公共服务提供责任，提升基本公共服务供给质量和效率。启动环保税开征，密切关注个人所得税、资源税等税制改革情况，积极准备，提前谋划，增强改革的主动性。积极推进非税收入收缴系统建设，实现财政、执收单位、银行的互联互通，提高非税收入征缴管理水平。推进政府资产报告试点工作，健全完善权责发生制的政府综合财务报告制度。

### （五）更加注重预防和管控，确保财政运行安全

一是全面启动公务消费网络监管平台，对预算单位公务接待、公务用车、出国出境等公务消费行为实行网络监控、在线审核、动态管理，形成公务消费事项事前申报、事中审核、事后核算的财政资金监管新模式。二是加快推进财政内部控制体系建设，通过风险查找、梳理和评估，制定、完善并实施一系列制度、流程、程序和方法，防范、控制、监督和纠正财政管理工作风险，提高财政管理内控水平。三是制定全年财政监督检查计划，扎实开展好对重要财税改革、重大财政政策和重点民生资金落实的监督检查工作，加大财政监督检查发现问题查处问责力度，加强结果运用，将监督检查结果与财政管理、资金分配挂钩。四是完善地方政府性债务风险预警体系，建立健全分级响应、分类施策的风险应急处置预案，切实防范和化解财政金融风险。

# B.4
# 2017～2018年上饶市
# 人力资源社会保障工作分析报告

上饶市人力资源和社会保障局

摘　要：　党的十九大以来，上饶市人社局在市委市政府的正确领导下，
　　　　　深入学习贯彻党的十九大精神，以习近平新时代中国特色社
　　　　　会主义思想为指导，坚持人才优先、民生为本，促发展与惠
　　　　　民生相结合，着力抓重点、补短板、强弱项、防风险，为落
　　　　　实市委加快"决胜全面小康、打造大美上饶"步伐提供了有
　　　　　力的人社保障。

关键词：　新思想　人力资源和社会保障　新发展

## 一　2017年工作情况

### （一）多措并举，就业局势相对稳定

2017年，全市城镇新增就业人员5.99万人，新增转移农村劳动力10.67万人；新增创业担保贷款15.50亿元；新增担保基金2800万，完成全年目标175%，直接扶持个人创业8017人次，带动就业33155人次。全市共建设创业孵化基地19个，吸纳实体585家，带动就业4150人；示范园（街）21个，吸纳实体1933家，带动就业18667人。

1. 推动重点群体就业成效明显

一是重点抓好高校毕业生就业。先后在市内三所高校建立了人保所，将6203名应届高校毕业生纳入实名制登记管理。认真组织实施就业促进和创业

引领两项计划，向 190 名高校毕业生发放创业担保贷款 1944 万元；为 4 所高校 954 名应届毕业生发放一次性求职创业补贴 95.4 万元；新增创业大学生 571 人，带动就业 1419 人。二是积极促进农村劳动力转移就业。扎实开展春风行动及就业援助月活动，共举办各类招聘会 176 场次，参会企业 5680 家次，提供就业岗位 9.7 万个，为 46 万人次提供就业服务，达成就业意向 3.8 万人。三是全力帮扶困难群体就业。推广政府购买公益性岗位和服务，开展"全方位""组合式"帮扶，"4050"就业人数 6169 人，实现零就业家庭动态清零。四是大力推进职业技能培训。逐步建立和完善了"政府买单培训、企业订单培训、市场引导培训、就业促进培训"四种培训机制。

2. 支持企业发展持续发力

一是加大中小企业融资贷款力度。全市共为近 90 家企业发放贴息贷款 54262 万元。二是降低成本，加大失业保险稳岗补贴落实力度。截至 2017 年 12 月底，全市共 153 家企业 46233 人享受稳岗补贴政策，合计发放稳岗补贴 1047.32 万元，基本做到了应补尽补；通过降低失业保险费率减轻企业负担 10913.96 万元。

## （二）改革创新，社会保障更加有力

1. 覆盖范围不断扩大

在全省率先 100% 完成"全民参保登记"工作，涉及全市 377.05 万人。

2. 待遇水平大幅提高

企业退休人员实现连续 13 年调整，人均增资 132 元，人均月养老金达到 1872 元；机关事业单位退休人员实现了养老保险制度改革的首次调整，人均增资 169 元，人均月养老金达到 4121 元。提高因病或非因公死亡及退休（含退职）人员死亡一次性抚恤费标准，全市平均水平由 2016 年的每月 1634.39 元提高至 1739.93 元，平均增长 6.46%。提高一次性工亡补助金标准，由 2016 年的 62.39 万元上调为 67.232 万元。

3. 创新工作惠及更多民众

截至 2017 年 12 月底，上饶市已开始享受长护险待遇 926 人，其中，享受居家照护 839 人，占待遇享受人数的 90.61%；享受机构照护 68 人，占享受待遇人数 7.34%；居家上门护理服务 19 人，占待遇享受人数的 2.05%。创新开

展领取养老金资格认证工作。开通"微信认证"功能，使退休人员足不出户就能进行领取养老金资格认证。

**4. 社保改革纵深推进**

持续推动机关事业单位养老保险制度改革实施。积极贯彻落实各项政策，加快推进机关事业单位工作人员参保、缴费相关工作，并确保养老金按时足额发放。继续推进城乡居民基本医疗保险整合工作。实现了覆盖范围、筹资政策、保障待遇、医保目录、定点管理、基金管理、统筹层次、大病保障机制八个统一。

### （三）突破难点，人才工作成绩斐然

**1. 高层次人才引进机制不断完善**

在 2016 年出台《上饶市高层次人才引进暂行办法》的基础上，出台了《上饶市高层次人才引进暂行办法操作细则（试行）》《上饶市事业单位公开招聘紧缺和特殊专业人才实施办法》《深化人才发展体制机制改革若干措施》等文件，进一步完善了高层次人才引进机制。

**2. 加强技能人才队伍建设**

"技能大师工作室"建设工作在全省位居前列，新增"江西省技能大师工作室"1 家、"上饶市技能大师工作室"8 家。成功举办省、市系列职业技能竞赛活动 7 项，上饶市选手李双平勇获 2017 年全国雕刻大赛特等奖。开展了62 个工种技能鉴定，共 14414 人参加鉴定，其中初级 1348 人，中级 11921 人，高级 1145 人。

**3. 加强外国专家服务管理和"一村一品"工作**

组织企业参与国家级、省级引智项目申报，晶科能源有限公司的"太阳能电池背板及相关新型材料的研发和应用"项目获得国家外专局"2017 年引进境外技术、管理人才项目"支持，蓝图汽车有限公司电机控制专家王长江博士获得省外专局"2017 年高端外国专家引进及资助项目计划"支持。积极申报省级"一村一品"产业发展项目，获省级财政拨付专项资金 215 万元。核准 2017 年度市级"一村一品"产业发展项目 24 个，下拨项目资金 120万元。

### 4. 大力开展人才培训

配合上饶市大数据产业发展的需要，成功举办全省大数据产业发展政策高级研修班。完成2016年度军队转业干部岗前培训、新录用公务员初任培训、市直专业技术人员继续教育公需科目培训、机关事业单位工勤人员岗位晋升考核培训、事业单位新进人员岗前培训，参训人员共计7300余人。

### 5. 做好流动人员服务工作

接收档案2128份，办理调动538人，职称评定49人，为存档人员办理档案流转、出具证明及毕业生政策咨询等万余次。

## （四）完善机制，人事制度改革持续深化

### 1. 规范事业单位人员调配

制定了《上饶市市直机关事业单位人员调出管理办法》，规范了上饶市事业单位人员调配工作。

### 2. 深化职称制度改革

进一步深化中小学人事制度和职称制度改革，重新对全市中小学岗位设置进行核查，适当提高了全市小学和幼儿园高、中级岗位的结构比例，其中高级岗位结构比例从2%提高到了6%，有效地解决了上饶市中小学教师专业技术评聘矛盾突出的问题。积极推进深化卫生高级专业技术资格评审制度改革工作，组织召开了全市卫生高级职称评审制度改革研讨会和网上申报培训会。

### 3. 平稳开展人事考试

圆满完成公务员招录、事业单位招聘、中小学教师和特岗教师招聘、"三支一扶"等考务工作，累计4万余人参加笔试。

### 4. 继续做好军转安置工作

圆满完成2017年度102名军转干部接收安置工作，做到了"个人、政府、部队"三满意。

## （五）依法维权，劳动关系和谐稳定

以解决农民工工资拖欠、劳动人事纠纷调处为重点，着力消除社会不稳定因素。全市累计立案查处欠薪案件96件，为4100名劳动者追发工资3022.67万元，欠薪结案率达97.6%；协调处理欠薪案件405件，结案率达95%，为

2.2万名劳动者追发工资4亿元。受理各类劳动人事争议案件654件，当期结案率97.8%，调解结案率76.9%。其中市劳动人事仲裁院立案受理案件346件，按期结案率96%。全市绝大部分仲裁院开通使用了网上办案系统，大部分乡镇调解平台搭建了劳动争议调解功能。加快推进劳动保障监察信息化平台建设。依托"两网化"平台、农民工工资实名制信息化监管平台、"双随机一公开"平台，积极构建"互联网＋劳动监察执法"的治欠保支新机制。2017年起，全市启动在建筑、公路、水利领域实行农民工工资实名制信息化监管；建立劳动保障监察"双随机一公开"检查名录清单和执法检查人员名录库。

## 二 当前面临的主要困难

### （一）就业形势复杂严峻

一是就业的总量压力大。在高校毕业生就业、农业富余劳动力转移就业和就业困难群体再就业等问题上，上饶市面临巨大的总量压力。二是就业结构性矛盾突出。新成长劳动力和返乡就业的高校毕业生大量增多，相适应的就业岗位严重不足，熟练技工和一线普工严重短缺。尽管2018年加大了创业就业工作力度，缓解了用工压力，但企业用工矛盾尚未得到根本解决。

### （二）社保基金收支矛盾突出

一是养老保险基金支付压力增大。受人口老龄化、改制企业遗留问题、社保待遇连续调整等原因的影响，养老保险发放压力继续加大。二是生育保险基金支付出现空前压力。受放开二孩政策的影响，上饶市的生育保险基金支出不断加大，基金累计结余不断减少，支付压力空前。三是医保基金面临巨大压力。上饶市对"待遇就高不就低"进行了测算，城乡医保整合、二孩生育费用提高等因素，城乡居民医保基金呈现收不抵支趋势。

## 三 下一步工作打算

下一步，上饶市人社局将继续深入贯彻党的十九大精神，以习近平新时代中国特色社会主义思想为指引，继续围绕市委、市政府决策部署，顺应人民对美好生活向往的新期待，做到六个着力，切实把"以人民为中心"的发展思想在人社领域落到实处。

### （一）以实现"更高质量和更充分就业"为目标，着力抓好就业

深入实施就业优先战略和更加积极的就业政策，重点围绕培育新动能、支持新业态发展，多创造高质量的就业岗位。

坚持发展就业和自主创业"两手抓"，统筹推进各类重点群体就业。认真落实《上饶市人民政府关于做好全市当前和今后一段时期就业创业工作的实施意见》文件精神，着力解决就业总量压力大及结构性矛盾突出等问题。积极引导搭建各类创业平台，鼓励更多社会主体投身创新创业，积极创新探索有效的反担保模式，鼓励创业带动就业。继续落实"降成本、优环境"相关政策，降低企业运营成本，鼓励企业稳定现有就业岗位。大规模开展职业技能培训，注重解决结构性就业矛盾，创新职业技能培训模式，探索开发具有上饶产业特色的职业培训。巩固和扩大街道乡镇劳动保障平台规范化建设成果，加快社区和行政村就业工作站建设步伐，推进就业服务工作向农村和社区延伸，打造"互联网＋"公共就业创业服务平台，提供全方位公共就业服务。

### （二）按照"兜底线、织密网、建机制"要求，着力加强保障

全力推进实施全民参保登记，助力扩面征缴；全力确保各险种待遇，特别是养老金的及时足额发放；继续推进"助保贷款"工作，落实社会保险扶贫政策；全力抓紧金保二期工程上线，推进五险统征；深入开展长期护理保险试点工作，为全省、全国提供试点经验；进一步深化基本医疗保险支付方式改革，全面推行以按病种付费为主的多元复合式医保支付方式，探索开展按疾病诊断相关分组（DRGs）付费试点；围绕打造中医药强市总体战略，将符合条件的中医特色医疗机构全部纳入基本医疗保险定点医疗机构范围；拓宽社会保险基金保值增值渠道，提高社保基金供给能力。

### （三）"实行更加积极、更加开放、更加有效的人才政策"，着力抓好培育

加大高层次人才选拔培养力度，组织好国务院、省政府特殊津贴专家和

"百千万人才工程"人选选拔工作。进一步推动博士后事业新发展。进一步落实《上饶市高层次人才引进暂行办法》《上饶市高层次人才引进暂行办法操作细则》文件精神，配合市委人才办，根据人才层级加紧落实各项人才优惠政策及服务措施。根据《上饶市事业单位公开招聘紧缺和特殊专业人才实施办法》，积极开展急需紧缺、特殊专业人才的招聘工作。组建知识型、技能型、创新型劳动者大军，以大师工作室建设为抓手，加强高技能人才培训基地建设。以技能竞赛为导向，重视技能人才，弘扬"大国工匠"精神。着力发展当地支柱产业的特色鉴定工作，提升技能鉴定服务水平。加大引进外国人才工作力度。进一步完善"一村一品"示范体系建设，持续推进"一村一品"特色扶贫产业发展。

### （四）"深化机构和行政体制改革"，着力抓好管理

加强公务员队伍建设，按照国家和省里统一部署，稳健推进公务员分类管理。落实绩效管理各项工作，促进机关工作效率的提高。扎实开展公务员四类培训，深入推进公务员职业道德建设。深化事业单位改革，强化公益属性，推进政事分开、事企分开、管办分离。做好事业单位岗位设置日常管理工作，健全岗位动态管理机制。进一步规范公开招聘工作，努力做到公平性和科学性的有机统一。全面深化职称制度改革。切实做好卫生高级专业技术资格评审制度改革工作。实现中小学教师职称常态化评审。做好军转安置工作，巩固安置质量，完善安置办法，确保完成年度安置任务。加强自主择业管理服务工作。继续深入开展关爱活动，确保企业军转干部总体持续稳定。

### （五）"构建和谐劳动关系"，着力抓好调处

完善三方协调机制。进一步加强与市总工会、市企业家协会/企业联合会、市工商联协商协调，定期或不定期召开"上饶市协调劳动关系三方会议"，就上饶市劳动关系领域内的一些重大问题进行协商，保护劳工的合法权益，促进劳动关系的协调稳定。全面开展市属国有企业负责人薪酬待遇兑现情况监督检查活动。大力宣传劳动保障法律法规，加大监察执法力度，严厉查处用人单位侵害劳动者权益的违法行为。组织开展清理整顿人力资源市场秩序、推行劳动保障守法诚信等级评价，依法公布重大劳动保障违法行为。积极妥善解决农民

工工资拖欠问题。在建筑、交通、公路、水利等建设项目中全面推进农民工工资保证金，并力争在劳动密集型加工制造、住宿餐饮、煤炭等行业全部建立欠薪保证金制度，逐步完善农民工工资应急周转金制度，在市、县两级全面推行黑名单制度和重大违法案件通报制度，加快推进农民工工资实名制信息化，切实加强部门协作，积极维护劳动者合法权益。加强劳动人事争议基层调解组织建设，重点在乡镇、工业园区、商会、行业协会中建立调解组织，充分发挥其在构建和谐劳动关系工作中的主力军作用。

### （六）"贯彻新发展理念"，着力抓好基础

学习宣传贯彻党的十九大精神，按照"堡垒工程"建设的标准要求，着力加强党的建设，充分发挥党组织的核心作用和党员的先锋模范作用。切实抓好党风廉政建设和反腐败工作。继续扎实开展"两学一做"教育。推进干部教育培训工作。完善规章制度建设，加大督查督办力度，推进各项工作平稳有序开展。加强窗口单位作风建设，推进作风建设常态化、长效化。推进法治人社、"阳光政务"平台和基层公共服务设施项目建设。抓好"十三五"规划的实施工作，做好社会稳定风险评估工作和信访维稳工作。推进信息化人社建设。实施"互联网＋人社"行动计划，继续推进以跨省异地就医系统、"多险合一"、整合城乡基本医疗保险系统为重点的信息化项目建设，加强人事人才领域的信息化建设，提升人社公共服务信息化水平。

# B.5
# 2017~2018年上饶市民政发展分析报告

上饶市民政局

**摘　要：** "十三五"后半期上饶市民政工作的总体思路是：全面学习贯彻党的十九大精神，以习近平新时代中国特色社会主义思想为指导，坚决贯彻落实党中央、国务院重大决策部署，坚持以人民为中心，坚持政治建设和业务建设相统一，坚持高位推动与打牢基础相结合，坚持改革创新与重点突破相协调，践行"民政为民、民政爱民"工作理念，大力推进民政事业改革创新，持续加强基层基础工作，坚定不移全面从严治党，不断增强民政服务对象的获得感、幸福感、安全感，不断增强全社会对民政工作的认同感、满意度，奋力开启新时代上饶民政改革发展新征程。

**关键词：** 攻坚克难　改革发展　新征程

## 一　"十三五"前期工作开展情况

"十三五"前期，在党的十九大精神的引领下，在上饶市委、市政府的正确领导下，在江西省民政厅的精心指导下，上饶市各级民政部门牢固树立"民政为民、民政爱民"的工作理念，大力推进民政改革创新，着力加强基层基础工作，坚定不移推进全面从严治党，忠实履行"爱岗爱民、创新创业、争光争气"的行为规范，为"决胜全面小康、打造大美上饶"贡献民政人的力量。

## （一）关于养老服务业

截至 2018 年 10 月，全市共有养老服务机构 236 家，床位 29209 张，社会养老床位数达到每千名老年人 25.8 张。其中公办养老机构共 209 家，占地面积 3821 亩，建筑面积 42.62 万平方米，投资总额 3.7 亿元，床位总数 20642 张，收住老年人共计 8823 人。民办养老机构 27 家，占地面积 243 亩，建筑面积 12.9 万平方米，投资总额达 2.2 亿元，床位总数为 8567 张，收住老人共计 1699 人。居家养老服务中心（站）428 个，其中城镇居家养老 107 个，农村居家养老 321 个。2017 年，相继以市委、市政府的名义出台了《关于全面提升养老院服务质量的实施意见》（饶办字〔2017〕59 号）、《关于全面放开养老服务市场的实施意见》（饶府厅发〔2017〕26 号）文件，通过政府一系列的优惠政策，加快养老服务体系的发展。

通过政策支持或向社会购买服务等方式，鼓励社会资本投资兴建养老机构并助力政府兜底供养，如德兴市采取公建民营方式引进江西伟涵集团运营"中华情"社会福利中心，提供 30% 的床位用于政府兜底的孤寡老人入住；余干县通过政府税费减免、土地优惠和担保融资，以 PPP 模式引入社会资本 3.25 亿元建设县社会福利中心并提供 300 张床位助力政府兜底供养。

## （二）关于社会救助工作

一是提高各类救助标准。2016～2018 年城市低保保障标准从 480 元提高到 580 元，人均补差从 320 元提高到 380 元；农村低保保障标准从 270 元提高到 355 元，人均补差从 195 元提高到 255 元。全市目前有城乡低保对象 38 万人，2016 年至今累计发放城乡低保资金 20.8 亿元，其中发放城市低保资金 5.2 亿元，农村低保资金 15.6 亿元。2016～2018 年农村特困人员集中供养基本生活标准从 365 元提高到 455 元，分散供养基本生活标准从 290 元提高到 350 元。城镇特困人员供养标准目前为 755 元/月。目前全市共有城乡特困人员 33106 人，其中农村特困 30467 人（集中供养 10213 人，分散供养 20254 人），城市特困 2639 人（集中 846 人，分散 1793 人）。2016 年后累计发放城乡特困供养资金 3.2 亿元。2016 年后，全市累计发放城乡医疗救助资金 65841.08 万元，发放临时救助资金 9509.16 万元。二是有效衔接农村低保与扶

贫开发工作。进一步提高农村低保对象和建档立卡贫困人口的重合率和精准度,确保将建档立卡贫困人口中需纳入农村低保的对象全部纳入低保范围,将符合贫困人口标准的低保对象全部纳入建档立卡范围。未脱贫建档立卡贫困人口中低保对象占比大幅提高,低保扶贫贡献率稳步上升;低保对象中扶贫人口明显增多,低保兜底保障得到有力落实。

### (三)关于防灾减灾救灾工作

"十三五"期间,上饶市自然灾害多发、频发、重发。2016年至今,上饶市先后遭受自然灾害侵袭26次,启动预警应急响应10次(其中预警响应7次,三级应急响应1次,二级应急响应2次)。全市受灾人口达269.22万人次,紧急转移安置29.9万人次,需紧急生活救助32.8万人,因灾死亡人员13人,倒塌和严重损房2871户。面对灾害,上饶市各级民政部门迅速反应、及时部署、紧急行动,全力保障灾区群众生命安全和受灾群众基本生活。同时科学引导社会力量参与救灾。

### (四)关于绿色殡葬工作

加快推进殡葬改革。依法整治乱埋乱葬行为,对"三沿六区"内的墓地进行了集中整治,对毁林造坟以及违规建造的豪华大墓坚决依法处理,截至2018年10月已整治搬迁违规坟墓4.8万座。城乡困难群众免费火化政策落实到位。2018年3月下旬,市委办公厅、市政府办公厅下发了《关于推进绿色殡葬建设的实施意见》(饶办发〔2018〕6号),进一步明确了上饶市绿色殡葬建设的实施步骤。截至2018年10月,全市共建成公益性墓地2040处,共建成骨灰堂31个。

### (五)关于双拥优抚安置工作

以新一轮双拥模城(县)创建为抓手,全面落实优抚安置政策。2016~2018年以来,全市共接收退役士兵7360人,符合安排工作条件的退役士兵有512人,其中安置到事业单位的有477人,安置到中央省属企业的有11人,自谋职业的有24人。全面推进量化评分安置政策,按照"根据表现、量化评分、优先选岗"的原则,进一步提高岗位安置工作透明度,确保服役时间长、贡献大的退役士兵得到优先安置，体现安置工作公平合理。同时加大退役士兵教育培训力度，2016年以来全市共培训退役士兵5510人，培训率达82%。2016年以来全市为6694名退役士兵发放自主就业一次性经济补助资金10481.925万元。各类重点优抚对象的抚恤补助标准均及时调整发放到位。2016～2018年，全市累计发放抚恤补助资金5.68亿元，用于重点优抚对象医疗保障和"解三难"的资金近5000万元。

### （六）关于慈善工作

2016～2018年，市慈善总会共收到社会各界捐款2051万元，主要支出如下：河仁基金定向万年县和横峰县两所敬老院1000万，晶科能源在广丰区东阳乡、玉山县怀玉乡两个光伏发电站468.8万元，临时救助45.56万元，助学款245.2万元，捐助环卫工人防暑降温物品9.1万元，"政协委员在行动"支持扶贫项目65万元。配合省慈善总会实施"刨穷根、栽富树、救病难、扶自立、暖床前"五大任务，分别从助医助学、安老扶幼、产业扶贫等方面，助力江西脱贫攻坚战略，充分发挥慈善组织在脱贫攻坚中的重要作用。

### （七）关于社会组织工作

继续做好社会组织登记、变更、注销工作，截至2018年10月底，全市社会组织达到3586家，其中社会团体1456家，民办非企业单位2127家，基金会3家。全面开展行业协会商会与行政机关在机构、职能、资产、财务、人员、党建和外事等方面脱钩工作。继续推进社会组织党的组织和工作"两个覆盖"，要求严格按照"六个有"和"五个一"的标准推进党建工作。按照"四同步"实施步骤，建立社会组织登记、年检、评估、变更时同步采集社会组织党组织信息工作机制，对于不成立党支部的社会组织不予办理登记、年检、评估、变更事项。

## 二 "十三五"后半期民政局主要工作打算

"十三五"后半期全市民政工作的总体思路是：全面学习贯彻党的十九大精神，以习近平新时代中国特色社会主义思想为指导，坚决贯彻落实党中央、

国务院重大决策部署，坚持以人民为中心，坚持政治建设和业务建设相统一，坚持高位推动与打牢基础相结合，坚持改革创新与重点突破相协调，践行"民政为民、民政爱民"工作理念，大力推进民政事业改革创新，持续加强基层基础工作，坚定不移全面从严治党，不断增强民政服务对象的获得感、幸福感、安全感，不断增强全社会对民政工作的认同感、满意度，奋力开启新时代上饶民政改革发展新征程。

### （一）着力健全绿色文明的殡葬服务体系

加强农村公益性公墓建设和管理，加快殡仪馆、公益性公墓（骨灰堂）等殡葬基础设施建设，大力推进树葬、花葬、草坪葬、深埋、格位存放、骨灰撒散等节地生态安葬方式，提升基本殡葬公共服务水平。进一步完善绿色殡葬奖补激励机制，推行以奖补、减免或直补为主要内容的激励办法和惠民政策。深入开展散埋乱葬坟墓治理，规范公墓建设管理。发挥党员干部带头作用，推进婚丧礼俗改革，弘扬文明节俭新风尚。

### （二）着力健全弱有所扶的社会救助体系

按照"兜底线、织密网、建机制"要求，继续提高城乡低保保障标准和补差水平、城市和农村特困人员供养标准。有序推进低保制度城乡统筹，认真落实城乡低保按户保障、提高户均保障人数、常补对象比例要求，全面推行低保申报制改革，依法公开公平公正施保。加快居民家庭收入财产核对平台建设，加大公积金、金融、证券等信息跨部门互通，并纳入信用体系建设范畴，不断提高救助对象数据录入的真实性、准确性，进一步提高精准识别、精准救助水平。扎实做好农村低保兜底保障扶贫工作，助推打赢脱贫攻坚战。

### （三）着力健全敬老抚幼助残的特殊群体关爱服务体系

加快推进养老服务业"放管服"改革，推进养老服务市场化改革，认真开展以公建民营为重点的第二批公办养老机构改革。完善养老服务市县科学发展综合考核评价激励导向机制，编制养老服务设施空间布局规划，确保新建住宅小区配建居家养老服务设施等政策落实到位。以"保安全、优服务、补短板、建机制"为重点，继续开展养老院服务质量建设专项行动，补齐安全底线短板，推动养老服务向高质量高效益发展转型。继续推进医养结合试点，新建、改扩建一批为失能老年人提供照护服务的公办养老机构，进一步提高护理型养老床位比重。推进上饶市老年福利中心项目建设。强化居家养老服务功能，扎实开展社区和居家养老服务改革试点。建立以乡镇敬老院为依托，农村基本公共服务、农村特困供养服务、农村互助养老服务互相配合的农村基本养老服务网络，推进农村留守老人关爱服务平台建设。对经济困难的高龄、失能老年人养老服务补贴进一步落实到位，构建养老、孝老、敬老政策体系和社会环境。农村留守儿童关爱服务工作要进一步健全，组织开展农村留守儿童关爱保护和困境儿童保障示范创建活动，实现动态管理和监测，加强家庭监护主体责任教育引导。加强未成年人保护机构建设，开展孤儿区域性机构养育，推动儿童福利服务向专业化、规范化发展。完善儿童收养寄养评估、入院前寻亲等制度，进一步规范儿童收养工作。加强和改进救助管理工作，加大长期滞留流浪乞讨人员寻亲和落户安置工作力度。落实残疾人两项补贴制度。加强慈善组织登记认定和公开募捐资格管理，依法做好慈善信托备案工作。推进慈善组织信息公开，建立慈善捐赠守信激励和失信惩戒机制，依法规范管理慈善组织和慈善活动。推动福利彩票销售工作，优化站点布局，拓宽销售渠道，提升服务质量，选优配强队伍，不断增大福彩销售总量。

### （四）着力健全共建共治共享的基层社会治理体系

建立健全基层党组织领导、基层政府主导的多方参与、共同治理的新型社区治理体制，不断完善民事民议、民事民办、民事民管的基层治理机制。推进城乡社区协商民主，推动基层治理向社区网格延伸下移，不断夯实社会治理的基础。开展社区减负增效，增强社区服务功能。积极参与实施乡村振兴战略，大力推进农村社区建设，加强村务公开民主管理和村规民约建设，建立健全村务监督委员会，充分发挥农村"五老"的积极作用和村规民约的治理作用，着力构建自治、法治、德治相结合的乡村治理机制。坚持改革创新，深化社会组织管理制度改革，建立健全社会组织工作领导协调机制，进一步推进社会组织综合监管体制、信用体系建设，推进社会组织诚信自律建设。依法做好社会组织登记管理，加强事中事后监管，依法查处社会组织违法行为。全面推进行业协会商会脱钩工作，清理规范行业协会商会涉企收费。加大社会组织培育发

展力度，积极鼓励引导社会组织参与协商民主、脱贫攻坚、社区治理以及环境保护等相关工作。严格落实社会组织登记管理与党建工作"三同步"，切实提高社会组织党的组织和党的工作"两个覆盖"的质量与成效。推进社工人才队伍建设，完善社会工作政策，加强社工教育培训，提升社工师每万人个数。实施社会工作"三区计划""牵手计划"。深入实施《志愿服务条例》，发展壮大志愿服务组织和志愿者队伍，统一使用全国志愿服务信息系统进行志愿服务信息记录。

### （五）着力健全促进区域发展的区划地名服务体系

稳妥实施乡级行政区划调整。完善地名普查成果，推动地名普查成果转化，启动标准地名词典、地名图和地名志、政区地名、红色地名、古色地名等系列地名书籍的编制工作。做好跨界自然地理实体普查及接边工作。加强地名命名更名管理，深入推进农村地名标志设置。深入推进平安边界建设。

### （六）着力提升基层民政能力建设

全面贯彻习近平总书记关于基层工作的重要论述。推动市委办公厅、市政府办公厅《关于进一步加强基层民政能力建设的实施意见》（饶办发〔2017〕21号）落地，将加强乡镇政府服务能力建设、推行政府购买服务与加强基层民政工作紧密结合起来，进一步提升乡镇民政服务能力。

# B.6
# 2017年上饶市国民经济和
# 社会发展统计分析报告

上饶市统计局

摘　要：　2017年，面对复杂多变的国内外形势，上饶市委、市政府坚
持"稳中求进"工作总基调和江西省委"十六字"工作总方
针，紧紧围绕"决胜全面小康、打造大美上饶"总目标，深
入贯彻新发展理念，坚持发展为要、项目为先、民生为本，
统筹做好稳增长、促改革、调结构、优生态、惠民生、防风
险等各项工作，全市经济呈现平稳运行韧性更强、增长动力
后劲更足、结构优化亮点更多、提质增效态势更好的局面，
民生改善基础更实的积极变化，经济稳中向好的步伐更加
稳健。

关键词：　发展　民生　经济

## 一　综合

初步核算，2017年实现地区生产总值2055.5亿元，比上年增长13.08%。
其中，第一产业增加值246.6亿元，比上年增长4.1%；第二产业增加值
976.0亿元，比上年增长8.4%；第三产业增加值832.8亿元，比上年增长
10.8%。三次产业对经济增长的贡献率分别为5.9%、46.5%和47.5%。人均
地区生产总值为30372元，比上年增长8.3%，按年均汇率折算为4500美元。
经济结构进一步优化。三次产业结构调整为12.0∶47.5∶40.5，第三产业占比
较上年提高0.4个百分点。

年末常住人口 678.34 万人，比上年末增长 3.18 万人，其中，城镇人口 342.02 万人，占总人口的比重为 50.42%，比上年末提高 1.51 个百分点。全年出生人口 9.4 万人，出生率为 13.88‰，比上年提高 0.34 个千分点；死亡人口 4.16 万人，死亡率为 6.15‰，比上年下降 0.08 个千分点；自然增长率为 7.73‰，比上年提高 0.42 个千分点。

表 1　2017 年人口数及其构成

| 指标 | 年末数(万人) | 比重(%) |
|---|---|---|
| 常住人口 | 678.3414 | |
| 城镇 | 342.0162 | 50.42 |
| 乡村 | 336.3252 | 49.58 |
| 男性 | 348.6822 | 51.40 |
| 女性 | 329.6592 | 48.60 |
| 0～14 岁 | 144.0119 | 21.23 |
| 15～64 岁 | 466.0342 | 68.70 |
| 65 岁及以上 | 68.2953 | 10.07 |

年末全社会就业人数为 440.37 万人，比上年末增加 4.14 万人。全年城镇新增就业 6.0 万人，城镇登记失业率为 3.04%。年末省外务工 99.0 万人。

全年财政总收入为 318.7 亿元，比上年增长 5.5%（见图 1）；其中，一般公共预算收入为 214.0 亿元，下降 6.0%。税收收入为 244.0 亿元，增长 14.3%，占财政总收入的比重为 76.6%。县域财力显著增强，所有县（市、区）财政总收入均超过 10 亿元，财政总收入超 20 亿元的县（市、区）有 5 个，其中，德兴市超 30 亿元，广丰区超 40 亿元。

全年居民消费价格上涨 2.1%，商品零售价格上涨 0.5%，工业生产者出厂价格上涨 10.8%，工业生产者购进价格上涨 9.6%。

表 2　2017 年居民消费价格指数比上年涨跌幅度

| 类别 | 涨跌幅度(%) |
|---|---|
| 居民消费价格指数 | 2.1 |
| 一、食品烟酒 | -0.7 |
| 二、衣着 | 1.6 |

| 类别 | 涨跌幅度（%） |
|---|---|
| 三、居住 | 2.2 |
| 四、生活用品及服务 | 2.1 |
| 五、交通和通信 | −0.5 |
| 六、教育文化和娱乐 | 0.9 |
| 七、医疗保健 | 21.7 |
| 八、其他用品和服务 | 1.1 |

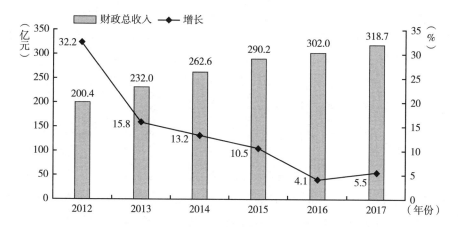

图1　2012～2017年财政总收入及其增长速度

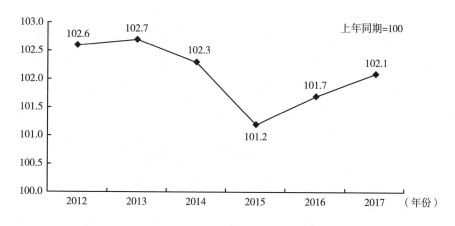

图2　2012～2017年居民消费价格指数

# 二　农业

2017年粮食总产量351.81万吨，比上年增长0.14%。其中，早稻为129.48万吨，下降0.16%；中稻及一季晚稻为53.97万吨，增长7.80%；二季晚稻154.60万吨，下降2.03%。全年粮食种植面积59.70万公顷，比上年下降0.13%，其中，谷物种植面积为56.30万公顷，下降0.23%。油料种植面积11.47万公顷，增长0.03%。蔬菜种植面积为6.3万公顷，增长1.84%。棉花种植面积为0.38万公顷，下降3.44%。甘蔗种植面积为0.34万公顷，增长1.19%。

全年油料产量为20.59万吨，比上年增长5.18%，其中，油菜子14.25万吨，增长3.76%。棉花产量为0.69万吨，增长12.39%。烟叶产量295吨，下降28.40%。茶叶产量为2.04万吨，增长5.08%。园林水果产量为7.07万吨，增长5.35%。蔬菜产量157.16万吨，增长2.65%。

全年肉类总产量为31.62万吨，比上年增长1.85%。其中，猪肉产量为23.54万吨，增长3.2%；牛肉产量为1.40万吨，下降1.36%；羊肉产量为0.21万吨，增长4.89%。禽蛋产量为6.78万吨，增长1.13%。牛奶产量为365吨，增长63.68%。水产品产量为55.39万吨，增长3.2%。年末生猪存栏为197.01万头，增长1.56%；生猪出栏为285.03万头，增长3.34%。

发展农业龙头企业。2017年全市已有国家级龙头企业4家，省级龙头企业108家；新审议认定市级龙头企业310家；江西远泉林业股份有限公司、源森油茶科技股份有限公司、瀚野生物科技股份公司和盛态粮食股份有限公司4家企业已成功在全国中小企业股份转让系统即"新三板"上市；全市418家市级以上龙头企业实现销售收入329亿元，同比增长5.12%，带动农户124万户，促进农民增收31亿元。

表3　2017年主要农产品产量及其增长速度

| 产品名称 | 产量（万吨） | 比上年增长（%） |
|---|---|---|
| 粮食 | 351.81 | 0.14 |
| 　其中：稻谷 | 338.05 | 0.15 |
| 油料 | 20.59 | 5.18 |
| 　其中：油菜子 | 14.25 | 3.76 |

| 产品名称 | 产量(万吨) | 比上年增长(%) |
|---|---|---|
| 棉花 | 0.69 | 12.39 |
| 烟叶 | 295(吨) | −28.40 |
| 茶叶 | 2.04 | 5.08 |
| 园林水果 | 7.07 | 5.35 |
| 蔬菜 | 157.16 | 2.65 |
| 肉类 | 31.62 | 1.85 |
| 水产品 | 55.39 | 3.20 |

强化农业园区建设。2017年全市累计投入园区建设资金39.38亿元，已创建国家级现代农业示范区1个，省级现代农业示范园区8个，市级现代农业示范园区12个；建有各类特色产业园68个；建设核心区面积17.39万亩，示范区面积121.95万亩，辐射区面积达417.3万亩；已有入园企业544家，农民合作社665家，家庭农场232个；引进培育农业新品种404个，示范推广新技术324项；培训农民19.1万人次，吸纳农民就业5.4万人，实现园区总产值141.9亿元。

提升农业标准化水平。建有全省唯一的全国有机农业示范基地（德兴红花茶油），拥有全省最多的全国绿色食品原料基地（9个）。玉山县被列为"国家农产品质量安全县"创建单位，德兴市、婺源县被评为"省级绿色有机农产品示范县"。创建"三品一标"总量511个，其中，无公害农产品256个，绿色食品80个，有机食品151个，农产品地理标志24个。

提升农业科技化水平。认定建设农业科技试验示范基地21个，培育示范户14230户，建有院士工作站5个，博士后工作站1个；建成智能温控大棚面积37.41万平方米，架设滴灌设施28.76万平方米；新型植保无人机装备200余架，自走式喷杆喷雾机39台，居全省领先。农业主推品种和主推技术入户率和到位率均达到96%以上；2017年全市荣获"江西省农牧渔业技术改进奖"奖励5项。

# 三 工业和建筑业

全年规模以上工业增加值比上年增长9.1%。分轻重工业看，轻工业增加

值比上年增长 10.3%，重工业增加值比上年增长 8.7%。分经济类型看，规模以上国有企业增加值比上年下降 0.3%，集体企业增加值比上年下降 15.8%，股份合作企业增加值比上年增长 8.4%，股份制企业增加值比上年增长 4.7%，私营企业增加值比上年增长 15.2%，外商及港澳台投资企业增加值比上年增长 9.1%。

全年规模以上工业 35 个行业大类中，有 30 个行业实现增长。其中，有色金属矿采选业、非金属矿采选业、非金属矿物制品业、电气机械和器材制造业、纺织业、有色金属冶炼和压延加工业六大重点行业表现突出，分别比上年增长 30.8%、25.0%、16.5%、15.9%、12.0%、6.2%，合计对规模以上工业增长的贡献率达 67.8%。

全年规模以上主要工业品中：发电量 78.7 亿千瓦时，增长 15.5%；水泥 1695.9 万吨，增长 5.8%；太阳能电池 734.7 万千瓦，增长 56.7%；汽车 6.5 万辆，新能源汽车 945 辆。

表4　2017 年规模以上工业主要产品产量及其增长速度

| 产品名称 | 单位 | 产量 | 比上年增长（%） |
| --- | --- | --- | --- |
| 原煤 | 万吨 | 67.5 | -38.3 |
| 大米 | 万吨 | 73.8 | 3.2 |
| 精制食用植物油 | 万吨 | 0.8 | 11.2 |
| 精制茶 | 万吨 | 3.5 | 23.7 |
| 服装 | 万件 | 7470.9 | -1.3 |
| 机制纸及纸板（外购原纸加工除外） | 万吨 | 12.6 | 10.5 |
| 单晶硅 | 万千克 | 220.3 | 32.4 |
| 多晶硅 | 万千克 | 291.5 | -24.5 |
| 水泥 | 万吨 | 1695.9 | 5.8 |
| 十种有色金属 | 万吨 | 17.6 | 7.4 |
| 精炼铜（电解铜） | 万吨 | 9.8 | 20.0 |
| 铜材 | 万吨 | 24.9 | -8.5 |
| 滚动轴承 | 亿套 | 9.8 | 664.1 |
| 汽车 | 辆 | 65091 | — |
| 新能源汽车 | 辆 | 945 | — |
| 太阳能电池 | 万千瓦 | 734.7 | 56.7 |
| 光学仪器 | 万台（个） | 1052.1 | 12.2 |
| 发电量 | 亿千瓦时 | 78.7 | 15.5 |

全年规模以上工业企业实现主营业务收入 3513.6 亿元，比上年增长 15.7%；实现利润总额 260.5 亿元，比上年增长 7.9%，其中，主营业务收入超百亿元的企业有 1 户，超十亿元的有 54 户。

年末工业园区实际开发面积为 98.3 平方公里，投产企业有 1326 家，比上年增加 192 家；从业人员 23.4 万人，比上年增长 2.3%。全年工业园区分别实现主营业务收入、利润总额 3249.9 亿元和 241.9 亿元，比上年分别增长 13.3% 和 6.2%。主营业务收入超百亿元的工业园区 10 个，其中上饶经济技术开发区达 932.6 亿元，居全市首位。

全年建筑业总产值为 731.8 亿元，比上年增长 21.0%；建筑业增加值为 176.3 亿元，比上年增长 14.8%。房屋建筑施工面积达 3034.8 万平方米，比上年增长 20.0%，其中新开工面积 1904 万平方米，比上年增长 22.3%；房屋建筑竣工面积 2165.4 万平方米，比上年下降 6.4%。

# 四 固定资产投资

全年全社会固定资产投资完成 2030.6 亿元，比上年增长 11.5%。其中，固定资产投资（不含农户）2004.2 亿元，比上年增长 11.9%。分产业看，在固定资产投资（不含农户）中，第一产业投资 46.2 亿元，比上年增长 6.4%；第二产业投资 1095.0 亿元，比上年增长 9.0%；第三产业投资 863.1 亿元，比上年增长 16.2%。分投资主体看，在固定资产投资（不含农户）中，国有投资 477.3 亿元，比上年增长 23.5%；非国有投资 1526.9 亿元，比上年增长 8.8%，其中民间投资 1445.1 亿元，比上年增长 9.7%。

**表5　2017 年分行业固定资产投资（不含农户）及其增长速度**

| 行业 | 投资额（亿元） | 比上年增长（%） |
|---|---|---|
| 第一产业 | 46.2 | 6.4 |
| 第二产业 | 1095.0 | 9.0 |
| 工业 | 1095.5 | 9.3 |
| 采矿业 | 24.0 | −35.3 |
| 制造业 | 1010.0 | 11.0 |
| 化学原料及化学制品制造业 | 42.7 | 21.9 |

| 行业 | 投资额(亿元) | 比上年增长(%) |
|---|---|---|
| 非金属矿制品业 | 64.8 | 21.8 |
| 黑色金属冶炼和压延加工业 | 17.3 | 212.5 |
| 有色金属冶炼和压延加工业 | 81.5 | 3.7 |
| 电气机械及器材制造业 | 119.4 | -13.7 |
| 计算机、通信和其他电子设备制造业 | 61.0 | 331.6 |
| 电力、热力、燃气及水生产和供应业 | 61.5 | 11.3 |
| 建筑业 | 0.2 | -94.1 |
| 第三产业 | 863.1 | 16.2 |
| 批发和零售业 | 35.0 | -51.9 |
| 交通运输、仓储和邮政业 | 44.1 | -18.6 |
| 住宿和餐饮业 | 29.6 | 9.6 |
| 信息传输、软件和信息技术服务业 | 7.4 | -51.3 |
| 金融业 | … | -100.0 |
| 房地产业 | 222.6 | 16.1 |
| 租赁和商务服务业 | 69.3 | 46.7 |
| 科学研究和技术服务业 | 7.2 | -15.8 |
| 水利、环境和公共设施管理业 | 277.1 | 27.2 |
| 居民服务、修理和其他服务业 | 3.7 | -20.4 |
| 教育 | 18.4 | -18.3 |
| 卫生和社会工作 | 18.2 | 10.8 |
| 文化、体育和娱乐业 | 18.1 | 74.7 |
| 公共管理、社会保障和社会组织 | 108.1 | 150.3 |
| 总　计 | 2004.2 | 11.9 |

全年房地产开发投资 144.5 亿元, 比上年增长 20.5%。其中, 住宅投资 101.2 亿元, 比上年增长 19.4%; 办公楼投资 4.2 亿元, 比上年下降 12.2%; 商业营业用房投资 28.8 亿元, 比上年增长 42.5%。房屋施工面积为 1349.8 万平方米, 比上年增长 22.1%; 房屋新开工面积为 438.5 万平方米, 比上年增长 73.3%; 房屋竣工面积为 138.6 万平方米, 下降 17.2%。商品房销售面积为 462.6 万平方米, 增长 21.5%; 商品房待售面积 145.9 万平方米, 比上年下降 15.7%; 商品房销售额 247.4 亿元, 比上年增长 32.9%。

# 五　国内贸易

全年社会消费品零售总额812.3亿元，比上年增长12.7%。分城乡看，城镇消费品零售额648.2亿元，比上年增长12.5%；乡村消费品零售额164.1亿元，比上年增长13.2%。按行业分，批发业零售额289.7亿元，比上年增长12.5%；零售业零售额461.9亿元，增长13.2%；住宿业零售额24.3亿元，比上年增长8.4%；餐饮业零售额36.5亿元，比上年增长10.1%。

**图3　2012～2017年社会消费品零售总额及其增长速度**

限额以上批发零售业零售额270.4亿元，比上年增长16.2%。其中，粮油、食品类零售额31.4亿元，比上年增长27.5%；饮料类零售额4.5亿元，比上年增长20.6%；烟酒类零售额9.0亿元，比上年增长16.3%；服装、鞋帽、针纺织品类零售额11.8亿元，比上年下降3.5%；化妆品类零售额2.0亿元，比上年下降11.2%；金银珠宝类零售额7.5亿元，比上年增长26.3%；家用电器和音像器材类零售额18.3亿元，比上年增长16.0%；家具类零售额18.3亿元，比上年增长25.3%；石油及制品类零售额37.6亿元，比上年增长15.6%；建筑及装潢材料类零售额12.1亿元，比上年增长26.3%；汽车类零售额77.4亿元，比上年增长16.0%。

表6 2017年限额以上批发零售业按商品分类零售额及其增长速度

| 类别 | 零售额(亿元) | 比上年增长(%) |
|---|---|---|
| 合　计 | 270.4 | 16.2 |
| 粮油、食品类 | 31.4 | 27.5 |
| 饮料类 | 4.5 | 20.6 |
| 烟酒类 | 9.0 | 16.3 |
| 服装、鞋帽、针纺织品类 | 11.8 | -3.5 |
| 化妆品类 | 2.0 | -11.2 |
| 金银珠宝类 | 7.5 | 26.3 |
| 日用品类 | 5.0 | 14.8 |
| 五金、电料类 | 6.2 | 0.2 |
| 体育、娱乐用品类 | 2.4 | 20.1 |
| 书报杂志类 | 0.7 | -11.1 |
| 电子出版物及音像制品类 | 0.2 | -16.9 |
| 家用电器和音像器材类 | 18.3 | 16.0 |
| 中西药品类 | 8.8 | 0.2 |
| 文化办公用品类 | 2.4 | 15.5 |
| 家具类 | 18.3 | 25.3 |
| 通信器材类 | 1.6 | 15.6 |
| 煤炭及制品类 | 1.0 | -1.4 |
| 石油及制品类 | 37.6 | 15.6 |
| 建筑及装潢材料类 | 12.1 | 26.3 |
| 机电产品及设备类 | 1.5 | -1.9 |
| 汽车类 | 77.4 | 16.0 |
| 其他类 | 10.6 | 23.5 |

# 六　对外经济

全年进出口总额为51.93亿美元，比上年增长20.47%。其中，出口46.12亿美元，比上年增长20.33%；进口5.8亿美元，比上年增长21.57%。分贸易方式看，一般贸易出口45.96亿美元，比上年增长21.16%；加工贸易出口0.15亿美元，比上年增长11.3%。分重点商品看，机电产品出口 20.32 亿美元，比上年增长 11.30%；高新技术产品出口 11.95 亿美元，比上年增长 18.90%；服装及衣着附件出口 7.43 亿美元，比上年增长 40.60%。

**表7  2017年进出口总额及其增长速度**

| 指标 | 绝对数（亿美元） | 比上年增长（%） |
|---|---|---|
| 进出口总额 | 51.93 | 20.47 |
| 出口额 | 46.12 | 20.33 |
| 　其中：一般贸易 | 45.96 | 21.16 |
| 　　　加工贸易 | 0.15 | 11.30 |
| 　其中：机电产品 | 20.32 | 11.26 |
| 　　　高新技术产品 | 11.95 | 18.90 |
| 　　　其他 | 13.85 | 20.0 |
| 进口额 | 5.8 | 21.57 |
| 　其中：一般贸易 | 5.73 | 72.15 |
| 　　　加工贸易 | 0.07 | 71.11 |
| 　其中：机电产品 | 2.94 | 2.28 |
| 　　　高新技术产品 | 2.83 | 4.65 |
| 　　　其他 | 0.03 | 8.20 |

**表8  2017年主要商品出口金额及其增长速度**

| 商品名称 | 金额（亿元） | 比上年增长（%） |
|---|---|---|
| 机电产品（包括本目录已具体列名的机电产品） | 138.33 | 14.93 |
| 高新技术产品 | 80.99 | 22.29 |
| 服装及衣着附件 | 32.06 | 35.50 |
| 文化产品 | 15.27 | 71.98 |
| 鞋类 | 15.58 | 20.66 |
| 二极管及类似半导体器件 | 64.25 | 12.59 |
| 纺织纱线、织物及制品 | 18.73 | 66.86 |
| 家具及其零件 | 3.96 | -21.02 |
| 灯具、照明装置及零件 | 5.14 | -4.75 |
| 钢材 | 6.88 | 73.53 |
| 陶瓷产品 | 5.46 | -5.76 |

表9 2017年主要商品进口金额及其增长速度

| 商品名称 | 金额(亿元) | 比上年增长(%) |
|---|---|---|
| 机电产品(包括本目录已具体列名的机电产品) | 26.94 | 6.02 |
| 高新技术产品 | 26.23 | 8.42 |
| 铜矿砂及其精矿 | 0.05 | -87.01 |
| 未锻轧铜及铜材 | 3.92(万元) | -9.99 |
| 二极管及类似半导体器件 | 22.96 | 4.00 |
| 纺织纱线、织物及制品 | 0.05 | -62.47 |

表10 2017年对主要国家和地区货物进出口额及其增长速度

| 国家和地区 | 进出口总值(亿元) | 比上年增长(%) | 出口值(亿元) | 比上年增长(%) | 进口值(亿元) | 比上年增长(%) |
|---|---|---|---|---|---|---|
| 亚洲 | 199.65 | 33.84 | 168.87 | 40.37 | 30.78 | 3.27 |
| 中国香港 | 23.31 | 56.02 | 23.31 | 65.40 | … | -99.83 |
| 日本 | 9.27 | 11.12 | 7.01 | -1.92 | 2.27 | 88.59 |
| 韩国 | 32.90 | 22.69 | 29.67 | 30.14 | 3.23 | -19.57 |
| 中国台湾 | 24.44 | 5.10 | 2.95 | 23.05 | 21.49 | 3.04 |
| 非洲 | 19.28 | 16.05 | 19.18 | 16.77 | 0.1 | -47.61 |
| 南非 | 2.83 | 0.54 | 2.73 | 3.93 | 0.1 | -47.78 |
| 欧洲 | 57.57 | 52.87 | 49.20 | 37.75 | 8.37 | 330.87 |
| 英国 | 11.99 | 36.55 | 11.97 | 36.49 | 0.02 | 96.12 |
| 德国 | 13.52 | 104.14 | 5.92 | 12.71 | 7.60 | 454.68 |
| 荷兰 | 5.67 | 13.41 | 5.66 | 13.48 | 0.01 | -41.89 |
| 南美洲 | 47.34 | 77.40 | 47.30 | 79.67 | 0.04 | -89.42 |
| 巴西 | 7.33 | -42.66 | 7.29 | -42.95 | 0.04 | 0.00 |
| 智利 | 2.19 | -57.88 | 2.19 | -56.19 | … | -99.99 |
| 北美洲 | 26.21 | -47.60 | 26.21 | -47.79 | 0.21 | -3.41 |
| 美国 | 23.65 | -50.92 | 23.45 | -51.14 | 0.21 | -3.23 |
| 大洋洲 | 4.13 | 15.34 | 4.09 | 14.25 | 0.04 | 14130.46 |
| 澳大利亚 | 3.55 | 46.57 | 3.51 | 44.97 | 0.04 | 14130.46 |
| 东盟 | 49.70 | 31.69 | 46.09 | 27.59 | 3.6 | 123.74 |
| 欧盟 | 47.91 | 53.60 | 39.72 | 33.85 | 8.19 | 440.61 |

全年新批外商投资企业30个,实际使用外商直接投资11.4亿美元,比上年增长9.8%。利用省外2000万元以上项目实际进资657.25亿元,比上年增长14.0%。

# 七 交通、邮电和旅游

全年货物运输量 25558 万吨，比上年增长 11.8%。其中，铁路货运量 350 万吨，比上年下降 7.3%；公路货运量 24344 万吨，比上年增长 12.4%；水运货运量 864 万吨，比上年增长 6.1%。公路货物周转量 315.7 亿吨公里，比上年增长 9.0%；水运货物周转量 19.9 亿吨公里，比上年下降 6%。

全年旅客运输量 9179 万人，比上年增长 1.3%。其中，铁路客运量 1126 万人，增长 15.9%；公路客运量 8025 万人，下降 1.62%；水运客运量 28 万人，与上年持平。公路旅客周转量 324136 万人公里，下降 1.8%；水运旅客周转量 173 万人公里，下降 5.9%。

表 11　2017 年货物、旅客运输量和周转量及其增长速度

| 指标 | 单位 | 绝对数 | 比上年增长（%） |
|------|------|--------|----------------|
| 旅客运输量 | 万人 | 9179 | 1.3 |
| 铁路 | 万人 | 1126 | 15.9 |
| 公路 | 万人 | 8025 | −1.6 |
| 水运 | 万人 | 28 | 0.0 |
| 旅客周转量 | 万人公里 | 324309 | −1.8 |
| 公路 | 万人公里 | 324136 | −1.8 |
| 水运 | 万人公里 | 173 | −5.9 |
| 货物运输量 | 万吨 | 25558 | 11.8 |
| 铁路 | 万吨 | 350 | −7.3 |
| 公路 | 万吨 | 24344 | 12.4 |
| 水运 | 万吨 | 864 | 6.1 |
| 货物周转量 | 亿吨公里 | 335.6 | 8.0 |
| 公路 | 亿吨公里 | 315.7 | 9.0 |
| 水运 | 亿吨公里 | 19.9 | −6.0 |

2017 年底，全市公路通车里程 2647.008 公里，比上年增加 7.394 公里。

年末汽车保有量 66.2 万辆，比上年增长 35.0%；小型、微型载客汽车保有量 42.2 万辆，比上年增长 18.4%，其中，私人小型、微型载客汽车保有量 40.4 万辆，比上年增长 19.4%。

全年邮政业务总量 11.87 亿元，比上年增长 23.4%。年末固定电话用户 56.4 万户；移动电话用户 504.0 万户，新增 138.3 万户。其中，年末 3G 移动电话用户 22.7 万户，4G 移动电话用户 312.6 万户。年末互联网宽带接入用户 139.1 万户，新增 27.1 万户。

全年接待旅游人数 16013 万人次，比上年增长 30.3%，同比下降 0.3 个百分点；实现旅游综合收入 1480.9 亿元，比上年增长 31.5%。其中，入境旅游者人数 101.6 万人次，比上年增长 22.1%；旅游外汇收入 4.3 亿美元，比上年增长 24.3%。

## 八　金融和保险业

2017 年年末金融机构人民币各项存款余额 3211.0 亿元，比年初增长 18.2%。其中，非金融企业存款余额 876.0 亿元，增长 34.4%；个人存款余额 1891.0 亿元，增长 14.1%。年末金融机构人民币各项贷款余额 2204.0 亿元，比年初增长 26.5%。其中，短期贷款余额 768.4 亿元，增长 6.1%；中长期贷款余额 1350.3 亿元，增长 42.0%。年末金融机构人民币消费贷款余额 543.0 亿元，增长 38.1%。

全年保险公司保费收入 70.9 亿元，比上年增长 18%。其中，财产险公司保费收入 24.3 亿元，增长 23.2%；人寿险公司保费收入 46.6 亿元，增长 15.6%。支付各类赔款 18.5 亿元，增长 13.5%。其中，财产险公司赔款 11.8 亿元，增长 19.7%；人寿险公司赔款 6.7 亿元，增长 21.45%。

## 九　教育和科学技术

全年普通高等教育招生 1.13 万人，在校生 3.15 万人，毕业生 8554 人。成人高等教育招生 5938 人，在校生 1.3 万人，毕业生 4148 人。普通高中招生 5.26 万人，在校生 14.44 万人，毕业生 4.34 万人。中等职业教育招生 1.39 万人，在校生 3.9 万人，毕业生 7701 人。普通初中招生 11.2 万人，在校生 30.6 万人，毕业生 8.7 万人。普通小学招生 9.96 万人，在校生 64.96 万人，毕业生 10.96 万人。特殊教育在校生 4818 人。幼儿园 2653 所，在园幼儿 22.22 万人。各类民办学校1900所；各类民办学校在校学生23.68万人。学前教育毛入园率80%，小学净入学率100%，初中毛入学率98.92%。高中阶段教育毛入学率88.82%，普通高考录取率81.1%，高等教育毛入学率34.60%。

年末共有省工程（技术）研究中心18个；省级重点实验室1个。获得省科学技术奖的科技成果1项。全年受理专利申请5251件，授权专利2484件；签订技术合同66项，技术市场合同成交金额5.60亿元。

### 表12　2017年各类学校招生、在校生和毕业生人数

单位：万人

| 指　标 | 招生数 | 在校生数 | 毕业生数 |
|---|---|---|---|
| 普通高等教育 | 1.13 | 3.15 | 8554（人） |
| 成人高等教育 | 5938（人） | 1.30 | 4148（人） |
| 中等职业教育 | 1.39 | 3.90 | 7701（人） |
| 普通高中 | 5.26 | 14.44 | 4.34 |
| 普通初中 | 11.20 | 30.60 | 8.70 |
| 普通小学 | 9.96 | 64.96 | 10.96 |

年末共有产品质量检测机构42个。法定计量技术机构12个，全年强制检定计量器具6.12万台（件）。全年共对全市37类产品进行监督抽查，共计抽查产品350个批次，其中合格334个批次，合格率为95.43%。配合省质监局完成省级监督抽查209个批次，合格198个批次，合格率为94.74%；配合有关部门完成国家级监督抽查35个批次，合格31个批次，合格率为88.57%。全年共计完成抽样594个批次，合格563个批次，合格率为94.78%。全年获得3C证书的企业43家，获得3C证书106张，发放自愿性产品认证证书234张，发放工业产品生产许可证21张。

## 十　文化、卫生和体育

年末共有艺术表演团体77个，文化馆13个，公共图书馆13个，博物馆17个。共有广播电视台12座，有线广播电视用户95万户，其中，数字电视用户91.0万户。年末广播综合人口覆盖率99.4%；电视综合人口覆盖率99.5%。全年出版各类报纸0.145亿份，期刊0.63亿册。

年末全市共有各类医疗卫生机构8092家。其中，医院147家、基层医疗机构7876家、专业公共卫生机构58家、其他卫生机构11家。全市卫生技术人员31091人，其中，执业医师和执业助理医师11100人、注册护士13139人、药师（士）1679人、技师（士）2324人、其他技术人员2849人。全市编制床位数33049张，实有床位数36778张（乡镇卫生院床位数7182张），每千人口床位数达到5.4张。

年末共有全民健身中心7个，青少年俱乐部16个，城市社区多功能运动场12个，青少年户外活动营地7个；国家级体育传统项目学校2所，省级体育传统项目学校25所，省级单项体育后备人才基地3个。全年新建村级农民体育健身工程79个，乡镇农民体育健身工程21个。在国际和国内的重大比赛中共获得2枚金牌、1枚银牌和1枚铜牌。

## 十一　人民生活和社会保障

全年城镇居民人均可支配收入31853元，增长9.3%；农村居民人均可支配收入12174元；城镇居民人均生活消费支出17366元，增长9.5%；农村居民人均生活消费支出8481元，增长9.1%。

全年就业困难人员实现就业0.62万人。共发放小额担保贷款15.5亿元，扶持个人创业8588人次，带动就业35160人次。年末参加城镇基本养老保险人数111.26万人，其中，在职职工73.97万人，离退休人员37.29万人。参加城镇职工医疗保险人数47.56万人，其中，在职职工27.84万人，退休人员19.72万人。参加农村新型合作医疗人数661.11万人，新型农村合作医疗基金支出32.83亿元，农民参合率99.8%，参合县比例100%。参加工伤保险人数46.85万人，其中，农民工9.67万人。参加失业保险人数30.07万人，参加生育保险人数27万人。向城市低保户发放低保金4.27亿元，月人均补差351元；向农村低保户发放低保金7.43亿元，月人均补差226元。城市居民得到政府最低生活保障人数98468人，农村居民得到政府最低生活保障人数281215人，农村居民得到政府五保救济人数29991人。全年开工建设保障性安居工程91926套，基本建成17231套，分别达目标任务的139%和100%，其中，棚改开工91926套；棚改货币化安置率达76%；完成建档立卡贫困户、低保户、农村分散供养特困人员、贫困残疾人家庭四类重点对象农村危房改造16832户。完成扶贫移民搬迁6610人，减贫130005人。

年末共有提供住宿的社会福利机构236个，床位数2.92万张，收养人数1.96万人。临时救济困难户2.9万人次。社区服务机构4213个，其中社区服务中心862个。全年销售社会福利彩票3.35亿元，筹集福利彩票公益金0.3亿元，直接接受社会捐赠0.36亿元。

# 十二　资源、环境与安全生产

年末地表水Ⅰ~Ⅲ类水质断面（点位）达标率为88.54%，主要河流监测断面水质达标率93.57%。全市环境空气质量优良率85.5%。

森林覆盖率稳定在61.94%；完成植树造林16.1万亩、森林抚育66.5万亩，森林蓄积量达到0.6076亿立方米。已建成国家级自然保护区3处、省级2处，国家森林公园9处、省级19处，拥有国家级湿地公园5处、省级7处，湿地保有量19.06万公顷，占国土面积的8.37%。

年平均降水量1947毫米，较往年多6.2%。年平均气温19.0℃，较往年高1℃。日照时数1729.1小时，较往年少2.3%。

全年全社会能源消费总量753.44万吨标准煤，比上年增长4.25%；万元GDP能耗0.3839吨标准煤，下降4.14%，超额完成全年下降2.5%的目标任务。规模以上工业综合能源消费量372.65万吨标准煤，增长6.63%；万元规模以上工业增加值能耗0.480吨标准煤，下降2.26%。

全年安全生产事故1303起，比上年上升60.07%。其中，道路交通1271起，工矿商贸29起，农业机械事故3起。安全生产事故死亡人数285人，上升30.73%。其中道路交通死亡254人，工矿商贸事故死亡29人，农业机械事故死亡2人。亿元生产总值生产事故死亡人数0.053人，上升1.92%。

注：

1. 本报告中数据均为初步统计数。部分数据因四舍五入的原因，存在分项与合计不

等的情况。

2. 地区生产总值、各产业增加值和人均生产总值绝对数按现价计算，增长速度按不变价格计算。

3. 根据《国民经济行业分类》（GB/T4754－2017），第一产业指农林牧渔业（不含农、林、牧、渔专业及辅助性活动），第二产业指工业（不含开采专业及辅助性活动，金属制品、机械和设备修理业）和建筑业，第三产业指除第一产业、第二产业以外的其他行业。

4. 规模以上工业统计范围为年主营业务收入 2000 万元及以上的企业，固定资产投资（不含农户）统计范围为计划总投资 500 万元及以上项目和房地产。

5. 万元生产总值能耗、万元规模以上工业增加值能耗按 2015 年不变价格计算。

6. 常住人口是指实际经常居住在某地区一定时间的人口。按人口普查和抽样调查规定，主要包括：居住在本乡镇街道、户口在本乡镇街道或户口待定的人，居住在本乡镇街道、离开户口所在的乡镇街道半年以上的人，户口在本乡镇街道、外出不满半年或在境外工作学习的人。

7. 小学适龄儿童入学率指调查范围内已入小学学习的学龄儿童占校内外学龄儿童总数的百分比。

8. 高中阶段教育毛入学率主要反映高中阶段教育覆盖面，是指高中阶段在校生总数占 15～17 岁学龄人口数的百分比。

9. "…" 表示数据不足本表最小单位数。

10. 本报告中财政数据来自市财政局；物价、城乡居民收入和支出来自国家统计局上饶调查队；水产品产量数据来自市农业局；外贸、利用外资和省外资金数据来自市商务局；铁路客货运量数据来自南昌铁路局上饶车务段；公路、水路客货运输量、周转量数据来自市交通局；移动电话用户数、固定电话用户数、互联网宽带用户数数据为市电信、移动、联通三家公司业务数据汇总；邮政业务量数据来自市邮政管理局；旅游数据来自市旅发委；存贷款数据来自人民银行上饶中心支行；保险数据来自市保险协会；教育数据来自市教育局；科技、专利数据来自市科技局；质量检测、行业标准数据来自市市场和质量监督管理局；艺术表演团体、博物馆、公共图书馆、文化馆、广播、电视数据来自市文广新局；卫生、新农合数据来自市卫生和计划生育委员会；体育数据来自市体育局；城镇新增就业、社会保险数据来自市人力资源和社会保障局；城乡低保、社会福利、社区服务、社会捐赠数据来自市民政局；保障性住房数据来自市房管局；扶贫数据来自市扶贫办；危房改造数据来自市建设局；自然保护区、造林、森林覆盖率数据来自市林业局；空气和地表水质量数据来自市环境保护局；降水量、平均气温、日照时数数据来自市气象局；安全生产数据来自市安全生产监督管理局；道路交通事故、民用汽车量数据来自市公安局交警支队；其他数据来自市统计局。

# B.7
# 上饶市汽车产业发展报告

上饶市税务局*

**摘　要：** 近年来，上饶市将汽车产业作为经济发展的支柱产业之一，加快建设汽车产业集群发展区，着力打造"江西汽车城"，力争"十三五"期间，全市汽车产业主营业务收入突破千亿元。本文通过横向和纵向分析，论证了上饶汽车产业发展的新机遇和比较优势，客观分析了上饶汽车产业发展中面临的挑战和问题，并提出了相应的对策。

**关键词：** 汽车产业　集群发展　产业布局　比较优势

2016年以来，围绕"决胜全面小康、打造大美上饶"目标，上饶市强化工业支柱意识，奋力推进"五年决战七千亿"战略，把"两光一车"作为驱动工业升级、跨越发展的新引擎、新支撑。为此，上饶市加快建设汽车产业集群发展区，着力打造"江西汽车城"，力争"十三五"期间，全市汽车产业主营业务收入突破千亿元。

## 一　上饶汽车产业发展的新机遇和比较优势

### （一）上饶汽车产业发展正处新的机遇期

汽车产业是我国国民经济中的主导产业和支柱型产业之一，具有辐射面广、

---

＊　作者：宋智江、吴黄明、罗成涛。

关联性高、牵动力强的特点，对上下游行业有着强大的带动作用，带来的经济和社会效益巨大。2016年，我国汽车制造业拥有规模以上企业1.4万余家，约占经济总量的2%，对经济增长的贡献率达4.5%，全产业链约占经济总量的8%，对经济增长的贡献率高达18%，是我国经济增长的名副其实的"发动机"。

2017年4月，工业和信息化部、国家发展改革委、科技部联合印发了《汽车产业中长期发展规划》，为我国未来10年汽车产业发展指明了方向、明确了任务、提供了保障，确定了"力争经过十年持续努力，迈入世界汽车强国行列"的总目标。全面分析了新一轮科技革命和产业变革对汽车产业的深刻影响，提出以新能源汽车和智能网联汽车为突破口，加速跨界融合，构建新型产业生态，带动产业转型升级，实现由大到强发展。核心要义就是要做大做强中国品牌汽车，培育具有国际竞争力的企业集团。路线上要以新能源汽车和智能网联汽车为突破口，引领整个产业转型升级；措施上主要包括优化产业发展环境，推动行业内外协同创新，推动全球布局和产业体系国际化。

可以说，上饶汽车产业发展正处于一个新的发展机遇期，未来10年是上饶汽车抢抓新机遇、快速发展的关键时期。

### （二）上饶汽车产业发展集群效应初显

截至2017年7月，上饶经济技术开发区汽车产业园共落户汽车及零部件企业36家，其中，整车项目4个，关键零部件企业13家，预计至2020年累计投资额达450亿元。到2020年，形成整车生产能力70万辆以上的，汽车类型包括客车、SUV、专用车、物流车、新能源汽车、智能网联汽车等，包括关键零部件有动力电池和发动机在内的千亿汽车产业群。

1. 博能客车（预计生产能力3万辆）

2010年博能上饶客车联合中国科学院进军新能源汽车领域，取得了新能源汽车生产资质，并成功研发出多款纯电动和混合动力新能源车型，产品远销山东、山西等省份。江西省市场份额占比70%～80%，专用校车连续5年全国销量排名前五名，新能源客车销量进入全国前十。

2016年，博能控股发起60亿元规模的新能源汽车产业发展基金，整合新能源客车整车和核心零部件资源，联合行业顶尖电池、电机合作伙伴，努力实现资本、人才、技术、产品、成本的"五位一体"和优势叠加。项目工程于

2017 年 4 月开工建设。项目建成投产后各类客车年产量将达到 3 万辆，其中新能源客车 2.5 万辆，专用校车 0.5 万辆及相关核心零部件，达产达标后可实现年产值 150 亿元，税收 5.25 亿元。

2. 汉腾公司（预计生产能力35万辆）

汉腾公司于 2016 年 9 月完成了首款 SUV 车型 X7 的成功下线，当年实现 16117 辆的销售业绩，2016 年 12 月销售量排行榜中，其在 155 款 SUV 车型中居第 62 位，在 130 家汽车厂商中居第 51 位，按品牌居第 61 位，是 2016 年中国汽车市场上一匹成色十足的"黑马"。在新能源汽车方面，目前，汉腾已研发出技术指标达国内先进水平的三款混合动力 SUV，同时已提出了纯电动 SUV 概念车。

一期项目总投资额 37 亿元，2015 年 12 月工厂正式竣工，具有年产 15 万辆乘用车整车生产能力。

二期项目总投资额 100 亿元，2016 年 8 月开工，建成后可实现 20 万辆传统汽车和新能源汽车年产能及配套的研发（电机、电控、电池系统），2018 年投产。项目达产达标后，可实现年主营业务收入超过 300 亿元。届时，汉腾汽车整体产能将达 35 万辆，为新产品投放市场提供产能支撑。

目前汉腾汽车在全国已拥有授权网点 221 家，预计年内一级网点将增加至 260 家，二级网点扩充至 750 家，这样汉腾汽车零售网点将遍布全国各主要市场。

3. 爱驰亿维（预计生产能力30万辆）

2016 年 10 月 30 日，上海爱驰亿维公司年产 30 万辆新能源汽车项目签约仪式在上饶举行。项目投资方包括腾讯、富士康、和谐汽车等。项目总投资 133 亿元，将建设年产 30 万辆纯电动 SUV、MPV 整车基地和电池 PACK 生产线。项目分两期，每期生产 15 万辆。

爱驰亿维与乐视、蔚来汽车、威马都一样，是新势力造车，属于智能网联汽车。开发充分考虑消费者的用车需求，生产完全解决电动车使用痛点的产品。用"黑科技"——自动驾驶、人工智能、超高能电池、直驱电机等技术赢得消费者。

爱驰亿维定位是把"四化"——智能化、电动化、电商化、共享化发挥到极致，突破现有产品，做出差异化。

4. 中汽瑞华(预计生产能力2万辆)

2016 年 2 月 4 日与上饶市政府签约落户上饶经开区。

项目总投资 34.6 亿元，主要建设联合厂房（制件车间、焊装车间、电泳涂装车间和总装车间）、电池电容车间、电机电控车间等辅助配套设施，建成后形成年产 2 万辆整车生产能力（0.5 万辆纯电动客车、1.5 万辆纯电动专用车），含配套（6 亿 Ah 动力电池、4 万套电容电机电控系统和 12 万套充电桩）。其中电机、电控、电池、电容、充电桩是新能源汽车的五大核心零部件。项目 2017 年 9 月试产，2018 年全面投产。

中汽瑞华母公司上海瑞华是全球第一家将超级电容应用技术使用在公交客车上的公司，瑞华双电技术在全国乃至世界都领先；中汽零公司是全国知名汽车零部件集成服务商、国内零部件龙头企业，综合实力雄厚。项目全部建成达产达标，每年可实现工业主营业务收入 200 亿元、税收 10 亿元。

5. 腾勒动力、安驰电池、星盈科技

腾勒动力投资 22 亿元，年产 40 万台汽车发动机，使用全套购买的德国马勒发动机技术。汉腾汽车 2017 年就可以使用腾勒发动机，产销量不再受发动机供应的制约。

安驰公司投资 30 亿元，为锂电池项目。一期 2 亿安时，2017 年 7 月达产；二期 4 亿安时高比能三元锂电池和 4 亿安时磷酸铁锂电池，2020 年达产。

星盈科技投资 20 亿元，为锂离子电池项目。一期 5 亿安时，2017 年 11 月达产；二期 5 亿安时，2020 年达产。

### （三）上饶汽车产业发展比较优势凸显

#### 1. 产业布局先发优势

博能客车传统车和新能源车深耕市场多年，其新能源客车在江西省市场份额占比 70%~80%，高档化新能源客车二期项目也将于 2018 年投产。汉腾汽车 2016 年 9 月传统 SUV 车投入市场，且成为 2016 年 SUV 市场一匹黑马，它的二期项目的新能源汽车车型已被纳入国家推广目录。爱驰亿维和中汽瑞华的一期都于 2018 年投产，爱驰亿维已出车样。

纵观江西省各地市，除了老牌汽车江铃所在地省会南昌外，上饶确定的产能（含近期确定在建的）55 万辆为最大，整车车企最多，关键零部件配套最完善，整个汽车产业在全省处于领先的态势。究其原因，是上饶市汽车产业布局早，从而获得了先发优势。

## 2. 车企市场定位准确

博能客车市场定位是高端新能源纯电动商用车。我国在新能源汽车和商用车两个领域都有一定的竞争优势，结合这两个领域做高端产品，有利于品牌影响力形成，与我国汽车中长期发展规划和"中国制造 2025"相契合。欧美等发达国家和中国发达的一、二线城市对环保都有着更高要求，政府主导的商用车市场更是落实这一要求的首选，在这个要求下，高端新能源纯电动商用车成本高不是问题，博能客车有着非常广阔的市场前景。

汉腾汽车市场定位是新能源混合动力 SUV。在我国乘用车市场上，SUV替代轿车趋势不可逆转，自主品牌的新能源汽车和 SUV 有竞争优势。此外，通过对国内外新能源汽车市场分析，混合动力类型新能源汽车在中长期内会是主流而不是过渡。可以说，汉腾汽车市场定位兼顾了现在和未来。

爱驰亿维市场定位是纯电动智能网联的 SUV。这无疑真正代表了乘用车发展方向和未来，必然会成为政府、市场和媒体的关注焦点，也会获得国家和地方更多的政策支持。爱驰亿维作为新势力造车，一旦自我颠覆成功，就占据了汽车发展的制高点，同时也必然会成为汽车市场的新宠，将大大提升上饶汽车品牌影响力，确定上饶汽车产业在江西的突出地位。

中汽瑞华市场定位是新能源纯电动客车、特种车和全产业链核心部件产品。在国际国内市场，我国自主品牌客车和特种车都有一定竞争力。中汽瑞华利用母公司上海瑞华首创的"电池 + 电容"技术，降低动力电池使用效率，延长动力电池使用寿命，提高动力电池回收率，以此增强企业新能源商用车竞争力，更快更好地切入市场、占领市场。同时，中汽瑞华利用共同母公司中国汽车零部件工业公司的国内零部件龙头地位，打造自己的全产业链，规避核心零部件市场制约，提高自主制造的品牌影响。

一个地方汽车产业的发展，固然需要地方政府的培育和支持，但最终还是要看企业能不能获得市场认可。对一个地方汽车产业发展来说，整车企业市场定位准确与否十分关键。而上饶整车企业较精准的市场定位，将会大大提高上饶未来建设成为"江西汽车城"的可能性。

### 3. 汽车产业群聚合效应

一般地方的汽车产业，都是围绕一个龙头整车企业形成的产业链。这样的产业链是单薄脆弱的，龙头"打喷嚏"整个产业就会感冒，更谈不上聚合效应。

上饶汽车产业是由四个自主品牌的整车企业、多个关键零部件企业、30多个零部件企业构成的产业群，这在江西省是唯一的，就是在全国也不多见。同时，四个整车企业都主打新能源汽车但又有明显的差异化。这种既同质又差异的整车群能使上饶汽车产业群的聚合效应得到充分发挥，产业获得竞争优势，企业得到发展。

4. 关键零部件完整，核心技术自主

上饶汽车产业配套补链工作一直在稳步有序推进，目前配套零部件体系逐步完善，尤其是关键零部件和核心技术方面，做到产品高端丰富、技术先进自主。

动力电池方面，目前有四个企业生产或即将生产，每个整车企业都有自己的配套动力电池厂商。由于动力电池对新能源汽车十分关键，动力电池一般占整车成本的40%~50%，动力电池性能在很大程度上决定了整车的市场命运。上饶动力电池业如充分发挥聚群效应，将会在产品研发、国家标准制定、国家研发和推广应用工程承接等方面获得宝贵的先机，从而有力推进上饶新能源汽车稳步发展。

腾勒发动机是汉腾汽车母公司为汉腾汽车投资的配套项目，全套买入知名的德国马勒发动机技术，自主应用开发生产腾勒发动机，整车企业拥有发动机配套，这在我国民营整车企业中是唯一的。

中汽瑞华配套产品包括驱动电机、电控系统、动力电池、充电桩等新能源汽车所有核心零部件，拥有自己首创的"电池+电容"技术，十分有利于市场竞争力和品牌知名度提升。

根据市场分析，电机、电控系统、动力电池系统配套，会大幅提高整车性能和降低整车成本。

5. 交通位置优势

上饶是沪昆高铁和京福高铁交汇地，每天有200多辆高铁停靠，从上海到上饶不到2个小时，从杭州到上饶1个多小时，在交通上有着得天独厚的地理位置优势。

汽车产业首先属于技术密集型产业，整车企业不管身在何处，研发中心往往都在一线、准一线城市，整车厂和研发中心存在不同程度的分离现象，这无疑对研发产生一定妨碍，有时是致命的。上饶到上海、杭州便利快速的交通位置优势，可以使这种妨碍降到可接受的程度。

汽车产业属于人力资源密集型产业，上饶整车厂商加上关键零部件厂商，到 2020 年全部达标达产时，中高级管理技术人才将需要约 2500 人。

很多企业吸引中高端人才时，经常遇到人才生活圈与工作圈分离的困境，而上饶到上海、杭州、南昌的"三小时生活圈""两小时生活圈""一小时生活圈"，使"两圈分离"困境影响甚微。

上饶环境好、交通便利，还会吸引相当中高级人才定居，这有利于提高上饶城市品位和美誉度。

### （四）上饶汽车产业发展的税收贡献预测

经济决定税收，上饶汽车产业的快速发展，将为上饶经济社会发展提供充裕的税源和财力保障。上饶汽车产业发展涉及的税收有增值税、消费税、城建税、企业所得税、房产税、土地使用税、印花税和代扣代缴的个人所得税等税种，其中增值税是主体税种。我国增值税征收采取消费型增值税制，为有效避免重复征税，允许将购买的材料和投资的固定资产中已缴纳的增值税全部一次性扣除。

由于汽车产业具有投资大、建设周期长的特点，上饶汽车产业四大整车目前仍处于筹建期，预计 2020 年达产达标全部固定资产投资将达到 450 亿元，根据增值税的征税原理，从宏观上讲，上饶汽车产业主营业务收入超过 450 亿元时，固定资产投资中已缴纳的增值税将逐步抵扣完，转而进入汽车产业全面实现增值税的时期，在此之前，也将会在不同的投资期实现一定的增值税。按照上饶汽车产业主营业务收入实现 1000 亿元的目标和全国汽车行业增值税平均税负率 3.7% 测算，上饶汽车产业将实现增值税 37 亿元，加上其他税收，税收贡献可达 40 亿元以上。

## 二　上饶汽车产业发展面临的挑战

### （一）产能过剩风险

2017 年全国整车产能（含确定在建）是 6358 万辆，这其实是到 2020 年

全部释放的产能，相对 2020 年的预计销量 4000 万辆，产能利用率约为 63%，过剩是真实存在的。产能过剩对汽车业内人士和长期关注汽车产业的人来说，不是个新鲜话题，过去一直都有。

1. 我国汽车产能过剩的原因

在我国汽车产能过剩一直都存在，我国汽车产能过剩还具有明显的体制机制特征。由于地方过分追求 GDP 增长和不合理保护的因素，我国汽车千人保有量和发达国家相比还很低，2016 年中国 140 辆、美国 800 辆，这给政府、车企和投资者以无限想象空间。此外，汽车业产业链长、带动性强，各地都把汽车业作为推动地方经济发展的重要手段。

2. 传统车产能过剩问题

未来的汽车产能过剩，首先是传统乘用车产能过剩，这是一种绝对的过剩。由于新能源汽车发展方向和环保压力，传统乘用车市场被新能源车替代是不可逆的。上饶由于不是传统车强市，受影响不大且可控。

3. 新能源车产能过剩问题

按国家汽车产业中长期发展规划，到 2020 年新能源汽车销量是 200 万辆，而产能是 500 万辆，产能过剩严重。由于政府、车企和投资者面对新能源汽车诱人前景的冲动，传统车企、外国车企和造车新势力会纷纷闯入，新能源车产能过剩问题应该会更为严重。

其中外国车企最不可控，不久前发布的《关于完善汽车投资项目管理的意见》，为在中国拥有两家乘用车合资企业的跨国公司，打开了新能源汽车再合资之门。

伴随新能源汽车的过剩，还有新能源汽车的心脏——动力电池的过剩，预计 2016 年国内动力电池新增产能会在 2020 年全部释放，届时，动力电池产能将达到 170GWh/年。来自兴业证券的分析报告显示，到 2020 年动力电池需求量将约 90GWh，产能利用率为 53%。

## （二）后补贴时代风险

补贴是国家扶持和激励的主要措施，我国新能源汽车产业取得的进展，在很大程度上归功于国家的鼓励政策。但是补贴强度大，难免产生对技术发展的不良影响，但也出现少数人骗取补贴。

财政部明确，2017～2018 年新能源汽车补贴标准，将在 2016 年的基础上下调 20%，2019～2020 年下降 40%，2020 年以后补贴政策将退出。

由于电池成本的昂贵以及充电设施的滞后，"后补贴时代"新能源汽车依然处于弱势。预计到 2025 年，新能源汽车与燃油汽车才会具有相同的购买经济性。补贴逐步退坡后，非货币的鼓励政策将保障新能源汽车产业长远发展，比如于 2018 年实施的双积分政策。

对新能源汽车的鼓励政策，以后会更多转向市场消费侧拉动，从关注生产供给端推动，转向关注市场消费端的拉动，政策的着力点也会如此，这将给新能源车企带来很大的不确定性。同时，新能源汽车市场还会因政策期待而出现较大波动，比如出现因政策而故意提前或延迟消费。

目前，商用车方面，国家四部委规定对非个人用户购买的申请补贴需满足累计 3 万公行驶里程要求。前者已对新能源客车企业如上饶市博能客车带来了很大的资金压力，对博能汽车来说，仅 2016 年一年延迟补贴达 4.4 亿元，而且延迟期一般要五六年，大批资金超原来计划预算的延迟流入，财务压力可想而知。

## （三）聚而不合的风险

聚合效应是指通过整车带动相关产业发展，再通过相关产业发展和整车之间相互影响，使整车企业获得利益最大化和核心竞争力。

上饶要打造千亿产值汽车产业群，不仅仅是项目招商、企业进驻那么简单。因为完全有效的市场是不存在的，所以聚合效应是不会自然发生的。要发挥聚合效应，就必须在企业之间形成网络状的联系，形成产业群，而不是孤立的存在。

目前，上饶四个整车企业之间的关联程度并不高，各自有自己配套的核心零部件（如动力电池）供应商，甚至非核心零部件也较少有交集。尤其是四整车零部件供应渠道有 80%～90% 在异地，零部件供应渠道没有交集，更谈不上一致行动。

如果放任这种状况，上饶汽车产业就不是一个产业群而只是四个整车企业和几十个零部件企业的简单组合，聚合效应也就无从谈起。

### （四）技术标准和安全性风险

国家汽车中长期发展规划提出对汽车尤其是新能源汽车提出了很多要求，如到 2020 年，新车燃料平均 5 升/公里，节能型汽车燃料平均 4.5 升/公里，新能源汽车可回收率为 95%，动力电池单体比能力达 300Wh/kg，力争达 350Wh/kg，动力电池系统的比能量达到 260Wh/kg，成本降到 1 元/Wh；到 2025 年，单体比能量达 500Wh/kg，动力电池系统的比能量将达到 350Wh/kg。这些要求将来极可能作为享受国家政策的标准，如达不到要求，企业就会被动，甚至没有机会。

在追求高能量比的同时，安全方面也尤为重要，三星手机电池爆炸门教训深刻。新能源汽车电池的安全性，最容易发生事故的还不是一个单体热失控，而是一个单体热失控之后在整个系统的扩展，发生了就是大事故。

2017 年 7 月 12 日，国家质量监督检验检疫总局、国家标准化管理委员会批准发布了规格尺寸标准、编码规则、余能检测标准三项电动汽车用动力电池标准，并于 2018 年 2 月 1 日起正式实施。实现动力电池可追溯，三项标准覆盖电池全生命周期。由于上饶新能源汽车配套的动力电池企业都是新成立的企业，技术成熟度和安全性还有一个较长的实践检验过程，存在一定安全风险。

### （五）省内竞争压力加大

2016 年至 2017 年 3 月中国新能源汽车新增项目超过 120 个，总规划产能超过 1300 万台/年，其中有赣州、南昌和九江的项目。

江西省发改委批复同意《赣州新能源汽车科技城产业发展规划（2016—2025 年）》："建设全国重要的新能源汽车研发中心，中国南方重要的新能源汽车生产基地，全国重要的新能源汽车动力电池生产基地。同时，打造稀土材料、锂电材料 – 永磁电机、锂动力电池 – 汽车关键零部件 – 整车的完整产业链，最终形成年产 50 万辆新能源纯电动车生产能力，全产业链实现产值 1000 亿元。"

尽管上饶在新能源汽车产业布局上抢得先手，然而先发不一定就先至，前有强敌后有追兵，上饶能不能成为"江西汽车城"，还存在不确定性。

### （六）国家税收政策的影响

一是车辆购置税税收优惠政策对汽车消费市场有导向作用。2015 年 10 月 1 日到 2016 年 12 月 31 日，对购买 1.6 升及以下排量乘用车实施减半征收车辆购置税的优惠政策，根据中国汽车工业协会数据，2016 年前 11 个月，汽车销量达到 2494.8 万辆，同比增长 14.11%，销量和增速都大大超过中汽协年初的预期。2016 年 12 月 15 日，财政部国家税务总局发布《关于减征 1.6 升及以下排量乘用车车辆购置税的通知》，自 2017 年 1 月 1 日起至 12 月 31 日止，对购置 1.6 升及以下排量的乘用车减按 7.5% 的税率征收车辆购置税。自 2018 年 1 月 1 日起，恢复按 10% 的法定税率征收车辆购置税。受车购税政策调整的影响，我国乘用车 2017 年上半年销量仅增长 1%。

二是消费税政策不利于鼓励国内科技创新和自主研发汽车核心零部件。现行消费税政策中没有体现区别对待原则，对使用国内自主研发的汽车核心零部件的小汽车，在征收消费税上没有出台税收优惠政策。

## 三　上饶汽车产业发展的风险化解与问题应对

### （一）通过做好做强自己，在激烈的市场竞争中获得生存发展

十多年来，中国汽车产业一直在产能过剩中走来，不断发展壮大，在中国过剩是常态。

从每千人的汽车保有量角度看，中国每千人的汽车保有量为 140 辆，印度不到 30 辆，类似印度保有量水平的人口还有 25 亿人口。我国汽车产业就全球市场来说，产能释放空间还很巨大。尤其是新能源汽车，其今后逐渐替代传统车是不可逆转的，500 万辆的产能只是相对过剩，是相对 2020 年的过剩。

江西省人口跟韩国差不多，面积比韩国还大。2016 年韩国国内汽车产量 427.5 万辆，国内销量 160 万辆。相比韩国，江西 130 万辆的汽车产能（含确定在建的）谈不上绝对过剩。因此，上饶汽车产业不要太纠结产能过剩，做好做强自己，适者生存。

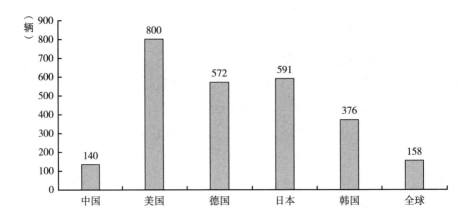

**图1　2016年各国千人汽车保有量**

## （二）抓住汽车产业发展新趋势，实现弯道超车

上饶要打造"江西汽车城"，南昌及景德镇肯定不以为然。2016年，江铃汽车年销量达40万辆，营收达600亿元，有江铃汽车、江铃福特、陆风等品牌，其中销售1.5万辆纯电动汽车，2020年目标是销量150万辆，营收1500亿元。北汽昌河汽车实现了战略重组，2016年景德镇地区累计生产整车9.2万辆。2016年这两个市汽车产销量都远超上饶。

然而传统强市强在传统上，若在传统领域上饶汽车产业可能永远没有机会。现在汽车产业新的发展趋势，给上饶汽车产业带来弯道超车机会。

1. 抓住轿车正在被SUV替代的趋势

在国内乘用车市场上，轿车正在被SUV替代。

在国内SUV市场上，中国车系领先外国车系，汉腾也超越了陆风。汉腾X7排第30位，陆风排第31位，昌河Q35、昌河Q25分列第70、71位。

2. 抓住传统汽车被新能源汽车取代趋势

2016年，我国汽车销量2802万辆，其中新能源汽车50.7万辆，占比1.8%；国家汽车产业中长期发展规划是：2020年产量是4000万辆，其中新能源汽车200万辆，新能源汽车占比5%；2025年新能源汽车占比20%。2017年中国已原则上不再增加传统汽车产能，传统汽车被新能源汽车取代趋势不可逆转。

从全球来看，德国、英国、法国已全部宣布：2040 年将禁止销售汽柴油车。荷兰、挪威、印度也提出了禁止销售汽柴油车的时间表。

目前，在新能源汽车领域，自主品牌已获得一定竞争优势，实现了弯道超车。上饶整车企业主要产品都是新能源汽车，拥有的技术都达到国内先进水平，弯道超车机会来临。

3. 抓住汽车产业的未来属于智能网联汽车的趋势

智能网联汽车代表汽车产业未来发展方向，我国汽车中长期发展规划也将智能网联汽车作为实现汽车强国的突破口。智能网联汽车与传统汽车相比有着质的变化，生产方式向互联协作的智能制造体系演进，带有鲜明的跨界融合特征。

我国发展智能网联汽车基础较好，有一定的竞争优势。一是支撑汽车的智能化、网联化发展的信息技术产业的实力在不断增强；二是我国具有集中力量办大事的独特的制度优势；三是汽车市场规模大。

上饶智能网联汽车领域，其中爱驰亿维介入较深，其他三个整车企业也有初步涉及。在智能网联汽车领域，传统汽车企业没有优势，把握好机会，上饶汽车产业就可能实现弯道超车。

## （三）政府强力驱动，实现上饶汽车产业超常规发展

中国经济快速增长主要原因是有市场与政府二轮驱动。其实，韩国就是在政府大力驱动下成为汽车出口大国的。任何一个经济体要弯道超车，实现超常规发展，都必须有政府的强力驱动。上饶要成为"江西汽车城"，政府的强力驱动同样必不可少。一是建立上饶市汽车产业发展基金，帮助解决汽车产业发展中的融资问题。比如，武汉市就用政府投融资平台为企业以新能源车延迟补贴抵押进行担保贷款。二是建立产业研究中心，为政府决策提供专业级的智力支持。三是借鉴一线城市利用车牌做文章，如北京对新能源汽车车牌不设限，免摇号；深圳对新能源汽车发放专用车牌等。四是对后补贴时代，地方政府要不断创新新能源汽车产业的鼓励政策，找到市场痛点，如免费停车洗车保险等措施。

## （四）充分发挥财税政策的激励导向作用，有效引导汽车生产和消费

一是充分用好高新技术企业减按15%税率征收企业所得税政策优惠、提高科技型企业研发费用税前加计扣除比例和固定资产加速折旧所得税政策优惠。

二是对在国家级开发区新办的汽车生产企业，在筹建期间缴纳房产税、城镇土地使用税确有困难的给予享受减免优惠。

三是建议适时调整车辆购置税政策，降低税负，引导汽车市场消费。

四是建议对使用国内自主研发的汽车核心零部件（如发动机等）的小汽车，实行减半征收消费税的税收优惠政策。

五是借鉴美国加州鼓励政策，实行个人消费购买新能源汽车抵税一定限额的个人所得税制度，在加州最高可抵缴12500美元。

# 2017~2018年上饶市国土资源
# 发展分析报告

原上饶市国土资源局

**摘　要：** 党的十九大，把"三农"建设提高到乡村振兴的战略高度。实施乡村振兴战略，关键是解决好"人、地、钱"三大要素，土地是基础。近年来，上饶市国土资源局按照党中央、国务院以及部、省、市的决策部署，围绕"农村美、农业强、农民富"的乡村振兴目标，积极探索，综合施策，形成了国土资源服务乡村振兴的上饶特色。

**关键词：** 三农建设　乡村振兴　土地制度　要素分配

## 一　主要做法及成效

### （一）强化规划统筹管控，留足发展空间

自2016年以来，上饶市根据地方经济建设状况与发展趋势，按照"多规合一"要求，科学划定永久基本农田，合理调整市县乡三级土地利用总体规划，并与城乡建设、高标准农田建设、生态环境保护等各类规划有机衔接。严格土地用途管制，强化规划对农村各业用地的引导安排，优先安排农村基础设施、公共服务和新产业新业态设施用地，确保农业产业园、科技园、创业园用地得到保障；同时保留规划的弹性空间，乡（镇）土地利用总体规划可以预留不超过5%的规划建设用地指标，主要用于零星分散的农村宅基地、乡村建设用地和单独选址农业设施。

### （二）强化计划指标供给，充分保障乡村合理用地

推行用地计划差别化管理，合理配置年度用地计划，每年按不低于8%的比例将新增建设用地计划指标用于保障农民建房和农村新产业、新业态项目，不足部分实行台账管理。突出计划整体统筹、重点保障与分类引导功能，着重保障农村产业发展、基础设施建设、村庄建设用地，鼓励支持乡村旅游、农业产业园以及特色小镇建设用地。

### （三）强化土地复合利用，提高土地产出效率

重点围绕农业产业增效和农民增收，通过农业生产和村庄建设等用地复合利用，提高土地产出效率，推进农村一、二、三产业融合发展。

1. 切实保障农业设施用地

积极推进农业供给侧结构性改革，在不占用永久基本农田的前提下，将农业生产过程中各类生产设施和附属设施用地、配套设施，包括看护类管理房用地以及临时性农产品晾晒、临时存储、分拣包装等初加工设施用地等，全部纳入设施农用地管理。

2. 支持鼓励土地合法流转

因地制宜保护耕地，在不破坏耕作层的前提下，允许对农业生产结构进行优化调整，加快培育发展一批家庭农产、合作社、龙头企业和农业产业化联合体，发展多种形式适度规模经营，进一步提高土地产出率。如鄱阳县古县渡镇南滨村，采取"公司＋合作社＋农户"的经营模式，将8000亩山林地统一承包给个体经营户打造油茶产业，村民以山林使用权入股，企业统一开发管理，收益按照4∶6分成，每户每年可获收益600元以上，还解决了当地农民的就业问题。德兴市结合境内荒山、荒沟、荒丘、荒滩等"四荒地"占土地总面积99%的特点，依托丰富的中草药资源，提出"建设健康德兴、打造中医药振兴发展'江西样板'领头羊"战略规划，通过"公司＋农户"模式，打造中草药种植基地20万亩，销售加工产值超过100亿元。

3. 强化乡村旅游用地支撑

按照市委、市政府打造"中国东部旅游目的地、中转地、集散地"的旅游发展定位，建立健全旅游项目用地分类管理制度，提高旅游业用地市场配置

和节约集约利用水平，依法按建设用地管理永久性设施建设用地，按现用途管理自然景观用地及农牧渔业种植、养殖用地。如婺源县江湾镇篁岭村依托丰富的古村落资源优势，2009年成立婺源县乡村文化发展有限公司投资开发景区，在篁岭山下新建安置新村，建设学校等配套设施，吸引村民置换山上原有宅基地，公司通过收购散落民间的20多栋徽派古建筑在篁岭村进行异地保护、将120栋原址民居改造成精品度假酒店等方式打造古村景点，同时将周边梯田进行流转，每年支付租金，成功创设乡村旅游"篁岭模式"，打造国家4A级旅游景区。目前，在公司上班、承租经营的当地村民有150余人，人均收入达3万元以上；篁岭村人均收入从旅游开发前的3500元提升到2.6万元；户年均收入从1.5万元提升到10.66万元。

4. 大力发展光伏产业助力脱贫攻坚

围绕全面决胜小康战略部署，创新光伏用地管理模式，按建设用地管理全国村级光伏扶贫电站建设规模范围内的光伏发电项目、变电站及运营管理中心、集电线路杆塔基础用地；按农村道路用地管理场内道路用地；光伏方阵使用永久基本农田以外的农用地的，在不破坏农业生产条件的前提下，可不改变原用地性质；采用直埋电缆方式敷设的集电线路用地，实行与项目光伏方阵用地同样的管理方式，支持光伏扶贫工程落地。如上饶县华坛山镇彭家坞村在废弃的砖厂地上，采取"合作社＋村集体＋贫困户"的模式，投资250万元，率先建成全县首家并网发电的光伏扶贫发电站，总功率312KWP，每年可以为贫困户带来3000元左右的收益。

## （四）强化土地综合整治，建设秀美富强乡村

近年来，随着城市化发展、搬迁移民、中心镇建设等深入推进，"空心村""夹心村"等现象普遍，耕地碎片化、村庄建设无序化、土地产出低效化、环境脏乱差等问题比较突出。对此，上饶市启动了农村宅基地管理试点，打造耕地占补平衡资源产业，推进农村"山水林田湖"全要素综合整治，达到了保护农村生态环境、缓解耕地占补平衡压力、拓宽乡村振兴的资金筹措渠道的效果。

1. 以农村宅基地管理试点腾出农村存量土地

从2017年7月起，在坚守"一户一宅""面积法定"制度的基础上，采取村民理事会自治的方式，开展农村宅基地管理试点工作，探索农村宅基地有

偿使用、有偿退出机制。截至目前，全市共有 211 个乡镇、10828 个自然村，全面开展农村宅基地管理工作，参与农户 79.68 万户，涉及农村宅基地 86.5 万宗，总面积 11421.1 万平方米，目前已退出宅基地 5.75 万宗，退出面积 616.44 万平方米。

2. 以城乡建设用地增减挂钩政策整治乡村环境

充分利用农村退出的宅基地、砖瓦窑等空闲地，实施增减挂钩项目，进行综合治理和复垦，增减挂钩节余指标交易流转收益和新增耕地经营收益，重点用于乡村建设、发展，既盘活农村建设用地，又支持了乡村振兴战略实施。如万年县朱田乡越溪村原来是有名的荒山村，2013 年整村实施增减挂钩，将安置区安排在 10 公里外交通方便的邻村，解决出行难、上学难、务工难问题，对原村址统一进行"山水林田湖路村"整治复垦，建起了由 600 亩蔬菜、苗木、生态养殖基地和 1000 亩马家柚种植基地构成的田园综合体，村民以土地入股每年到合作社分红。

3. 以土地整治为乡村振兴集聚资金

根据 2017 年中央一号文件精神，上饶市国土资源局编制了《上饶市土地整治规划》，在全市范围内开展以高标注农田建设为主导，集土地整理、稀疏残次林开发、未利用地开发、旱地改造水田为一体的综合土地整治体系，全市正在实施的各类土地整治项目 30.49 万亩，预计新增耕地 26.37 万亩，可增加粮食产能近 6000 万吨，既可以有效增加粮食产能，"藏粮于地"，又可以通过安排培肥资金、村组工作经费和占补平衡指标收益返还，为乡村振兴资金筹措资金。如《上饶市土地开发补充耕地项目管理实施细则》要求项目申报单位在编制预算时将农民补偿标准、培肥地力等纳入预算单独列支，农民补偿标准由县政府确定；培肥资金按照每年不少于 500 元/亩，连续三年标准安排；全市土地开发项目，平均安排乡（镇）村两级工作经费 1000 元左右，占总预算的 12.5% 左右。上饶县华坛山镇彭家坞村结合扶贫攻坚，实施增减挂项目 34.3 亩，灾毁土地开发项目 25.31 亩，土地整理项目 800 余亩，指标交易到南昌市所产生的 1000 万元收益，全部返还村集体用于基础设施、环境整治和发展产业。万年县梓埠镇道港村及古城村实施高标准农田项目 7600 亩，建成后新增耕地 4000 余亩，粮食亩产由 400 公斤提高到 1000 公斤，亩均流转价格由 300 元增长到 750 元，村集体和村民每年至少增加收入 560 万元。

### （五）推进农村房地赋权，释放并激活乡村资产潜力

农村要变强，农民要变富，必须把土地这个农村最大的"本钱"用好用活。上饶市通过完善产权制度、推进要素市场化配置，将土地资产潜力合理释放、有效激活，让农民富起来。

1. 扎实推进农村土地确权登记发证

改革完善农村产权制度、推进土地要素市场化配置的基础和前提，是对农村土地所有权、农村集体建设用地使用权和宅基地使用权进行确权登记。上饶市、县两级累计投入财政预算经费9337万元，用于农村房地一体的农村集体建设用地和宅基地使用权确权登记发证工作，查清农村范围内的宅基地、集体建设用地等每一宗土地的权属、位置、界址、面积、用途、地上房屋的基本情况，已完成130.7万宗房地一体测量与权属调查，调查比例达66.9%，预计2018年第三季度全面完成房地一体外业调查，2018年底可全面完成登记发证，为促进农民生产经营、农村资产经营等方面提供坚实的产权基础。

2. 挖掘农村集体土地产权效益

上饶市结合自身实际，坚持在依法依规的前提下探索创新，不断寻求显化农村土地价值的新途径。如广丰区、玉山县等地，对乡村地段较好、村民需求较高的宅基地，实行"择位竞价"，既增加了乡村集体经济组织的收入，又可以预防农村"微腐败"。铅山县建立"地票"制度，退出宅基地的村民可以获得"地票"，可在规划建设区"兑现"用地，或在若干年后村民小孩成年分户后"兑现"用地，满足今后建房用地需求。婺源县试点推进农村财产抵押，农村农民住房享受城镇住房同样的抵押融资权利，农房抵押金额1.21亿元，为农村发展、农民创业提供了一条可靠途径。以充分保障农民宅基地用益物权、防止外部资本侵占控制为前提，采用农村集体经济组织或个人以出租、合作等方式探索盘活利用空闲农房及宅基地。同时，严格按照规划要求和用地标准，改造建设农业农村体验活动场所。

### （六）强化资源共同监管责任，提供乡村振兴持久动力

依法依规、合理用地是乡村可持续发展的基础和前提。上饶市积极构建"党委领导、政府主导、部门协同、上下联动"的共同监管体制，维护农村用

地管理秩序。通过强化监督考核和政府责任，促进耕地共同管护机制全面形成。将耕地保护目标责任纳入各级政府年度工作报告、经济巡查、绩效考核以及领导干部离任审计，实行软要求与硬约束同步并行，保证各级政府重视责任落实、真抓保护措施，各相关部门共同履职，共守耕地和基本农田红线。出台《实行国土资源动态巡查的指导意见》和《实行国土资源违法行为监管问责的指导意见》，创新推行"二级巡查，一级报告"制度，即乡（镇、街道、场）巡查、村（居、分场）巡查，村民小组报告，对巡查范围、制止程序、报告程序、时间节点予以明晰，将国土资源违法违规行为防控任务压紧压实到乡、村、组，实现国土资源执法监察、动态巡查的网格化、立体化，确保违法违规行为早发现、早报告、早制止、早查处。

## 二　存在的困难和问题

上饶市国土资源局在服务乡村振兴战略上做了不少探索，也取得了一些成效，但在统筹发展与保护、保障用地与监管方面，遇到了一些政策瓶颈、困难和问题。

### （一）房的方面

随着乡村旅游的发展，上饶市积极利用闲置的宅基地，鼓励农村集体经济组织依法利用建设用地自办或以土地使用权入股、联营等方式，举办民宿、餐饮、停车场等旅游接待服务业，促进了农村经济发展和农民增收。按照目前"一户一宅"和"占用耕地不超过120平方米""建筑面积不超过350平方米"的规定，无法满足游客接待量增加的需求。同时，由于民宿、餐饮业前期投入较大，一般农户无法解决前期资金投入问题，必须依靠外来企业、个体户联合开发，按照目前"农村宅基地只能在农村集体经济组织成员间流转"的规定，外来投资人无法取得合法产权，投资风险较大，投资的积极性不高。

### （二）地的方面

主要是规划调整、耕地保护、景区内配套设施用地的问题。一是关于土地利用总体规划弹性不足的问题。由于旅游项目开发内容的不确定性，在土地利用总体规划中难以确定准确的用地位置，按照土地利用总体规划"两年一调"的规定，难以满足乡村旅游项目落地需要。二是关于景区内配套设施办理用地手续的问题。如婺源县江湾镇篁岭村万亩梯田油菜花是景区的一大特色，由于景区景观点分布比较分散，除了设置必要的观景台、凉亭等配套设施，必须建设游步道将各景点进行连接，为提高游客接待效率，计划建设观光小火车轨道，设计宽度约1.5米。按照《公路工程技术标准》"单车道路路基宽度不宜小于6.5m"和设施农用地原则上占地不得超过400平方米的规定，既无法按照农村道路进行管理，也无法按照设施农用地进行管理。

### （三）土地流转方面

土地流转主要是农户对合作社、对企业、对种植大户的流转，当前，农资费用在不断上涨，而粮价上涨幅度有限，承包人流转土地大多用于种植菌菇、芡实、雷竹、花卉、林果、中草药等收益较高的经济作物，发展观光、采摘农业，打造田园综合体。按照《基本农田保护条例》的规定，"禁止任何单位和个人占用基本农田发展林果业和挖塘养鱼"，由于上饶市大部分县（市、区）基本农田占耕地的比例超过了80%，在土地流转过程中，不可避免地涉及永久基本农田。

### （四）农房抵押方面

乡村振兴的一个重要目标是农民富，关键是要把农民手上的资源变资产、资产变资金。上饶市婺源县、玉山县已完成部分农房确权登记，村民用农村宅基地和农房进行抵押的热情非常高，按照目前的政策，按照自愿、有偿的原则，农村宅基地只能以转让、出租等方式在集体经济组织内部流转，受让、承租人应为本集体经济组织内部符合宅基地申请条件的成员，银行机构担心村民在贷款后无法偿还贷款，抵押物难以处置，宅基地抵押权实现风险较大，银行机构不愿向以农村宅基地和农房为抵押物的村民提供贷款，出现了"热脸贴冷屁股"的尴尬局面。

## 三　下一步工作打算

党的十九大报告中明确提出实施乡村振兴战略，这是决胜全面小康社会、

全面建设社会主义现代化国家的重大历史任务。上饶国土资源系统将认真贯彻党中央、国务院决策部署，充分发挥国土资源要素的保障性、基础性、战略性作用，争取在服务乡村振兴战略实施中有更大作为，做出更大贡献。

### （一）全力保障实施乡村振兴战略用地需求

优化乡村建设用地布局，强力推进增减挂钩，增减挂钩指标优先用于农民拆迁安置、农村基础设施、公益设施等建设，安排一定比例的指标，专门用于支持农村新产业新业态发展。优先满足乡村振兴战略计划项目的用地需求。

### （二）全面深入推进农村土地制度改革

进一步推进房地一体的农村集体建设用地和宅基地使用权确权登记颁证。健全完善农民闲置宅基地和闲置农房政策，积极探索宅基地所有权、资格权、使用权"三权分置"。全面落实宅基地集体所有权，切实保障宅基地农户资格权和农民房屋使用权，宅基地使用权适度放活。健全完善农民闲置宅基地和闲置农房处置利用政策，增加农民财产性收入。

### （三）完善农村土地利用管理政策体系

通过调整村土地利用规划，有效利用农村零星分散的存量建设用地，优化村庄用地布局；在治理"空心村"和改造旧村时，留足村民必需的居住用地（宅基地），其他土地依法用于发展第二、三产业。完善农业新产业、新业态用地政策，结合发展乡村旅游、返乡下乡人员创新创业等重点先行先试，探索盘活利用农村闲置农房和宅基地，提高农民财产性收入。

### （四）拓宽乡村振兴资金筹集渠道

建立耕地占补平衡指标储备库，利用增减挂钩周转指标平台，节余指标交易实现流转使用，获得的收益主要用于巩固脱贫攻坚成果和实施乡村振兴战略。

### （五）支持农旅项目融合发展

积极支持生态农业旅游和民宿旅游，鼓励农民利用自家宅基地搞"农家乐"经营项目。实行旅游业用地分类管理和多种方式供地,按农用地管理属于自然景观用地及农牧渔业种、养殖用地,且不改变土地权利性质和用途,并继续由现有土地权利人使用和管理。同时,以用地入股、联营等多种方式适时引导扶持集体经营性参与旅游业发展,提供政策扶持集体旅游经济做大做强。

# B.9
# 2017~2018年上饶市
# 工业和信息化发展报告

上饶市工业和信息化局

**摘　要：** 2017年，上饶市工信委在市委、市政府和上级主管部门的正确领导下，以习近平新时代中国特色社会主义思想为统领，深入学习贯彻落实党的十九大方针政策，努力发挥工信委职能作用，紧紧围绕"决胜全面小康、打造大美上饶"的发展战略，深入贯彻落实新发展理念，服务于企业、服务于创业、服务于职工，各项主要工作迈出了崭新的一步。

**关键词：** 调度　服务　工业化　信息化

## 一　2017年工业和信息化发展状况

第一，从总量增速看，2017年，上饶全市规上工业增加值增长9.1%，实现主营业务收入3513.6亿元，增长15.7%，列全省增速第二；其中股份企业增加值增长4.7%，私营企业增长15.2%，外商及港澳台商投资企业增长9.1%，其他经济类型企业增长6.8%。36个大类行业中有31个行业增加值保持同比增长。其中，电力、热力生产和供应业增长129.4%，汽车制造业增长60.5%，有色金属矿采选业增长30.8%，非金属矿采选业增长25.0%，计算机、通信和其他电子设备制造业增长17.1%，非金属矿物制品业增长16.5%，电气机械和器材制造业增长15.9%，成为带动工业增长的主要动力。

第二，从空间集聚看，截至2017年底，全市拥有各类工业园区13个，工业园区年末实际开发面积98.3平方公里，位列全省第二。投产企业1326家，比上年增加192家；从业人员23.4万人，比上年增长2.3%。全年工业园区分别实现主营业务收入、利润总额3249.9亿元和241.9亿元，分别增长13.3%和6.2%。招商签约资金869.08亿元，同比增长54.1%，较2016年提高50.32个百分点，高于全省园区平均水平6.54个百分点，其中内资亿元以上项目521.61亿元，增长18.2%，招商实际到位资金627.74亿元，增长41%，招商资金实际到位率为72.2%。主营业务收入超百亿元的工业园区10个，其中上饶经济技术开发区达932.6亿元，居全市首位。

第三，从产业结构看，2017年有色金属、新能源产业、机电光学、新型建材四大主导产业分别完成主营业务收入1043.0亿元、687.3亿元、441.5亿元、264.8亿元，占全市工业总量比重分别为29.7%、19.6%、12.6%和7.5%，总量占全市工业比重近70%。光伏、光学、汽车"两光一车"企业数分别达26家、26家、32家，实现主营业务收入773.6亿元，占规上工业总量比重达22.0%，增加值实现17.1%的增长，比规上工业平均增速高出8.0个百分点。

第四，从企业梯队看，全市拥有规模以上工业企业1303家，其中主营业务收入百亿以上企业1家，50亿元以上企业7家，10亿元以上企业54家，亿元以上企业453家；拥有高新技术企业186家，境内外上市企业5家，专精特新企业9家。晶科能源是国内最具规模的光伏产品生产企业之一，其太阳能电池、组件产量居全省第一，垂直一体化产能居全国前三。凤凰光学是我国光学行业中最大型的光学仪器生产企业，已形成以上饶为大后方，东联长三角，南接珠三角，三地互为犄角的生产布局。汉腾汽车拥有完全自主知识产权的整车生产制造能力，产品已销往全国所有省份并走出国门。

第五，从经济效益看，2017年全市规模以上工业企业实现利润总额为260.5亿元，同比增长7.9%，利润率为7.4%，同比提高0.9个百分点；工业对财政的贡献率达25.1%，较上年提高3.8个百分点；人均主营业务收入为143.3万元，比上年同期提高15.0万元，全员劳动生产率进一步提高，比上年提高13.9个百分点；每百元主营业务收入中的成本为87.43元，比上年下降0.13元，每百元主营业务收入中的费用为4.74元，比上年减少0.65元；全市规上工业亏损企业亏损额同比下降62.4%。

第六，从发展后劲看，2017年实现工业投资1095.5亿元，增长9.3%，

占全市固定资产投资的比重达55%，继续实施晶科能源"双倍增"计划、开工建设爱驰汽车新能源汽车项目等，助推上饶工业经济保持健康稳定增长；全市共新增规模以上工业企业336家，新增单位数居全省第二，为上饶工业经济注入新的活力；上饶成为全省唯一的江西数字经济示范区。高铁经济试验区获批全省首个"大数据产业基地"，大数据产业园成为全省首个数字经济小镇，华为云数据中心基本建成，千亩游戏产业园项目全面启动，数字文化新业态加快发展，大健康产业迅速发展，腾讯医学人工智能项目成功落户，为上饶工业发展提供了新的动能。

## 二 2017年工业和信息化主要亮点

第一，工业经济稳中向好，新增规上企业创历史。2017年，全市规上工业增加值总量排名列全省第五，较上年前移了一位；累计同比增长9.1%，同全省持平。实现主营业务收入3513.6亿元，同比增长15.7%，增幅列全省第二，高出全省平均水平4.6个百分点。全市新增规模以上工业企业336户，位列全省第二，超额86户完成年初目标，为历史最好成绩；在库规上工业企业户数达1303家，总数超过南昌和吉安，从全省第六前移至全省第四。

第二，"两光一车"开始起势，龙头企业带动作用明显。2017年，"两光一车"产业实现主营业务收入773.6亿元，同比增长17.1%，在全部规上工业中占比22%，较上年取得较大提升。其中光伏产业主营业务收入636亿元，占全省半壁江山；汽车产业完成108.7亿元，同比增长68.2%。有色金属产业克服了税收政策"纠偏"等影响，实现主营业务收入1043亿元。一批重点企业、龙头企业对产业发展的引领作用日益突出。晶科能源主营业务收入达到505.74亿元，组件出货量达到9.8GW，连续两年保持全球行业第一，在"中国500强企业"中居第284位，排名同比上升46位，并且上榜"2017中国100大跨国公司"；汉腾汽车实现销量6.2万辆，实现主营业务收入53.6亿元，创了省内汽车行业新企新车上市初年营销新纪录。

第三，工业投资稳定增长，重点项目建设步伐加快。2017年完成工业固投1095.5亿元，同比增长9.3%，占全部固定资产投资的比重达到54.7%。投资亿元以上在建项目356项、投资额1961.6亿元，均列全省第三。总投资

150亿元的晶科"双倍增"项目快速推进，一号车间已经开始试生产，预计到2020年晶科主营业务收入将突破1000亿元，可占全球20%以上的市场份额；总投资100亿元的汉腾二期年产20万辆整车项目预计2018年10月投产；总投资133亿元的爱驰亿维年产30万辆纯电动SUV、MPV整车项目，预计2018年底整车下线；总投资31亿元的中汽瑞华年产2万辆新能源大巴项目，预计2018年底整车下线；总投资30.86亿元的博能年产2万辆新能源商用车项目，预计2018年底投产。长安跨越和吉利汽车两个投资过百亿的新能源汽车项目也已正式动工建设。

第四，"两化融合"加速推进，智能制造示范效应彰显。上饶市高铁试验区获批全省唯一一家"省级大数据产业基地"称号；上饶高新技术产业园区和横峰经开区被省工信委评为全省两化深度融合示范区（全省共11个）；新增4家省级两化融合示范企业，省级两化融合示范企业总数达到18家；汉腾汽车、速成科技成为国家级两化融合管理体系贯标试点企业；晶科能源成为国家级智能制造试点示范企业，安驰新能源等6家企业被评为省级智能制造试点示范企业；企业精准帮扶APP正式上线运行。

# 三 2017年工业和信息化主要工作

## （一）抓规划，坚持规划引领发展

由中国社会科学院工业经济研究所所长领衔的课题组为上饶市编制了《上饶信江河谷城镇群和滨湖板块工业发展规划》，该规划明确了各地的首位产业、主导产业，为全市工业经济合作配套发展画出了线路图。中汽零专家为上饶市编制了《上饶市汽车产业发展规划》，设计了上饶市汽车产业未来的发展路径和主攻方向。

## （二）抓项目，坚持把强投入、扩增量作为加快工业发展的重要抓手

组织开展每季度一次的工业项目集中开（竣）工活动，倒逼工业招商。全市列入集中开工项目329个，总投资1134亿元，集中竣工项目238个，总投资332亿元。对开竣工项目进行联审，把好开竣工项目质量关；组织开展竣

工投产工业项目巡查，促进项目快建设、早竣工、早投产；加强对 356 个投资亿元以上、53 个投资 10 亿元以上重大工业项目的调度，及时掌握情况，保障项目顺利建设。

### （三）抓入统，提升工业企业的数量和质量

建立了市、县两级企业入统工作协调机制，由政府分管领导牵头，工信委具体负责，会同统计等部门，年初下达各县（市、区）企业入统任务，实现目标管理。建立通报排名制度、督查制度、奖励制度、集中政策资源倾斜和入统工作的全程跟踪服务机制，极大地推动了企业入统工作的开展，当年新增入统企业 336 家，创造了历史最好成绩。

### （四）强调度，为指导工业发展提供第一手情况

坚持重点企业月中调度制度，及时掌握重点企业和光伏、汽车、铜、水泥等大宗工业产品生产销售情况。实行重点用电大户月中负荷情况调度制度、重点用电企业每周调度通报制度、企业自备电厂月调度制度，把握态势、争取主动。

### （五）强服务，积极开展企业精准帮扶

一是主动跟踪上级支持企业发展政策，申报上饶经开区获批江西省战略性新兴产业（光伏）集聚区，成功申报 4 个省级"中国制造 2025"专项项目、6 个省级智能制造试点示范项目，对 30 家企业进行技改。二是争取直购电指标 9.72 亿千瓦时，同比增长 80%，占全省总量的 12.4%，为企业节省成本 2400 万元。三是主动服务新能源汽车产业发展。四是继续开展上饶千名企业家走进浙江大学培训工程，选送近千名企业高管到浙大培训提高。五是支持园区标准厂房建设，2017 年申报了 7 个共 92.7 万平方米标准厂房补助项目。

## 四　主要问题

### （一）在全省的落后地位没有变

2017 年上饶市工业主营业务收入比南昌少了 2700 多亿元，比九江少了

2090亿元，比宜春少了900多亿元。从占比来看，上饶市在全省的比重也只有9.8%，没有占到应有的份额。

### （二）缺乏大项目、好项目的现状没有变

2017年，上饶市工业固投增速只高于景德镇，列全省倒数第二位，比全省平均水平低了5.3个百分点；工业固投占全市固投的比重也下降了1.1个百分点。工业用电量只增长了7.5%，列全省倒数第四。这些都反映出上饶市的工业项目还是不多，能够拿得出手、上得了台面的大项目、好项目更是屈指可数。现在一些地方已经找不出像样的项目来参加集中开（竣）工和项目巡查活动，后劲明显不足。

### （三）县域工业实力不强的面貌没有变

工业是上饶市整个经济发展的"短腿"，而县域工业比较薄弱又是上饶市工业发展的"短腿"。2017年，全市只有广丰区的工业主营业务收入超过700亿元，接下来就是玉山（380亿元），其他10个县（市、区）工业主营业务收入都没有达到300亿元，其中有7个地方没有达到200亿元。从省内看，宜春的丰城、樟树、高安、上高等地，工业主营业务收入全部超过600亿元，其中丰城超过了800亿元。从周边看，衢州去年规模以上工业企业有280家，主营业务收入过亿元的企业有70家，在主板上市的公司有3家，而上饶市找不出一个这样的县。这也充分表明，加快县域工业发展已迫在眉睫。

# 五　2018年工业和信息化主要工作

### （一）全面开展县域工业发展攻坚年活动

在全市范围内深入学习上饶经开区主攻"两光一车"做法与经验、着力开展"县域工业发展攻坚年活动"，努力改变县域工业相对较弱的局面。针对县（市、区）发展基础不同，制定不同档次的考核评比方案，将市战略性新兴产业发展专项资金用于发展攻坚考核奖励。

### （二）大力推进标准厂房建设

全市 2018 年建成 1000 万平方米标准厂房。实行每月一调度，每季一巡查通报，年终纳入工业经济绩效考评。

### （三）全力推动园区跨越发展

坚决贯彻落实市委、市政府《关于加快县（市、区）工业园区跨越发展的意见》，通过文件精神的落地生效，激发园区的创新创造能力、活力。

### （四）着力做大工业经济总量

坚定不移地实行企业入统工作目标管理、企业培育、督查考核"三位一体"责任制，大力推进"众创业、个升企、企入规、规转股、扶上市、育龙头、聚集群"，做大规上企业总量。

### （五）着力推进产业集群发展

对省、市重点产业集群及龙头骨干企业实行考核评价，予以资金奖励和政策扶持；加强产业集群考核，实行"优进劣退"的动态管理，对重点产业集群适时进行调整，促进产业集群争先发展、做大做强。

### （六）大力推进两化深度融合

继续推进"宽带中国"示范城市建设，推进企业上云、管理体系贯标，培育一批省、市两级两化融合示范企业和示范区，加快两化融合进程。选择一批基础条件较好的企业开展核心装备、关键工序数字化、智能化。加快推动新一代信息技术在企业研发设计、生产制造、运营管理、售后服务方面的深度应用。促进大数据在工业领域的运用，发展数字工业。

**B.10**

# 2017~2018年上饶市
# 交通运输发展分析报告

上饶市交通运输局

摘　要：　"十三五"期间，上饶市公路水路交通基础设施网络规模持续
扩大，运输服务水平全面提升，客货运枢纽建设步伐不断加
快，各种运输方式客货运量稳步增长，交通运输体制机制改
革不断深化，公路、水路承载能力明显改善。

关键词：　区位优势　发展布局　枢纽建设　机制改革

## 一　上饶交通基本现状

### （一）上饶交通区位优势及功能定位

上饶地处赣浙闽皖四省交界处，上海至昆明、北京至福州等地的高铁在上
饶十字骑跨式交汇。目前，以高速铁路、高速公路、三清山机场、宁波上饶无
水港、福州港上饶码头为基本构架的海陆空综合立体交通网络已基本形成。

根据2016年1月江西省十二届人大五次会议表决通过的《江西省国民经
济和社会发展第十三个五年规划纲要》，上饶定位为：赣浙闽皖四省交界高铁
枢纽城市、江西融入长三角对接海西的桥头堡。根据2017年2月《国务院关
于印发"十三五"现代综合交通运输体系发展规划的通知》（国发〔2017〕11
号），上饶列入全国性综合交通枢纽城市。根据2017年8月交通运输部下发的
《关于公布"十三五"期全面推进公交都市建设第一批创建城市名单的通知》，
上饶市成为江西省唯一入选创建国家公交都市的城市。

## （二）基础设施

### 1. 公路建设

公路网规模不断扩大，技术状况明显改善。到 2017 年底，上饶市公路网总里程达 21665 公里（路网调整后）。全市高速公路里程达到 684 公里，占总里程的 3.2%；普通国省道里程达 2647 公里，占总里程的 12.2%。全市农村公路里程达到 18334 公里，占总里程的 84.6%。

高速公路"三纵三横"格局基本形成，骨架作用凸显。至 2017 年底，市内已建成 8 条高速公路 684 公里，位列全省第二，"三纵三横"高速公路网络已经形成。"三纵"即济广高速（92 公里），上万高速（66 公里）、上武高速（53 公里）、德上高速（61 公里）、德婺高速（36 公里）；"三横"即杭瑞高速（131 公里），德昌高速（121 公里），沪昆高速（124 公里）。

"十三五"期间，还将新开工建设德上高速赣皖界至婺源、上饶至浦城两条高速公路，形成了"纵贯南北、横跨东西、覆盖全市、连接周边"的高速公路网络，上饶市内高速公路运输大通道的通行条件得到全面提升，上饶现代交通综合枢纽地位凸显。此外，沪昆高速公路经开区互通及连接线工程、德上高速三清山连接线工程、铅山县城至上武高速公路鹅湖互通及连接线工程项目全面建设完成。

顺利推进国省干线路网调整和改造升级，不断优化干线公路网络。至 2017 年底，完成了普通国省道路网的调整，形成了"三纵三横"普通国道网和"十三纵三横十六联"普通省道网。调整后的普通国省干线总里程达到 2647 公里，普通国省道二级及以上公路占比 61.4%，其中国道 971.2 公里，省道 1675.8 公里；国道中二级及以上公路占比 93.4%，省道中二级及以上公路占比 42.8%。

已建成市重点工程 G237 上饶至铅山快速通道、G320 城区段改建及上广快速通道；余干、万年、铅山、三清山、怀玉山 5 个高速公路连接线已建成通车。

农村公路覆盖范围不断扩大，农民出行条件进一步改善。截至 2017 年，全市农村公路总里程达 18334 公里，其中县道达 3071 公里，乡道达 5488 公里，村道及专用道路达 9815 公里，全市县道三级及以上公路比例达 42%，乡道四级公路比例达 75%。全市实现了通行政村公路、通水泥（油）路全覆盖。

全市农村公路路面铺装率达75%。

深入贯彻落实习近平总书记关于"建好、管好、护好、运营好"农村公路的指示要求,"四好农村路"示范创建力度不断加大。2017年后,上饶市已成功创建"四好农村路"全国示范县（市、区）1个（婺源县,全省仅2个）,省级示范县2个（婺源县、横峰县）,全国城乡交通一体化示范县1个（德兴市）,"四好农村路"全省镇村公交试点县（市、区）4个（婺源县、德兴市、广丰区、横峰县）,市级示范乡（镇）5个、县级示范村50个,建设示范工程21个,文明示范路300公里。2018年9月6～7日,横峰县被交通运输部、农业农村部、国务院扶贫办联合命名为"四好农村路"全国示范县。

### 表1　上饶市公路现状汇总（2018年）

单位：公里

| 项目 | | 总计 | 等级公路 | | | | | |
|---|---|---|---|---|---|---|---|---|
| | | | 高速公路 | 一般公路 | | | | |
| | | | | 一级 | 二级 | 三级 | 四级 | 等外 |
| 总计 | | 21705 | 684 | 459 | 1460 | 2431 | 11928 | 4703 |
| 高速公路 | | 684 | 684 | | | | | |
| 国道 | | 971 | | 233 | 674 | 64 | | |
| 省道 | | 1676 | | 120 | 598 | 584 | 307 | 67 |
| 农村公路 | 小计 | 18374 | | 106 | 188 | 1783 | 11621 | 4636 |
| | 县道 | 3071 | | 94 | 120 | 1078 | 1534 | 245 |
| | 乡道 | 5488 | | | 31 | 250 | 3794 | 1374 |
| | 专道 | 548 | | | | 330 | 7 | 210 |
| | 村道 | 9267 | | 12 | 37 | 125 | 6286 | 2807 |

数据来源：上饶市交通运输局。

### 表2　上饶市内"三纵三横"高速公路情况

| | 路线组成 | 已通车里程 | 建设进展 |
|---|---|---|---|
| 第一纵 | 德上高速(61公里)、德婺高速(36公里) | 97公里 | 已建成通车 |
| 第二纵 | 上万高速(66公里)、宁上高速(上武高速53公里) | 118公里 | 已建成通车 |
| 第三纵 | 济广高速(景鹰) | 92公里 | 已建成通车 |
| 第一横 | G56杭瑞高速(德昌) | 131公里 | 已建成通车 |
| 第二横 | G60N杭长高速(德昌) | 121公里 | 已建成通车 |
| 第三横 | G60沪昆高速(梨温) | 124公里 | 已建成通车 |

### 表3 上饶市内"三纵三横"普通国道情况

|  | 路线名称 | 路线编号 | 里程 | 现状等级 |
|---|---|---|---|---|
| 第一纵 | 济宁—宁德 | G237 | 290.056 | 一级、二级、三级 |
| 第二纵 | 威海—汕头 | G206 | 56.439 | 二级 |
| 第三纵 | 芜湖—汕尾 | G236 | 174.744 | 一级、二级 |
| 第一横 | 台州—小金 | G351 | 143.372 | 一级、二级、三级 |
| 第二横 | 上海—瑞丽 | G320 | 132.607 | 一级、二级 |
| 第三横 | 宁德—福贡 | G353 | 274.361 | 一级、二级、三级 |

### 表4 上饶市内普通省道

|  | 路线名称 |
|---|---|
| "十三纵" | S201－S208、S211、S104、S302、S303、S306 |
| "三横" | S407、S408、S410、S412、S413、S423、S425 |
| "十六联" | S512－S516、S521、S522、SL06 |

2. 水路建设

至2017年底，上饶市信江、昌河、乐安河航道里程总计394公里，其中三级、五级、六级、七级航道里程分别为33公里、38公里、202公里、121公里。全市共有7个港区，货运码头37座，其中已拆除5座，自然岸坡沙场45个，泊位数83个，均为500吨级，主要分布在鄱阳、余干、万年，游客码头8个，分布在鄱阳、弋阳、信州区。

### 表5 上饶市航道现状数据汇总（2016年）

| 航道名称 | 航道起讫点 | 航道等级 | 里程（公里） |
|---|---|---|---|
| 信江干流 | 流口—红卫坝 | 七级 | 13 |
|  | 红卫坝—界牌 | 三级 | 33 |
|  | 界牌—新渡万家 | 七级 | 49 |
| 信江东支 | 新渡万家—乐安村 | 七级 | 44 |
| 饶河干流 | 乐安村—褚溪河口 | 六级 | 105 |
| 昌江 | 景德镇—凰岗 | 五级 | 38 |
|  | 凰岗以下 | 六级 | 51 |
| 乐安河 | 乐平—鸣山 | 七级 | 15 |
|  | 鸣山—乐安村 | 六级 | 46 |

港口规划和项目实施扎实推进。一是积极开展上饶港总体规划编制。上饶港总体规划编制（征求意见稿）已经完成，现正在修订完善中。完成了"十三五"上饶市交通图编制编印工作。二是积极推进信江双港航运枢纽、八字嘴航电枢纽项目建设。该项目2017年底已开工，目前正在协调工程用地征收工作；鄱阳港综合货运码头工程可行性研究报告初稿已完成。三是沪昆高速公路拓宽升级项目已列入省交通运输厅"十三五"重点建设项目，目前省高投正在开展前期工作。

3. 铁路建设

高速铁路"十字"互通。市内有铁路里程647公里，形成了"三纵三横"铁路网，沪昆高铁和京福高铁在上饶市"十字"互通。"三纵"即峰福线（70公里）、京福高铁线（183公里）、皖赣线（21公里）；"三横"即沪昆高铁线（122公里）、浙赣线（123公里）、九景衢线（128公里）。

4. 民航建设

上饶三清山机场位于江西省上饶市上饶县尊桥乡、皂头镇和上饶市信州区茅家岭交界处的后门堂境内，与市中心直线距离8公里，为4C级支线机场，为江西省第7个民用机场。上饶三清山机场于2012年7月8日正式开建，2017年5月28日通航。

上饶三清山机场已开通航线5条，直接通达北京、深圳、成都、南通、昆明、哈尔滨、青岛、惠州、舟山9个城市。

### （三）运输服务

1. 道路运输方面

2017年底，全市共有等级客运站139家，其中一级站3家、二级站10家、三级站10家、四级站61家、五级站55家。客车总数为2580辆，其中从事"两客"运营855辆（三类以上班线客车621辆，从事旅游包车的234辆），农村班线1725辆。全市现有各类客运班线1106条，客运站平均日发3907班次，客运站平均日旅客发送量74741人次。农村客运站的覆盖率达100%（按乡镇数），候车亭覆盖率达100%（按建制村数），行政村通班车率达99.2%；货车总数约41860辆（其中危货986辆，普货40874辆）。

交通运输保障能力不断提升。"十三五"期间着重加大了农村公路的路网

完善、改渡建桥、安保工程、车船 GPS 等的投入，安全生产继续保持良好态势，无特大安全事故。全市所有二级以上汽车客运站、车辆综合性能检测站等重点区域安装了视频监控设备。全市共计 1841 辆"两客一危"车辆已全部接入车辆联网联控系统进行有效监管。

2. 水路运输方面

2017 年，全市共有在册营运普通货船 220 艘，计 20 万载重吨，平均载重吨位 909 余吨；在册营运客旅船舶 26 艘，计 709 客位。2017 年完成水路货物运输量 864 万吨，货物周转量 198600 万吨/公里。

3. 中心城区运输方面

（1）出租汽车情况

中心城区现有巡游出租汽车 511 辆；中心城区获许可的网约车平台公司为 6 家，除滴滴公司外，其余平台公司均已进行了工商注册登记，下一步将办理道路运输许可证，以便车辆落地经营。目前市中心城区从事网约车营运活跃车辆约 1600 辆，实有注册营运车辆约 3500 辆。

2016 年 9 月，《上饶市中心城区深化出租汽车行业改革实施方案》出台实施，上饶市成为全省首个完成巡游出租汽车改革工作的城市和取消所有出租汽车经营性税收的城市；完成了出租车运力更新选型工作，新选车型根据类别分别执行相应差别运价；建成了出租汽车智能监管服务平台，利用智能监控终端设备，全程动态监控出租车经营服务质量；重新建立了出租车管理档案；制定印发了《上饶市出租汽车驾驶员管理办法》和《上饶市中心城区巡游出租汽车服务质量信誉单车考核办法（试行）》，严格实行出租车单车和驾驶员"双考核"，切实保障出租车市场"进出有序"。2017 年 6 月，《上饶市中心城区网络预约出租汽车经营服务管理实施细则（试行）》的出台，进一步规范了中心城区出租汽车市场秩序，促进了新旧业态融合发展。

（2）公交情况

中心城区公交企业共 4 家（市公共交通有限责任公司、上饶县东江汽车运输有限公司、上饶县远华客运有限公司、上饶县鸿通客运有限公司），经营 40 条公交线路，车辆 355 辆（5 辆报停）。其中市公共交通有限责任公司（属市城投管理）有车辆 334 辆，占车辆总数的 94%，经营 37 条线路（其中，2 路公交线路与上饶县东江公司共同经营），占公交线路总数的 93%。

**（3）共享单车情况**

上饶市共有共享单车企业6家，分布在信州区、上饶县、广丰区、玉山县、铅山县、婺源县、弋阳县、横峰县等地，累计共投放3万辆车辆，注册用户量达24万人。2018年7月，上饶市政府出台了《关于印发〈上饶市规范互联网租赁自行车发展的指导意见（试行）〉的通知》。

# 二　今后的发展战略、发展措施、发展布局

## （一）总体目标

按照全面建成小康社会的总体要求，到2020年，基本建成"布局合理、功能完善、衔接畅通、安全高效"的公路水路交通运输体系。实现"出行更便捷、出行更安全、出行更舒适、出行更绿色"的发展愿景，把上饶市建成全国性综合交通枢纽。

全市公路水路基础设施网络结构进一步优化，规模进一步扩大；养护管理体系和智慧交通体系初步形成，行业安全监管和应急保障体系初步建立；客货运输枢纽能力全面提升，现代交通物流组织化程度和运输效率明显提高；城乡客运一体化基本实现，城市"公交优先"战略进一步落实，为上饶市全面建成小康社会提供强有力的交通运输保障。

## （二）具体目标

### 1. 建成便捷高效的公路网络

高速公路。全面推进上饶市境内建成"三纵三横"高速公路网，加快实现区域内外高速公路全面互联互通，基本形成省际出口5个和市际出口11个。此外，上饶至广丰至蒲城高速公路已列入省级高速公路"十三五"规划项目，将新增第6个省际出口。

普通国省道。将提升普通国省道服务水平作为重点，推进普通国省道升级改造，重点加快信江河谷城镇群快速通道建设，打造城区、景区、园区快速通道网络，进一步加强上饶市主城区与广丰区之间的通道联系，基本建成"三纵三横"国道网和"十三纵三横十六联"省道网。实现区域内普通国道二级

以上公路全覆盖，省道二级以上公路比例力争达到60%。所有乡镇、市级经济节点、3A级旅游景点建设三级及以上等级公路。

农村公路。以围绕新型城镇化发展和完善农村客运网络体系为重点，加快实施农村公路改造和网络连通工程，农村公路通达质量和覆盖范围进一步提升，生命安全防护工程进一步完善。所有的乡镇、3A级景区建设三级及以上等级公路，具备条件的行政村通客运班线全覆盖，基本实现25户以上自然村通水泥路；2020年农村危桥改造数量与新增危桥总量保持动态平衡，完成乡道及以上行政等级公路隐患治理，实现安防工程全覆盖；力争县级三级以上等级公路比例达60%，大幅提升乡道四级双车道以上等级公路比例。

### 上饶市高速公路网和国省干线公路网布局方案

1. "三纵三横"高速公路网

"第一纵"：由G3W德州至上饶高速公路上饶境内段，总长97公里。

"第二纵"：由S33上万高速和G1514宁上高速共同组成，总长118公里。其中S33上饶—万年高速公路，长66公里，2016年建成通车；G1514宁德—上饶高速公路，长53公里，已建成通车。

"第三纵"：G35济南—广州高速公路上饶段，长92公里，已建成通车。

"第一横"：G56杭州—瑞丽高速公路上饶段，长131公里，已建成通车。

"第二横"：G60N杭州—长沙高速公路上饶段，长121公里，已建成通车。

"第三横"：G60上海—昆明高速公路上饶段，长124公里，已建成通车。

2. "三纵三横"普通国道网

"第一纵"：G237济宁—宁德，市内里程长290公里。

"第二纵"：G206威海—汕头，市内里程长约56.5公里。

"第三纵"：G236芜湖—汕尾，市内里程长约175公里。

"第一横"：G351台州—小金，市内里程长约143公里。

"第二横"：G320上海—瑞丽，市内里程长约133公里

"第三横"：G353宁德—福贡，市内里程长约274公里。

2. 建成通江达海的信江水运体系

进一步改善信江及支流通航条件，大力推进信江高等级航道整治建设，加快上饶港口群融入长江经济带大格局的步伐，推动信江成为沿长江经济带中的重要组成航道。

航道。加快推进信江双港枢纽工程、八字嘴枢纽工程的建设，力争2020年形成信江三级高等级航道通航能力。

港口。至2020年，全市港口吞吐能力达1300万吨以上、集装箱5万TEU，客运年吞吐能力达110万人次。将鄱阳港、万年港和余干港按照资源环境、产业功能定位，打造成赣东北区域重要的现代化港口，建成以上饶县、广丰区、玉山县、铅山县、弋阳县、横峰县等其他港口为补充的港口体系，福州港上饶码头建成。推动专业化、规模化、标准化港口建设，大力促进现代航运服务业发展。

3. 提升综合交通枢纽能力

统筹建设铁路、公路、水运、机场相衔接的综合客运枢纽，建设以铁路、公路、港口重点货运站和物流园为主的综合货运枢纽。基本实现中心城区客运"零换乘"和货运"无缝衔接"。加快县级客运站、县级物流中心以及乡镇等级客运站的建设，拓展延伸农村道路运输站点网络。

4. 基本形成现代化养护管理体系

加强养护决策科学化和管理信息化，加强养护作业规范化、路网调度智能化、运营服务精细化、应急救援高效化、路政管理法治化。基本建成全市国省道公路养护服务中心、县级养护中心。区域内国省道平均路面行驶性能指数（PQI）达到80以上，农村公路经常性养护率达100%，农村公路道路优、良、中等路率均不低于75%，信江航道通航保证率达80%。

5. 提升公共客运服务水平

城乡客运一体化基本实现。进一步完善农村客运班线，完善客运信息化服务系统，推进镇村公交试点。至2020年，具备条件的行政村通客运班线比例达100%。农村客运公交化水平大幅提高，大力试点镇村公交发展。

城市公交服务水平进一步提高。上饶主城区每万人公交拥有量达到10标台，建成区实现公共交通全覆盖，提升公交服务准点率，城市建成区公交站点500米覆盖率达100%以上，城市公共交通出行分担率达到20%以上。

6. 发展现代物流业

按照《江西省物流园区发展规划》，将上饶打造成江西省一级物流园布局城市，初步构建三级交通物流（物流园区、物流中心和物流站点）基地框架，持续提升货运和物流组织化程度。完善港口物流功能，多式联运、甩挂运输、无水港建设、区港联动等得到快速发展。

7. 安全监管和应急保障水平明显提高

全市交通应急救援体系基本建立，建立危险品运输应急保障机制，实现一般灾害情况下24小时内完成应急抢通，公路应急救援到达时间在2小时之内，信江重要航段船舶应急到达时间在45分钟之内，逐步增强溢油应急和抢险打捞能力。全面建设农村公路安保设施工程。普通国省道重要节点监测覆盖率超过75%，重点营运车辆联网联控系统入网率、上线率分别达到95%、90%。

**表6　上饶市公路水路交通运输"十三五"发展的主要指标**

| 类别 | 主要指标 | 2015年 | 2020年 | 指标属性 |
|---|---|---|---|---|
| 基础设施 | 公路网总里程（万公里） | 21099 | 21546 | 预期性 |
| | 高速公路总里程（公里） | 618 | 732 | 预期性 |
| | 普通国道二级以上公路比重 | 91.8% | 100% | 预期性 |
| | 普通省道二级以上公路比重（力争指标） | 34.8% | 60% | 预期性 |
| | 国省道优良路率 | 72% | 85% | 预期性 |
| | 通三级公路的3A级景区 | — | 100% | 预期性 |
| | 25户以上自然村通水泥（油）路 | — | 100% | 预期性 |
| | 农村公路经常性养护率 | — | 100% | 预期性 |
| | 信江高等级航道达标率 | 20% | 80% | 预期性 |
| 运输服务 | 中高级客车占营运客车比例 | 24% | 70% | 预期性 |
| | 重型车、专用车占营运货车比例 | 15%、4% | 30%、15% | 预期性 |
| | 乡镇、具备条件的建制村通班车率 | 100%、94.5% | 100%、100% | 约束性 |
| | 内河货运船舶平均吨位（吨/艘） | — | 1400 | 预期性 |
| | 船型标准化率 | — | 70% | 预期性 |
| | 公交车辆拥有率（标台/万人） | 5 | 10 | 预期性 |
| | 建成区公交站点500米覆盖率 | — | 100% | 预期性 |
| | 县际班线公司化经营率 | — | 95%以上 | 预期性 |
| 智慧交通 | 市级电子政务核心业务信息化覆盖率 | 85% | 95% | 预期性 |
| | 高速公路电子不停车收费平均覆盖率 | 100% | 100% | 约束性 |
| | 二级客运站联网售票覆盖率 | — | 100% | 预期性 |

续表

| 类别 | 主要指标 | 2015 年 | 2020 年 | 指标属性 |
|---|---|---|---|---|
| 安全应急 | 国省道重要节点监测覆盖率 | 70% | 75% | 预期性 |
| | 内河干线航道重要航道监测覆盖率 | 70% | >80% | 预期性 |
| | 重点营运车辆联网联控系统车辆入网率、上线率 | — | 95%、90% | 预期性 |
| 绿色交通 | 营运车辆单位运输周围量能耗下降率 | — | 6.8% | 预期性 |
| | 营运船舶单位运输周转量能耗下降率 | — | 7.1% | 预期性 |

# B.11

# 2017~2018年上饶市公路
# 发展现状分析报告

上饶市公路管理局

摘　要：　2017~2018年，在上饶市委、市政府和江西省交通运输厅、江西省公路管理局的大力支持下，根据"十三五"规划发展方向，全市公路部门真抓实干，攻坚克难，上饶市普通国省道公路工作取得了较大成绩，路网综合服务能力和安全水平有了较大提升，公路部门也荣获2017年"全省公路工作先进单位""全省公路建设与前期工作先进单位""全省公路养护管理工作先进单位""全省公路安全生产工作先进单位"等荣誉。

关键词：　区位优势　发展布局　枢纽建设　机制改革

## 一　2017~2018年上饶市国省道公路发展情况

### （一）坚持规划引领，积极绘制全市干线公路发展蓝图

立足服务全市未来经济社会发展，以构建市域立体交通公路网为抓手，规划全市普通公路发展蓝图。一是做好高速路网发展规划。规划鄱阳至余干、上饶至浦城、德兴至景德镇等高速公路，并推动项目全部进入了全省高速公路网规划。二是做好"十三五"普通国省道中期调整规划。立足县乡发展，做好"十三五"规划中期调整工作，积极争取将市县建设需求强烈、积极性高的库外项目调整纳入规划盘子。争取到3个国道项目共计建设里程80公里新增纳入交通部项目库，拟争取新增纳入省级规划项目库项目5个60公里。三是规

110

划国省道过境路网。结合城镇发展规划，优化国省道穿市、县主城区过境路网，2017年完成国省道穿主城区过境规划，规划建设总里程281公里，总投资85亿元。四是率先开展普通国省道服务区规划。2017年开展了全市国省道服务区布局规划，规划方案在2018年已经市政府批复同意，规划建设服务区55个，用地规模2937亩，估算投资24亿元。五是加快推进项目前期报批。至2018年，上饶市"十三五"规划普通国省道升级改建项目将基本能够完成前期报批工作。

### （二）加快项目建设，全面提升上饶市干线路网基础保障能力

一是勇于承担市政重大项目建设任务。按照市政府要求，2017年上饶北大道、天佑大道西段和老320国道沙溪至司铺拓宽改造3条市政道路建成通车，完成里程32公里，投资30亿元。天佑大道二期及上广公路城区段综合改造工程也正在稳步推进中。二是加快推进国省道升级改建。2017~2018年，计划建设国省道新（改）建项目38个，完成建设里程210公里，完成投资40亿元。将建成S425铅山永平至葛仙山、鄱阳G351台小线、S306工业园至三庙前、S204三木源口至龙头山等一大批国省道项目。国省道路网标准将进一步提高，国道二级以上公路可达96%，省道二级以上公路可达47.5%。三是大力实施国省道养护工程。2017~2018年，计划建设国省道养护大中修（路面改建、灾毁恢复重建）844公里，计划实施危桥改造56座、安保工程256公里、灾害防治5公里，计划实施示范公路312公里、服务区建设11个，完成投资22亿元。路网基础服务水平进一步提升。

### （三）积极筹措资金，为全市公路事业快速发展保驾护航

一是积极争取国省补助资金支持，通过申报国省道升级改建、路面改建、灾毁重建、路网结构改造、养护示范路等各类项目计划，2017~2018年上饶市公路管理局共争取到国家及省级各类补助资金计划22.82亿元。二是推动县（市、区）政府拿出财政资金或者银行融资投资国省道建设。养护工程项目由县（市、区）政府按照项目总投资的25%进行配套，一般均能落实。升级改建项目由县（市、区）政府依靠当地政府投融资平台贷款融资，目前，已落实项目融资约20亿元。三是组建上饶市交投公司，将其升格为市政府直管一

类企业，作为全市公路领域主体融资平台。四是积极创新项目运作模式，平滑短期财政资金压力，多个国省道项目采取 PPP、EPC 等模式引进社会资本运作。

### （四）强化基础管理，进一步提高全市公路行业管理水平

一是按照省政府要求于 2017 年 9 月全面完成普通公路事权理顺，形成普通国省道由公路部门管养，普通公路穿越城区路段由市政部门管养，农村公路由县交通部门或乡（镇）政府负责管养，高速公路连接线明确责任部门管养的基本格局。二是强化日常养护管理。推行小修养护预算化、日常养护市场化、养护管理规范化的运行机制，好路率逐年提升。三是大力整治路域环境。重点整治非公路标志牌、占道经营、控制区违章建房等，大大提升了上饶国省公路路域环境。四是高压治理超限超载。先后开展了"全市集中治超、赣浙省际联动治超、赣东北区域联动治超、路警联合治超"等专项行动。在全省创造了"四个一律"德兴模式，成效显著。2017 年 8 月，根据省治超办组织的第三方检测提供的数据，全市超限率在 1% 以下，顺利通过交通运输部规范公路治超执法行为省际互检，德兴市和玉山县被评为"全省治超工作先进单位"。五是狠抓安全隐患整治。深入开展普通国省道"扫雷""清零"专项行动，对安全隐患点建立整改台账，实行销号管理。

### （五）拓宽发展内涵，进一步提升全市干线路网综合服务水平

一是高标准打造"畅安舒美"示范路。精心打造了婺源县 G237 济宁线、鄱阳县 G351 台小线"畅安舒美"示范路，使其成为全省示范路建设的"江西样板"。鄱阳、万年、铅山和玉山结合当地的"秀美乡村"建设，正在积极开展国省道"畅安舒美"示范路建设。二是积极提升公路综合服务水平。开展了国省道服务区规划，部分服务区项目正在组织实施。三是积极实施"互联网＋公路大数据"建设。完成万年、德兴两个治超非现场执法监测点建设，为全省科技治超迈出了先行先试的一步。在 G237 济宁线婺源段倾力打造"智慧公路"示范路，率先在全省完成了 10 个县级路网分中心的建设任务。四是积极运用"四新"技术。引进旧沥青路面水泥稳定就地冷再生基层、热再生面层及旧水泥路面碎石化"白改黑"等新技术、新工艺，路面旧材料循环利用率达 73.8%。

## 二 国省道公路发展中存在的主要矛盾及突出困难

### （一）公路发展资金严重短缺

一是日常养护资金不足。全市国省道日常养护资金全部来源于省燃油税市分成，采取"以收定支"封闭运作。2017～2018年，上饶市国省道养护资金严重短缺，只能满足基本人员支出，没有资金用于日常公路养护。二是养护工程资金缺口大。全市国省道养护工程由公路部门作为业主，县（市、区）负责按照总投资的25%安排配套。2018年后，江西省政府的省补资金政策进行了调整，有所下降，养护工程普遍存在25%左右的资金缺口。三是升级改建项目融资困难。2018年度，上饶市需完成国省道新（改）建项目9个111公里，需新开工新（改）建项目25个404公里，完成投资约40亿元。目前，预计可落实中央车购税补助资金8.3亿元，已落实地方自筹资金19.78亿元，资金缺口约12亿元。

### （二）国省道公路安全隐患凸显

全市国省道公路2638公里中，有约560公里由原交通部门管养的农村公路调整升级为省道，这部分公路历史欠账较多，安全防护设施严重缺失，安全隐患突出。经初步排查，全市共有国省道公路安全隐患4416处，已经整改到位1056处，尚未整改到位3360处。主要含国省道一级公路47.849公里需要增设中央分隔带，需实施危桥改建56座，需对120处国省道平交道口进行渠化，需增设624公里护栏，需完善标志标牌3934块，修复标线1334公里，累计需投资2.9亿元。因整治资金缺口较大，安全隐患整治进度较缓慢。

### （三）国省道项目建设制约性因素较多

一是项目前期报批环节较多，程序复杂。行业的规范要求有时存在与国土、规划无法兼容的现象，导致项目报批受阻。"多规合一""多审合一"融合度不够。二是部分县（市、区）土地指标缺少，全市"十三五"规划项目中，有23个项目共需省国土、林业主管部门统筹解决用地指标11676亩（含

林地 5140 亩），其中 15 个项目占用基本农田 1517 亩需要上升到自然资源部调规，难度非常大。三是全市有 7 个国省道项目涉及上跨（下穿）铁路，协调难度很大。四是征地拆迁滞后导致项目进展缓慢。G320 国道玉山段、S407 李宅至港首项目、G351 鄱阳段项目、S209 彭都线鄱阳段等项目均因征地拆迁未到位影响施工进度。

### （四）行业管理面临较大考验

一是公路系统人员老化现象较严重，尤其是基层一线养护工大多年龄偏大，养护技术工人更是短缺，无法满足科技养护、机械化养护的需要。二是公路升级改建项目以县（市、区）政府为建设业主，公路部门缺乏有效的资金制约和行政调度手段，行业监管比较困难。三是部分以 PPP 模式运作的项目，项目公司主要人员配置不足，建设管理能力有限。行业监管方面对 PPP 项目也没有较成熟可借鉴的经验，监管难度较大。四是路政治超工作不容乐观。公路沿线两侧控制区内新增违章建房问题依然突出，公路超限超载反弹现象较明显。

## 三　今后发展的战略重点、发展举措及重大布局

### （一）今后国省道发展的重点及布局

#### 1. 路网结构水平明显提升

加快推进国省道升级改建，确保"十三五"实施普通国省道建设 837 公里，完成普通国省道建设 740 公里，普通国道二级及以上公路比例达到 96.2%，普通省道二级及以上公路比例达到 58.5%。

#### 2. 路面技术状况明显改善

加强路面改建与养护大中修工程建设，普通国省道每年实施大中修工程里程不少于上年度检测次差路里程的 85%，预防性养护里程不少于总里程的 5%，路面使用性能指数（PQI）平均达到 80 以上。

#### 3. 公路安全形势明显好转

完成危桥改造 59 座，危隧改造 5 座，实施安保工程 982 公里，实现危桥

改造数量与新增危桥总量动态平衡。

### 4. 公共服务水平明显提升

按照"十三五"规划发展任务要求，全面完成 8 个县级综合养护中心建设，新改建 1 个应急保障基地，新建 8 个服务区，新建 8 个公路驿站，新改建 11 个道班，实施 357 公里示范路建设，营造"畅安舒美"的路域环境。

### 5. 路网运行与监测能力明显增强

全面推进普通国省干线公路养护管理信息化建设，完成"十三五"规划的 74 套综合交通监控终端、4 套可变情报板终端、1 套桥梁健康监测终端及 11 个县级分中心建设；完成 5 个超限超载非现场执法监测点建设，监测覆盖率达到 80% 以上。

### 6. 路域环境整治及治超工作明显改善

加强普通国省道路域环境整治，努力实现公路沿线路域环境"八个无"目标，确保本行政区域内普通国省干线公路车辆超限超载率控制在 1% 以下。

## （二）主要发展政策措施

### 1. 争取各方支持

一是积极争取市、县两级政府支持，按照市政府《关于加快推进 2018～2020 年全市普通国省干线公路建设与养护实施意见》的要求，进一步压实工作责任，破解发展难题。二是积极争取行业支持。加强向省交通厅、省公路局请示汇报，反映县（市、区）诉求，争取项目政策和资金支持。三积极争取部门支持。加强对接市发改、国土、规划等行政审批部门，进一步优化项目审批环节，为项目建设做好服务。

### 2. 加强调度协调

一是高位推动国省道项目建设，依托市政府成立的上饶市国省道建设领导小组办公室，对国省道项目进行调度督查。二是加强指导服务。对项目进行技术把关和初审，科学制定建设方案。针对项目难点问题，积极协助项目业主单位，一起出谋划策，共同协商解决。三是加强日常调度，建立公路发展工作微信群，进行微信办公。四是建立现场督查机制。积极深入基层，对公路工作进行现场指导和调度督查，形成一月一督查、一季一通报的工作推进机制。五是建立考核奖惩机制。对日常抽查和现场督查中发现的问题，及时通报批评并限

期整改。对项目建设进度严重滞后、建设质量及资金使用存在严重问题的项目，提请市政府进行约谈、挂牌督办和追责。把项目的建设情况与对县（市、区）政府的行业考评直接挂钩，与计划申报及补助资金拨付相挂钩。

3. 强化行业管理

一是强化工程管理。提升工程设计水平和管理水平，推进工程施工标准化、管理精细化和信息化；提升工程科技创新能力，积极推广应用"四新技术"；提升工程质量水平，落实工程质量责任，推进质量风险预防管理，加强过程质量控制，注重生态环保，打造公路品质工程。二是强化养护管理。狠抓日常养护，在全局范围内开展水沟淤堵、护栏缺失、标线不清、标牌不全、桥梁缺养等薄弱环节的整治工作，加强日常养护管理，狠抓出工出勤、出工出力，全面提升路容路貌。三是强化公路执法管理。贯彻落实国务院《公路安全保护条例》，依法依规划定本行政区域内普通国省干线公路建筑控制区范围，大力整治公路路域环境，加强爱路护路宣传。建立健全治理超限超载工作的长效机制，坚持源头治理与路面执法、固定检测与流动稽查、重点治理与长效治理相结合，依法严厉打击和治理各类破坏公路的行为，保障公路安全畅通。四是强化安全生产。压实安全责任，坚守安全底线，全力保障公路平安和谐发展。加快完成对危险桥梁改建、临崖临水危险路段防护、平交道口及一级路中央分隔带整治，切实加强对重点时段、重点领域的安全管控，加强安全应急队伍建设，提升安全应急处置能力。五是稳步推进改革攻坚。积极稳妥推进生产经营类事业单位分类改革，妥善做好资产划转，妥善处理在编职工的分流安置问题，确保在改革中职工思想不乱、队伍不散、干劲不减、工作不断。

# B.12
# 2017~2018年上饶市
# 环境保护发展分析报告

上饶市生态环境局

摘　要： 2018年是全面贯彻落实十九大精神的开局之年，也是实施
"十三五"规划承上启下的关键之年。准确把握上饶发展新
的阶段性特征和面临的风险挑战，突出改革创新，推进生态
文明先行示范区建设，全面推动生态环保工作，解决好突出
的生态环境问题，在新常态下促进上饶市经济社会保持健康
较快发展，意义重大。

关键词： 生态文明　绿色崛起　良性循环

## 一　上饶市环境保护工作情况

近年来，在上饶市委、市政府的正确领导下，在江西省环保厅的大力支持
和社会各界积极配合下，上饶市环境保护工作坚持"五位一体"的发展新理
念，坚持在保护中开发、在开发中保护，以改革创新为动力，以开展"两学
一做"常态化制度化为契机，以生态创建为抓手，围绕重点，积极作为，全
市环境保护工作成效显著。

### （一）环境质量总体良好

近年来，上饶生态环境质量总体保持良好。全市国家级森林公园、湿地公
园、自然保护区、风景名胜区数量居全省前列。2014年，上饶被评定为全国
首批空气负离子监测试点城市。

2017 年，上饶市河流地表水共监测 35 个断面，监测 420 次，达标 393 次，不达标 27 次，达标率为 93.57%。上饶市国考断面 11 个，省考断面 14 个，国家考核断面水质达标率为 90.9%，省级考核断面水质达标率为 92.86%，达到国家和省考核目标。信江流域水质达标率 93.56%，乐安河流域水质达标率 93.75%，饶河流域水质达标率 87.5%，均达到了国家考核目标。国家考核的地级城市集中式饮用水水源水质达标率为 100%，省级考核的县级及以上城市集中式饮用水水源水质达标率为 98.2%，达到国家考核要求。

上饶市城区区域环境噪声和交通干线噪声环境质量均保持较好的水平。

### （二）法治建设深入推进

全面启动了上饶市污染源日常环境监管领域"双随机一公开"工作，建立了检查对象名录库和执法检查人员名录库；根据"权力清单"和"责任清单"，完成了随机抽查事项清单，制定了上饶市环保局污染源日常环境监管领域"双随机一公开"工作细则和年度执法检查计划；制定了上饶市社会信用体系建设工作考核办法，明确了任务分工、细化了工作目标、落实了工作责任；制定了环境信用信息归集报送暂行规定；制定了行政许可和行政处罚"双公示"目录，对目录实行动态管理，强化信用信息公示，实行"7 天双公示"机制。加强行政调解工作，及时有效地调解市民反映的突出环境问题。

### （三）环境执法力度不断加大

2017 年全市共实施环境行政处罚案件 93 件，处罚金额 484.8 万元；执行到位案件 79 件，执行到位金额 430.8 万元。全市新环保法配套办法适用案件共 99 件（含涉嫌犯罪案件），其中，查封扣押案件 23 件；限产停产案件 42；行政拘留处罚案件 23 件，行政拘留 24 人；移送涉嫌污染环境犯罪案件 11 件，刑事拘留 17 人。

2017 年全市受理各类环境信访件 1498 件，已办结 1489 件，办结率 99.4%。市本级共受理信访 554 件，其中市长热线 362 件、省厅 72 件、省（市）信访局 3 件、市纠风办 19 件、来电来访 98 件。

### （四）环境监测监管不断加强

及时有效地完成了环境空气质量、地表水环境质量、声环境质量、重点污染源监督性监测等例行监测。按时发布上饶市区空气质量日报，完成上饶城区4个站点和各县空气站的环境空气质量月报工作，持续抓好2个酸雨点位的监测（逢雨必测）；完成地表水例行监测国控河流断面11个、湖库断面5个、省控河流断面14个、地表水市界交界河流断面2个、县界河流断面20个、国控重金属地表水河流断面5个、联合监测地表水河流断面2个、市级饮用水水源地监测断面2个，每月对饮用水水源点位进行62项分析，每年进行一次109项饮用水水源分析。县级饮用水监测点位14个，每季度对饮用水水源点位进行62项分析，每两年进行一次109项饮用水水源分析。完成了全市范围内26家国控重点重金属企业污染源、11家国控城市生活污水处理厂、10家国控废水、10家废气企业污染源、3家危险废物企业污染源的监督性监测及在线比对监测；完成了农村环境质量监测中3个环境空气点位、3个地下水饮用水点位、2个地表水点位、15个土壤点位的监测。

不断加强和完善监测体系建设，特别是完善自行监测信息公开工作。及时组织完成了市、县两级集中式饮用水水源水质监测信息的公开工作，其中市级每月进行一次公开，县级每季度进行一次公开。积极推进国家考核断面地表水上收事权工作。按时完成了地表水断面桩的设置和水质自动监测站选址信息的上报。

全市国控重点监控企业数据传输率达到96.81%，市污染源监控中心平台已与118家企业的126个自动监控点和16个视频监控点位数据实现了全面对接。

### （五）水环境保护工作不断深入

2017年市本级饮用水水源水质达标率100%（考核目标100%），14个县级饮用水水源水质达标率97.44%（考核目标95%）。

全市3处黑臭水体（三江排涝站调蓄池、水南排涝站调蓄池、解放河水系）正在全面整治，其中，解放河水系已消除水体产生黑臭的根源。全市103个入河排污口中，已关停、封堵或并入污水管网的67个，需完善设置论证手

续的 36 个。36 个需完善入河排污口设置论证手续的均在设置审批中。积极推进城镇污水处理设施建设，涉及敏感区域（鄱阳湖）城镇污水处理设施一级 A 提标改造工作的有鄱阳县、余干县、万年县城镇生活污水处理厂，目前 3 个项目均已开工建设。

### （六）大气环境联防联控逐步完善

编制《上饶市重污染天气应急预案》（修订稿）和《上饶市中心城区空气质量保障应急响应方案》（征求意见稿）。创建了"空气预警应急微信工作群"，每天发布城区前一天 PM 10 均值，每月初发布上月 PM 10、PM 2.5 均值和空气优良率以及完成 PM 10 考核目标下步要达到的限值。组建了城区空气质量巡查督查小组，开展专项整治行动。巡查小组将每周不定期对上饶市城区、经济开发区进行污染源巡查，对污染源情况及排查出的污染源整改进度进行督查，每半月以简报形式上报，确保上饶市大气污染治理工作落到实处。

开展企业 VOCs 治理、工业废气检查与整改工作，全面推进燃煤电厂超低排放、节能改造和重点行业脱硫脱硝改造，扎实推进机动车监管和黄标车淘汰工作。

### （七）土壤污染防治稳步推进

2017 年，编制了《上饶市土壤污染防治工作方案》和《上饶市土壤污染防治工作行动计划》。完成了土壤环境重点监管企业名单的核实工作，并在上饶市环保局网站上公布了重点监管企业名单。积极开展农用土壤详查点位布设和核实工作，对全市 3690 个农用地土壤详查点位进行了调查。规范固体废弃物环境管理，推进危险废弃物重点产废企业和经营企业规范化建设。

### （八）污染减排工作积极推进

根据省里下达的目标，进行任务分解。在水污染减排方面，将水污染物（化学需氧量和氨氮）减排任务分解到项目，同时加强调度，重点是各城镇、工业园及乡镇分散型污水处理厂新增处理能力，进出水浓度等运行情况，对项目日常减排情况进行初步测算，确保项目进度按计划进行。在大气污染减排方面，进一步强化了对具体减排大气污染防治工程的过程管控，重点是对火电脱硫脱硝、水泥脱硝的日常运行监管以及加快老旧黄标车淘汰工作。

目前，全市化学需氧量、氨氮、二氧化硫及氮氧化物均按计划进度完成了减排目标。

### （九）生态建设工作稳步开展

全市累计创建国家生态文明建设示范县 1 个、国家生态县 1 个、国家级生态乡镇 22 个、省级生态乡镇 77 个、省级生态村 93 个、市级生态村 614 个。

生态保护红线划定工作与全省同步完成。生态保护红线校核调整完善工作中历经"八上八下"征求意见，在全市上下的共同努力下，划定的红线区域布局更加合理，主体生态功能更加凸显，与相关规划的协调性更加科学。

加强了自然保护区联合检查。及时成立工作组，联合市林业、农业、国土、水利局、法制办对辖区内 10 个自然保护区开展了联合督查。对国家、省和自查发现的问题要求各单位落实整改责任，加快整改进度，建立自然保护区违法违规问题管理台账，实行"整改销号"制度。

## 二 存在的问题

### （一）环保执法力量亟待加强

目前各县（市、区）27 个事业单位（监察大队、监测站、分局）中有 13 个为自收自支性质事业单位，执法经费不能得到有效保障。公车改革后，大部分县（市、区）环境执法用车已被收缴，环境执法要求的突查、应急响应、检查频次等特性难以保障。2016 年确定环境保护监测监察省以下垂直管理后实施了人事冻结政策，大部分县（市、区）环保部门未招聘人员。

### （二）工业园区环境治理设施建设仍需跟进

由于历史欠账的原因，工业园区环保基础设施建设还不够完善。比如，工业园区污水处理设施虽然已建成，但配套管网建设的覆盖面不全，雨污分流还不够彻底；工业园区在线监控平台建设仍需加快进度。

### （三）环境容量不足限制经济发展

近年来全市化工行业、金属冶炼行业发展较快，挤占环境容量较多，迫切需要转变发展方式，促进产业结构转型，加快淘汰"高污染、高能耗"企业，为经济发展腾出环境容量。

### （四）生态环境建设和保护任务艰巨

水环境质量局部有起伏，鄱阳湖水质未实现逐年趋好；辖区内矿山企业较多，受矿产开采和冶炼影响，重金属污染防治任务相较重；个别地方化工企业较多，突发性污染事件时有发生，群众对此意见较大；城市机动车保有量快速增加，建设工地不断增多，大气污染防治任务艰巨；少数企业环保意识不强，偷排现象仍时有发生。

## 三　主要措施和政策安排

全面贯彻落实党的十九大精神，以习近平新时代中国特色社会主义思想为指导，紧紧围绕市委、市政府关于生态文明建设战略决策部署，坚持"绿水青山就是金山银山"的发展理念，紧盯环境质量改善这一核心，打好污染防治"三大战役"，稳步推进生态文明体制改革，努力开启全市生态环保工作新格局。

### （一）强化宏观调控，加快绿色崛起步伐

1. 加快实施主体功能区战略

深入贯彻落实《江西省主体功能区规划》，严格按照主体功能定位要求，科学推进各县（市、区）发展。

2. 制定环境准入负面清单

从源头预防与减缓建设项目环境污染和生态破坏，根据有关环境保护法律法规、产业政策、产业园区规划，各地区环境承载力现状及环境保护基础设施建设情况等，制定上饶市环境准入负面清单，提出禁止准入的新（扩）建产业、行业名录，实行严格的环保限批制度，倒逼产业结构调整和布局优化，逐

步建立严格的产业环境准入制度和空间环境准入制度。

3. 推动规划环评落地

加强城市总体规划、流域综合规划以及能源、交通、矿产资源开发、重点产业园区等重点领域的规划环评工作，重点加大对环评机构执法检查力度。规划环评的执行力度。开展产业园区规划环评结论清单式管理试点，在优化园区城市定位和布局的基础上，制定生态空间清单、污染物排放总量管控限制清单和环境准入条件清单，推动清单融入规划决策，纳入规划环评审查，为项目环评文件在类别和内容等方面的进一步简化创造条件。

4. 促进资源节约集约利用

调整能源结构和项目布局，优化资源能源配置，提高能源利用率，加快煤、电、油、气、新能源和可再生能源开发建设。大力推进循环经济发展，全面开展园区循环化改造，构建企业内、企业间、园区内、社会间的物质、能源大循环产业链，根据创建国家循环经济示范区的要求，高标准做好规划，推进广丰、上饶、玉山、铅山、横峰、德兴、万年等的工业园区循环化改造。

## （二）打好三大攻坚战，稳定环境质量

1. 深入推进水污染防治，坚决打好治水攻坚战

深入贯彻落实国家"水十条"，推进水污染防治行动。一是压实工作责任。认真落实环境保护"党政同责、一岗双责"责任制，实行"任务清单制、工作责任制、预警约谈制、挂牌督办制、责任追究制"等制度，督促各县（市、区）政府和相关部门加大资金投入，强化执法监管，统筹做好辖区内水污染治理工作。二是推进重点工作。定期召开水污染领导小组工作会议，研究解决推动行动计划贯彻实施的具体措施和重点难点问题，加强部门联动，扎实推进城市污水治理、流域环境保护、集中式饮用水水源地保护、城市黑臭水体整治、农村环境整治等各项工作任务，促进全市水环境质量持续改善。三是加大执法力度。按照《上饶市环境保护网格化监管实施方案》，建立和完善市级巡查、县区监管、乡镇协同的环境监督执法机制。强化行政执法与刑事司法的衔接，对环境违法行为坚持"铁腕执法"。加强人员培训，不断提高环境执法水平。加强环境应急能力建设，积极防范污染事故。四是加大环保投入。按照"政府引导、企业担责、社会参与"的原则，采取各种合作形式，拓宽污染治

理资金渠道，推进污染治理工作。积极争取国家、省级环保专项资金，加强环境监测、应急检测、环保执法等建设，提高环境监测监管水平。

2. 全力奋战大气污染防治，坚决打好蓝天保卫战

一是进一步改善全市环境空气质量，完成省厅下达的环境改善考核任务，进一步明确各单位职责，相互配合协作进一步完善工作机制，提高应对污染天气能力，加强与建设、城管联动，对建筑扬尘、道路扬尘污染加强管理，加大对大型建筑工地扬尘的监控和督查力度。加强与工信委联动，对混凝土搅拌站扬尘污染加强监督检查，配合做好燃煤小锅炉的淘汰工作。继续开展挥发性有机物治理工作，及时拟定有机化工、医药、表面涂装、塑料制品、包装印刷5个重点行业挥发性有机物治理企业名单，提出相应的治理措施并督促企业逐步实施。继续开展干洗行业挥发性有机物污染专项整治工作，针对目前的情况找出合理的整改方案，对各县（市、区）工作进行指导督促，确保完成全市干洗行业挥发性有机物污染整治工作。加强对加油站油气回收日常监督检查工作，确保全市加油站油气回收设施正常运行。

二是逐步实现精细化、规范化管理，助推全市机动车排污监管工作进入新阶段；进一步加强环检机构监管，加强对全市环检机构的日常监管，积极采用"双随机一公开"方式方法开展专项执法检查，督促环检机构加强内部管理、加强质量培训，规范检测行为，严把机动车检测质量关，确保机动车尾气检测结果真实可靠。

3. 扎实深入推进土壤污染防治，倾力打好净土防御战

贯彻落实好国务院"土十条"，建立市级土壤环境监测网络、污染场地土壤档案和信息管理系统，构建土壤污染修复治理长效机制。加大土壤环境管理力度，提升监测监察能力，严格控制新增土壤污染，加大对排放重金属、有机污染物的工矿企业以及污水、垃圾、危险废物等处理设施周边土壤监测和整治力度，防止新建项目对土壤造成新的污染。同时，提升环境执法和污染治理力度，实现企业达标排放。进一步加强固体废弃物管理，积极融入江西省危险废物监管平台的建设，推进使用危险废物监管平台，组织协调危险废物监管平台操作的培训，加强对危险废物监管平台的运行以及单位信息的维护和传递审核，有效地提高危险废物信息化管理能力。

### （三）加强风险管控，确保环境安全

#### 1. 完善环境风险管控机制

完善环境风险发生全过程监管，加强重点行业、重点领域和区域环境风险管理。建立风险防控工业企业实时监控体系，严格源头防控、深化过程监管，深入开展涉重、涉化工企业环境安全整治工作，严格查处涉重、涉化工违法企业，严厉打击污染治理设施不规范、不运行、偷排、漏排现象，落实企业主体责任，强化事后追责，将环境风险防范纳入常态化管理。

以信息化为手段加强全面风险管理，建立健全环境风险源、环境敏感区、应急物资储备等基本信息数据库，加强各类环境基础信息集成共享，建立先进实用的环境应急平台体系，增强环境应急专业化、信息化和特征化。加强风险源可视化、信息化，全过程监管高环境风险物资的存储、运输、使用实施。加强应急防范处置能力，完善市、县级环境应急机构指挥系统，健全指挥协调机制，保持与周边设区市应急指挥中心及环境应急组成单位的联系沟通。开展环境与健康现状的调查评估建设研究，构建省级环境与健康监测评估体系，建立环境健康风险监测哨点，组织开展环境与健康分析评价工作，探索环境健康信息公开机制，逐步建立应对损害群众健康的突出环境健康问题的管控体系。

#### 2. 提升化学品环境风险管理能力

建立化学品环境风险管理制度体系，将化学品环境风险评估作为化学品建设项目环境影响评价的重要指标，严格环境准入，对高风险化学品的生产和使用进行严格限制，禁止在国家规定的环境敏感区新建、改建、扩建涉及危险化学品生产、贮存、使用的建设项目，建立健全危险废物贮存、利用及处置环节的环境风险防控措施。规范化、标准化管理废弃化学品，全面掌握化学原料和化学制品制造业、医药制造业、化学纤维制造业等行业化学品生产基本情况。将铁矿石烧结、电弧炉炼钢、再生有色金属生产、废弃物焚烧等行业作为重点，实施持久性有机污染物统计报表制度，对医疗废物焚烧处置企业二噁英排放情况进行专项检测。

#### 3. 推进重金属污染防治

对重金属污染物排放企业及其周边区域存在的环境隐患进行全面排查，摸清重金属元素对环境的污染情况，建立安全监管台账，明确重点防控区域

（流域）、行业、企业和高风险人群。加强重点防控区重金属污染综合防治工作，上饶县、弋阳县继续实施"一区一策，分类指导"政策。重点整治重金属污染企业，做好含重金属废水、废气、废渣的处理、净化、回收工作，实现所有污染源达标排放。以乐安河（德兴段、万年段）的重金属污染综合治理为抓手，建立流域联防联控机制，实施流域综合治理。创新工作机制，着力解决责任主体缺失、环保设施落后、管理能力不足等引起的历史遗留重金属问题。

4. 加强核与辐射安全监管

加强核与辐射环境安全监管，不断规范核技术利用安全监管，完善放射源的全过程动态管理，健全档案管理制度，强化核与辐射安全监管系统应用，确保放射性同位素和射线装置全部落实许可管理。大力加强对电磁辐射的行业监管，严格控制城乡电磁辐射综合场强，确保城乡特别是人口集中居住的城镇、重点控制区场强控制在国家标准限值内。加强核与辐射安全的公众宣传，建立核安全文化建设的长效机制，持续开展核安全文化的宣贯，建立一批核安全文化建设示范单位，不断提升核与辐射从业人员辐射安全素养，保障核技术利用事业安全高效可持续发展。

### （四）巩固生态优势，构建安全屏障

1. 划定并严守生态保护红线

按照国家、省进度安排，全面完成在生态保护红线划定的基础上勘界定标，将生态保护红线落实到地块，在勘界的基础上设立统一规范的标识标牌；建立生态保护红线地理空间数据库和管理平台，完善覆盖全省的网络化管理系统；建立完善的评估考核、常态化监管和生态保护补偿制度，为生态保护红线的长效管控提供制度保障；按照"事前严防、事中严管、事后奖惩"的全过程管理思路，加大生态保护红线的监管和执法力度，严守生态保护红线。

2. 构建区域生态安全格局

优化国土空间开发格局，落实国家、省相关主体功能区配套政策、空间管制措施和河湖管理与保护制度、空间规划体系。按照主体功能区建设要求，筑牢安全屏障，保护好以黄山余脉、怀玉山脉、武夷山脉及信江、饶河、鄱阳湖为主体的"三山二水一湖"生态屏障。以生态空间保护红线区为核心，建设上饶市生态保护网络屏障，重点加强森林资源保育、水源涵养、生物多样性保

护和水土流失防治，协调资源开发、经济发展与生态环境保护关系，维护生态系统稳定及生态服务功能，形成全面的生态系统安全格局。衔接国家生态廊道建设方案，建设区域生态廊道，增强生态安全屏障、重点生态功能区、生物多样性保护优先区、自然保护区等区域的联通性。

3. 加强重要生态功能区和生态系统管理

强化生态功能区保护与建设，加强对水源涵养区以及信江、饶河源头区和鄱阳湖湿地的保护。坚持自然恢复为主、生态建设为辅的方针，对重要生态功能区、脆弱和敏感区，实施经济结构调整、人口迁移，引导人口合理聚集，转变经济发展方式和资源开发模式，控制开发强度和规模，减轻生态压力，实施生态系统休养生息。对于部分破坏严重的区域，自然恢复与人工干预相结合，实现生态系统良性恢复。加强自然保护区建设与管理，完善自然保护区建设管理的体制和机制，加强现有自然保护区特别是省级以上自然保护区的基础设施和能力建设，健全管理机构，加大经费投入，提高自然保护区管理质量。

4. 开展生态文明示范创建

积极开展争创生态文明建设示范区活动，以江西省争创生态文明试验区建设为契机，争创省级生态文明建设排头兵单位。发挥生态文明示范的引领作用，推进生态示范创建工作，深化生态县（区）、生态乡（镇）、生态村创建活动，精心打造一批生态建设示范点。

5. 推进农村环境治理

加大对农村饮用水水源保护力度，开展农村饮用水水源保护区划分和整治工作，调查评估农村饮水水源地环境状况，排查水源周边环境隐患，建立风险源名录。开展农村污水、垃圾综合整治工作，采用集中处理或分散处理或集中与分散处理相结合方式，因地制宜建设污水处理系统并定期维护。将污水处理设施建设与改厕、改厨、改圈结合起来，逐步提高污水收集率和处理率。推广"户分类—村收集—镇集中—县处理"垃圾处置模式，与最近的县级及县级以上城市距离大于20公里的偏远地区，采取简易填埋、焚烧或资源化的就地处理方式。

加强农业生产面源污染防治，促进农业结构调整，发展农业循环经济，加快治理种植业面源污染，进一步提升农产品质量安全水平。加强农村工业污染防治，对散落在村庄的工业企业开展全面调查，调整结构优化农村工业布局，

引导企业向小城镇、工业小区适当集中，防止农村工业企业噪音扰民。严格执行国家产业政策、环保标准和环境准入条件，对污染严重的生产项目、工艺和设备实行淘汰，防止城市污染严重的企业向农村地区转移。

## （五）强化监管执法，严守安全底线

### 1. 积极开展专项行动

认真开展国家、省、市环保部门部署的各类专项行动，在执法过程中继续采取挂牌督办、区域限批、按日计罚、限产限排、停产整治、停业关闭、查封扣押、行政拘留等行政手段；采取"黑名单"向社会公开等经济和市场手段；采取对涉嫌环境犯罪的，及时移送司法机关追究刑事责任等司法手段，继续加大执法力度，保持高压态势。重点加大大案要案查处力度，发挥典型案件的震慑作用，集中力量查办一批偷排偷放、非法排放有毒有害污染物、非法处置危险废物、不正常使用防治污染设施、伪造或篡改环境监测数据的大案要案，实现"查处一个、震慑一批、教育一片"的效果。

### 2. 健全网络管理机制

用好"一厂一档"系统和环境监管网格，进一步完善系统，充实数据库，加大运用力度；建立和完善网格管理机制，确保网格正常有效运行；加大查处案件公开力度，在政府门户网站设立"环境违法曝光台"等信息公开专栏，及时公开行政处罚信息、超标企业名单及处理情况、行政处罚文书等。

### 3. 加强环境应急响应

加强组织领导，做到快速反应、科学处置，最大限度地减轻突发事件对环境造成的不利影响，妥善应对各类突发环境事件；加强应急机构和队伍建设，按照《全国环保部门环境应急能力建设标准》，推进应急能力标准化建设；建立健全应急预案，积极开展应急演练。加强与安监、交通、消防、公安等相关部门建立应急协作机制；加强突发环境事件信息报送工作，严格报送时限，坚决杜绝有事延报、不报、瞒报、虚报等问题。完善突发环境事件信息公开和舆论应对机制，协助地方政府及时、准确发布事件处置进展和环境影响的权威信息，积极主动回应公众关切。

# B.13
# 上饶市招商引资发展报告

上饶市商务局

摘　要：　"十三五"时期是上饶全面建成小康社会的决胜期，也是上饶
开放型经济抢抓发展战略机遇、实现高水平开放的关键期。
上饶开放型经济工作将以贯彻落实党的十九大精神和习近平
新时代中国特色社会主义思想为指引，坚持新发展理念，推
动经济高质量发展，大力实施招商引资，着力扩大开放合作，
优化外资外贸，提升口岸功能，推进开放型经济平稳发展、
稳中有进。

关键词：　招商引资　创业创新　内外融合

## 一　现实状况与面临形势

### （一）现实状况

党的十九大以来，上饶把握机遇，开拓创新，攻坚克难，开放型经济取得
显著成效。

#### 1. 开放格局已经形成

上饶是江西离出海口最近的城市，是长三角、海西经济区和珠三角的共同
腹地，上饶市委、市政府出台了《关于全面扩大开放加快开放型经济发展升
级的实施意见》，提出了坚定不移实施大开放主战略和进一步扩大开放合作的
总要求。上饶以向东、南开放为重点，推动全方位对外开放，与 62 个国家和
地区开展经贸和文化交流合作，与 5 个国家的 6 个地方政府建立了国际友城关

系，先后争取了 107 个省政府和国家部委支持的发展项目。在全市纳入《长江中游城市群一体化发展规划》的基础上，上饶努力争取加入长三角城市经济协调会和参与长三角产业合作分工，积极参与区域协作活动，先后组织参加了闽浙赣皖九方经济区党政联席会议、福州经济区党政联席会议、福州经济协作区联络工作会议、首届 21 世纪海上丝绸之路博览会暨第十七届海峡两岸经贸交易会等，与 20 多个省区市城市建立区域合作关系，逐步形成了多层次、宽领域、全方位的对外开放新格局。

2. 经济总量大幅提高

实际利用外资：2015 年完成 9.4 亿美元，是 2010 年的 1.87 倍，年均增长 13.3%，总量在全省占比提高 0.2 个百分点；实际引进省外资金：2015 年达到 510 亿元，是 2010 年底的 2.71 倍，年均增长 22%，总量在全省占比提高 0.15 个百分点；进出口总额：2015 年全市进出口总额为 43.24 亿美元，年均增长 20.9%，是 2010 年的 2.59 倍，总量在全省占比提高 2.19 个百分点，位次前移至全省第四，占全市 GDP 比重由 12.5% 提升到 17.5%；外贸出口：2015 年实现 38.1 亿美元，年均增长 20.2%，是 2010 年底的 2.5 倍，总量在全省占比提高 0.5 个百分点；对外直接投资：2015 年为 0.54 亿美元，是 2010 年的 41 倍，年均增长 110.7%；对外承包劳务：营业额为 0.37 亿美元，填补了"十二五"的空白。

3. 平台通道有效拓展

上饶"无水港"作为宁波港首个在外省兴建的"无水港"项目，2011～2015 年累计发送货物 76507 个重标箱，货运量 161 万吨，年均递增 30% 以上，是宁波港集团负责经营的省内外最好的"无水港"，已发展成为全国范围内经营最好的"无水港"之一；2011 年上饶在全省率先开通上饶—宁波"五定班列"，2012 年升级为全国"百千快捷班列"，2014 年再次升级加密为上饶–宁波"海铁联运天天班"，目前是江西省运行最好的海铁联运班列；上饶市政府与宁德市政府签署《关于合作建设出海通道的框架协议》，率全省之先在沿海港口建设码头，福州（宁德）港上饶码头列入福建省重点建设项目；2014 年 8 月 5 日，经国务院批准，南昌海关上饶办事处升格为上饶海关，这是江西海关系统首次升格。电子口岸正式起步，为进出口企业提供通关申报、检验检疫申报等服务，开展联网监管、电子放行及联检部门协同作业等工作。

### 4. 开放载体态势良好

全市共有 11 个工业园区，其中国家级经济技术开发区 1 个（上饶经济技术开发区）、省级高新技术开发区 1 个（广丰高新技术开发区）、省级经济开发区 3 个（玉山、横峰、德兴经济开发区）、省级工业园区 6 个（铅山、弋阳、余干、鄱阳、万年、婺源工业园区）。各工业园区充分发挥园区平台的承载功能，加速园区产业聚集，实现跨越式发展。截至 2015 年底，全市工业园区实际开发面积达到 95.42 平方公里，同比增长 4.6%，列全省第一；累计投产企业总数突破 1000 户，安置就业人员 22 万人，同比增长 4.2%；2015 年完成工业增加值 647.6 亿元，主营业务收入 2749.6 亿元，税金 147.3 亿元，三项指标在全省排名均居第四位，其中上饶经开区、广丰高新区分别实现主营业务收入 700 亿元、500 亿元。工业园区已经成为全市产业、企业、项目的集聚地，物流、资金流、技术流、信息流的交汇点，全市实体经济发展的主平台、财政增收的主来源、安置就业的主渠道。

### 5. 开放环境更加优良

十二五时期上饶加强铁路、公路、港口、航空、信息等基础设施建设，区域交通枢纽已经形成，上饶三清山机场 2017 年开航，无水港和福州（宁德）港上饶码头建设将把国际性海港的功能延伸到了上饶。与此同时，上饶被列为"宽带中国"示范城市、"信息惠民"国家试点城市、"智慧城市"试点城市，海关、国检、外管等各类功能性平台体系健全，为全面开放提供了绿色通道。全市大力深化行政审批事项改革，精简市级行政审批事项，已成为全国"审批手续最少、审批程序最简、办理效率最高、投资环境最好"的地区之一，荣获中国优秀旅游城市，中国最具幸福感城市，中国最佳投资城市，浙商、粤商、闽商最佳投资城市，国家加工贸易梯度转移重点承接地，国家光伏高新技术产业化基地，国家光学高新技术特色产业化基地等城市品牌，开放合作的路子越走越宽。

## （二）存在的问题

当前，全市开放型经济发展面临的问题主要为：一是开放型经济总量偏少，规模偏小，发展水平不高，尤其是在引进国内外 500 强企业直接投资、台湾 100 大和行业龙头企业方面，还没有实现重大突破；二是高新技术产品出口

和服务贸易比重较低，外贸依存度远低于全国平均水平，外贸出口结构需要进一步优化；三是产业配套能力较弱，投资规模大、科技含量高、带动作用强的重大项目引进较少，对龙头企业和业主吸引力不强，招商引资质量效益有待提升；四是出口结构不优，流通出口占全市出口近一半，生产型出口企业少，加工贸易欠发展，各县生产型出口企业分布不均，造成了外贸出口的较大波动性和不确定性；五是开放型经济人才短缺，熟悉国际经贸规则、洞悉国际投资动态、善于开展资本运作的复合型人才尤为缺乏。

### （三）面临形势

"十三五"时期，我国经济发展进入新常态，上饶开放型经济发展进入大有作为的重要战略机遇期，同时也面临复杂严峻的国际国内形势挑战和自身经济社会转型发展压力。

#### 1. 机遇

随着世界经济回稳复苏，为上饶培养全球化的战略视野，立足全球来拓展市场、配置资源、资本、人才和技术，参与国际产能合作带来新的契机。同时，国家深入推进"一带一路"、长江经济带、长江中游城市群等布局，为上饶参与构建陆海内外联动、东西双向开放的新格局，厚植发展新优势、培育发展新动能、打造开放新平台拓展了新的空间。

#### 2. 挑战

我国进入经济发展新常态后，上饶依靠要素成本支撑开放发展的传统优势不复存在，创新驱动发展的新动力尚未形成，增长方式还是传统的粗放型增长。同时，东部沿海地区自由贸易试验区等高水平开放平台，对中西部地区形成了巨大的"虹吸效应"，导致高端生产要素流失。

## 二 战略思路与发展目标

### （一）指导思想

全面贯彻党的十九大和十九届三中全会精神，深入贯彻习近平总书记治国理政新理念新思想新战略，特别是对江西工作的重要要求，遵循"四个全面"

和"五大发展理念"的战略布局，对接国家"一带一路"、长江经济带、创新驱动发展、自由贸易园区等重大决策，充分利用两个市场、两种资源，加快投资双向互动，加快外贸优化升级，加快推动外经合作共赢，加快开放平台提质增效，全面实施全面扩大开放战略，着力提升上饶市开放型经济发展质量和水平，为决胜全面建成小康社会、建设大美上饶提供强大动力和战略支撑。

## （二）指导原则

### 1. 坚持创新创业驱动

激发市场主体创新活力，充分发挥市场在资源配置中的决定性作用，努力建立接轨国际惯例的投资贸易规则体系，营造"大众创业、万众创新"的氛围，加快打造新常态下上饶开放型经济转型升级新引擎。建设多元开放平台，集成新的竞争优势，增强开放型经济发展的内生动力，提升获取和利用全球开放要素的能力。加强服务创新，丰富服务内容和途径，营造创新发展新环境，增强上饶开放型经济创新能力。

### 2. 坚持内外融合推动

重视国内国际经济联动效应，推动国内国际市场融合。积极对接国际先进经贸规则，主动输出上饶当地优势产业和标准，促进国内外商品和要素有序流动、资源高效配置。对内消除造成市场分割的体制机制障碍，创造统一开放、竞争有序的市场环境。由国内市场融合向国内与国际市场互动发展延伸，由以贸易合作为主的"浅度融合"向商品、服务、资本、制度四位一体的"深度融合"拓展，提升上饶市场经济运行的总体效率和效益。

### 3. 坚持转型升级推动

着力推动开放型经济朝着优化结构、提高效益转变，努力实现更有质量、更有效益、更可持续的发展。推进一般贸易转型升级、加工贸易转型升级、利用外资转型升级，实现以传统产业提升与新兴产业培育为核心的产业体系战略转型。

### 4. 坚持"三外"联动发展

整合优化资源，促进外贸、外资、外经"三外"融合联动发展。坚持"走出去""引进来"与"销出去""包进来"相结合，促进内需和外需、进口和出口、线上和线下平衡互动；坚持因地制宜、分类施策，实现货物贸易与

服务贸易、贸易与投资、传统产业与新兴产业统筹发展，协调推进，增强上饶集聚、运用和支配全球要素的能力，在全球范围内寻求更高的资源配置效率与增值空间，进一步提高上饶开放型经济发展水平。

### （三）发展目标

力争到 2020 年，实现开放领域全面拓展，开放型经济规模持续增长，体制机制进一步完善，结构调整取得明显成效，平台建设明显提升，经济功能明显优化，质量效益明显提升，综合竞争力明显增强，开放型经济对上饶经济发展形成较大支撑，把上饶建成四省交界开放型经济强市。

## 三 主要任务与重点举措

### （一）继续扩大开放，加强区域合作，提升产业承接和集聚水平

要进一步解放思想，积极融入区域经济协作体，策应对接国家"一带一路"倡议，努力把上饶打造成内陆开放合作的示范区。全力加强与海西经济区、九方经济协作区、武汉协作区、福州协作区各成员市的联系和沟通，深化区域合作，扩大承接产业转移成效。重点加强与福建自贸区的对接，参与自贸区产业分工。瞄准"世界光伏城""中国光学城""江西汽车城"建设目标，以上饶经开区为中心，加速引进光伏新能源、光机电、汽车及汽配件上下游产业项目，不断强化特色集群效应。全力推进在建龙头项目早日竣工投产，包括晶科双倍增计划、汉腾二期、中汽瑞华、爱驰亿维、博能新能源等一批重大工业项目，确保早见成效，形成新的增长点；强力引进落地新的龙头项目，包括全球领先的光伏新能源企业的新技术项目、全国知名品牌汽车最先进的新能源汽车整车项目等。

### （二）实施精准招商，努力引进一批好项目

继续坚持"主官招商""产业招商""饶商回归""标准厂房招商"等，积极组织参加专题招商活动。当前，要积极参加好省里组织的亚布力论坛夏季峰会、第十六届赣台会、2018 世界 VR 大会和第五届世界绿色投资贸易博览

会，以及市里组织的"走进闽东南招商系列活动"、"创新改变未来"2018 中国（上饶）双创发展大会等重大招商活动，务求项目引进取得实效。抓好 2017 年新签约项目的注册、进资、开工和投产。继续推动饶商回归工程，指导成立广西、云南等外地上饶商会，规范各外地上饶商会组织建设；跟踪服务饶商总部基地项目建设，为饶商回归搭建平台。

### （三）围绕"招大引强"，开展"主导产业龙头项目招大引强竞赛"活动

突出主导产业招商。全市围绕"两光一车"主导产业、各县（市、区）围绕本地主导产业尤其是首位产业开展"招大引强"攻坚活动。突出"招大引强"，重点面向世界 500 强、中国 500 强企业和行业 20 强企业，强力引进一批支撑全局发展的大项目。开展"主导产业龙头项目招大引强竞赛"活动，各县（市、区）年内至少引进落地一个达产后主营业务超过 30 亿元的主导产业龙头项目，大县、工业强县（市、区）至少要引进两个。完善"四抓"机制，锲而不舍地提高工业招商项目的转化率。

### （四）拓宽外资引进范围，提高现汇进资率

围绕"赣港""赣台"活动，开展外资招商，特别是加大对曾来上饶考察和已明确即将要来上饶考察投资项目的大财团、大企业的跟踪力度，争取 2018 年在更多大项目的引进上实现新突破。重点跟踪近两年以来已批、已注册的外资项目，做好服务工作，力促这些项目尤其是其中投资过千万美元的外资项目尽快进资、尽量做到现汇进资；力促签约项目尽快通过审批、登记注册、加快进资。同时，坚持大范围、宽领域利用外资，在跨境人民币出资、并购、融资租赁等利用外资新方式的基础上，继续在全市全面推进非工领域利用外资工作，重点在房地产、基础设施、城市建设、旅游与文化教育等服务业领域实现现汇进资，推进上饶市利用外资工作上台阶、上水平。

### （五）优化产业结构，保持外贸出口稳定运行

积极开拓"一带一路"沿线国家市场，着力稳定欧、美、日传统市场，拓展东盟、非洲、南美等新兴市场。加大力度做好全市生产企业出口指导服务

工作，紧盯出口大户晶科能源不放松，随时关注出口动向，以及汉腾汽车预计出口总量为一万台套的计划；对全市生产型出口企业也紧盯不放，通过市、县两级联动，时时了解企业在出口经营中存在的问题。通过外贸综合服务企业，为中小微企业提供审单制单、报检报关、结汇退税、贸易融资等一系列外贸综合环节服务，加快出口退税速度，留住市内出口货源，突破上饶市"两转"瓶颈，扩大出口增量。依托上饶产业特色，提升服务企业水平，扩大光伏、农业、工程承包领域对外投资，加快"走出去"步伐。

### （六）加快"走出去"步伐，扩大"上饶足迹"

借力"一带一路"倡议和江西省"双重工程"战略，建立"上饶境外投资重点培育企业信息库"，纳入计划并重点扶持一批有跨国经营需求且具备一定规模实力的本土企业。加大对"一带一路"沿线国家的投资力度，扩大"上饶足迹"。以晶科、吉阳新能源、恩泉油脂等企业对外投资，以制造加工、新能源、建材、矿业、现代农业、建筑工程和贸易等多领域为重点，推动光伏、光学、机电、建材等优质企业到境外投资办厂，鼓励有品牌、有优势的生产企业在境外设立营销网络，建立区域营销中心、境外贸易展示中心。推动优质农业产业化龙头企业赴境外开展农业合作开发，支持上饶文化、旅游产业"走出去"，开展旅游宣传合作推介。鼓励企业提高创新能力，通过境外并购、引进、消化、吸收、再利用，掌握境外高新技术。实施"本地化"策略，支持上饶企业建立境外生产加工基地，将有比较优势的生产环节及富余产能适度转移，利用好当地的政策、资金、管理人才，利用境外生产要素实现原产地多元化，进而带动上饶技术和产品出口。

### （七）加强口岸平台建设，加快商贸物流产业发展

继续强化与宁波港集团的深度合作，高标准推进上饶"无水港"西移扩建，加快推进"海铁联运天天班"双向对开。全面铺开上饶国际综合物流园建设，确保物流大道2018年底建成通车、铁路西货站2019年底建成使用。抓好赣欧（亚）国际货运班列运营常态化，抓好上饶保税物流中心项目申报及建设，加快国际贸易"单一窗口"国家标准版推广工作。充分放大上饶国际综合物流园平台集聚、"两光一车"产业等发展优势，加强与国内知名物流企

业的洽谈对接。重点加强与京东集团的洽谈对接，推进京东集团现代物流仓储项目在上饶国际综合物流园早落地、早开工、早建设。用抓工业发展的理念和力度，抓物流发展平台项目建设，加快农产品交易冷链物流园（农博城）、新华龙物流园扩园升级、保税物流中心等产业发展平台项目的建设，不断夯实物流产业集群发展的平台载体。

### （八）实施技术创新，加快电商转型升级

通过技术创新推动转型升级。依托上饶大力发展的大数据产业和数字经济示范区，鼓励电商企业运用技术创新，在新型产业发展、传统企业转型升级、智慧城市建设等领域发挥积极作用。立足服务产业促进转型升级。依托"两光一车"产业，推广光伏太阳能发电技术，推动晶科能源发展跨境电商、农村电商；全力支持光学、汽车等产业，利用国内外第三方电子商务平台或自建网站开展业务，开拓海内外市场，提升企业竞争力。推进电商扶贫。2018年争取1~2个县列入国家电子商务进农村示范县。利用好已有的六个电子商务进农村综合示范县，以点带面推动农村电商加快发展，指导帮助试点县出台政策、完善电商配套体系，通过电子商务积极引导农产品进城和工业品下乡。

# B.14
# 2017~2018年上饶市对外贸易形势分析报告

上饶海关*

**摘　要：** 2017年，上饶市进出口呈现前高后低、冲高回落态势。出口总值较2016年（同比，下同）增长24.7%，达到354.4亿元人民币，进出口总量位居全省第三位。呈现主要特点：一般贸易增长迅速，加工贸易占比较低；出口贸易以民营企业为主，进口贸易以外商投资企业为主；对"一带一路"沿线国家贸易保持较快增长，对美出口增速骤降；机电产品、传统劳动密集型产品出口增长迅速。2018年，上饶外贸发展坚持协调统一，改革创新，紧密合作，充分发挥上饶无水港优势，促进外贸快速发展。

**关键词：** 对外贸易　改革创新　进出口总值　外贸进出口

上饶市位于江西省东北部，东联浙江、南挺福建、北接安徽，位于长三角经济区、海西经济区、鄱阳湖生态经济区三区交汇区域，传统出口商品有茶叶、太阳能电池、汉腾汽车、烟叶、活猪、羽毛、禽蛋、万年贡米、铅山连史纸、婺源龙尾砚、玉山罗纹砚、婺源荷包鲤鱼、鄱阳湖银鱼干、上饶大青豆和早梨、玉山青丝豆、广丰绿豆、铅山赤芝麻和菜油、桐油等。2017年实现地区生产总值2055.4亿元，较上年同期（下同）增长8.8%。2017年，据海关统计，上饶市进出口总值较2016年（同比，下同）增长24.7%，达到354.4亿元人民币，进出口总量居全省第三位。其中出口314.9亿元，增长24.7%；进口39.5亿元，增长25.2%。

---

\* 作者：孙亚非、侯宗毅。

# 一　2017年上饶市外贸进出口主要特点

一是月度进出口冲高回落。2017年，上饶市进出口呈现前高后低、冲高回落态势。前期保持高速增长，4月达到历史高点后，开始回落。从8月开始持续下跌（见图1）。

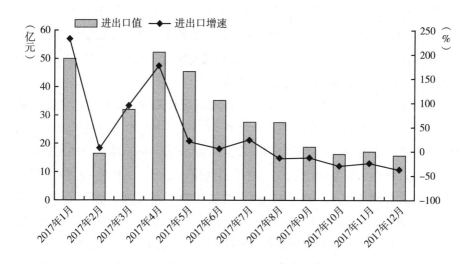

**图1　2017年1～12月上饶市进出口情况**

二是一般贸易增长迅速，加工贸易占比较低。2017年，上饶市一般贸易进出口增长25.6%，达到352.8亿元，占全市进出口总值的99.5%。其中出口增长25.5%，达到313.8亿元；进口增长25.9%，达到39亿元。同期，加工贸易进出口1.4亿元，下降50.4%，占进出口总值的0.4%。

三是出口贸易以民营企业为主，进口贸易以外商投资企业为主。2017年，上饶市民营企业进出口贸易总额为241.4亿元，增长12.1%，占全市进出口总值的68.1%；外商投资企业进出口贸易总额为111.4亿元，增长65.6%。其中，出口以民营企业为主，其出口贸易总额为232.9亿元，增长10.6%，占出口总值的74.0%；进口以外商投资企业为主，其进口贸易总额为30.5亿元，增长16.7%，占进口总值的77.2%。

四是对"一带一路"沿线国家贸易保持较快增长，对美出口增速骤降。

2017年，上饶市对"一带一路"沿线国进出口贸易总额达114.5亿元，增长42.9%，占全市进出口总值的32.2%。出口方面，东盟成为上饶市最大出口市场，出口贸易总额为46.1亿元，增长27.6%；对美国出口贸易总额23.4亿元，下降51.1%，同比骤降；同期，对中国香港出口贸易总额达23.3亿元，增长65.4%；对韩国出口贸易总额达29.7亿元，增长30.1%；对欧盟出口贸易总额达39.7亿元，增长33.8%；对墨西哥出口贸易总额达29.5亿元，增长9.7倍。进口方面，上饶市最大进口来源地为中国台湾，进口值为21.5亿元，增长3%；对欧盟进口贸易总额达8.2亿元，增长4.4倍；对东盟进口贸易总额达3.6亿元，增长1.2倍；对韩国进口贸易总额3.2亿元，下降19.6%；对日本进口贸易总额达2.3亿元，增长88.6%。

五是机电产品、传统劳动密集型产品出口增长迅速。2017年，上饶市机电产品出口贸易总额为138.3亿元，增长14.9%，占出口总值的43.9%。其中，太阳能电池出口贸易总额为64.2亿元，增长12.6%。传统劳动密集型产品合计出口贸易总额为93.9亿元，增长41.6%，占出口总值的29.8%。其中纺织服装出口50.8亿元，增长45.6%；鞋类出口15.6亿元，增长20.7%；塑料制品出口8.1亿元，增长36.3%；玩具出口8.3亿元，增长2.8倍。同期，农产品出口8.7亿元，下降20.3%；钢材出口6.9亿元，增长73.5%。

六是机电产品进口增长较快。2017年，上饶市机电产品进口贸易总额达26.9亿元，增长6%。其中，二极管及类似半导体器件进口贸易总额为23亿元，增长4%。此外，太阳能级多晶硅进口贸易总额为10.6亿元，增长1.3倍。

## 二　2017年上饶市外贸发展值得关注的情况

### （一）贸易结构持续优化

一是进一步增强内生动力。2017年民营企业进出口额同比增长12.1%，占全市进出口总值的68.1%。二是多元化开拓国际市场。对墨西哥、阿联酋等国家进出口增长分别达到9.7倍、1.8倍。三是积极推进特色产业新发展。光伏产业以晶科能源为龙头出口太阳能电池片占据全省第一的份额，茶叶出口以婺源为代表占据全省74.4%的份额，这两方面成为上饶出口新老产业结合的模板。

### （二）外贸形势严峻

当前国际环境依然严峻复杂，全球化进程受阻，贸易保护主义制约了我国扩大出口。设置贸易壁垒、实施贸易保护、用反倾销手段干预正常贸易，成为在经济增长乏力背景下有关国家抢占国际市场份额的重要手段。

### （三）生产型企业发展有待加强

2017年，上饶市生产型企业出口保持较高增速，形势向好，但非生产型企业对出口的增长贡献度依然高达53.4%，实体生产型企业外贸发展仍需重点关注。

## 三　2018年上半年上饶市外贸发展特点和值得关注的问题

### （一）2018年上半年外贸进出口呈现特点

一是一般贸易占比九成以上，加工贸易小幅上涨。1～6月，上饶市一般贸易进出口贸易总额为183.9亿元，下降17.3%，占全市进出口总值的99.6%。其中出口贸易总额为169.9亿元，下降13.6%；进口贸易总额为14亿元，下降45.3%。同期，加工贸易进出口贸易总额为0.6亿元，增长5.2%。

二是出口贸易以民营企业为主，进口贸易以外商投资企业为主。1～6月，上饶市民营企业进出口贸易总额为135.8亿元，下降16.3%，占全市进出口总值的73.6%；外商投资企业进出口贸易总额为48.2亿元，下降19.9%。其中，出口贸易以民营企业为主，其出口贸易总额为131.9亿元，下降15.7%，占出口总值的77.4%；进口贸易以外商投资企业为主，其进口贸易总额为10.2亿元，下降48.8%，占进口总值的71.7%。

三是东盟成为上饶市最大出口市场，韩国成为上饶市最大进口来源地。出

口方面，1~6月，上饶市对东盟出口贸易总额为29.4亿元，增长3.5%；对中东出口贸易总额为25.5亿元，增长57.9%。其中，对阿联酋出口贸易总额为16.7亿元，增长5倍；对马来西亚出口贸易总额为11.8亿元，增长14.3%。进口方面，上饶市最大进口来源地为韩国，进口贸易总额为5.2亿元，增长4倍；对中国台湾进口贸易总额为3.3亿元，下降78.9%；对欧盟进口贸易总额为2.3亿元，下降54.1%。

四是机电产品、传统劳动密集型产品出口进一步增长。出口方面，1~6月，上饶市机电产品出口贸易总额为79.9亿元，增长1.2%，占出口总值的46.9%。其中，太阳能电池出口贸易总额为37.6亿元，增长30.6%。传统劳动密集型产品合计出口贸易总额为37.4亿元，下降40.9%，占出口总值的21.9%。其中纺织服装出口贸易总额为19亿元，下降43.4%；鞋类出口贸易总额为6.6亿元，下降30.7%。进口方面，以多晶硅为主，1~6月进口多晶硅贸易总额为6.8亿元，增长88.1%。

## （二）2018年上半年值得关注的问题

### 1. 外贸出口企业整体信心增强

据海关总署外贸出口先导指数网络问卷调查数据显示，江西省出口经理人指数已持续6个月在50以上，预示未来2~3个月江西省出口依然较乐观。面对外贸发展的新形势，进一步深化落实国家"降成本，优环境"的国家重大决策部署，积极引进和扶持壮大一批有影响、有潜力的大中型规模实体生产型企业，继续提高外贸发展的质量和效益。

### 2. 加工贸易发展有待进一步挖潜

上半年上饶市加工贸易仅进出口1145.2万美元，尚有较大潜力。积极推进保税物流中心（B型）及无水港的建设。推进保税物流中心（B型）项目建设，做好自由贸易试验区海关监管创新制度复制推广工作，提升加工贸易发展水平。依托上饶物流平台建设，整合和规范无水港海关监管场所的建设。

### 3. 外贸企业进出口行为有待进一步规范

部分企业进出口通关时申报不够规范，存在错报漏报、报关单证不全、同名异归类等情况。如部分企业出口商品同名异归类涉及出口退税问题，上饶海关已开展专项稽查，目前正在办理处置中。在着力帮助企业减负、增强盈利能力、提升竞争优势、推进转型升级上下工夫，为经济持续稳定增长增添新动力。

## 四 2018年下半年上饶市外贸发展展望和相关建议

### （一）2018年下半年外贸进出口发展展望

1. 协调统一，共推特色商品出口

坚持"走出去"与"引进来"、内贸与外贸、进口与出口、线上与线下协调发展，妥善解决国际化过程中面临的各种问题，做到内外联动、互相促进，有效推进上饶特色商品，如汉腾汽车、太阳能电池等商品走向世界。成立于2013年11月的汉腾汽车，快速展开市场布局，同步推进产能部署，继汉腾X7上市之后还将推出多款SUV及新能源产品。汉腾在江西上饶建设二期项目斥资100亿元，建成后可年产20万辆传统和新能源汽车。[①] 2017年6月20日，江西汉腾汽车有限公司举行"2017年金融工作交流会"，并确立了"五年决战七千亿"战略目标，把光伏、光学、汽车"两光一车"产业作为主攻方向，[②]推广清洁能源的使用，将汉腾汽车推向世界。

2. 改革创新，激发外贸发展

着力帮助企业真正掌握运用研发和科技创新、品牌战略、内外营销网络三大法宝。逐步实现外贸发展由主要依赖资源、能源、土地、环境等有形要素投入，向依赖科技、管理、品牌、营销等无形要素投入转变。按照"一次申报、分步处置"通关模式，积极做好现场和"两个中心"对接过渡工作，完善和落实全国通关一体化改革要求。围绕隶属海关功能化改革的步骤，结合上饶实际切准内陆隶属海关功能定位，积极稳妥推动实施。推动"双随机"改革、建设"互联网＋海关"、压缩通关时间、控制出口查验率等硬性要求，实现管得住、通得快的目标。

3. 紧密合作，促进外贸快速发展

主动融入"一带一路"倡议，加强与上海、宁波等周边口岸城市的对接

---

① 《汉腾斥资百亿元建二期工厂产能将翻倍》，网通社，2017年5月5日。
② 《邮储银行上饶市分行助推与汉腾汽车合作转型升级》，人民网，2017年6月23日。

与合作，运用保税政策为"走出去"企业降低经营成本，继续完善加贸保税业务信息化系统，启动电子账册联网监管业务。发挥上饶企业宁波、上海报关多，铁海联运天天班等优势，拓展高级认证企业开展一体化报关业务。继续抓好上饶工作部署和重点企业的服务工作，积极开展建言献策工作，推动上饶外向型经济发展结构的科学和完善。促进上饶口岸功能完善和发展，加快保税物流中心的申报建设，帮助上饶搭建发展平台和提升城市定位。促进辖区县市特色产业和特色产品的发展，帮助马家柚等特色农产品实现出口零的突破，推动外贸结构的优化和完善。

4. 取长补短，发挥上饶无水港优势

集装箱公路运输与铁路运输相比，铁路运输在执行运价下浮以后，一个20英尺的集装箱铁路运输价格比公路运输价格要低约30%，价格优势明显。铁路运输安全性也相对更高。上饶"无水港"的内贸双重运输已经开始运作，从目前运作的情况来看，企业、"无水港"都从中受益，两地的企业都降低了成本，"无水港"也节约了运输成本和运输时间，业务指标与经济指标都有了较大改观。下一步，将部分外贸进口箱与内贸出运箱进行双重模式套用，进一步降低企业的物流成本与时间。

5. 严管厚爱，加强队伍建设

围绕"两学一做"学习教育常态化、制度化的要求，丰富思想政治工作形式和内容，切实发挥党建引领各项工作发展的作用。以行政管理安全、海关业务安全、党风廉政安全迎接党的十九大的顺利召开。坚持以党建为统领，加强方志敏精神特色党支部的创建工作；融合各项工作加强科室队伍建设，以做好精准扶贫和全国文明单位创建工作为切入点，强化党员的先锋模范意识，夯实科室党建基础，在规范后勤管理的基础上不断提升保障水平；以工会为抓手，做好凝心聚力工作。

## （二）相关建议

一是使政策措施形成合力，提振外贸企业信心。落实好国务院办公厅发布的《关于支持外贸稳定增长的若干意见》，采取有效措施积极应对贸易壁垒，帮助企业解决实际困难，同时，建议促进外贸进口，实现全市全年外贸进出口的发展预期；积极引进、扶持、壮大一批有影响、有潜力的大中型规模实体生产型企业,在着力帮助企业减负、增强盈利能力、提升竞争优势,推进转型升级上下工夫,为经济持续稳定增长增添新动力,提升上饶市外贸整体水平。

二是用足用好国家政策和海关改革措施,保持经济运行"中高速"。积极为企业用好国际、国内两个市场和享受国家给予的产业扶持政策,最大限度地发挥企业在配置各种资源中的效果。加大全国一体化通关、通关作业无纸化、落实支持扩大进口、稳定出口的重点工作的推广力度,享受海关改革的红利。

三是积极推进综合区及无水港的建设。积极协助推进综合区的建设,复制推广自由贸易试验区海关监管创新制度。推进保税物流中心(B型)及无水港的建设。推进保税物流中心(B型)项目建设,做好自由贸易试验区海关监管创新制度复制推广工作,积极依托上饶物流平台建设,整合和规范无水港海关监管场所的建设,充分发挥无水港在国际、国内物流环节的作用,提升加工贸易发展水平。

# B.15
# 上饶市旅游产业发展报告

原上饶市旅游发展委员会

摘　要：　"十三五"是上饶市建设"高铁枢纽、大美上饶"，实现旅游
强市目标的决胜期，全市旅游系统瞄准"十三五"期间建设
"一千个项目、争取二千亿投资、决战二千亿收入"的目标，
创新旅游体制改革，突出抓好项目建设，努力创建旅游品牌，
狠抓旅游行业监管，着力开拓旅游市场，强力推进全域旅游，
实现了时间过半、任务过半，超额完成了各项工作目标。

关键词：　积极作为　实力跃升　成果丰硕

## 一　目标任务的总体完成情况

在上饶市委、市政府的正确领导下，在原江西省旅发委的精心指导下，
上饶市旅游系统紧紧围绕"旅游强省战略"，主动担当、积极作为、齐心协
力、扬鞭奋蹄，全市旅游产业发展势头强劲、捷报频传、精彩纷呈、成果丰
硕。2016～2017 年，全市接待国内外游客由 1.22 亿人次增至 1.59 亿人次，
年均增长 30.3%；旅游综合收入由 1126 亿元增至 1480.9 亿元，年均增长
31.5%；门票收入由 17.44 亿元增至 22.5 亿元，年均增长 23.6%；旅游直
接、间接从业人员达 70 万人，占全市人口的近 10%，各项指标均位列全省
第一，为推动上饶经济社会发展做出了重要贡献，为建设全国旅游强市奠定
了坚实基础。

总体上看，"十三五"以来，全市上下对旅游产业促进经济社会融合发展
的认识不断深化，旅游经济获得了跨越式发展，综合效益显著优化，各级政府

的政策扶持力度进一步加大，人民群众的满意程度和旅游产业竞争力空前提高。在近90项定性和定量预期指标均可如期完成或超规划预期。主要旅游经济指标完成情况超出规划预期。

## （一）产业实力显著跃升

### 1. 品牌创建领先全省

全市有世界自然遗产2个、文化与自然双遗产1个，世界重要农业文化遗产1个，世界地质公园2个，5A级景区3个，4A级景区25个，国家级风景名胜区5个，在全省率先实现了县市区4A级景区全覆盖，各类世界级、国家级旅游品牌数量达全省各设区市之首。

### 2. 项目建设大干快上

以城东大型文化旅游综合体、城西十里槠溪·国际生态旅游度假区等全市十大重点旅游项目为重点，全面推进全市1000个、总投资2000亿元旅游项目建设。

### 3. 市场宣传遍地开花

在央视播出"高铁枢纽、大美上饶"旅游形象宣传广告片；利用沪昆、京福两条高铁在上饶十字交汇的独特优势，在高铁沿线城市大力开展推介活动；以三清山机场通航为契机，在成都、青岛等地大力宣传。

### 4. 体制改革先行先试

在全省率先构建了"1+3"旅游市场综合监管体系，先后成立了旅游警察支队、旅游市场监管科、旅游110、旅游巡回法庭等机构，专门服务旅游行业发展。

### 5. 率先建立优质旅游诚信理赔基金

"不让一个游客在上饶受委屈"，实现"优质旅游，上饶先行"。

## （二）顶层设计更趋完善

### 1. 旅游综合协调机制全面覆盖

市委、市政府成立了全市旅游产业推进工作领导小组，以市委书记为第一组长、市长为组长、72个相关部门主要负责人为成员，全面统筹协调推进旅游产业发展，市县两级全部完成了旅游发展委员会的组建。

### 2. 以有力保障加速发展

市委、市政府出台多项政策，全力支持旅游发展，2018年市本级旅游发展专项资金增加到1500万元。如出台《关于加快推进旅游产业大发展的意见》，为全市旅游发展指明方向、明确发展步骤；出台《关于支持婺源、三清山建设全国一流景区的若干意见》，从规划引导、政府投入、税收金融、建设用地、体制机制、生态保护7个方面给予扶持；出台《关于进一步加快发展乡村旅游的若干意见》，推进乡村振兴，促进产业融合；出台《上饶市旅游发展集团有限责任公司组建方案》，成立上旅集团，做大做强平台；出台《上饶市关于高层次人才来饶旅游优惠办法（试行）》，吸引更多的高层次人才来饶观光旅游；出台《关于组建上饶旅游商品诚信商盟的工作方案》，倡导诚信经营，加强行业自律，提升服务质量；等等。

### 3. 以科学规划明确路径

先后编制了《上饶市旅游产业发展总体规划》《上饶市全域旅游规划》《上饶市旅游产业"十三五"规划》等多个总体规划和单项规划，先后编制了《国际医疗旅游先行区规划》《中医药健康旅游规划》等多个特色规划，保证了全市全域旅游发展有个性鲜明的路线图。

## （三）项目建设如期推进

### 1. 项目投资超千亿

2016年，全市共建设旅游重点项目69个，投资达440.79亿。2017年，全市共建设旅游重点项目94个，总投资1006.09亿元。

### 2. 加密高速线

建成德上、上万、上武等8条684公里高速公路，建成上饶至灵山、铅山县城至葛仙山、婺源县城至大畈等45条1300公里通景区国省道公路，使游客进得来，出得去，散得开。

### 3. 消灭空白点

建成灵山、葛仙山、大茅山等旅游景点，全市开放的景区景点达81处，消灭了旅游空白点。建成三清山道教文化园、婺源水墨上河、灵山工匠小镇等文化旅游项目，游客白天看景点，晚上看表演，提升了旅游效益。

**4. 打造风景线**

建成怀玉山公路、婺源五彩精华自行车赛道、余干康山鄱阳湖堤顶旅游风景线，游客进入上饶，处处是风景。

**5. 重点项目带动全市**

包括与华熙集团、国开行等大型企业开展合作，顺利签约投资超过300亿元、占地1600余亩的城东旅游综合体项目，前期准备工作扎实推进。此外，正在建设和推进过程中的大型水上乐园"乐翻天"、上饶高铁漫城、上饶集中营综合改造等项目，将改变上饶旅游"景强城弱"的现状。2017年，投资300亿元的城东文化旅游综合体和投资100亿元的十里槠溪·国际生态旅游度假区项目顺利开工。投资80亿元的上饶国际旅游港已顺利签约。投资6亿元的大型水上乐园"乐翻天"进展顺利，2018年6月投入使用。投资20亿元的高铁农都花博园快速推进，春节期间将投入使用。

**6. 景区建设如火如荼**

2017年8月，铅山葛仙山文化旅游风景区投资11亿元，项目建设进展顺利，上饶市第六条索道——葛仙山索道正式开通运营。投资1.9亿元的德兴大茅山旅游公路建设全面完成，上饶市第七条索道正在建设当中，2018年8月将投入使用。投资10亿元的余干县大明湖景区项目道路路基建设基本完成，游客中心基脚施工已完成。投资9亿元的婺源县水墨上河项目已完成投资3亿元，项目一期将于2018年3月对外开放。投资15亿元的三清山中国道教文化园项目已完成投资5亿元。投资4亿元的广丰区丰溪田园旅游综合体项目已于元旦期间正式对外开放。投资2亿元的铜钹山景区项目已完成投资1.5亿元。投资2亿元的鄱阳湖国家湿地公园5A级景区提升项目已完成白沙洲换乘区市政和内装饰、店前生态停车场、绿化、西山岛土建等。投资1.2亿元的龟峰旅游集散中心停车场、购物街项目已完成并投入使用。投资3.58亿元的怀玉山景区项目已完成七盘岭自然村点秀美乡村建设、光伏发电站新建工程、红色旅游基础设施项目。投资3.63亿元的横峰闽浙赣皖红色旅游建设项目进展顺利。

**7. "厕所革命"圆满完成**

自2015年"厕所革命"开展以来，全市共建旅游厕所279座，超额完成国家、省里下达的任务。"婺源篁岭景区公厕"荣获全国旅游厕所设计大赛一等奖。弋阳龟峰获评全国旅游厕所革命最佳景区，是全省唯一获得此项荣誉的

景区。

8. 产业集群有序推进

按照"八个一"（一个机构、一个责任主体、一名负责人、一个方案、一个规划、一批项目、一本台账、一张报表）的工作标准，做好婺源、三清山、龟峰、铅山、鄱阳5个全省重点旅游产业集群建设，共建设集群项目67个，已完成47个，共带动相关企业223家，直接从业人员12万人，间接从业人员27万人，实现旅游总收入232亿元。

### （四）品质旅游日新月异

1. 高端品牌创建

一是弋阳龟峰成功获批国家5A景区，上饶市5A景区达到3个，排全省第一，在全国地级市排名第七（苏州6个，新疆伊犁州、湖北省宜昌市5个，吉林长春、河南洛阳、广西桂林4个）。二是婺源篁岭景区创国家5A景区已经通过省专家组的景观质量初评。三是玉山怀玉山、余干大明湖、铅山葛仙山3家景区成功获批国家4A景区，上饶市国家4A以上景区总数达28个，数量排全省第一，且为全省唯一"县县有4A级景区"的设区市。四是江西铅山（武夷山）列为世界文化与自然遗产地，上饶市成为全国遗产地最多的设区市，世界遗产地已达4个。五是成功获批首批国家中医药健康旅游示范区创建单位。婺源和德兴分别获得中医药健康旅游示范基地和项目。

2. 乡村旅游点、星级农家乐创建

婺源赋春镇源头古村被评为5A级乡村旅游点、婺源江湾松风翠等11家单位被评为4A级乡村旅游点；信州区沙溪镇宋宅、上饶县皂头镇三联村、横峰县姚家乡好客王家等76个乡村旅游点被评为3A级乡村旅游点，截至目前，全市有3A级以上乡村旅游点87个，五星级农家乐3家、四星级农家乐9家，全市星级农家乐总数超过400家。

3. 特色品牌创建

婺源县获评"中国十大乡村旅游目的地""中国优秀国际乡村旅游目的地"，江湾镇获批全国第一批特色小镇，篁岭获评2017年国内最受欢迎的十大旅游小镇、2017中国农村超级IP示范村、2017年亚洲旅游"红珊瑚"最佳小镇。鄱阳县获得"江西旅游强县"称号，鄱阳湖国家湿地公园荣获"首批国家湿地旅游示范基地"称号。玉山县怀玉山景区获评江西省十大红色旅游目的地。铅山县葛仙山旅游小镇、三清山枫林办事处获批江西省第一批特色小镇。广丰区荣登"2017最美中国榜""全域旅游创建典范城市",东阳乡龙溪村入选中国传统文化古村落名录。万年县荣获"献礼十九大·2017中国最佳文化旅游城市"称号。余干县获评中国十佳最具绿色(旅游)投资价值城市。

4. 行业品牌创建

江西婺源旅游股份有限公司江湾分公司、婺源县乡村文化发展有限公司荣获全国旅游服务质量标杆培育试点单位。江西三清山旅游集团荣获第三届"中国旅游产业杰出贡献奖"。上饶国际旅行社获全省旅行社经营业绩二十佳,上饶市欣凯皇冠大酒店、三清山锦绣山庄获全省星级饭店经营业绩二十佳。

## (五)"旅游+"融合发展

国家旅游局提出"三个一万亿红利"发展目标:万亿需求红利、万亿市场红利、万亿增值红利。上饶作为国家首批全域旅游示范区创建单位,以此为契机,加快推进旅游与各大产业融合发展。

"旅游+农业"模式。推出依托景区型、乡村度假型、产业带动型等十大类型乡村旅游发展模式。"旅游+体育"模式。2017年以来,成功举办、承办了环鄱阳湖国际自行车大赛、"三清山"杯2017斯诺克世界公开赛、2017婺源国际马拉松赛等20余个体育节事活动,涌现出一批"旅游+体育"的经纪人,快速提高了宾馆入住率。"旅游+扶贫"模式。积极推动上饶市把发展旅游业作为脱贫致富的重要途径,2016年国家旅游局公布的上饶市126个旅游扶贫重点村目前已有71个脱贫,占56%。如横峰县打造了10个旅游扶贫示范村,发展旅游扶贫示范户100多户,进一步带动了208户贫困户脱贫。上饶县灵山景区在对贫困户用工招聘、景区临时摊点免费租用等方面加大倾斜力度,共解决景区周边贫困村剩余劳动力1600余人就业,实现年人均增收1万元以上,等等。"旅游+文化"模式。近几年来,积极促进旅游景区开发与非物质文化遗产项目相结合,开展了弋阳腔、婺源徽剧、铅山连四纸制作技艺等9项国家级非物质文化遗产,铅山河红茶制作技艺、鄱阳渔歌、婺源茶艺等48项省级非物质文化遗产进景区活动,基本实现了全市28个国家4A级以上景区个个有非物质文化遗产。积极举办和参加中蒙俄万里茶道市长峰会高端论坛,就

茶文化、旅游发展等进行交流合作。如婺源梦里老家实景演出，现在旺季一天两至三场，淡季一天一场，已演出1000余场，实现收入近亿元。中国首部大型道文化情景舞台剧《天下三清》已于2018年5月在三清山正式开演。"旅游＋医疗养生"模式。成功获批国际医疗旅游先行区。已经成立了汉氏联合集团（江西）干细胞科技有限公司，投资建设总面积398亩的上饶国际干细胞产学研基地。在空港新区规划5平方公里，按照国家4A级景区标准打造集旅游、科研、医疗、养生、保健为一体的国际医疗旅游先行区。目前，正在积极创建国家中医药健康旅游示范区。"旅游＋航空"模式。2018年11月，投资1.8亿的新建通用机场暨航空飞行运动营地建设项目落户横峰。2018年12月29日，"江西通用航空弋阳低空旅游"首飞仪式在龟峰举行，开启了从空中俯瞰美景的旅游休闲新模式，填补了上饶市低空飞行观光游的空白，给游客带来更多的旅游选择和更好的体验。

### （六）旅游宣传异彩纷呈

#### 1. 全面参与全国性展会

根据原江西省旅发委安排部署，主动对接"蝶翼计划"，积极参加"江西风景独好，跟着诗文游江西"、第十二届海峡旅游博览会、2016上海中国国际旅游交易会等大型宣传推介活动10余次，有力提升了上饶旅游的知名度和美誉度。积极组织各大景区、旅行社、旅游商品企业等参加了2017中国（江西）红色旅游博览会、第十三届海峡旅游博览会、第九届中国国际旅游商品博览会、云南昆明中国国际旅游交易会、第二届海南世界休闲旅游博览会，通过参与一系列博览会，加强了与海内外旅游交流合作，进一步拓宽了客源市场。

#### 2. 全面抢占高铁机场市场

在广西、天津、辽宁、黑龙江、吉林、上海6省区市大力开展上饶旅游推介活动。在上饶高铁站、沪昆高速上饶段布置一批宣传牌；在G323北京—厦门"上饶号"上增加了32块"大美上饶"广告位，第一时间使上饶美景映入游客眼帘。紧抓高铁、三清山机场通航机遇，以"高铁枢纽、大美上饶"为宣传主题，在成都、青岛、天津、上海、杭州、长沙、南昌等地开展上饶旅游推介活动。"大美上饶"号上饶—深圳北动车正式运行。

### 3. 全面开展媒体宣传

以报刊、电视、网络等主要媒体为依托，创新形式、持续发力。一是在央视宣传"高铁枢纽、大美上饶"。经过一年的宣传，经专家抽样测算，上饶的知名度已明显提高。二是央视《新闻联播》节目播出了由上饶市发起的"庆国庆·全民诵读《可爱的中国》"活动。央视还在《晚间新闻》节目中以"庆68 华诞 中国你好——温红色文化 庆祖国华诞"为主题，多个画面展现了上饶市社会各界积极参与诵读活动，该活动荣获 IAI 国际旅游营销奖铜奖。三是腾讯视频直播平台全程直播了一场在婺源举办的跨国中式婚礼，该活动荣获 IAI 国际旅游营销奖金奖，瞬间阅读量暴涨至 100 万人。全程直播"2017 年三清山空中越野赛"、余干"鄱阳湖开渔节"，共吸引了 200 余万人在线观看，互动评论近 15 万条，全面提升了上饶城市品牌的知名度和美誉度。

### 4. 全面提升智慧旅游

加速建设江西省旅游大数据中心项目，全省 4A、5A 景区将全部接入中心，被国家旅游局信息中心誉为旅游产业的"深圳速度"，受到通报表彰。与深圳蜘蛛网、腾讯公司合作，共同建设上饶市全域旅游综合运营管理平台，该平台与江西省旅游大数据中心平台共建，数据共享，促进旅游行业的全面发展升级。在上饶 4A 级以上景区推行智慧管理、服务和营销新模式，通过手机APP 和微信公众平台，实现了线上导航、导游、导览、导购与游客"零距离"互动。婺源实现了"刷脸"进景区，通过"人脸识别"即可检票、入景区，开创了旅游人工智能时代的新体验。

### 5. 积极举办节庆活动

成功举办了第四届"万里茶道"中蒙俄市长峰会、第三届"金驹杯"世界大学生摄影展、"中国旅游日"江西分会场活动、2016 年上饶旅游美食文化节等 20 余次重大旅游节庆活动。

### 6. 创新推广旅游商品

上饶名品、"上饶礼物"全面上线，正通过互联网销往全国，走上全国人民的餐桌。广丰马家柚获 2017 江西"生态鄱阳湖·绿色农产品"金奖；河红茶茶饼摆件获 2017 江西红色旅游博览会旅游商品大赛铜奖；万年珍珠入选2017 中国百家农产品品牌；德兴铜艺产品铜雕《鹿鹿大顺》《鸿运光壶》分获第十三届文博会冬季工艺美术精品展银奖、铜奖；等等。

### （七）体制机制改革创新

**1. 管理体制不断完善**

全省率先设立旅游发展委员会，2016 年下辖 12 个县（市、区）旅游局已全部更名设立旅游发展委员会，并实现了"四到位"，即人员编制到位、内设机构到位、机构职能到位、营销经费到位，提升了旅游综合协调职能。2017 年 9 月，市改革领导小组十一次会议通过了《上饶市旅游发展委员会兼职委员工作制度》。12 月，市政府正式下文任命兼职委员。12 月底，市委召开了市旅发委兼职委员第一次全体会议。上饶市旅游发展委员会兼职委员由发改、财政、交通运输、公路、国土资源、城乡规划、建设、城管、文广新、卫计、市场管理 11 个部门分管领导担任，依法参与旅游管理工作。

**2. 依法治旅先行先试**

在全省率先构建了"1 + 3"旅游市场综合监管体系，先后成立了旅游警察支队、旅游市场监管科、旅游 110、旅游巡回法庭等机构，专门服务旅游行业发展。弋阳县成立了龟峰旅游综合执法指挥调度中心，形成联动执法新机制，得到了国家旅游局领导的高度重视，并在《中国旅游报》进行了专题报道。

**3. 创新景区管理体制**

2017 年 10 月 14 日，市委马承祖书记、市政府廖其志常务副市长共同为华熙上旅国际文化产业发展集团股份有限公司、三清山旅游产业发展集团股份有限公司、婺源县旅游产业发展集团股份有限公司、万年县旅游产业发展集团股份有限公司揭牌，这些公司的正式成立，为下一步景区收购工作及旅游投融资平台建设打下扎实基础。市委常委李瑞峰多次亲自召开会议，就田园牧歌、玉帘瀑布等景区股份制改革及收购问题进行协调，2017 年 12 月 29 日，上旅集团、三清山股份制合作正式签约。

**4. 创新旅游执法体制**

2017 年 10 月 2 日，江西首个县级旅游诚信退赔中心在婺源成立，通过退赔中心平台，打造放心的旅游购物环境，力争"不让一位游客受委屈"，这一创新举措得到了省市各级领导的高度关注，省委书记鹿心社专门在《婺源旅游"110"：营造和谐旅游环境》上作出批示，中国旅游报、新华网、《江西日报》等20多家新闻媒体争相报道。11月2日，万年县人民法院神农源旅游巡回审判工作室成立。2017年12月14日，启用全国旅游监管服务平台，推动上饶市旅游行业监管法制化、市场化、信息化转变，进一步提高监管效率、强化服务能力，助力全域旅游发展。2018年率先建立优质旅游诚信理赔基金，"不让一个游客在上饶受委屈"，实现"优质旅游，上饶先行"。

### 5. 市场整治重拳出击

针对零负团费、低价竞争、"欺客宰客"等旅游市场乱象，2016年，组织了3次全市性专项整治活动，约谈和责令限期整改旅行社32家，吊销许可证3家；约谈旅游购物点10家，立案2家，刑拘2人。2017年，全市共出动执法人员320人次，检查了500家次旅行社、A级景区、星级饭店、旅游商品生产企业、旅游购物点、旅游餐饮点等场所，立案查处旅游企业违法违规经营20多宗，处罚无证无照经营旅游企业8家；查处违法违规旅行社3家，下达行政处罚决定书3家，共计7.1万元；检查导游员近220人次，查处违规12人次；检查800余份旅游经营合同，清理5多万张违法违章旅游广告、卡牌。

### 6. 平台建设稳步推进

三清山、灵山、龟峰股份制改造工作扎实推进，资源整合力度加大，上旅集团总资产近百亿元，是全省为数不多、结构优良的旅游企业，成为上饶市旅游产业做强做大的投融资平台。

# 二 "十三五"前半期主要特点

综合分析"十二五"前半期江西旅游产业发展情况，主要有以下特点。

一是增长速度较快。旅游经济指标呈现跨越式高速增长态势。全市旅游接待总人数前两年半实际年均增长30%，旅游总收入前两年半实际年均增长31%，占全省GDP比重预计达到12%，这些主要指标明显高于规划预期，预计可提前两年完成2020年目标。

二是发展布局显著优化。与如期建成国家全域旅游示范区的战略目标相统一。

三是发展的稳定性、协调性增强。旅游整体形象深入人心，旅游配套服务体系基本成形，旅游发展要素配置日趋合理，乡村旅游富民工程渐入佳境城。

旅游产业发达地区进一步发挥优势，率先发展；欠发达地区借力政策扶持，发展步伐明显加快，统筹区域协调发展取得显著成效。

# 三 规划实施存在的问题

经过前一阶段的努力，《上饶市旅游产业发展"十三五"规划》实施总体上取得了阶段性成效，旅游产业进入科学发展、和谐发展的新阶段。该规划提出的主要指标到 2020 年大多能够超额完成。存在的主要问题突出表现在以下方面。

## （一）入境旅游启动较慢

全市入境旅游接待总人数增长规划指标为 18%，前两年半实际年均增长 17%。与国内旅游的跨越式发展形成强烈对比，境外游客总量相对偏小，是制约上饶旅游业发展的"短腿"。近年来，上饶入境旅游呈现良好的发展势头，全省接待入境旅游人数和旅游外汇收入逐年递增。但依然发展相对不足，适合境外游客的高端旅游产品相对较少。加快发展入境旅游，提高上饶旅游在境外市场的知名度，提高上饶旅游产品品位，全面提升上饶旅游综合发展水平，是当前上饶旅游市场开拓的一项重要工作。

## （二）"门票经济"面临拐点

目前全市旅游业以观光旅游为主，产业链偏短，行、游、住、食等要素产成旅游主要收入，购和娱成为短板。门票收入占景区收入的比重偏高，非门票收入占比偏低。门票价格成为直接影响游客出游选择的重要因素。

## （三）完成节能环保指标的压力大

按照国家旅游局《关于进一步推进旅游行业节能减排工作的指导意见》，旅游产业要实施旅游节能节水减排工程，在"十三五"期间能耗要减少 20%。由于上饶构筑绿色旅游产业体系，切实保障旅游生态安全，大力发展旅游循环经济的景区环境基础设施建设投入不足，任务艰巨。

### （四）区域发展不均衡，城区旅游尤为薄弱

三清山、婺源发展态势较好，但上饶西部和城区旅游短板依然存在。

### （五）旅游企业不够强大

目前，全国旅游上市公司共有 68 家，江西邻近的浙江省 6 家、湖南省 3 家，张家界、黄山、九华山等地旅游景区与企业纷纷上市，而上饶目前还没有旅游上市企业。

## 四　进一步实施规划的对策措施

### （一）努力保持旅游经济平稳较快增长

一是加大投资力度，坚持区别对待，引导投资进一步向精品景区、旅游基础设施、节能减排和高技术旅游新业态等重点领域倾斜。抓紧红色旅游、生态旅游、乡村旅游重大项目建设，保持合理的投资规模。加快规划建设一批旅游公路、旅游集散中心，重点打造城市景区。加大金融对旅游产业经济增长的支持力度，合理扩大信贷规模，加大对重点旅游产业工程信贷支持，有针对性地培育和巩固旅游产业增长点。有效启动资本市场，扩大旅游企业直接融资规模，做好小额贷款公司试点工作。二是启动扩大消费。进一步推进公民休闲计划，进一步完善旅游消费政策、改善旅游消费环境，大力发展旅游文化、休闲度假等服务性消费。三是努力延展旅游产业链，破解"门票紧急"，保持门票价格基本稳定，并逐步下降。

### （二）大力推动旅游产业业态创新

以提高旅游产业对新业态的引进创新能力作为推动发展的主要突破口，加快旅游经济转型和结构升级，在转变发展方式、提高旅游经济整体素质和国际竞争力方面取得实质性进展，努力实现由主要依赖观光型旅游向主要依靠休闲度假和科技创新转变，由主要依靠劳动密集型传统旅游服务向主要依靠高价值旅游产业创新人才资本提升转变。要在吸引和培养高层次旅游创新创业人才上

实现突破，切实纠正见物不见人、重物轻人的倾向，以人才聚集带动资金与项目进入和产业素质提升；在旅游企业改革创新上实现突破，使旅游企业真正成为旅游产业发展主体、创新活动主体和成果应用主体，在深化旅游管理体制改革上实现突破，为旅游产业业态创新提供体制、机制上的支持。

### （三）加快实施区域协调发展战略

一是进一步扎实推进组织实施好全域旅游的空间结构的落实，启动一批重大旅游基础设施和旅游景区建设项目。搞好旅游主体功能区规划编制工作，为优化长期发展的战略布局奠定基础。二是提升产业融合水平。坚持旅游产业与经济社会整体发展相统筹，推进旅游产业与工农业和文化产业的融合。三是加大重点工程扶持力度。完善对口帮扶政策，搞好重点景区和旅游企业建设，努力打造区域旅游产业新高地。

### （四）深化旅游产业体制机制改革

进一步深化旅游部门的综合协调职能。一是加强旅游行政主管部门的综合协调职能，持续开展旅游综合改革试点。先行先试开展旅游项目推动、体制创新、特色培育、政策扶持等工作，积累经验，提供示范。二是旅游景区管理体制有待进一步理顺，解决一山多管、一水多治等问题。三是探索创新旅游人才培养机制，大力引进、培养旅游导游讲解、策划营销、景区规划、酒店管理等紧缺专门人才。四是创新机制保障政策落实，研究出台关于土地利用、财政政策、税费减免、消费鼓励等方面的新政策措施，促进旅游业优质快速发展。

### （五）提升强化旅游创意营销

进一步提升"高铁枢纽、大美上饶"的品牌影响力。一方面做好媒体广告宣传，另一方面出台旅游市场营销激励政策，做好国内外市场的地面推广工作，大力拓展旅游客源市场。同时，全市上下要进一步增强责任意识和使命意识，密切配合，主动作为，努力营造社会各界关注、旅游市场兴旺的良好氛围。

### （六）不断完善旅游配套功能

全力打造一流旅游目的地。加快旅游基础设施建设，编制新一轮旅游公路建设规划，在全市4A级以上山岳型景区基本实现"一路（景区公路）三道（栈道、索道、游步道）一平台（观景平台）"建设的配套。着力改善旅游公共服务设施建设，高标准建设全市旅游集散体系和旅游客运车辆场站、游客中心、旅游厕所、旅游停车场、导览设施等，提升旅游服务质量。加快篁岭等创建5A级旅游景区工作进程，严格按照标准建设省级生态旅游示范区和省级旅游度假区，加快提档升级，打造精品旅游景区。进一步加快旅游接待设施建设，新建一批高档次旅游星级饭店。旅游住宿设施建设要以星级饭店为龙头，以精品特色酒店、经济型酒店、星级农家宾馆等其他住宿设施为重要组成部分。

## （七）培育支持旅游骨干企业

进一步壮大旅游市场主体。在拉动产业快速发展龙头的旅游骨干企业方面，上饶市目前还没有一家旅游上市公司，旅游投融资平台缺乏。下一步，应加快龙头企业和投融资平台建设。要积极引进大型旅游企业集团、大旅行社和国际知名饭店集团进驻上饶，培育支持跨领域的大型旅游企业，加快发展大型连锁旅游购物商店和跨区域旅游汽车租赁公司。鼓励支持符合条件的旅游企业利用股票上市、项目融资、企业债券、产权置换等多种方式筹措发展资金。

在继续抓好"十三五"规划实施的同时，进一步深化规划体制改革，稳步推进全省主体功能区规划编制工作，开展"十三五"规划前期工作，谋划下一个五年发展的美好蓝图。

# B.16
# 上饶市脱贫攻坚发展报告

上饶市扶贫办公室

摘　要： 近年来，上饶市委、市政府及有关部门、各县（市、区）深入学习贯彻党中央、国务院有关脱贫攻坚方针政策和习近平总书记关于扶贫开发的重要论述，按照上级关于脱贫攻坚的安排部署，认真执行《关于坚决打赢脱贫攻坚战的实施方案》（饶办发〔2016〕16号）等文件要求，坚持做到精准识别、精准管理、精准施策和精准考核，贫困人口快速减少，贫困程度持续减轻，农村面貌逐步改观，群众生活不断改善，脱贫攻坚成效明显，有效推进全市脱贫攻坚工作深入开展。

关键词： 精准扶贫　攻坚克难　全面小康

## 一　全市农村贫困情况

上饶是革命老区，也是江西省脱贫攻坚任务较重的设区市之一。全市国定贫困县有4个，分别是上饶县、横峰县、余干县、鄱阳县，建档立卡贫困人口有165187户557378人，有"十三五"省级贫困村537个，市级贫困村10个。

脱贫攻坚开展以来，上饶市始终把脱贫攻坚作为重大的政治任务和第一民生工程来抓，推进推动脱贫攻坚取得阶段性显著成效。截至2017年底，全市贫困发生率由2014年的9.01%下降至2017年的3.09%，共退出上饶县、横峰县2个国定贫困县，退出292个省级贫困村，10个市级贫困村，共脱贫贫困人口96581户364222人。就现有的贫困户看，因病、因残、缺劳力是最主要的致贫原因，这三类贫困户分别占全市贫困户总数的 44.33%、26.88%、14.41%。

# 二 主要做法及工作成效

近年来，上饶市委、市政府及有关部门、各县（市、区）深入学习贯彻党中央、国务院有关脱贫攻坚方针政策和习近平总书记关于扶贫开发的重要论述，按照上级关于脱贫攻坚的安排部署，认真执行《关于坚决打赢脱贫攻坚战的实施方案》（饶办发〔2016〕16 号）等文件要求，坚持做到四个精准（精准识别、精准管理、精准施策和精准考核），贫困人口快速减少，贫困程度持续减轻，农村面貌逐步改观，群众生活不断改善，脱贫攻坚成效明显，有效推进全市脱贫攻坚工作深入开展。

## （一）聚焦压实责任，着力强化组织领导抓落实

一是健全责任体系。成立扶贫开发领导小组，市委书记为第一组长、市长为组长，确定扶贫和移民办、组织部、发改委、农工部等 37 个职能部门的分工和职责，做到责任到单位到个人。按照全覆盖的要求，有脱贫攻坚任务的乡镇、行政村建立扶贫工作站、扶贫工作室，配齐乡村专职扶贫干部。制定《上饶市扶贫领域责任追究办法》，通过主动担责、督促履责、强化问责等措施，形成上下贯通、横向到边、纵向到底的脱贫攻坚责任体系，确保人员到位、经费到位、责任到位。

二是加强帮扶力量。通过单位结对（全市共安排 2545 个单位结对帮扶 2194 个行政村，安排 61847 名干部结对帮扶贫困户）、选派第一书记（全市共选派 2351 名第一书记和 5379 名工作队员）、动员社会力量（全市共动员 309 家民营企业结对 351 个贫困村）等方式开展脱贫攻坚工作，形成齐抓共管的扶贫大格局。

三是强化督导考核。建立定期调度、明察暗访工作机制，组织市扶贫开发领导小组成员单位对各地脱贫攻坚工作情况进行督导，发现问题及时通报、及时整改。每年都对市直结对帮扶单位和扶贫干部进行考核，对"优秀"帮扶单位和扶贫干部进行通报表扬，对"一般"和"差"的帮扶单位亮出了"黄牌"警告并进行约谈，进一步压实帮扶责任。

### （二）聚焦稳定增收，着力培育富民产业"拔穷根"

始终把产业扶贫作为脱贫攻坚的治本之策，在"输血"的同时更注重增强"造血"功能，确保村有主导产业、户有致富门路、人有一技之长。

一是全力推进产业扶贫。2017年以来，共实施1214个特色农业产业扶贫项目，带动贫困群众25.3万人。发挥光伏扶贫优势，以全球最大的太阳能组件制造商——晶科能源公司为抓手，率先在全省开展光伏扶贫，其中一期工程装机容量为27.059万千瓦，建成98座村级光伏扶贫电站、1122座户用屋顶式光伏扶贫电站，项目覆盖10个县，受益478个贫困村，受益贫困户5.48万户。至2018年6月底，上饶所有村级光伏扶贫电站已发电量合计1.2485亿千瓦时，预计电费收益高达1.2235亿元（0.98元/千瓦时），贫困户从中受益，年均增收1000~3000元。

二是全力推进就业扶贫。根据"就业一人、脱贫一户"的思路，举办各类"就业精准扶贫"专场招聘会、送岗下乡招聘，全市提供16.2万多个就业扶贫岗位，为建档立卡贫困户开展就业技能培训2.98万人，建成各类扶贫车间586个，解决就业1.02万人；设立公益性扶贫就业专岗1.48万个，解决就业1.35万人。

三是全力推进电商扶贫。依托丰富的农产品资源优势，抓住"互联网+"发展机遇，推动扶贫开发与电子商务融合发展。利用政策引领、搭建网络平台、打造区域特色等举措，让"躲在深闺无人识"的名特优农产品走出大山，走向市场，实现贫困群众收入增加。截至2018年6月底，全市建设1784个电商扶贫站点，辐射贫困农户1.9万户。

### （三）聚焦补齐短板，着力改善基础条件"换穷颜"

结合正在开展的秀美乡村建设工作，着力解决贫困群众住房难、用水难、行路难、上学难、就医难等突出问题。

一是扎实推进安居扶贫。2017年以来，争取国家专项扶贫资金3.37亿元，实施易地扶贫搬迁5840名贫困群众，从根本上解决最困难群众的生产生活条件问题。此外，通过实施贫困户危旧房改造工程，着力解决C、D两级贫困户的住房安全问题。

二是扎实推进教育扶贫。进一步健全了"从小学到大学"的贫困学生资助体系，强化保学控辍措施。2017年至今，建档立卡贫困户有12.8万人次享受了教育补助政策，共获得1.97亿元教育资助资金，组织1834名教师送教上门，惠及1098名学生。

三是扎实推进健康扶贫。为实现贫困群众"看得起病、看得好病、看得上病、更好防病"的目标，近年来，上饶市构筑起"四道医疗保障线"，即基本医保、大病保险、商业补充保险、民政救助。实施了"先诊疗后付费"、"一站式"结算、扶贫病床、家庭医生签约、门诊特殊慢性病报销等多项惠民措施，切实减轻贫困群众的医疗负担。2017年至今，共为建档立卡贫困人口报销医疗费用达13.9亿元，患者住院费用个人自付比例平均为7.73%。

四是扎实推进基础设施扶贫。2017年以来，按照贫困村退出九个方面的标准，在537个贫困村实施村庄整治项目5832个，共硬化25户以上自然村道路1604.4公里，实施农村安全饮水项目51处，惠及贫困户1.3万户。

### （四）聚焦群众主体，着力激发内生动力"摘穷帽"

始终把贫困群众作为脱贫攻坚的主体，积极开展文化扶贫、技能扶贫、法治扶贫"三大行动"。

一是强化技能扶贫壮底气。按照因地制宜、因户施策、因人而异的原则，依托职教资源、定点机构、龙头企业，定制化培训贫困群众3.5万人，实现转移就业1.3万人。

二是强化文化扶贫提志气。常态化、持续性开展"微心愿""讲德堂"等系列帮扶行动，加大正面宣传力度，充分调动贫困群众的积极性和主动性，加快补齐贫困群众"精神短板"，营造懂感恩、明礼义、知奋进的良好社会氛围。

三是强化法治扶贫扬正气。针对子女不赡养老人、遗弃老人、虐待老人、不愿与父母同住等不孝行为，开展了依法治理不孝行为、推进法治扶贫专项整治。成立了法院、检察院、公安局、司法局等相关单位干部组成的工作组，对不孝人员开展"一对一"的法治宣传、教育、调解，将不孝人员列入诚信"黑名单"，有力促进了广大农村家庭和谐，净化了社会风气。

## 三　面临的困难与问题

当前正处于攻坚"拔寨"的关键时期，在肯定成绩的同时，存在的一些困难与问题也不容忽视。

### （一）产业扶贫与贫困户的利益联结机制有待进一步完善

一是部分产业扶贫项目贫困户参与度不高，尤其是一些需要一定的技术、人才支撑的产业，如铅山的高产油茶、河红茶等，因贫困户素质有限，只能简单地参与生产或"坐等"分红。二是目前基层在实施产业扶贫时，大多是一些短平快产业，零星分散、规模小，市场竞争力不强，产品销路难以保证，如万年县珠田乡越溪村，发展大棚蔬菜60亩，种植的蔬菜品种就有10多个，由于规模小、品种多、产量少，导致市场开拓难，销售难保障，产业带动和支撑作用不明显。三是一些龙头企业和大户，由于带动贫困户获益较少，而且接受的各类检查较多，导致积极性下降。

### （二）贫困户内生动力不足

一是多数贫困人口文化素质相对偏低、思想相对保守、自身能力较弱，我们发现很多村都是村干部带头，贫困户被动地以入股分红或在基地劳动赚取报酬，基本没有主动发展产业的贫困户。二是部分贫困群众"等、靠、要"思想严重，对政府救助的期望值高，主动参与扶贫产业发展和基础设施建设的积极性不高。三是由于贫困户的身份所享受很多优惠政策，一些处于贫困边缘的农户心理失衡，形成了一些新的社会矛盾。如一些群众以贫困为荣，争着吵着要当贫困户；个别贫困户在政策和干部的帮扶下，生活水平已经达到脱贫的标准，但依然不愿退出；极少数群众因条件不符，评不上贫困户，恣意生事，到处上访，对这样的情况，基层干部苦不堪言、无可奈何。

### （三）民风民俗存在陋习现象

一是少数非贫困户为了当贫困户，故意隐瞒收入，有钱不建房，不赡养老人，或者故意拆户，把社会责任推给政府。二是一些农村婚丧嫁娶时大操大办，很多群众迫于世俗压力借债办喜事、借钱建婚房，不少群众因此致贫。比如横峰县一些山区，彩礼普遍高达 10 余万甚至 30 余万，促使偏远山区贫困发生。

### （四）非贫困村资金投入明显不足

非贫困村（包括"十五""十一五""十二五"贫困村）与"十三五"贫困村在基础设施建设投入的差距很大，同时建档立卡贫困人口与非建档立卡贫困人口享受政策和实惠的差距也很大。

## 四　下一步工作思路

今后三年是决战决胜脱贫攻坚的关键阶段，上饶市将继续扎实推进精准扶贫、精准脱贫各项工作，坚定实施好打赢脱贫攻坚战举措，确保到 2020 年，全市现行标准下农村贫困人口实现脱贫，消除绝对贫困，如期高质量打赢脱贫攻坚战，为全面建成小康社会提供强大支持和扎实基础。

### （一）精准施策上下工夫，推进攻坚十大行动

聚焦重点，打好组合拳，把帮扶政策举措精准落实到村到户到人，高质量打赢脱贫攻坚战。一是开展产业扶贫提质增效行动、就业扶贫拓展扩面行动，推广实行"选准一项主导产业、组建一个合作组织、设立一笔扶持资金、建立一套利益联结机制、培育一套服务体系"的"五个一"产业扶贫模式，探索实施"拓宽一个主渠道、搭建六类新平台"就业扶贫模式，推进产业就业扶贫全覆盖。二是开展教育扶贫精准对接行动、健康扶贫提升巩固行动、保障扶贫兜底覆盖行动，围绕"两不愁、三保障"标准，通过落实义务教育扶贫资助政策学校校长与乡镇属地"双负责"制，确保不让一个贫困家庭孩子因贫失学辍学。全面筑牢"四道保障线"（基本医保、大病保险、补充保险、医疗救助），建立健全"爱心"救助兜底机制新防线，确保贫困患者住院医疗自付比例控制在 10% 以内；筑牢贫困群众医疗救助保障线，实现贫困群众"三个全覆盖"（县域内住院"先诊疗后付费"、"一站式"结算和家庭医生签约服务全覆盖）。三是开展搬迁扶贫后续提效行动、危房改造安居行动、基础设施

全面提升行动、生态扶贫促进示范行动、深度贫困村攻坚克难行动，帮助贫困群众打造安居乐业的"美家园"。

### （二）凝心聚力，增强攻坚工作合力

强化财政扶贫投入、金融扶贫投入、土地政策投入、人才和科技扶贫投入，深入构建以政府、市场、社会互为支撑和专业扶贫、行业扶贫、社会扶贫"三位一体"的大扶贫格局。

### （三）强基固本，筑牢攻坚保障体系

进一步落实脱贫攻坚责任制，夯实脱贫攻坚基层基础，加强脱贫攻坚监督，培养锻炼过硬的脱贫攻坚干部队伍，激发贫困群众内生动力，营造良好舆论氛围，统筹推进脱贫攻坚与乡村振兴，做好脱贫攻坚工作。

# B.17
# 2017～2018年上饶市科技发展分析报告

上饶市科学技术局

摘　要：　2017 年以来，上饶市科技局在市委、市政府的正确领导下和
　　　　　江西省科技厅的大力指导下，全局上下主动作为，周密部署，
　　　　　大力实施创新驱动发展战略，深入贯彻省科技创新“5511”工
　　　　　程，扎实推进市科技创新“2211”工程，各项工作稳步推进。

关键词：　创新驱动　主动作为　科创体系

## 一　科技发展情况

### （一）主动作为，优化科技创新环境

一是完善了政策体系。研究制定了《上饶市加大全社会研发投入攻坚行动实施意见》《上饶市专利奖励办法（试行）》《上饶市深入推进科技特派员制度的实施方案》等政策，鼓励和引导全社会开展科技创新。市政府新增50万元财政资金投入，开展了上饶市专利奖励工作，首届专利奖对全市10项专利给予每项5万元的奖励，上饶市受理申报首届专利奖的项目38个，评选出"小粒径、超高比表面积纳米氧化硅的制备方法"等10个专利项目。

二是加大了科技投入。深入贯彻落实《江西省加大全社会研发投入攻坚行动方案》要求，在市县两级政府政策资金扶持下，企业作为科技创新主体，研发投入不断提升。2017年，全社会科技研发投入14.37亿元，总量排全省第8位，同比增长39.92%，增速排全省第3位；研发投入占GDP比重为0.7%，排全省第10位，同比增长22.81%，增速排全省第3位。

三是强化了科技服务。落实了 2017 年度江西省科学技术奖推荐工作；其中，推荐江西省科技进步奖 7 项、国际合作奖 1 项。积极开展"上饶市光学产业共性技术服务平台建设"、"上饶市众创孵化战略研究"，以及省市"科技入园技术推广与应用"项目研究实施工作。此外，以"两库三台账"为着力点，构建全市"科技入园"科技信息资源共享服务平台，方便创新主体企业和个人获取全面、及时的信息资讯。

四是营造了浓厚氛围。围绕"科技强省，创新圆梦"的主题，组织开展了"2017 年江西（上饶）科技活动周"，科技活动周期间，科技工作者和科技型企业积极参与，开展了内容丰富、形式多样、亮点纷呈的科技活动。在科技活动周主场开幕式上成功签约科技合作项目 12 个；全国科技活动周组委会办公室、北京市科学技术委员会、江西省科学技术厅开展"流动科技馆江西行"活动，弘扬科学精神，提高全民科学素养；分区域对科技创新成果进行展示，分别展示了"12＋2"创新成果、上饶两光一车一健康，完成智慧旅游等创新企业亮点成果展示、大数据企业展示，掀起了一波推动科技创新和科技普及的新热潮，为科技创新发展工作提供了一个良好的氛围。

## （二）深度合作，搭建科技创新平台

一是金融支持科技创新有新突破。万年县科技局与中国建设银行签订"科贷通"，成为全市继德兴、广丰之后，第三家"科贷通"试点单位，2017 年全市 7 家企业通过"科贷通"获得 1770 万元贷款扶持。此外，德兴市的一元再生资源有限公司开展了知识产权质押融资工作，知识产权无形资产评估和银行对企业的考核工作已经完成，市交通银行已将该知识产权质押融资项目向省交通银行进行了申报。

二是知识产权强县、工程有新发展。上饶县、万年县和广丰区被国家知识产权局确定为国家知识产权强县、工程试点县。信州区的江旺数控机床有限公司和弋阳县的鸥迪铜业有限公司审核认定贯彻《企业知识产权管理规范》国家标准正在进行。2017 年全市申请专利 5251 件，同比增长 36.1%，授权专利 2484 件，同比增长 32.5%。江西省汉氏贵金属有限公司和江西一元再生资源有限公司荣获 2017 年度国家知识产权优势企业。此外，江西一元再生资源有限公司炭浆法提金尾渣中浮选回收金的方法荣获第十九届中国专利优秀奖。上饶市第五小学获批江西省中小学知识产权教育试点学校，并通过省知识产权局推荐申报全国中小学知识产权教育试点学校。全市查办专利案件38件（任务35件），超额完成全年工作任务。

三是产学研对接合作有新成果。实现了"线上线下"齐头并进，其中，"线上"成功举办了江西（上饶）科技成果在线对接会，首次采用江西省网上常设技术市场开展成果对接，共征集到符合成果对接会要求的项目成果5366项。同时还邀请到128所高校、科研机构380位专家参与在线对接，实现成果对接573次，产生意向333次，达成意向135次，达到了企业不出办公室、专家不出实验室的在线同步对接。"线下"邀请中科院过程工程研究所党委书记陈运法率专家组一行43人，就"铜铝钒高值产品制备技术""高效膜分离技术与应用"等上饶市传统产业改造召开科技合作恳谈会，为上饶市传统产业的提档升级寻求科技支撑。向江西省科技厅推荐18个项目参加深圳高交会，其中晶科能源、汉氏贵金属等5家企业进入展板，且晶科能源有限公司的视频宣传材料纳入江西展馆滚动播出。组织广丰区、德兴市、万年县所属5家企业完成了赴上海与华东师范大学进行产学研对接活动，并达成依靠市科学家驿站的平台，就医药化工、信息技术及高端装备制造产业的升级进行深层次的合作。向江西省科技厅推荐了国家科技部征集科技合作需求与建议5项，征集与华东师范大学科技合作需求项目36项，征集与北京大学科技合作需求项目20项。此外，江西中科科技创新发展研究院，以及万年县和中南大学冶金与环境学院合作组建江西省环保产业技术协同创新研究院、广丰的马家柚研究院等均挂牌投入运营。"江西中科知识产权联合交易中心"经省知识产权局批复同意，筹建工作有序推进。

### （三）聚焦重点，培育科技创新主体

一是增强了企业产品影响力。2017年组织申报省级重点新产品项目49项，8个省重点新产品项目通过专家验收，其中1个获评国际领先，2个获评国际先进，3个获评国内领先，2个获评国内先进。申报2018年的省级项目数达214项，比2017年申报的140项增长53%。

二是增强了企业核心竞争力。江西新金叶实业有限公司"含铜危险废物资源高值化绿色利用关键技术及产业化"荣获中国产学研创新成果二等奖。

全省 11 个重大研发专项中上饶获批 2 个，分别是江西博能上饶客车有限公司承担的"电动客车动力锂电池开发及动力系统集成控制及其产业化"和上饶市鼎鑫金属化工有限公司承担的"废旧锂离子电池金属全回收工艺与产业化"。江西君业生物制药有限公司的国家创新基金项目通过专家审核验收；江西一元再生资源有限公司的"含砷金精矿生物氧化－氰化浸渣综合回收金"通过了江西省科技厅国合处合作项目验收。

三是增强了高新技术承载力。德兴经济开发区、玉山经济开发区先后获批省高新技术产业园区，至此，上饶市省级高新园区总数达 6 家，位居全省第一。同时，组织推了上饶市高新技术产业园区申报国家级高新技术产业园区，铅山工业园区申报省高新技术产业园区，上饶新能源汽车产业基地申报国家新能源汽车高新技术产业化基地。2017 年，全市获批组建省级工程技术研究中心 4 家，省级工程技术研究中心总数达 18 家，总量位居全省第三；新认定高新技术企业 100 家，高新技术企业总数达 186 家，同比增长 86%；入选国家科技型中小企业名单 231 家，获批江西省科技型中小微企业 83 家。新增国家级众创空间备案 1 家，省级众创空间 6 家，省级新增总量占全省新增的近 1/6，位居全省第二；新增省级科技企业孵化器 3 家，新增总量占全省新增的 1/8，位居全省第三。此外，新增省级节能减排科技创新示范工程 2 个。

### （四）服务下沉，推进富民强县工程

一方面，增强了科技对接帮扶。扎实推进科技扶贫精准脱贫工作，通过省级科技特派员个人或者科技特派团对接服务农林企业、合作社、种养大户等，联系贫困村，落实帮扶结对关系。对全市各地产业科技特派团及其成员进行了调整选派，科技特派团总数由 2016 年的 26 个增加到 45 个，省级科技特派员人数由 172 人增加到 409 人。另一方面，大力推进农村科技创新创业。国家级农业科技成果转化资金项目（江西春源绿色食品有限公司"茶油加工新工艺及产品质量控制技术应用"、江西东海食品有限公司"冷冻淡水鱼糜及其制品产业化关键技术集成与应用"）按期完成相关研究开发任务并通过江西省科技厅组织的重点科技项目专家组验收。扎实推进 1 个国家级农业科技园区和 10 个省级农业科技园、2 个省级鄱阳湖生态农业示范基地等农业科技研发和示范推广。推荐申报国家级星创天地 9 家，获批 3 家。

# 二 下一步重点工作

全市科技系统将以市委四届六次全会通过的《关于深入实施创新驱动发展战略推进创新型城市建设的实施意见》为指导，按照高质量发展要求，着力打造"五大科创体系，两大科创板块"，实施创新型城市建设"三大攻坚计划"，开展创新能力"六大培育行动"，推进创新成果转移转化"三大建设"，强化科技创新"六大保障机制"，全面推进产业创新、企业创新、产品创新、市场创新、体制创新，激发潜在创新活力，加快创新型城市建设步伐，为"决胜全面小康，打造大美上饶"提供强有力的科技支撑。

## （一）打造"五大科创体系，两大科创板块"

以大数据科创城为依托，建设大数据科创体系；以上饶经济技术开发区为依托，建设"两光一车"科创体系；以上饶高新区为依托，建设电子信息科创体系；以推进上饶国际医疗旅游先行区和上饶国家中医药健康旅游示范区建设为依托，建设"大健康"科创体系；以"农业科技园"为依托，建设现代农业科创体系；以各县（市、区）主导产业为依托，建设"信江河谷"和"滨湖地区"两大科创板块。

## （二）实施创新型城市建设"三大攻坚计划"

实施创新驱动"2211"工程五年"倍增计划"、科技创新投入三年"追赶计划"和高新技术产业园区三年"提质计划"，通过3～5年的发展，力争全市科技综合实力在全省位次明显前移，科技进步统计监测评价进入全省第二方阵。

## （三）开展创新能力"六大培育行动"

根据企业发展现状，按照独角兽企业、瞪羚企业、高新技术企业、科技型中小微企业四个层次有针对性地实施相关培育行动。在此基础上，进一步加大对创新平台和新型研发机构的引进培育力度，全面提升全市科技创新层次和水平。

### （四）推进创新成果转移转化"三大建设"

进一步加大技术市场建设力度，努力实现技术市场对现代化产业体系发展的促进作用显著增强。进一步加大科技创新服务体系建设力度，鼓励技术转移和成果转化服务机构发挥资源融合优势，提升专业化、市场化服务能力，为技术转移和成果转化提供全过程服务。扎实推进新一代宽带无线移动通信网国家科技重大专项成果转移转化试点示范建设，把移动物联网产业发展成全市经济社会发展的新动能。

### （五）强化科技创新"六大保障机制"

通过进一步强化创新协调推进机制、科技计划管理机制、知识产权保障机制、人才引进培养机制、科技金融服务机制、科技合作创新机制，持续优化科技创新发展环境。

# B.18
# 2017～2018年上饶市公共文化
# 服务体系建设发展分析报告

原上饶市文化广电新闻出版局

**摘　要：** 2017年、2018年，上饶市全面、全力、全速推进现代公共文化服务体系建设，破难题，补短板，在短短的时间内，走在了江西省前列。本文通过梳理，回顾分析了上饶现代公共文化服务体系建设存在的问题和面临的挑战，进一步总结了上饶市现代公共文化服务体系建设的经验做法和取得的成效。

**关键词：** 公共文化　服务体系　文化设施　服务效能

按照中央、省委的统一部署，近年来，上饶市全面推进现代公共文化服务体系建设。这项工作从一开始的"无头无绪"，到后来的"千头万绪"，再到现在的"井然有序"，上饶打开了一条"现代公共文化服务体系建设"的新路径。2017年、2018年连续两年，全省性公共文化服务体系建设现场会、推进会在上饶召开。

## 一　破题：建设背景，肩负重任

### （一）公共文化服务体系建设任务的提出和深化

现代公共文化服务体系建设是满足人民群众基本精神文化需求的主要途径，是建设社会主义文化强国的基础工程，是全面建成文化小康的重要内容。党的十六届五中全会（2005年10月）第一次正式提出，要"加大政府对文化

事业的投入，逐步形成覆盖全社会的比较完备的公共文化服务体系"。

党的十八大以来，党中央将加快构建现代公共文化服务体系纳入全面深化改革全局，其中，十八届三中全会明确提出了构建"现代公共文化服务体系"的要求。

2015年初，《关于加快构建现代公共文化服务体系的意见》（中办发〔2015〕2号）文件出台，同年底，省两办结合江西省实际情况，出台《关于加快构建现代公共文化服务体系的实施意见》（赣办发〔2015〕32号）文件。

为切实推进上饶市现代公共文化体系建设工作，2016年6月，市委常委会、政府常务会相继研究了此项工作，7月以两办名义下发饶办发〔2016〕14号文件，并同意召开全市专题工作会议，部署推进上饶市现代公共文化服务体系建设相关工作。

### （二）现代公共文化服务体系建设目标和任务

在推进全省现代公共文化服务体系建设工作的过程中，省委、省政府、省有关部门根据相关文件和实际情况，推出建设过程中需要达到的目标及任务。赣府厅字〔2015〕70号文件《江西省人民政府办公厅转发省文化厅等部门关于做好政府向社会力量购买公共文化服务工作实施意见的通知》，确定了政府向社会力量购买公共文化服务目录；赣府厅字〔2016〕101号文件《江西省人民政府办公厅关于印发推进基层综合性文化服务中心建设实施方案的建议》，指出了基层综合性文化服务中心建设原则与标准；赣文厅字〔2016〕78号文件《关于印发〈江西省"十三五"时期贫困地区公共文化服务体系建设工作方案〉的通知》，明确了贫困地区的重点建设任务和任务分工。

## 二 破冰：建设现状，正视差距

原上饶市文广新局对全市现代公共文化体系现状进行了细致调研，与《上饶市基本公共文化服务保障实施标准》相对照，发现上饶市与完善的现代公共文化体系仍有差距，具体表现为以下几点。

### （一）硬件设施有待完善

1.县、乡、村文化设施建设相对滞后

（1）县级图书馆、文化馆、博物馆

在上一轮全国公共图书馆、文化馆评估定级工作中，上饶市有半数县级图书馆、文化馆未达到国家二级标准（5个图书馆、7个文化馆未达二级馆），馆舍面积不足2000平方米，低于国家标准。上饶市无上等级博物馆，县级博物馆除婺源县博物馆、德兴市博物馆和玉山县博物馆外，其余馆舍面积均不足4000平方米，低于国家标准。

（2）乡镇（街道）综合文化站

上饶市乡镇（街道）综合文化站建设和管理情况在全省处于中偏后位置。对照标准，乡镇综合文化站存在以下突出问题。一是等级不达标。在2013年江西省第一次乡镇综合文化站评估定级工作中，上饶市197个乡镇综合文化站参评，等级站仅54个（一级站10个，二级站11个，三级站33个），等级站比例很低。二是房屋建筑功能不达标。上饶市乡镇（街道）综合文化站基本上是2007~2012年间新建的，建筑面积都达到300平方米。但由于不少地方存在"重基础设施建设，轻管理使用"的问题，对配套设备购置及维护、资源建设、服务开展等缺乏应有的资金支持，一些设施处于"空壳"状态，难以正常运行，甚至闲置。同时，站舍被挤占、挪用现象严重，导致乡镇（街道）综合文化站实用面积萎缩，房屋建筑功能无法达到"三室一厅"（即图书阅览室、教育培训室、管理和辅助用室、多功能活动厅）的标准。三是人员队伍不达标。根据2018年上半年的调研报告显示，每个乡镇（街道）综合文化站基本配备1~2名工作人员，但工作人员无编制和兼职现象严重，距离实现每站配备编制1~2人（规模较大的乡镇适当增加），人员统一管理、专职专用的目标甚远。

（3）行政村（社区）综合文化服务中心

行政村（社区）综合文化服务中心这一概念是在现代公共文化服务体系建设中首次提出的。上饶市此项工作基本未启动。在行政村（社区）级的文化阵地建设中，以往建设标准不明确，建筑功能不统一，建设部门不一致，没有实现资源共享，如现有的行政村农家书屋、党员教育活动室、文化活动室各

行其是。此次，行政村（社区）综合文化服务中心统筹建设的提出，首次明确了"五个一"建设标准。

### （二）服务效能有待提升

对照《上饶市基本公共文化服务保障实施标准（2016—2020 年）》，上饶市提供的基本服务项目种类齐全，但服务的数量和质量有待提高。

1. 读书看报

从总体上看，上饶市各级公共图书馆均存在人均藏书量低、图书更新慢、流动图书服务少的现象，远不能满足群众读书看报的需求。如市图书馆现有纸质书籍 16 万册，人均藏书量约 0.14 册（件），远低于人均 0.6 册（件）的标准，与国家一级图书馆总藏书量不低于 20 万册的标准相比也有较大差距；县级图书馆年新增图书基本不足 2000 种，极少开展流动图书服务。

2. 观赏电影和送地方戏

上饶市市、县两级开展送电影和送戏下乡活动，每年都能足额甚至超额完成任务，但在内容和品质上还不能满足人们需求。

3. 设施开放和文体活动

上饶市现有文体设施没有得到充分利用，广大群众的积极性没有充分调动，主要表现在以下两点。一是市、县、乡均存在开放时间不达标现象，如图书馆每周开放时间不足 58 小时，综合文化站不足 42 小时。二是县、乡均存在文化单位活力不足、效率不高的现象。一些单位仍沿用旧的方式和手段向群众提供服务，被动等着群众"走进来"，服务内容陈旧，人群覆盖面小，服务效率低，特别是对青少年群体缺少吸引力。

4. 数字服务

市本级能提供部分数字服务，而各县（市、区）公共文化机构的数字服务基本处于瘫痪状态。

5. 总分馆制

上饶市的总分馆制工作未启动。

6. 广播电视"户户通"工程

上饶市"户户通"建设取得了阶段性的成果，但整体工作进度离省、市的要求还有很大差距，截至 2016 年 9 月 15 日，上饶市共完成安装开通 38257户，完成率 11.15%，在全省排倒数第三。

### （三）专业队伍建设有待加强

现代公共文化服务体系建设工作中最根本因素是人员配备，尤其是免费开放政策实施后，工作量数倍增长，对人才需求更加迫切。目前，市本级公共文化机构的人员编制已经落实，专业技术人员比例结构比较完善，基本能满足现有业务需求及服务需求。但大部分县级公共文化机构（8 个图书馆、6 个文化馆、7 个博物馆）人员编制不足，专业技术人员稀少，人员年龄结构老龄化。

## 三 破局：具体做法，探索新路

### （一）领导重视，高位高效推动

上饶市委、市政府紧紧围绕"现代公共文化服务体系建设"这项重点工作，上下一条心，高度重视、高位推动、高效联动，严格按照省委、省政府《关于加快构建现代公共文化服务体系的意见》，对照省厅的要求，分步实施，扎实推进，召开专题会议讨论研究公共文化服务体系建设相关工作，并印发《关于加快构建现代公共文化服务体系的实施意见》和《基层综合性文化服务中心建设工作方案》，每年安排 500 万元财政资金用于公共文化体系建设，将此项工作纳入市县科学发展考评指标和重点督查项目。

同时，还成立了以市委、市政府相关领导为组长，以 24 个市直单位和 12个县（市、区）相关负责人为成员的现代公共文化服务体系建设领导小组，建立了领导小组成员单位协调机制、议事规则、督查考核、明察暗访、约谈通报等推进制度，先后多次召开会议专门调度推进这项工作，阶段性地召开全市公共文化服务体系建设工作推进会、现场会，看成效、问进度、找差距、想办法。

市委、市政府高位推动，全市 45 个部门积极联动，市、县、乡、村四级层层发动，各地公共文化服务体系建设迈开了有力步伐。

### （二）创新思路，突破"三难"问题

面对上饶市的公共文化服务现状，我们梳理后认为，大致有资金投入、场

所归位和基层队伍建设三个难题需要应对与解决。

**1. 突破资金投入难题方面**

我们坚持"政府主体、政策引导、社会参与"的思路，一方面加大政府投入，另一方面积极引导地方资金、社会资本、民间资源投入现代公共文化服务设施建设。2017年以来，上饶市本级发挥示范引领作用，先后投入6个亿实施五大文化项目，全面提升了市本级文化场馆建设水平。县级投入18个亿用于文化场馆建设，县级"三馆"90%达标；乡镇（街道）综合文化站建成率达100%；完成2254个村（社区）综合文化服务中心建设，占建设总量的84%。需要说明的是，其中未含社会力量投入资金，民间投入部分保守估计达20多亿元。以鄱阳县、弋阳县为例，其中鄱阳仅农村大舞台以个人捐款、村民众筹等方式推动523个行政村建设611座戏台，投资达8亿元；弋阳县486座乡村大礼堂绝大多数由民间投资建设，投资达3亿多元。

**2. 突破文化场所、人员归位难题方面**

上饶市启动了乡镇文化站舍和人员的清理归位工作，要求各地按照"场所归位、功能归位、人员到位"的"两归位一到位"要求，用一年的时间，对基层公共文化服务场所被挪用挤占、文化专干缺位等问题清理到位，并作为考评考核的一项重要指标，目前，12个县（市、区）此项工作已基本完成。

**3. 突破基层队伍建设难题方面**

上饶市探索建立了"1+1+1"建设模式，即文化专业队伍+基层文化员（图书管理员）+文化志愿者的文化队伍，发展壮大基层文化人才队伍。制定印发了《关于全市开发基层公共文化服务公益性岗位工作的通知》，全市每个村（社区）综合文化服务中心利用劳动就业专项资金购买不少于1个宣传文化管理岗位，主要负责开展文体活动、管理维护公共文化设施设备等工作，以此解决基层公共文化服务无人抓、不会抓、抓不好的难题。全市现已经购买到位2589个，完成比例为93.8%。

### （三）共建共享，推行"三融"策略

在推进公共文化服务体系建设过程中，上饶市严格落实建设要求，并在此基础上，做到"三个融合"，不断创新形式，丰富内涵，拓展外延。

一是把公共文化服务设施建设与各地重点工作相融合，借势推进、借力发

展。各县（市、区）把公共文化服务设施建设与各地年度脱贫村和秀美乡村建设同步建设、同步完成，把现代公共文化服务体系建设与各地脱贫攻坚、秀美乡村等重点工作有机融合。

二是把公共文化服务设施建设与当地实际情况相融合，因地制宜、融合推进。在实际工作中不搞大拆大建，重点推动基层公共文化设施资源整合、共建共享。利用本地古建、祠堂、民居、闲置村居委会办公场所、舞台等资源，规划建设多功能基层公共文化服务中心。

三是把公共文化服务建设与当地民俗文化相融合，突出亮点、彰显特色。把当地民间文化的特色内容引入公共文化服务建设体系当中，做到当地民俗文化有载体、文化设施有内容的互利双赢局面。比如婺源的"微家训"活动进入家家户户，横峰县打造的诸如"好客王家""礼孝东山""耕读苏家塘"等富有传统文化和新时代气息的文化新村。

## 四　突破：建设成效，走在前列

突破"三难"、推行"三融"做法的有效探索，在一定程度上弥补了各地在推进公共文化服务设施建设过程中的短板，缓解了资金、场所等方面存在的瓶颈问题，进一步实现了上饶市公共文化服务体系建设中的"四有"目标。

### （一）标准有提升

大部分县（市、区）公共文化基础设施在实现"五个一"标准的同时，结合实际，创新形式，丰富内涵，将标准提升到了"七个一"，甚至"十个一"。德兴市罗家墩文化服务中心按照"十个一"标准统一配备了演出音响、灯光、投影、网络、广播、健身器材等文化体育设备，修缮了集舞台、老年人棋牌活动室等功能的文化礼堂、生态农耕文化展示室、文化广场、综合阅览室、体育健身广场，实现活动场所功能区域化。像这样达到"十个一"标准的村级文化服务中心在德兴市已全域推广，在上饶市其他县（市、区）也越来越多。

### （二）范围有拓展

在实现"市、县、乡、村"网络覆盖的基础上，各地根据实际，将基层

文化服务中心建设的范围从行政村延伸到了自然村，全市每一个行政村中都有这样的十分注重将文化阵地、文化服务等融入村庄建设的自然村，为我们下一步文化工作向更基层延伸打下了良好基础。

### （三）建设有特色

既实现了"五个一"的共性、硬性指标，又做到了差异化、本土化建设，形成了各地的特色风格。如广丰的华家源结合夏布文化布局，玉山的包家村以儿童动漫元素打造，上饶县的周石村融入知青文化建设，弋阳县的邓家村围绕弋阳腔等地方文化资源充实建设内容，各具特色，各具风采，有效避免了"千村一面"的情况。

### （四）服务有活力

建好了文化阵地，壮大了宣传文化员队伍，专人负责管理文化设施，专人牵头开展文化活动，公共文化服务就有了保证。文化场馆开放和文化活动开展都按时按质按量有序开展，以 2018 年第一季度为例，市群艺馆实行周一至周日场馆全天免费开放，免费开放时间每周超 50 小时；信江书院第一季度免费开放 78 天共 702 小时，参观人数共计 11860 人；市图书馆一季度新办读者证近 600 张，外借 94005 册次，外借 30259 人次，上饶市数字图书馆访问量 17 万余人次。第一季度市本级开展上饶春晚、新春专场音乐会、书画作品展、非遗展等文化活动 50 余场次，县级开展文化活动 210 余场次，乡、村两级开展文化活动 7000 余场次，仅春节期间乡村就开展"文化聚亲"演艺活动 2100 余场。

目前，上饶现代公共文化服务体系建设这项工作走在了全省前列。2017 年 10 月 11 日，上饶市成功召开了全省现代公共文化服务体系建设工作现场会，公共文化服务体系建设的"上饶经验"得以在全省推广。2018 年 2 月 7 日，在全省农村工作会议暨新农村建设现场推进会上，省委对上饶"以文化人乡风美"的做法予以充分肯定，指出："上饶深入实施农村文化阵地建设工程，打造乡贤文化、家规家训、文化礼堂等乡村文化品牌，全面开展文化下基层活动，以文化新风助推乡风文明。"2018 年 8 月 28、29 日，全省基层综合性文化服务中心暨基层文明践中心建设工作推进会在上饶召开。

# B.19
# 上饶市振兴乡村文化研究报告

上饶市振兴乡村文化研究课题组 *

**摘　要：** 近年来，上饶市贯彻学习中央精神，落实中宣部、中央文明办工作部署，将有限的人力、物力和财力向乡村倾斜，进一步加强农村精神文明建设，提升农民精神风貌，取得了一定的成绩。但由于种种原因，上饶市的乡村文化建设尚存在诸多问题，为此，2018 年 7 月以来，上饶市振兴乡村文化研究课题组实地走访了德兴市香屯街道、池口农场，上饶县沙溪镇、皂头镇，玉山县必姆镇、六都乡、岩瑞镇，以及信州区、广丰区、横峰县等地，通过座谈、个别访谈的方式对当地的文化建设情况进行专题调研，并在调研的基础上进行分析与总结。

**关键词：** 乡村文化　文化阵地　精神文明建设　公共文化服务

## 一　上饶市振兴乡村文化的基本情况

为进一步振兴上饶市的乡村文化，近年来，上饶市大手笔投资布局公共基础文化设施建设。

### （一）在体制建设方面

由上饶市委、市政府牵头，制定出台了《关于加快构建现代公共文化服

---

* 课题组组长：姜斌，课题组成员：韩海友、郑佩琼。

务体系的实施意见》和《基层综合性文化服务中心建设工作方案》等多个文件政策，市委农工部、人事局、编办、财政局、扶贫办等45个市直成员单位高效联动、同频共振，共同推进现代公共文化服务体系建设。有的县区也制定了相关制度，如信州区区委、区政府办公室印发的《关于加快构建现代公共文化服务体系的实施细则》。

### （二）在资金投入方面

2016年以来，全市共投入建设资金约23.1亿元，其中每年用于市县两级文化场馆建设与运行资金1300余万元，市本级投入5亿元推进中心城区四大场馆和公共文化基础设施建设；2017年全市投入约13.3亿元实施县级"三馆"建设项目21个，乡镇综合文化站补点升级改造项目113个；投入4.8亿余元推进村（社区）文化服务中心建设。德兴市从2016年起，先后投入4000多万元对全市128个村居按一类点16个、二类点48个、三类点64个进行科学规划、整合资源、合理布局。目前已建成70多个村居综合性文化服务中心。农村基层宣传文化基础设施建设投入约1亿元，其中社会资金投入约6000万元。

### （三）在基础设施方面

上饶市本级目前已建成群艺馆、信江书院博物馆、博物馆等六大场馆，其中上饶市图书馆被评为"国家一级馆"；全市11个县级图书馆、9个县级文化馆、9个县级博物馆全部达标，219个乡镇文化站达标率超80%；在推进村（社区）综合文化服务中心建设过程中，各地在"五个一"标准的基础上，结合本地特色，新增了村史馆、民俗馆、图书馆等，将"五个一"标准提升到"六个一""七个一"，多者达"十多个一"，部分村（社区）还将"五个一"标准建设延伸到了自然村，为下步工作树起了标杆、提升了档次。德兴市目前已建成了12个乡镇街道综合文化站，基本达到了面积达标、功能齐全、设施完善的要求，成为基层当地群众享受文化服务的最佳场所之一。二是分类实施村级综合性文化服务中心建设。其中香屯街道杨家湾村在成功创建省级生态文明村后投资1000余万元在全街道建成图书馆、文化广场、文化礼堂、村史展览馆、理事会、村广播等。信州区辖区有4个综合文化站，46个行政村，4个社区居委会，2017 年新建 22 个基层文化活动中心，并安装了应急广播系统，配备了有源音箱。上饶县辖区 15 个行政村（居）已配齐文化专干，其中 14 个村（居）建成了农家书屋，10 个行政村（居）建成了运动场并配备了健身路径，8 个村（居）实现了广播全覆盖。上饶县皂头镇投资 1200 万元对三联村进行了集中打造，兴建农民文化广场，绘制近百幅以为农耕为主题的 3D 壁画，并对农耕主题公园等景点进行改造提升，引爆当地旅游热点，被誉为"中国 3D 壁画第一村"。

### （四）在乡村文明方面

横峰县由县委常委带头挂点 1 个移风易俗示范村，重点打造葛源镇溪畈村、龙门畈乡钱家村、姚家乡姚家村、王家村等 12 个首批示范村。上饶县皂头镇自 2014 年开始举办"农民文化艺术节"，目前已连续举办四届，成为了该镇文体事业的一个品牌。2017 年皂头镇三联村举办"移风易俗，上饶青年在行动"集体婚礼活动，吸引了观众达到 8000 多人次。上饶县沙溪镇共打造了 45 个秀美乡村点，其中向阳村以渔村文化、码头文化、徽派文化为核心，结合田园码头、渔村故事、夏布文化、农家书屋、趣味农家乐等元素，精心打造。

## 二 上饶市乡村文化建设中存在的主要问题

课题组在调研中发现上饶市乡村文化建设中主要存在以下问题。

### （一）管理体制有待完善

上饶市委、市政府制定出台的《关于加快构建现代公共文化服务体系的实施意见》《基层综合性文化服务中心建设工作方案》及各县市区出台了相应的配套政策。基层文化管理存在"上面千条线，下面一根针"的现象；有些基层文化管理机制、考核标准等有待细化，需要调整乡村文化领域的相关部门的任务和分工。民间的文化团体目前还缺乏比较合理的管理制度，需要为乡镇自发组织的文艺队伍制定相应的登记备案管理、评估评比制度，发动民间的文艺队伍参与公共文化服务。

### （二）文化重视仍显不够

调研发现，乡镇更多的工作重点放在经济发展和维护社会稳定上面，农村基层组织和干部对文化建设的重要性认识不足，重经济发展，轻文化建设，重物质利益，轻社会效益。对文化建设工作"谈起来重要，干起来次要，忙起来不要"的现象比较普遍。制约农村文化事业发展的瓶颈主要是农村文化队伍不健全、文化骨干流失、后备人才队伍不足。文化管理员的兼职现象还在一定程度上存在。

### （三）资金投入要有保障

部分基层干部"等、靠、要"思想严重，筹措资金的渠道不多，对上级投资的项目依赖性较大。许多乡村缺乏农民公园、大型体育运动中心和文化休闲场所，公共文化资金投入较少，文化基础设施相对落后，在一定程度上制约群众文化活动的开展。部分公共服务设施尤其是体育健身器材下乡后沦为"拴牛桩""晒谷场"，利用率偏低。有些文化广场、多功能活动室、老年人日间照料中心等公共设施，由于管理维护等后期资金投入不够，减少了基础设施使用年限。

### （四）乡风文明地位缺失

在乡村讲排场、比阔气、拼面子的不良婚嫁之风比较普遍。有的地方还存在各种赌博之风。有的乡村废弃房、危旧房、垃圾污泥杂物成堆，影响乡容村貌。广大乡村的群众对文化振兴方面视域狭隘，更多停留在唱歌、跳舞、看戏等小范围的大众休闲文化上，对传统文化、乡风民俗的理解和认知还不够。

### （五）管理水平亟待提高

目前全市共招聘村级宣传文化员 2641 名，基本上实现了一村一名宣传文化员的配置。但在调研中发现存在薪酬过低、"入口关"把控不严、岗位职责不明晰等诸多问题，造成文化队伍整体素质偏低、稳定性较差，直接影响乡村文化的进一步发掘、保护和推广，而特色文化人才更是青黄不接。比如弋阳腔作为国家级非遗项目，目前就存在人才断档问题。

# 三 振兴上饶乡村文化的路径探索

## （一）提高政治站位指明乡村文化振兴方向

实施乡村振兴战略是党的十九大提出的新战略，农村繁荣与复兴被摆在了全党全社会的重要工作日程中。振兴乡村文化是农村全面建成小康社会的必然选择，是满足广大农村群众美好生活需要的必然选择。乡村振兴离不开文化振兴，有活态的乡村文化才有乡村的活力与生机。2017年底召开的中央农村工作会议强调，乡村振兴必须传承发展提升农耕文明，走乡村文化兴盛之路。2018年中央一号文件再次指出："乡村振兴，乡风文明是保障。必须坚持物质文明和精神文明一起抓，提升农民精神风貌，培育文明乡风、良好家风、淳朴民风，不断提高乡村社会文明程度。"党中央高度重视乡村振兴为上饶市乡村文化振兴指明了方向。

## （二）理顺乡村文化管理体制和运行机制

上饶市目前已经逐步建立由文化部门牵头、相关部门协同、权责明确、统筹推进的公共文化服务体系建设协调机制。上饶市将公共文化服务工作纳入领导班子和领导干部年度政绩考核，并对人力、财力保障公共文化建设做出了明确规定。下一步，上饶市将结合乡村振兴的整体规划，拟定比较明确的乡村文化发展规划，将乡村文化发展纳入乡村振兴的整体构架之中，从中争取资金和项目投入乡村文化建设之中。

## （三）搭建好公共文化服务平台

目前上饶市已经整合搭建公共文化服务的"八大平台"。一是搭建文化信息交流平台，主要用于公布各类文化信息，包括演出影视、图书情报、书画展览、社区活动、文化交流等信息；二是搭建文化设施分布平台，主要用于全面展示辖区内所有公共文化设施的位置、规模、功能、服务和联系方式等；三是搭建文化人才队伍平台，主要用于公布辖区内各类专业和业余文艺专家，以及各类文艺团队的名称、专业、业绩等信息；四是搭建文化产品展示平台，主要

用于发布创作的各类文艺精品;五是搭建文化遗产保护平台,主要对辖区内所有物质文化遗产进行保护,对非物质文化遗产进行发掘整理;六是搭建文化服务评估平台,建立健全各类设施的评估考评体系,批准成立文化艺术专家委员会,并在网上公布相关信息;七是搭建文化理论研究平台,倡导推动文化理论研究,在网上及时公布最新文化理论研究成果;八是搭建文化政策指引平台,进一步加强文化政策法规研究,利用媒体及时公布国家、省、市、县有关文化建设的重要文件。

接下来,上饶将利用数字产业发展的契机,探索新媒体数字化平台与乡村公共文化建设的沟通渠道,利用新的技术手段实现数字化平台与公共文化服务平台的数据信息资源共享,用信息互通推动新媒体平台在公共文化服务平台的运用。

### (四)发展特色文化产业

上饶市坚持把振兴优秀传统文化作为主线贯穿始终,不断提高乡村居民在乡村产业发展中的参与度和受益面。一是做好上饶的戏剧振兴工作。上饶是赣剧的发源地,弋阳腔是戏剧的瑰宝,戏剧在上饶拥有深厚的群众基础,这是上饶文化的一大特色。我们将在发展戏剧文化方面尽心尽力,满足乡村群众的戏剧文化需求。二是要做好非物质文化遗产的保护和传承工作,发挥优秀传统文化在群众的影响力。上饶目前已有10余项非遗项目的生产性保护方面形成较大规模,其中年产值上亿的有上饶婺源"三雕"、婺源歙砚、婺源绿茶、信州夏布、广丰木雕等。三是以文化旅游带动实施乡村文化创新战略,发展乡村创意农业、特色旅游业等产业。实施乡村总体创意营造工程,开展乡村故事馆、村落美学、生态博物馆、野外博物馆的建设,打造"一村一品""一乡一品"。

### (五)挖掘乡村的民风民俗建设和谐乡村

利用道德讲堂,弘扬家风家训,加强节日文化建设。在乡村评选"好媳妇""好婆婆",在各类节日举行善行义举表彰仪式,唤醒植根于乡村居民心灵深处的优秀传统文化和美德,表现乡村崇老爱老敬老的孝道文化、邻里守望相助的乡土文化。整理和宣扬乡村文明规约,把本地传统的民俗礼仪、生活方式等的独特性、差异性乃至唯一性发掘提炼出来，充分尊重农民在乡村文化建设中的主体地位，以乡土文化为载体，建设和谐乡村，让老百姓记得住乡愁。

## （六）加强农村文化人才队伍建设

上饶这些年从村民中选聘了一批文化素质较高者负责乡村文化活动室及各类文化设施的日常管理工作，选拔了一批德才兼备、有创业激情的干部和大学生到农村去挂职任职，让他们负责农村文化建设工作，推动该项工作常态化、制度化。下一步我们将健全完善农村基层干部文化工作考评体系，切实提高现有农村文化人才待遇，逐步解决乡镇文化站编制不足、工资待遇不高等问题。同时进一步加大对乡村文化工作人员业务培训力度，通过选送农村文化骨干赴高等院校、艺术团体进修，组织专业人才以驻村包点等方式对农村文化骨干人才进行培训，努力提高整个农村文化队伍的素质。

## （七）活跃乡村文化活动

加强乡村社会文化队伍的管理，对活跃在上饶乡村的赣剧表演队、舞龙舞狮队、唢呐队、龙灯队等业余文艺队伍进行备案登记。在政策制度、资金支持、设施建设等方面支持乡村民间自发性的文艺队伍的建设。以政府购买社会文化团体的文化产品的形式，让社会文化团体参与到公共文化服务建设中。鼓励社会文化组织参与文化建设、开展文化活动、举办文化赛事，逐步形成政府、企业、百姓共同受益的文化"多赢"局面。

# B.20
# 上饶市现代农业发展研究报告

徐耀炜

**摘　要：** 历史上，上饶是一个农业大区，工业基础薄弱，近年来主攻工业已成普遍共识，但在主攻工业的同时，也充分认识到上饶独特的生态农业资源非常丰富，农业种类非常齐全，可挖掘发展的潜力非常之大，走生态农业发展之路是上饶发展现代农业的必然选择。要加快推进上饶现代农业发展，必须充分发挥上饶生态农业资源优势，充分利用现代农业的发展基础，强化四个抓手，明确三个措施，处理好四个关系。

**关键词：** 生态文明　现代农业　农业产业

## 一　生态农业是上饶现代农业发展的必然选择

### （一）生态农业资源丰富

全市现有耕地502.4万亩，占全省的14%，居全省第三位；林地2102.4万亩，占全省的13.1%，居全省第三位；水域347.7万亩，占全省的13.9%，居全省第二位。其中市内鄱阳湖面积160多万亩，约占全湖面积的1/3。历史上，上饶是一个农业大区，工业基础薄弱，近年来主攻工业已成普遍共识，但在主攻工业的同时，也充分认识到上饶独特的生态农业资源非常丰富，农业种类齐全，可挖掘发展的潜力非常之大，走上饶生态农业发展之路是发展现代农业的必然选择。

### （二）生态功能区建设需要

国务院于 2010 年公布了《全国主体功能区规划》，上饶在国家发展布局中处在生态功能区。党的十八大在建设中国特色社会主义总布局中，将"四位一体"改为"五位一体"，新增了生态文明建设，并提出"主体功能区布局基本形成"的新要求。这就要求上饶在今后发展中要按中央主体功能区规划，走发展农业工业化、生态工业化之路，大力推进现代农业发展，有利于上饶生态功能区建设，有利于美丽中国、秀美江西、绿色上饶建设。

### （三）农业发展的内在要求

人类从事农业生产经历了三个阶段，一是原始农业阶段，二是传统农业阶段，三是现代农业阶段。当前，城镇化、工业化的迅猛发展，使传统农业已不能满足现代人们的生活、生产和市场竞争需要，农业要与城镇化、工业化协调发展，只有走发展现代农业之路才能提升农业质量，只有走发展现代农业之路才能在新的历史条件下，实现富民强市、农民增收、农业增效之目的。

### （四）建设宜居宜业宜游大美上饶的必然要求

发展现代农业促进上饶市宜居宜业宜游事业的发展。上饶处于青山绿水环抱之中，气候宜人，宜于居住。大力发展现代农业，保障居民农产品供给，为宜居创造更好的条件；大力发展现代农业产业、企业，能更广泛地促进农民创业、就业；大力发展现代旅游观光农业，将农业生产与旅游相结合，既能扩大就业又能发展旅游业，为经济发展增添了新亮点，发展现代农业前景广阔。

## 二 上饶现代农业的发展基础

上饶近年来在发展现代农业上取得了一定的成效和经验，为进一步推进现代农业发展奠定了基础。

### （一）主导产业趋向规模

上饶在农业结构调整，提升传统农业，以优势农产品在开拓特色、品牌、市场方面取得了初步成效。目前上饶已初步形成了粮食、生猪、蔬菜、果业、水产、茶叶、油茶、畜禽、花卉九大农业主导产业。如万年贡米，弋阳大禾谷，铅山红芽芋，横峰葛，上饶县茶油和苗木，广丰马家柚和白耳黄鸡，玉山黑猪，婺源绿茶，上饶白眉，鄱阳银鱼，余干芡实、辣椒和虾蟹，等等。这些主导产业都已趋向规模发展，显示了上饶农业产品和农业产业特色，创出了品牌和市场。全市农业已创中国驰名商标3个，省著名商标46个，省名牌农产品50个，国家地理标志产品7个，认证无公害农产品、绿色食品、有机食品、农产品地理标志总量排全省前列，其中农产品地理标志数量列全省第一。市场也由该市向全省、全国、全球不断开拓。

### （二）龙头企业初显活力

据市农业部门提供的数字，全市市级以上农业龙头企业有250多家，实现销售收入139.8亿元，同比增长13.8%；固定资产总额达72.6亿元，同比增长20.7%；带动农户102.6万户，同比增长8.4%，促进农民增收16.3亿元，同比增长9.0%。农业龙头企业在兴产业、创品牌、促基地、带农户、专业化、机械化、集约化、标准化等方面，发挥积极的带动作用。

### （三）合作组织日渐增多

全市已经在工商注册的农民专业合作社就达2425家，注册资金达48.9亿元，注册社员2.13万人，带动农户24.12万户。农民合作组织的强劲发展促进了土地流转，全市共完成土地规模流转89.83万亩，涌现百亩种粮大户达3600多户。

### （四）园区、基地建设加快

鄱阳、万年、玉山、铅山、广丰、上饶6个县（市、区）的农业园区，被认定为省级现代农业示范区。上饶县现代农业科技园、横峰葛业产业园、万年贡米产业园、鄱阳湖粮食产业园已成为重点产业园，正在加快建设步伐。标准基地已有部级水稻示范县 10 个，水稻万亩高产示范片 22 个，核心示范面积近 30 万亩，辐射面积 265 万亩；已有部级水产健康养殖场 42 个。

### （五）农机推广力度加大

全市农机总动力达 606.93 万千瓦；水稻耕、种、收机械化水平分别达到 89%、17.7% 和 70%，水稻耕种收综合机械率达 61.9%，已达现代农业的初级阶段标准。山上果树种植也正向机械化迈进。

### （六）综合开发成效凸显

土地治理为现代农业发展夯实了基础。全市改造中低产田 316.33 万亩，建设高标准农田 5.5 万亩，通过水利、农业、林业、科技等多项综合措施极大地改善了农业生产条件。对农业龙头企业和农民专业合作组织的扶持，搭建了现代农业发展载体。对农民进行科技普及和实用技能培训，为现代农业发展提供智力和人力支撑，培育了现代农业发展主体。加大科技示范推广力度，增强了现代农业发展后劲。

## 三　存在的问题和困难

一是总体水平低、层次低。农业科技进步贡献率和农业产品化率等都很低。二是农业基础薄弱。存在农田设施、水利设施、农机道路设施不配套等问题。三是投入不足和项目资金投入分散。几乎没有市、县配套资金，中央和省级各项资金多而散，有些补贴不合理，如"粮补"不补在"粮"上而补在"田"上，荒田仍在发"粮补"，有限资金没有投入农业生产。四是土地流转困难，给农业规模经营带来了困难。五是缺少统一的现代农业发展规划。不能形成全市农业拳头产品和产业。六是人才、技术欠缺。涉农部门机关干部虽人多，但懂技术的人少，年龄偏大。农村缺少农技指导人员，从农人员多为老年人，文化程度低。七是思想认识不到位，如重工业、轻农业等。

## 四　加快推进上饶现代农业发展的几点建议

要加快推进上饶现代农业发展，必须充分发挥上饶生态农业资源优势，充

分利用现代农业的发展基础，强化四个抓手，明确三个措施，处理好四个关系。

## （一）强化现代农业的四个抓手

现代农业的发展模式重点在于农业产业、农业园区（基地）、农业企业、农产品市场的发展和建设。要以发展农业产业、农业园区、农业企业、农产品市场为抓手，大力推进上饶现代农业的发展。

1. 要以发展农业产业为抓手

按照市、县域重点农业产业发展的要求，整合资源，加大投入，打造品牌，形成农业产业聚集地，集中农产品加工、保鲜、储藏、包装，加快农业工业化。

2. 要以发展农业园区为抓手

市、县（市、区）要根据重点特色产业的发展要求，建立农业特色园区、示范区、基地。大力发展茶园、果园、油茶园、旅游观光园，发展粮食基地、蔬菜基地、水产基地、畜禽基地，实行农业规模化发展。

3. 要以农业企业为抓手

发展农业龙头企业。县（市、区）要按照产业发展的要求，大力培育发展农业企业，在培育发展产业的同时，培育发展农业企业，以农业企业的发展促进农业产业的发展，加大重点企业的重点投入、重点扶持、重点服务，尽快形成各县（市、区）5~10个农业龙头企业，充分发挥农业龙头企业的带动作用。

4. 要以农产品市场为抓手

大力发展农产品物流、仓储、展销、交易市场，以市场为导向，完善现代农业产业链。

## （二）明确三个措施

1. 政府高位推动

在欠发达地区要发展现代农业，政府高位推动是关键。要提高抓好现代农业"重中之重"的认识，把抓现代农业发展与抓工业化、城镇化看作同等重要、同等地位，实行同步发展。工业化、城镇化能富民强市，农业现代化也能富民强市；工业化、城镇化能为政府创收财税，农业现代化也能为政府创收财税。只有农业的基础地位稳定了，才能保证工业化、城镇化的持续发展。要切实加强对现代农业发展的领导，制定农业发展规划，协调农业项目资金，重点抓企业、抓项目，全面提高农业现代化水平。

2. 农业规划引导

现代农业发展规划要先行，尽快出台上饶现代农业发展规划，用科学规划引导现代农业发展。在现代农业区域发展布局和发展重点上，做好区域划分，合理布局产业。根据全市生态农业资源分布状况和现有的农业产业基础，合理划分市域农业重点产业区、县域农业重点产业。

市域农业重点产业区：余干县、鄱阳县、万年县、弋阳县的粮食产业；余干县、鄱阳县的水产业；广丰区、横峰县、上饶县、玉山县的果业；上饶县、横峰县、铅山县、德兴市、弋阳县的油茶业；婺源县、上饶县的茶叶产业；上饶县、信州区、玉山县、铅山县的蔬菜业；上饶县、婺源县、铅山县、万年县的旅游观光农业等。

县域农业重点产业，上饶县重点发展油茶产业、灵山旅游观光产业、蜜蜂产业；信州区重点发展农业山庄产业、蔬菜业；玉山县重点发展蔬菜产业、旅游观光产业、油茶产业；横峰县重点发展葛产业、油茶产业；广丰区重点发展果业、畜禽业；铅山县重点发展蔬菜业、旅游观光业；弋阳县重点发展粮食产业、旅游观光产业；万年县重点发展畜禽业、粮食产业、旅游观光产业；余干县重点发展粮食产业、水产业、蔬菜产业；鄱阳县重点发展粮食产业、水产业、旅游观光产业。

同时，要做好水利、林业、生态的规划发展，提高抗涝保灌能力，防止生态环境恶化，这是现代农业可持续发展的必要条件；要突出现代农业的新亮点，做好生态景观、休闲旅游农业发展规划；要发挥新农村建设、秀美乡村建设在现代农业发展中的积极作用。

3. 人才、科技作保证

要加强农业科技队伍建设，充分发挥市、县、乡三级农业科技人员的作用，保证农业科技人员的正常待遇，农业技术职能部门要确保技术人员占合理比例，新进人员中非技术人员不得占用技术人员指标。

要扩大对农民中农业技术人员的培训。政府每年对农民工的培训，要加强对农民中的农业技术人员的培训，支持农业示范区、龙头企业选派农民或村选

派一村一品骨干人员进行农业专业技术培训，并给予一定的培训补助。

要支持延伸农业产业链的复合型人才创业。对农村熟知农产品、懂得商业经营还会烹饪技术等的复合型人才，要鼓励他们创业，政府要引导、帮助、支持。

要支持与大专院校进行科技联姻。鼓励农业企业与各种农业院校联合开发、共同发展。对农业科技进步贡献率大的科技人员，要从效益中提取一定比例进行奖励。

要支持机关农业技术人员到农业生产一线技术承包。允许机关农业技术人员投资、承包办农业实体；允许他们到各种农业企业兼职，充分发挥农业技术人员的技术带动和示范作用，为发展现代农业做出更大贡献。

### （三）处理好四个关系

1. 传统农业与现代农业的关系

传统农业是现代农业的基础，现代农业是传统农业的传承、提升和发展。由传统农业向现代农业的过渡中，要注重传统农业在人们日常生活、生产中的作用，保障农产品供给功能；要注重现代农业在传承、提升和发展上的品种、方式、方法的选择，如生态景观休闲旅游农业的选择、拳头产品（主导产业）的选择、一村一品的选择，都要力争农民增收、农业增效，为现代农业可持续发展创造条件。同时，还要加强对本地生物多样性的保护，为品种开发提供资源。

2. 城镇化、工业化与农业现代化的关系

要保持城镇化、工业化与农业现代化的协调发展，在加快城镇化、工业化发展的同时，加快现代农业的发展。要以工业化的理念装备现代农业技术设施，实现农业企业化生产、企业化管理，提高现代农业效益。要以城镇化的需求，扩大农产品市场，发展农业服务体系，促进名特优农产品品牌的发展。现代农业的发展推动工业化、城镇化的发展，农产品加工业、食品制造业的发展就是农业工业的发展。农业园区建设、果园林园建设就是城市延伸的城镇化建设，只有保持工业化、城镇化、农业现代化的共同发展，才能保持经济稳定持续发展。

3. 现代农业与产业规模的关系

现代农业需要较高的组织化程度。要发展农业产业化经营带动农民专业合作社、现代公司制企业、社区性集体经济组织、提供组织化的生产服务等模式，实行农业规模化发展。当前，农民专业合作社组织是从农业内部解决土地流转难的有效途径，是破解规模经营难的有效方法，应给予大力支持和逐步规范。

4. 现代农业发展与政府支持的关系

农业是周期长、见效慢、自然风险大的产业，必须要有政府的多种政策支持，才能保持农业稳定、可持续发展。市、县（市、区）要进一步落实中央、省各种惠农、支农政策，积极争取项目、资金，加快农业基础设施和农业项目建设。要整合各种项目资金，实行集中联动，重点投入大企业、大项目，提高资金使用效益。

# B.21
# 上饶市现代农业产业园区可持续
# 发展路径研究报告

上饶市现代农业产业园研究课题组*

摘　要： 党的十九大报告提出实施乡村振兴战略，坚持农业农村优先
发展，加快推进农业农村现代化。本文在介绍上饶市现代农
业园区建设现状的基础上，主要对园区发展及运行中存在问
题进行分析，并提出对策建议：因地制宜，做好总体规划；
合理选择园区产业结构，发挥区域优势；建立企业化经营管
理的运行机制；加强支撑体系建设的，为上饶市现代农业园
区的发展方向以及其运行机制提供了参考和建议，解决园区
运行中的相关问题，保证园区健康、可持续地发展，从而促
进上饶市农业产业结构的调整，加速产业化进程，促进农村
经济的迅速发展。

关键词： 现代农业　产业融合　乡村振兴

老牌发达国家经过多年发展，社会中工业化程度极高，传统的农业生产方
式逐渐被颠覆，这也促使农业发展从传统向现代转变，农业中的生产方式、技
术需求、获取模式等也发生了巨大的变化。20世纪90年代以来，发达国家越
来越重视农业的高新技术，现代农业园区逐渐兴起，现代科技与经济紧密结合
为一体。

人口、资源、环境、粮食和能源等危机，成为全世界的焦点。人们在反思

---

* 课题组组长：江卫农；课题组成员：罗时平、黄飚、梁秀丽。

传统农业发展下的种种弊端，开始实践各种新型农业：有机农业、生物农业、生物动力农业、生态农业等，以期更加合理地利用自然资源，实现业态的可持续发展。

现代农业产业园区作为农业技术、现代农业生产、科技成果转化的载体，是实现传统农业向现代农业跨越的必然选择。其理论支撑包含以下几点。其一，佩鲁、保德威勒、汉森等人的"区域非均衡发展理论"，他们研究地域建立推进型产业，以其产生"乘数效应"而带动整个地域经济发展。其二，系统产业理论，将原有的产业体系打破并衍生出新的配套的第二、三产业，形成新的更加完善和完整的产业结构及生态体系。其三，美国和日本学者费农拉坦、速水雄次郎提出的技术诱导变革理论认为，资源供给结构、市场对农产品需求结构的变化，决定了农业投入要素的相对价格水平及其波动。其四，循环经济的理论。时下农业科技园区大致有两种类型：一是以农业观光、休闲为主体的假日农场（Holiday Farm），是都市农业的一部分，如"空中菜园""观光农场"等；二是以推广先进适用技术为主体的示范农场（Demonstrate Farm）。近年来，我国现代农业园区正逐渐朝农业科技大集成、农业科技企业大集群的方向发展。

现代农业产业区建设在中国是从20世纪90年代开始的，自实现市场经济体制以来，为现代农业示范园区的发展提供了良好的政策支持，各种现代农业示范园区如雨后春笋般在各地涌现，如珠海农科所的梅溪科研基地、云南生态园区、上海孙桥现代农业开发区、苏州未来农林大世界、杨凌农科城等。它成为中国农业现代化建设过程中一种新的生产经营方式，采用先进技术成果提高农产品产量和质量，实现高技术、高投入、高产出的经营。有人将我国农业科技园区的发展分为三个阶段：初级探索阶段（1994~2001年）、规范发展阶段（2001~2005年）、相对成熟阶段（2005年后）。对于现代农业园区的含义，本报告认为现代农业园区必须符合以下的条件：（1）在一定的生产地域内；（2）以提供优质安全农产品为基础；（3）以农业可持续发展为目标，以国内外市场为导向，以经济效益为中心；（4）以实施现代化经营管理体制、生物和工程技术推广、农业教育培训为途径，由多元投资主体兴建和企业化运作，集高效种养、加工配销、示范推广、研发孵化及观光旅游于一身的现代农业与农业可持续发展的示范工程。

党的十九大报告提出实施乡村振兴战略，坚持农业农村优先发展，加快推进农业农村现代化。这一重大战略部署要求发展现代农业要紧紧围绕推进农业供给侧结构性改革这个主线，立足优势特色产业，以提高农业质量效益和竞争力为中心任务，以培育壮大新型农业经营主体，推进第一、二、三产业融合为重点，聚力建设以规模化种养基地为依托、产业化龙头企业带动、现代生产要素聚集的现代农业产业集群，促进农业生产、加工、物流、研发、示范、服务等相互融合和全产业链开发，创新农民利益共享机制，带动农民持续稳定增收，加快构建现代农业产业体系、生产体系、经营体系，打造高起点、高标准的现代农业发展先行区，为农业农村经济持续健康发展注入新动能、新活力。在这个背景下，大力发展现代农业产业示范园显得尤为必要。

# 一 建设国家现代农业产业园的重大意义

## （一）建设国家现代农业产业园，为引领农业供给侧结构性改革搭建新平台

建设国家现代农业产业园，有利于在更高标准上促进农业生产、加工、物流、研发、示范、服务等相互融合，促进产业转型、产品创新、品质提升，创造新供给、满足新需求、引领新消费，提高农业供给质量和效益。

## （二）建设国家现代农业产业园，为培育农业农村经济发展新动能创造新经验

建设国家现代农业产业园，有利于在更深层次上吸引和集聚土地、资本、科技、人才、信息等现代要素，加快改革举措落地，创新发展体制机制，全面激活市场、激活要素、激活主体，促进产业集聚、企业集群发展，发挥引领辐射带动作用，形成农业农村经济发展新的动力源。

## （三）建设国家现代农业产业园，为探索农民持续增收机制开辟新途径

建设国家现代农业产业园，有利于在更大范围内发挥政策优势和服务优

势，为中高等院校毕业生、农民工等开展规模种养、农产品加工、电商物流等创业创新提供"演练场"和"大舞台"，有助于农民通过股份合作等方式参与分享第二、三产业增值收益。

### （四）建设国家现代农业产业园，为推进农业现代化建设提供新载体

建设国家现代农业产业园，有利于在更广领域集中政策资源，加快改善农业生产条件，加速科技推广应用，推进专业化、集约化、标准化生产，提高土地产出率、资源利用率、劳动生产率，促进农业转型升级。

## 二　上饶市发展现代农业产业示范园的现状

2014 年 2 月，市政府下发了《关于推进现代农业示范园区建设的实施意见》（饶府发〔2014〕9 号），全面推开上饶市现代农业示范园区建设，截至2016 年 12 月，全市每个县（市、区）都建有自己的现代农业示范园区，12 个县（市、区）共建有现代农业特色园超过 150 个。

### （一）信州区

梯度布局。信州区现代农业示范园区按核心区、示范区、辐射区三部分梯度布局，其中核心区位于沙溪镇，规划面积 7107 亩，规划选址沙溪东风、五里、青岩等 5 个村，着力打造以东风高效设施示范园、春华菌菇科技示范园、青岩农业体验示范园、五里生态农业示范园、秦峰现代农业物流基地等为主体结构的现代农业"一区多园"模式。示范区以沙溪镇和秦峰镇为重点，规划面积 4 万亩。辐射区辐射全区及周边县，面积为 40 万亩。

规模经营。园区现有投资过亿元项目 2 个，分别为华西新能源与中广核农光互补项目。已引进广东客商投资 1000 万元的水肥一体化项目，已签约引进了投资 500 万的热带水果园项目。占地面积超 1000 亩的项目 4 个，分别为东风仕林蔬菜种植基地、朝阳西园生态园项目、秦峰依秀生态休闲农业项目、万水湾水产养殖有限公司；现代高效设施农业菌菇基地 1 个，休闲农业示范点 1 个。核心区东风仕林蔬菜种植基地面积达 2000 亩，开工建设了一批高效蔬菜种植大棚，产业发展涵盖种苗培育、高效种植多个领域，形成产研一体的蔬菜

专业合作社；春华菌菇基地现已正式投产经营，基地菌菇生产能力为日产4万包，年生产能力1500万袋，成为区域内菌菇规模化生产龙头企业。

### （二）上饶县

规划起点高。上饶县现代农业示范园核心区于2016年开工建设，项目总投资9.39亿元。一期主要建设"六个一"工程：一是建设一个面积约50亩以智能玻璃温室大棚为主的智慧农业中心；二是建设一个面积约50亩集农产品检测、研发、电商、培训、土地流转、农耕文化展览为一体的农业创客中心；三是打造一座面积约1500亩以皂头镇三联寻根园、百家姓、窑山明清古窑址为主的印象农耕文化园；四是建设一个面积约250亩的丰收广场；五是建设一个面积约90亩的停车场；六是建设一个宽约30米的千米香堤。

项目功能全。园区计划到2020年完成建设，包括：特色产业标准化发展基地（蔬菜、茶叶、中华蜜蜂、水果），农产品加工体系建设（农产品加工产业园、仓储基地），农产品市场及服务体系建设（批发、交易配送、物流网络）。涉及现代农业种养和服务的全产业链。

主导产业大。上饶县现代农业示范园区重点发展"蔬菜、茶叶、水果、中华蜜蜂、中药材、花卉苗木"六大主导产业，规模化种养基地达13万亩，其中中华蜜蜂养殖规模6.5万群，蜂蜜年产量达620吨，已成为目前江西省最大的中华蜜蜂养殖基地。

龙头企业强。上饶县现代农业示范园区现有农业企业159家，其中国家级农业龙头企业2家，省级农业龙头企业19家。拥有各类农产品注册商标86个，保持"三品一标"98个。北京黄茂集团中药材产业园、江西盛水集团设施蔬菜、江西远泉集团工厂化育苗中心、江西瀚野集团铁皮石斛组培、江西凯腾园林公司的花卉种植5个项目已完成入园投资签约。

增收效果好。打造省级休闲农业示范点4处、现代农业示范园10个、果蔬采摘园200多个、农（渔）家乐等1200余家，定期开展农业游、林果游、花卉游、渔业游等不同特色的主题休闲活动，促进农村劳动力就业达3万余人，年接待游客达75万人次，实现收入2.2亿元，每年可带动农户2万余人，人均增收1300元。

## （三）广丰区

文创内容丰富。广丰区现代农业示范园核心区项目主要涵盖投资 2200 万元的智能温室大棚，投资 1300 万元建设的水肥一体化蔬菜栽培项目，投资 3600 万元的热带植物园，投资 1000 余万元的农业创客中心，占地 40 亩的农产品精深加工区、商贸物流区和综合服务区，投资 6200 万元占地 150 亩的农业休闲景观项目（古樟引胜、农耕时光、惜时如金、莲清禅香、荷塘月色），投资 1.5 亿元占地 1000 亩的歌田农业项目（花海观赏区、游客户外体验区）、1500 亩的种养加工基地等项目。

项目序时推进。项目 2016 年 10 月 2 日开工，1500 亩的种养加工基地已全面完成，3.6 万平方米智能温控钢结构玻璃大棚主体工程完成建设，所有子项目按照时间节点有条不紊推进，2017 年 1 月 21 日正式开园，一座现代农业产业园、现代农业观光园、4A 级乡村旅游园、设施农业示范园、农业创客中心、产业研发中心"六园一体"的现代农业示范园正式形成。

突出果业优势。紧紧围绕以"广丰马家柚"和"天桂梨"两大本地品种为支柱，建立洋口－枧底万亩马家柚示范园和西坛万亩水果示范园。截至目前，全区 23 个乡、镇（街道）近 200 个行政村有马家柚种植基地，参与农户 5 万余户，种植面积近 20 万亩，天桂梨面积近 3 万亩。其中连片种植规模在 100 亩以上的基地 300 个，连片规模 500 亩以上的基地 25 个，连片规模 1000 亩以上的基地 11 个。

注重产业特色。高山茶种植面积 2.5 万亩；蔬菜种植面积 7.8 万亩，比 2017 年增长 15%；大棚西瓜种植面积 2 万亩。畜牧业进一步实现标准化、规模化发展：洋口、枧底示范园区白耳黄鸡、生猪、山羊三大品种趋向于规模化饲养。渔业经济持续发展：水产品加工省级龙头企业 1 家，特种水产品养殖省级龙头企业 1 家，其中江西东海食品有限公司 2018 年烤鳗与鱼糜制品加工产值突破 5000 万美元，产品出口俄罗斯、美国、日本、韩国、澳大利亚等国际市场，养殖的鲜活泥鳅出口韩国。

## （四）玉山县

三新园区。一是设施新。核心区所有设施均为高质量材料建设而成，经久

耐用，具备农业现代化的条件。二是技术新。核心区的农业技术以江西农业大学为依托，并高薪聘请浙江、福建等有实践经验的专家专职实时管理和指导。三是机制新。县政府出台《关于扶持现代农业示范园区建设的若干意见（试行）》，采取入园企业先建设后补助的办法，并整合农业项目改善基础设施，各级政府跟踪服务，解决企业土地流转中的一系列难题等，使入园企业留得住、能发展。

三个结合。一是农超结合。利用柳林农业发展有限公司现有该县最大的两个超市，通过农超结合，解决农产品市场问题。二是农旅结合。利用玉山旅游城市的条件及居民生活水平的提高，开展农业和旅游结合模式，提升效益。三是农科结合。核心区即将在功能农业区块分别建设院士工作站和博士工作站，利用新科技、新技术引领示范园区农业大发展。

科学布局。示范园区规划总面积26万余亩，其中核心区6380亩，打造七个功能区块，分别为农产品加工物流区、设施农业示范区、生态农业观光区、智慧农业示范区、生态农业体验区、功能农业展示区、综合服务区；带动区5万亩，主导产业以观光体验、花卉苗木、瓜果蔬菜、葛根茶叶为主；辐射区20万亩，主导产业有水稻、油茶、瓜果、蔬菜、茶叶、花卉苗木、药材、葛根、油菜、畜禽、水产等。

## （五）弋阳县

规划农旅结合。弋阳县现代农业示范园区总规划占地面积5万亩，分两期进行，第一期（2016～2018年）建设2.5万亩，涉及上万高速沿线的花亭场、葛溪乡、中畈乡、湾里乡。总投资20亿元，结合全域旅游发展战略，打造一个集农产品生产交易、休闲养生、示范展示、科研孵化等多功能于一体的综合性现代农业园区和健康旅游目的地。

发展两大板块。一是核心区5000亩，位于葛河以南、漆工大道两侧。拟建设设施（智慧）农业基地1000亩，高标准粮田2000亩，高品位建设葛河休闲景观带和秀美乡村群落。二是示范区2万亩，位于上万高速两翼，涉及4个乡镇。因地制宜打造各具特色的农业主题园，拟建雷竹园3000亩，白茶园2000亩，林木生态农业园3000亩，农产品加工物流中心与产业孵化园1000亩等。

实施市场运作。弋阳县现代农业示范园区借鉴工业园区管理模式，建立多元化、多层次、多渠道投入机制，以企业、合作社等为主体进行市场化运作。

## （六）横峰县

建设四园一馆。示范园区按照"一个智能大棚、一栋创客大楼、一个旅游景点、一片基地"布局，建设"四园一馆"（农业科技园、药植园、荷博园、加工物流园、葛博馆）。其中，药植园规划面积2000亩，建设有综合配套区、药葛种植区、精品种植、生产示范区四个功能区等项目，建有热带中药植物展示馆、亚热带中药植物展示馆、种苗繁育组培中心和创客中心。

结合旅游观光。药植园将依托中国医学科学院药用植物研究所、中国中医科学院中药研究所的技术和权威优势，将中医药植物园建设成集观赏、药用、旅游、培育、研发于一体的综合性药用植物园，使园区成为带动全县、辐射华东的药用植物生产示范基地。农业示范园位于莲荷乡丁家村，面积3000亩，目前建有1000亩温控蔬菜大棚基地，1000亩花卉苗木基地，1000亩葛根种植基地。农产品加工物流园位于九甲村，已初步建成近1平方公里，形成农业专业集约化加工物流中心。荷博园规划面积2000亩，已经建成1000亩，主要建成花莲、子莲、莲藕种植的生态景观区。

## （七）铅山县

规划引领。农业示范园区总体规划通过专家评审，规划总投资18.95亿元，面积为10320亩，主要建设内容为"一区两园五中心"。一区：铅山县现代农业示范园区；两园：江天农业科技园、现代农业产业园；五中心：综合行政中心、农产品精深加工中心、物流冷链中心、农产品展示电商营销中心、生态休闲观光中心。

融资有力。在县委、县政府统一协调，县发改委、财政局配合下，由县财政担保，铅山农业产业发展有限公司向县农发行贷款5.4亿，用于运作农业示范园区项目及配套设施建设，目前已报国家发改委待批准；2016年已向农发行争取了7000万元的中国农发重点建设基金；园区会同县发改委，结合铅山农业特色，申报3.5亿元农业循环经济基地建设项目，目前协调相关部门做好资料，正在上报。

企业入园。园区引进德华食品有限公司、富宇实业有限公司、虹丰农林开发有限公司、鸣镇食品有限公司、全龙食品有限责任公司、康师傅控股、鑫晶生态有限公司、清水食品有限公司 8 家入园企业，均已签订投资协议书，预计总投资在 5 亿元左右，目前有 4 家企业开始动工建设。

### （八）德兴市

示范区成效显著。池口现代农业示范区位于花桥镇内，是集示范种植、休闲体验、农业观光、展示展销、采摘体验等为一体的"农业综合体"项目，预计总投资 3 亿元，占地面积 3000 亩。2016 年 9 月正式动工，目前已完成投资 8000 万元，占地 400 亩，建设内容为：一是智能化玻璃大棚 7 栋（占地 4 万平方米，主要内容为种植铁皮石斛、多肉植物、蝴蝶兰、食用菌等高效、特色经济作物，展示展销，农业品牌设计，创客空间等）；二是园区主干道 1500 米沥青道路建设和绿化；三是农业休闲广场（占地 20 亩）。

特色园亮点纷呈。张村无公害蔬菜种植园设施栽培生产基地达 800 余亩，菜田复种指数提高了 50%，年总产值达 1610 万元，无公害蔬菜种植面积超 2000 亩。荣兴苗木观光园快繁中心全面投入运营，已完成首批 10 个品种 20 万株苗木快速繁育工作。源森红花茶油产业园 3000 亩红花油茶基地已建成。东东农业生态休闲园已投资 1000 万元建设野菜种植示范园、黄秋葵园、樱桃园、杨梅园，建设现代化联体温控大棚一个，100 亩菜田可直接喷灌。天海覆盆子标准化种植示范园基地建设总面积已超过 3000 亩，正努力打造"中国掌叶覆盆子之乡"。仿野生种植铁皮石斛面积达 2000 亩，为全省面积最大。

### （九）婺源县

高标准精定位。制定了《婺源县国家现代（有机）农业示范园招商项目》手册，聘请规划设计公司编制了《江西省婺源县现代农业示范园建设总体规划（2016～2020）》。

功能全产业明。示范园区总面积达到 20000 余亩，主要分布清华、许村、中云、江湾等地，确定的主导产业为婺源绿茶、荷包红鲤鱼、休闲农业等，主抓农产品流通市场是"婺源有机茶都"，以此来改善园区物质装备条件，提升科技水平，带动全县现代农业发展，全面推进全县农业产业转型升级。

做特色做精品。一是形成"一茶、一花、一鱼、一菜、一村、一果、一条龙发展"的现代特色农业园区;二是将有机农业、精品农业和生态休闲旅游农业完美结合起来;三是优先发展重点乡镇,为休闲农业提供丰富、有特色的食品、旅游产品以及民俗风情活动体验,最终实现全县经济共同繁荣。

## (十)鄱阳县

规划前卫。按照"秉承鄱阳特色、打造江西样板、争创全国示范"的功能定位,锁定鄱阳优势产业,超前规划设计"一园三区",园区总规划面积2.3万余亩。通过农业园区将城市新区与旅游景区无缝连接,打造独具一格的产业发展新模式。

产业融合。现已建成鄱湖半岛休闲、灌湖瓷园艺术农庄等现代示范基地,形成了以绿色粮食、生态水产、休闲观光、设施蔬菜、精品苗木、经济林果、产品加工、电商营销为主的八大产业,加快一、二、三产融合发展。

模式创新。推进土地流转规模化,对园区土地流转费进行适当奖补。成立农业园区建设专家委员会,建成江西首个县级现代农业物联网平台。以鄱阳县农业投资有限公司为载体,通过鄱发集团融资平台融资5亿元。出台以奖代补等一系列政策,撬动企业和农户等社会投资20亿元。

## (十一)余干县

规划一区四园。一区即核心区,连片农田面积为51680亩,以芡实种植、特种水产养殖、有机水稻种植等为主导产业。四园为生态食品产业园、芡实产业园、农产品展示交易园(又名农商大市场)、园林休闲观光园(又名万亩花海)。

明确功能分工。核心区着重农业生产,为农业种养区,着力打造绿色生态农业;生态食品产业园着重农产品的精深加工延伸产业链增加附加值,为农产品加工区,着力建设设施农业;芡实产业园着重芡实系列产品的研发、加工、销售及休闲餐饮服务等,集农产品加工、商贸物流、综合服务为一体;农产品展示交易园着重农产品的展示交易,已完成主体工程,加紧进行内部装修的现代农业创客服务中心和现代农业智能温控大棚,为商贸物流和综合服务区,着力打造为智慧农业和休闲观光农业的名片;园林休闲观光园着力进行休闲观光农业的建设。

吸引外商入园。先后吸引中建基础建设集团、山东仙泊绿集团、北京千亿达公司、北京华夏众信基业农业科技发展有限公司、湖南农喜蔬菜种植专业合作社、江苏富盛水产有限公司等客商来核心区做投资前期的考察工作，目前已和中建基础建设集团、山东仙泊绿集团签订了合作框架协议，和北京华夏众信基业农业科技发展有限公司、江苏富盛水产有限公司等达成了初步意向。

### （十二）万年县

布局四大功能。万年县国家现代农业示范区由四个各具特色的产业园组成。齐埠循环农业产业园主要发展生猪全程循环利用模式；大源休闲农业产业园主要以培育旅游休闲产业为重要抓手；青云园艺产业园以发展苗木与花卉为主；裴梅智慧农业产业园以大力推进生产经营信息化为主。

推进基地建设。建立三个双季稻高产创建示范基地，三个设施农业示范基地，三个循环农业示范基地，三个休闲观光农业示范点，目前已整合农业局实施的新增千亿斤粮项目、水利局小农水工程项目、省级重点园区建设项目及交通局村级道路项目等建设农田基础设施，项目资金有3000余万元。

培育经营主体。示范区内拥有国家级农业产业化龙头企业1家，省级龙头企业8家，市级龙头企业24家，年销售额16.5亿元。农民专业合作社有较快发展，已建立农民合作社650个，参加合作农户达40%，示范区已新增专利及技术创新的农产品14个。食品精加工产业园已有多家农产品加工企业开工建设，投入达上亿元。

落实项目筹资。世界稻作文化主题公园占地面积约为107亩，总投资3000万元；温控大棚建设项目列支500万元，不足部分财政配套；园区基础三通一平财政先行投入3000万元，制定核心区投资奖补办法财政预算600万元，县级财政投入7000余万元。

## 三 上饶市现代农业产业园发展的特色优势

### （一）顶层设计，高位推动

市委、市政府领导非常重视农业现代示范园建设，市领导专门就现代农业示范园建设问题致信各县（市、区）委、政府主要领导。各县（市、区）主要领导经常督查本地示范园建设，召开常委会、政府常务会、办公会研究园区建设事项，指派领导班子成员负责落实进度。12 个县（市、区）都建立了"现代农业示范园区管委会"机构，落实了人员编制和经费，充实了队伍，履行现代农业示范园区管理职能，落实责任。

### （二）规划引领，科学布局

一是聘请专业规划设计单位做园区规划设计。广丰区聘请江苏和上海专业机构，弋阳县聘请农业部规划设计研究院，横峰县聘请湖南省农林工业勘察设计研究总院，铅山县聘请重庆银桥建筑设计有限公司，玉山县聘请江西农业大学，上饶县聘请中国农科院，万年县聘请中国农业大学。二是空间布局按照核心区、示范区、辐射区展开，三区建设各有特色。目前，12 个县市区的示范园区和核心区项目推进顺利，前期投入基本完成，取得初步成效。三是"四个一"的建设轮廓已经显现。根据市领导的要求，12 个县市区全面推进落实了"一个智能大棚、一栋创客大楼、一个旅游景点、一片基地"的空间布局。

### （三）强化标准，配套建设

一是坚持标准。全市示范园区建设严格按照《江西省现代农业示范园区建设指导标准》组织实施，做到规划设计科学、建设规模合理、设施装备先进、科技含量较高、信息技术领先、运行机制灵活、产品质量安全、保障措施有力。二是设施和技术配套。全市共建成高标准农田面积 34.94 万亩、园艺作物实施面积 4.945 万亩，综合机械化水平达到 81.7%，引进培育新品种 353 个，示范推广新技术 168 项，10 个县（市、区）的园区建立了或正在建立农产品质量安全可追溯体系。三是培育主体。紧密结合园区农业主体培育，以市场化的手段，将企业效益与集体和农民的利益紧紧捆绑在一起，积极招聘农业科技人才、经营管理人才，全市共培训农民 62360 人次，为园区建设主体内培外引创造了良好的政策环境。四是加强服务体系。在园区建设中，配套了集农技推广、农产品质量监管、动植物疫病防控的公共服务体系。

### （四）规模扩大，体系形成

一是示范园区面积扩大。据统计，到 2016 年 12 月为止，12 个县（市、

区）核心区面积 17.688 万亩、示范区面积 66.295 万亩、辐射区面积 315.383 万亩，其中，示范区实际累计建设面积达 72.154 万亩。二是园区投资形成规模。全市示范园区累计投资已达 112.297 亿元，2016 年全市投资 62.1135 亿元。三是多元化投融资体系形成。除了上级和本级财政资金、金融机构资金投入之外，全市经营主体投入资金共计 17.766 亿元，已形成政府、科研机构、高校、民间大型企业等多元化的投融资体系。

### （五）现代设施，高新技术

全市各示范园区以引进国内外现代设施和新品种为主要内容，发展高科技农业。全市各园区建设的发展定位是农业高新技术产业，标志为引进兴建大量性能优良的保护地生产设施，钢架日光温室大棚群数量众多，还有从国外引进的现代化智能型连栋温室，全市引进的电脑调控现代化智能型连栋温室已超过 10 万平方米，共有上饶县、广丰区、玉山县、铅山县、万年县、弋阳县、余干县、德兴市、信州区、鄱阳县 10 个县（市、区）建成了物联网示范点；同时，各园区的产业发展重点是无公害工厂化蔬菜栽培、花卉与果树种植、优良种苗生产、水肥一体化、三高农业以及观光农业等方面。有的园区有配套的园艺产品保鲜贮藏库和精加工车间，基本具备接受并转化农业科技成果的能力。广丰区现代农业示范园核心区建设创下目前两个全省唯一：一是投资 3600 万元建设热带植物园，种植热带观赏植物百余种；二是已经建成 3.6 万平方米钢架大棚，其中一个 2 万平方米单体大棚是省内最大的单体大棚，目前，大棚内已引进无公害工厂化蔬菜栽培项目。

### （六）主体入驻，龙头带动

全市园区企业共计 538 家，其中国家级龙头企业 4 家（上饶县 2 家，德兴市 1 家，万年县 1 家），省级龙头企业 81 家（上饶县 19 家，鄱阳县 12 家，玉山县 11 家，万年县 9 家，德兴市 7 家，余干县 6 家，广丰区 5 家，弋阳县 4 家，婺源县 3 家，铅山县 2 家，横峰县 2 家，信州区 1 家），市级龙头企业 184 家（上饶县 32 家，玉山县 30 家，铅山县 26 家，万年县 24 家，广丰区 16 家，鄱阳县 15 家，余干县 15 家，德兴县 10 家，弋阳县 6 家，横峰县 5 家，信州区 4 家，婺源县 1 家），其他企业 317 家；农民合作社共计 1407 家，其中国家级示范合作社 28 家，省级示范合作社 96 家，其他合作社 525 家；家庭农场共计 981 家，其中省级示范家庭农场 24 家。目前，各个县（市、区）现代农业示范园区均引进了几家龙头企业，其中信州区的龙燕农业开发有限公司，上饶县的北京黄茂集团、江西盛水集团、江西远泉集团，广丰区的江西东海食品有限公司，玉山县的江西柳林农业发展有限公司，横峰县的江西横峰葛佬葛产业开发有限公司、北京端品立世科技有限公司，弋阳县的弋阳活力旺农业开发有限公司、艺林农业开发有限公司，铅山县的江天集团、德华食品有限公司，德兴市的青岛昌盛日电太阳能科技股份有限公司、源森红花油茶公司，婺源县的鄣公山茶叶实业有限公司、婺源乡村文化发展有限公司，鄱阳县的江西盛态粮食股份有限公司、江西文博粮业有限公司，余干县的中建基础建设集团、山东仙泊绿集团，万年县的万年贡集团、江西喜果绿化有限公司等，这些龙头企业在推进现代农业示范园区建设方面起到积极作用。

### （七）发挥优势，培育特色

全市各现代农业示范园区都依托各地资源优势，注重培育农业特色产业。信州区示范园区着重发展热带水果、菌菇、蔬菜，上饶县示范园区重点发展蔬菜、茶叶、水果、中华蜜蜂、铁皮石斛、花卉苗木，广丰区示范园区着重发展马家柚、天桂梨、高山茶、白耳黄鸡、山羊和观光农业，玉山县示范园区重点发展蔬菜、水果、农业观光体验、农业生态种养和农业科普教育，横峰县着重发展热带和亚热带中药植物、药葛种植、荷花观赏、花莲、子莲、莲藕种植等产业，铅山县重点发展红芽芋、生态休闲观光等，弋阳县发展雷竹、大禾米、白茶等，德兴市发展铁皮石斛、多肉植物、蝴蝶兰、食用菌、红花油茶、掌叶覆盆子等，婺源县发展有机茶、铁皮石斛、灵芝、三叶青、民俗文化观光等，鄱阳县发展绿色稻米生产、生态养殖、精品花卉苗木等，余干县发展芡实种植、特种水产养殖、有机水稻种植等，万年县发展生猪全程循环利用、世界稻作文化产业。

### （八）三产融合，互动发展

各地现代农业示范园都按照全市"四个一"的统一部署，实现产业园、现代农业观光园、4A 级乡村旅游园、设施农业示范园、农业创客中心、产业

研发中心"六园一体"，把现代农业的元素与文化创意紧密结合起来，与旅游、观光体验、休闲等服务结合起来，使园区真正起到"接二连三"的作用。广丰建设的休闲农业观光园和歌田农业项目，引入花海观赏、游客户外体验等元素，把三产与农业有机结合起来。横峰梧桐畈千亩荷花美景观赏掀起休闲农业和乡村旅游小高潮。这些都促进了三产融合和互动发展。

## 四  现代产业园建设中面临的问题

在各县（市、区）现代农业示范园区建设中也存在关于发展定位、体制机制、融资与市场、产业结构等方面的问题，归纳起来主要有以下七个方面。

### （一）规划定位不准

园区的规划布局存在一定的盲目性，竞相攀高，贪大求洋。大部分园区花巨资引进了造价高昂的现代化农业设施，如温室，然而在引进这些设施时，对当地的经济状况和气候特点缺乏充分研究，对这类温室在推广应用中的可能性缺乏正确的预测。投入的成本较高，而产出的效益却较低。有的园区发展目标、功能定位脱离实际，具体实施方案很不完善。

### （二）体制机制不活

一是市、县两级不匹配。虽然各县（市、区）都设立了现代农业示范区管委会机构，但相应的市级管委会没有设立，在上下职能管理上存在脱节现象；二是县、市、园区职能重叠。园区管委会在管理职能上与农业主管部门交叉重叠，无法有效地为园区经营提供信息，也无法解决培训、技术等各种问题。三是过分依赖政府。所有的现代农业示范园区都是按政府意图建立的，其管理和运行还没有摆脱行政管理色彩，有的示范园完全靠政府"主内"统管一切，政府投入、政府管理、政府经营，所以园区作为现代农业企业，运行却未能遵循市场机制，生产未能以市场为导向，缺乏灵活、完善的企业化经营管理制度。

### （三）筹资办法不多

各县（市、区）现代农业示范园区主要通过政府投资建设园区的基础设施，目前园区正处于前期投入阶段，资金需求量大，政府资金远远满足不了园区建设要求，入园区企业自有资金也不能满足园区产业发展的需要。按照国家政策性融资规定，通过项目争取国家农发资金，政府农发资金可以与银行按1:4的比例进行贷款，而由农业经营主体申请农业贷款，只能按2:1的比例贷款。如何用较少的资金撬动更多的资金，各园区没有更好的办法。

### （四）创造效益不实

目前，各个园区普遍存在"重展示、轻实效"的现象。现代农业示范园确实是探索上饶未来农业发展模式的窗口。然而，展示只是园区的外在，探索才是内核。如果仅仅注重外在的好看，苛求于造价高昂的生产设施建设，疏忽了探索运用新型技术，这是得不偿失的。同时有的园区设施过于超前，远远超出目前受众所能接受的程度。

### （五）软件水平不高

从各园区的调查结果可以看出，它们在基础设施上投资力度很大，在硬件方面已具备现代农业科技园的特征，如智能型日光温室、产品贮藏加工车间、办公区、休闲观光区等。但是软件建设却不尽如人意。最为突出的是人员素质，管理者文化程度不高，缺乏对现代农业企业经营管理的理论知识，而生产者文化素质更是普遍偏低。在信息网络大背景下，这样很难适应当下的要求，尤其是掌握新兴农业技术和产品的线上销售方面，表现得捉襟见肘。

### （六）农民兴趣不高

建现代农业示范园区的根本目的在于做给农民看，引着农民干，让农民知道走什么样的路子能挣钱，慢慢实现农业发展方式的转变。但现在这种"高大上"的园区对农民来说，成了可望而不可即、中看不中学的形象工程。尤其是示范园的说服力，最终体现在盈利能力上。如果不能挣钱，没有盈利前景，再金碧辉煌的示范园，也只能是一个"建筑样本"。

### （七）用地指标不足

有些村民对土地流通方针不理解，对租借土地等还有思想顾虑，土地流通

目前还存在一些困难，在一定程度上影响了园区的集约化运营、基地化生产和建设工作。同时，园区租用、反租倒包土地资产化没有明确的法律依据，这也给园区建设、招商引资等带来了较大困难。农业示范园区大部分规划在农用耕地上，园区及园区企业都需要建设部分永久性房舍用于办公、科研、培训及产品加工，但园区建设却没有配套的建设用地指标，在园区建设中申请农用耕地转化为建设用地很难获得土地部门批准，极大地制约了园区发展。

# 五 发展的基本路径及其对策

建设现代农业示范园区对于上饶农业增长方式的转变、农业科技创新能力的增强、现代农业体系的发展，具有重要的促进作用。因此必须采取切合实际的战略对策，实现示范园区稳步健康发展。

## （一）做大做强主导产业，建设优势特色产业引领区

依托当地优势特色主导产业，将产业园打造为品牌突出、业态合理、效益显著、生态良好的优势特色产业发展先行区。编制全市农业示范园区总体规划，各县（市、区）示范园区必须要纳入其中。总体规划要有清晰精准的定位，根据示范园所处的地理位置、投资能力、市场容量等因素确定发展方向。农业示范园区必须要突出特色，扬长避短，避免建设雷同、产品重复等资源浪费现象。要增强示范园的示范展示作用和可视性。示范园区的功能设置要合理，在遵循实际条件的情况下，做好观光、体验等优质服务项目，实现示范园的充分利用和功能互补，增强综合创收能力，以规划引领、建设和发展园区，全力打造实力园区、活力园区、魅力园区。

## （二）促进生产要素集聚，建设现代技术与装备集成区

聚集现代生产要素，配套组装和推广应用现有先进技术和装备，将产业园打造成技术先进、金融支持有力、设施装备配套的现代技术和装备加速应用的集成区。扎实推进园区标准化生产，加强园区高标准的各项配套设施建设，实现装备更新升级，建立生产、采收、储藏、运输全程一体化的服务体系，建设农产品、畜牧业、水产品高科技生产、销售、出口基地。加强园区信息化建

设，采用线上、线下双管齐下的销售模式。推进园区有机生态建设。在生产、利用、回收等环节建立质量安全追溯体系，实现全程可追溯，确保园区农产品质量安全。

## （三）推进产加销、贸工农一体化发展，建设一、二、三产业融合发展区

搭建种养有机结合，集生产、加工、收储、物流、销售于一体的农业全产业链，充分挖掘农业生态价值、休闲价值、文化价值，推动农业产业链、供应链、价值链重构和演化升级，打造一、二、三产业相互渗透、交叉重组、融合发展的产业园区。积极推进园区各类主体之间"利益共享、风险共担"的稳定利益联结机制。鼓励各类主体采取订单合同、股份合作、保底分红等多种方式与农户合作，形成农民与主体双赢的模式。园区的企业之间、企业与农民合作社之间，科研、服务组织与各类主体之间互为促进、互惠互利，分工协作，抱团发展，以期产生产业化大集群效应。

### （四）推进适度规模经营，建设创业创新孵化区

积极鼓励引导家庭农场、农民合作社、农业产业化龙头企业等新型经营主体，重点通过股份合作等形式入园创业创新，搭建一批创业见习、创客服务平台，将产业园打造成新型经营主体"双创"的孵化区。现代农业示范园区要做好科技的对接，使先进适用高新技术与农户对接。引进高新技术和项目，遵循园区试验→园区推广→市场检验→农户引进的模式。现代农业示范园区要做好信息对接，通过信息传播，使分散的农户进行集群，让示范园成为各种信息发布中心和交流总平台。及时把各项新兴技术送到农户手中，并举办培训班，定期培养农户的科技素质，把示范园办成推广农村实用新技术的"田间学校"。现代农业示范园区要做好市场对接，在推广农业高新技术新品种的同时，积极与各地生产加工企业建立联系，大力开拓销售市场，为农户提供产后不愁销的优质服务。

### （五）提升农业质量效益和竞争力，建设现代农业示范核心区

加快推进农业经营体系、生产体系、产业体系转型升级，大力提升质量兴

农、效益兴农，提升竞争力，建设引领农业转型升级、提质增效、绿色发展的现代农业示范核心区。效益是现代农业示范园区的生命力所在，要提升效益必须多管齐下，多措并举。一要做强主导产业，做靓园区品牌。加强培育园区主导产业和优势产品，大力发展独具地方特色的农业园区经济，打造一批具有区域优势的品牌，做优做强园区优势产业、特色产业。建立健全农产品质量安全可追溯机制，推行标准化生产和农产品生产记录、产地准出等制度，开展"无公害、绿色"产品认证，充分利用安康富硒资源优势，倾力打"绿色、富硒"品牌产品。二要强化主体培育，抓好招大引强。培育发展园区新型经营主体，鼓励支持龙头企业、农民专业合作组织、专业种养大户和新型职业农民投资建设园区。大力发展农民专业合作组织，鼓励支持农村种养大户、农民经纪人等通过土地、资金入股等形式组建合作社或公司，积极参与园区建设。搞好对外宣传和推介，加强对现代农业园区拓展提升建设项目的包装策划。充分发挥龙头企业在资金、管理、品牌和市场方面的优势，做大园区、做强产业。三要找准定位方向，提升创新水平。园区发展原则：效益中心、规模适度、分层推进、提升水平；园区发展要求：标准化种养、工厂化生产、对接市场、畅通销售、精深加工；园区功能定位：产前抓种源、产中抓示范服务、产后抓市场营销。促进园区水、电、路、渠、沼等配套设施建设，做到道路畅通、排灌方便、用电便捷、沼气配套；推广应用钢架大棚、喷微灌、温湿调控设备，完善土壤地力、生态环境及产品质量检验检测等管理服务设施，积极推进农业设施化、机械化、信息化。

### （六）构建支撑体系，建设现代农业产业园区的政策创新高地

1. 多元投入，突破瓶颈

根据示范园区规划的建设内容和建设目标，按照"目标一致、渠道不变、有效整合、管理有序"的原则，整合财政现代农业发展专项、农业综合开发、农田水利、财政专项扶贫、退耕还林后续产业建设等各项涉农资金，切实加大资金投入。政府设立现代农业园区建设专项资金，并列入年度财政预算。整合农业、林业、水利等相关部门项目资金，实行集中投入，加快推进园区基础设施建设。政府要积极搭建企业和农户与金融部门的对接平台，鼓励支持园区及龙头企业、家庭农场、种植大户、农民专业合作社贷款融资。同时，通过积极

争取国家、省里的政策扶持、资金补贴，积极吸引国内外资金、民间资本和工商资本投资园区建设，加大银行对园区的信贷投放，加强引导广大农户以土地、劳动力、资金、技术等各种生产要素及以承包、入股等形式参与园区建设等方式，引导社会资金参与园区建设，促进园区持续快速健康发展。

2. 示范引领，吸引农民

现代农业示范园区主要应该在示范新技术、新农艺、示范绿色和有机技术，示范低成本技术，示范产业化方式方面发挥示范引领作用，以实实在在的经济效益吸引农民，使农民成为现代农业发展的主体。

3. 加速流转，规模经营

坚持"依法、自愿、有偿"的原则，推进土地流转机制体制创新，制定土地流转奖励政策，探索土地流转新模式（企业租赁模式、合作组织承接模式、种养大户集中模式、自愿互换模式），推动土地向种养大户、龙头企业、合作组织有序流转，实现土地规模化经营，提高土地集约化经营水平。

4. 营造环境，高效服务

农业示范园区要制定一套高效的科技服务体系，营造良好的发展环境。通过加强园区软硬环境的建设，重视发展多元化的科技服务组织，完善园区科研机构和技术推广服务组织，拓宽服务领域和服务范围，吸引社会各界的广泛参与，创造良好的投资与发展环境。

5. 科级支撑，人才培养

鼓励园区企业走产学研结合的道路，加强与高等院校、科研单位建立各种科技合作关系。通过建立新型的人才聘用制度，进行产权体制改革，加强多种形式的人才培养等方式，多种途径吸引、培养农业示范园区急需人才。同时，培养造就一批懂技术、会管理的农民技术骨干。

# B.22
# 推进上饶市城镇村联动发展研究报告

上饶市城镇村联动发展研究课题组*

**摘　要：** 党的十九大把乡村振兴战略提到新的高度。城镇村联动发展
与乡村振兴战略是一脉相承、高度契合的。围绕产业兴旺、
乡风文明、治理有效、生活富裕的总要求，尝试做牢产业基
础，夯实城镇村联动根基；优化公共产品与公共服务，引领
城镇村联动发展；构建基层公共文化服务体系，助力城镇村
联动发展；建立"三位一体"基层治理组织，保障城镇村联
动有序推进作为工作推进的应有之义和其中目标导向。

**关键词：** 城镇村联动　乡村振兴　公共服务　基层治理

联动，即联系互动。推进城镇村联动也就是打破当前依然存在的城乡壁
垒，由城乡二元向城乡一体发展。城镇村联动的侧重点在镇、村。补齐镇村发
展短板是推进城镇村联动发展的关键所在。当前，正在落实实施的乡村振兴战
略与城镇村联动发展是一脉相承、高度契合的，也是随着中国特色社会主义进
入新时代的聚焦定位，正视我国社会主要矛盾已经转化为人民日益增长的美好
生活需要和不平衡不充分的发展之间的矛盾实际，突出做好"三农"工作的
要求。党的十九大报告指出，要坚持农业农村优先发展，按照产业兴旺、生态
宜居、乡风文明、治理有效、生活富裕的总要求，建立健全城乡融合发展体制
机制和政策体系，加快推进农业农村现代化。推进城镇村联动发展是实现这一
宏伟目标的必然路径选择。

---

\* 课题组组长：李明良；课题组成员：廖焕水、黄飚、江世银。

# 一 相关理论及研究综述

英国学者刘易斯较早地揭示了发展中国家并存着农村中以传统生产方式为主的农业和城市中以制造业为主的现代化部门，由于发展中国家农业中存在边际生产率为零的剩余劳动力，因此农业剩余劳动力的非农化转移能够促使二元经济结构逐步消减。此后费景汉、拉尼斯修正了刘易斯模型中的假设，在考虑工农业两个部门平衡增长的基础上，完善了农业剩余劳动力转移的二元经济发展思想。

美国社会学家索罗金和齐默尔曼在 20 世纪 20 年代提出的城市·农村二分法中，选择了八项指标来比较城市社会与农村社会。第一，职业。第二，居住环境。第三，空间范围大小不同。第四，人口密度不同。第五，居民的同质性与异质性程度不同。第六，在社会分化与阶层分化层面，农村社会的分化较为单纯，而城市社会的分化较为复杂，贫富差距更大。第七，农村人口的流动性较小，而城市人口的流动性较大。第八，农村人的交往是初级的、是全人格的和永久性的；而城市人的交往是次级交往，是一种限定的、非人格性的。

魏厚凯认为，城镇化的实质就是经济、社会和空间结构的变迁过程。从经济结构变迁看，城镇化过程也就是农业活动向非农业活动转化和产业结构升级的过程；从社会结构变迁看，城镇化是农村人口逐步转变为城市人口以及城市文化、生活方式和价值观念向农村扩散的过程；从空间结构看，城镇化是各种要素和产业活动向城市地区聚集以及聚集后的再分散过程。高一诺、向清凯认为，城乡二元经济结构形成的城乡壁垒和城乡分割的传统体制，是造成城镇化滞后和城乡差距过大的根本原因，也是"三农"问题长期难以解决的关键所在。

# 二 推进上饶城镇村联动发展的思路举措

按照建立健全城乡融合发展体制机制和政策体系要求，以产业兴旺、生态宜居、乡风文明、治理有效、生活富裕为工作目标导向。具体而言，可围绕扎实做牢产业基础；做优公共产品与公共服务；加强村党小组建设，强化党在乡

村工作中的领导；以文化振兴引领乡村精神文明持续进步；持续保护好生态环境等方面推进工作。

### （一）做牢产业基础，夯实城镇村联动根基

推进乡村振兴，产业是基础。上饶应按照《关于加快推进农业结构调整的实施意见》要求，以农业供给侧结构性改革为主线，依据"东柚西蟹南红北绿中菜"的总体产业布局，着力实施全市农业结构调整"十大工程"，（优质稻、蔬菜、果业、茶叶、水产、草地畜牧、中药材、油茶、笋竹、休闲农业和乡村旅游"十大"产业发展工程），着力强化质量兴农、绿色兴农、科技强农、品牌强农，力争实现上饶乡村产业的高质量跨越式发展。

1. 坚持规划先行

科学规划是乡村产业振兴发展的前提。一是强化规划引领先行。按照"全域规划、城乡一体"理念，在项目规划设计过程中应尽量做到突出重点，兼顾一般，既要突出亮点，连片推进，又要兼顾偏远山区；既要着重主干渠的修建，又要注重毛渠的修复，打通高标准农田建设的"最后一公里"。二是出台乡村振兴战略规划。编制乡村产业发展规划，优化空间布局，市、县（市、区）联动，确保规划的科学性和可执行性。规划编制应注意分类推进、分步实施，防止急于求成、急功近利。

2. 扎实推进土地流转

有效土地流转是规模化发展带动促进乡村产业振兴的前提。一是创新土地流转方式。在精准确权的基础上，坚持"依法、自愿、有偿"的原则，依托土地信托流转机制等，采取建立"企业＋基地＋合作社＋农户"的利益联结机制、让百姓入股等方式，按照有利于农业结构调整、增加农民收入的目的积极稳妥推进。二是稳步推进土地流转。加快建立农村综合产权流转交易市场，帮助合作社等解决发展乡村产业的土地"瓶颈"问题。加大土地流转方面法律、法规的宣传力度，提升农民法律认知意识水平。

3. 稳步推进乡村产业工业化

用工业化理念思路发展乡村产业是推进乡村产业振兴的必然路径。一是推动打造一批农业产业集聚发展平台。按照"扩大总量、提升档次、特色鲜明、示范带动"的思路，推动农业产业向现代农业示范（产业）园集聚，加快创

建一批国家级、省级现代农业示范（产业）园。二是用工业化理念和产业化思路发展农业。借鉴先进国家地区推进农业产业化经营的实践经验，将先进的发展工业理念如规模经营、标准化生产、市场导向、品牌营销等，用于指导发展农业，克服传统农业小打小闹的缺陷，通过行政和市场双重推动，使农业区域化布局、专业化生产、一体化经营、社会化服务、企业化管理，逐步实现农户与现代技术的对接、与大生产的对接、与大市场的对接。

4. 促进乡村产业融合发展

只有传统种养殖业与二、三产业融合，才能促进其产业结构优化升级。一是促进农产品加工和流通升级。把农产品加工业作为促进三产融合发展的重要抓手，鼓励和引导工商资本进入，做大做强一批农产品加工企业，着力培育一批带动作用突出、综合竞争力强、稳定可持续的农业产业化联合体。推进"互联网+现代农业"，促进农业流通现代化。二是突出做好乡村旅游大文章。以秀美乡村建设为基础，在做精和特色上下工夫，通过农旅、文旅结合，延长旅游产业链，建成一批"精细精致精美"的秀美乡村景点，以乡村旅游发展凝聚提升乡村人气。

5. 培育乡村企业（公司）发展

通过乡村企业（公司）的大发展引领乡村产业走规模化集聚化发展之路。一是进一步加大招商引资力度。利用好现有资源，精心编制项目，坚持"引进来""走出去"相结合，通过农业专题招商等活动，引进一批科技含量高、带动能力强、经济效益好的大项目，提高农业利用外资的质量和水平。二是创新产业发展模式。打破传统的以户为单位的种养殖模式，引入有能力的企业，发展"公司+基地+农户""公司+基地+家庭农场（专业合作社）+农户"，或采用合作社模式等，走出一条农业集约化、产业化发展之路。

6. 建立相关服务机制

政府的先进理念和精准服务是乡村产业振兴发展的必然保障。一是针对现有农村人力资源开展系统培训。依托远程教育点、职业院校等教育平台，开展系统培训。制订新型职业农民培育计划，重点围绕家庭农场主、合作社领办人及有创业计划的大学毕业生、退伍返乡军人等开展培训。二是强化农业与信息化融合。全面实施智慧农业PPP示范项目，加快信息进村入户工程建设，推动现代信息技术与农业生产、经营、管理和服务深度融合，不断提升农业信息

服务便捷化、农业生产智能化水平。三是建立农业生产保险机制。由于农产品抗市场风险能力弱，农业发展不确定性因素增多，种养殖风险较大，通过建立健全农业保险机制来降低不确定性因素对农业生产的影响。

### （二）优化公共产品与公共服务，引领城镇村联动发展

在公共产品与公共服务方面，当前存在的问题主要有以下几点。

第一，设施落后是一大短板。

医疗卫生、养老、基础教育方面不同程度地存在场地不足、设施陈旧、设备不全、公共产品供不应求的问题，乡镇公共服务机构发展质量参差不齐，未能满足群众日益增长的公共服务需求。如城区学校发展面临用地紧张问题，乡镇卫生院设施简陋、医疗设备落后，养老院陈旧等。

第二，人才匮乏是一大限制。

一方面专业人才向乡镇输送力度不够，有较强专业知识和服务水准的人员多留在大城市发展，乡镇有能力的人才匮乏；另一方面乡镇基层服务人员待遇低下，难以留住人才，人才流失的问题突出，使得乡镇公共服务和管理人才问题日益显著。

第三，资金短缺是一大难题。

一方面发展基层公共服务是一项需要逐步推进的民生工程，通过逐步投入发展资金，乡镇基层设施条件有所提升，然而基于乡镇公共基础底子薄、摊子大，各项投入有限，建设资金捉襟见肘；另一方面基层工作经费无法保障，大多数乡镇工作经费紧张，下到村一级经费更是几乎为零，严重影响了基层办事员的工作热情和积极性。

根据调研，针对当前乡村公共产品与公共服务领域存在的问题，应着力从以下几个方面努力发力。

第一，完善政策。出台完善对各公共领域发展扶持政策，特别是医疗卫生、基础教育、基本养老、社会保障等方面，自上而下制定标准和具体措施，对于已有的方针政策要督促落实，进一步改善基层医疗、教育、养老、社保等方面条件，确保基层公共服务普惠于民。

第二，强化投入。进一步加大对乡镇医疗卫生、基础教育、养老设施等方面的资金投入，增加医疗卫生、教育机构数量，县级财政每年划拨一定数目的

资金用于乡镇基础设施建设，并制定相关政策，严格规范资金使用范围，同时积极向上级有关部门争取资金支持，用于改善基层公共设施条件，提供丰富多样的文化、体育、休闲娱乐等普惠性公共产品和服务。

第三，招才引智。一方面加大教育、医疗领域专业人员的引入，制定人才引入相关政策，吸引大学生村官等，充实基层服务行业人才储备；另一方面提高人员待遇，进一步提升乡镇基层服务管理人员待遇，着力解决部分人员编制及薪资低下问题，以增强服务管理人员的责任心和服务水平。

第四，科学规划。在充分掌握各乡镇公共产品与服务发展情况的基础上，在县级层面制定科学完善的公共设施建设与发展规划，精细布点、按需建设，确保公共产品与服务满足人民群众日益增长的物质文化需求。如针对基层养老需求体量大、养老机构分散、养老设施落后的情况，在县城规划建设区域性中心养老院。

第五，量化考核。将乡镇医疗卫生、基础教育、网格化精细管理工作、社会保障体系建设等发展情况纳入基层工作的重要考核指标，形成压力，激发动力，鼓励基层做好公共服务相关工作，切实增强基层公共产品多样性，提升基层公共服务水平。

第六，优化管理。探索新型管理模式，进一步优化管理。在教育、医疗卫生、基层文化娱乐领域基础建设方面可吸纳民间资本注入，探索公私合营模式；在社会养老方面可探索公建私养模式，引入竞争机制，优化养老服务，促进行业发展。

## （三）构建基层公共文化服务体系，助力城镇村联动发展

上饶以改革的思维和创新的举措推进基层公共文化服务体系建设，具体取得了"四有"新成效，夯实巩固了乡村文化阵地，为2019年比全省提前一年全面完成县、乡、村公共文化服务体系建设目标奠定了基础。

1. 基层公共文化设施标准有提升

该市大部分县（市、区）公共文化基础设施在实现了江西省政府办公厅印发的《推进基层综合性文化服务中心建设实施方案》（赣府厅字〔2016〕101号）中要求的"五个一"标准的同时，结合实际，创新形式，丰富内涵，将标准提升到了"七个一"甚至"十个一"。比如：余干县大力实施乡村社会

主义先进文化阵地"七个一"工程,用群众喜闻乐见的方式进行教育引导,使许多信教群众从祈祷"上帝赐福"转变为感沐党恩,信教贫困户从8793户减少到579户。德兴市罗家墩文化服务中心按照"十个一"标准统一配备了演出音响、灯光、投影、网络广播、健身器材等文化体育设备,修缮了集舞台、老年人棋牌活动室等功能的文化礼堂、生态农耕文化展示室、文化广场、综合阅览室、体育健身广场等,实现了活动场所功能区域化。目前,像这样达到"十个一"标准的村级文化服务中心在德兴市已全域推广,并在其他县(市、区)广泛铺开,近期可实现全覆盖。

2. 基层公共文化服务范围有拓展

在实现"市、县、乡、村"网络覆盖的基础上,该市各地根据实际,将基层文化服务中心建设的范围从行政村有效延伸到了自然村。全市几乎每一个行政村中都有将文化阵地、文化服务融入村庄建设的自然村示范点,也推出了一大批的乡村文化标签。例如,弋阳县邓家等村组对村室进行改造,拓宽服务功能,集办公服务、体育健身、群众阅读、休闲娱乐等功能于一体,设立党群服务中心,全面建强村党小组组织服务阵地,使党支部成为带领群众脱贫致富的坚强战斗堡垒,使村室成为联系群众、凝聚群众、服务群众的重要阵地。这为下一步公共文化服务在自然村延伸、拓展提供了参照借鉴,也为农村群众提供更加便捷高效的文化服务打下了良好基础。

3. 基层公共文化体系建设有特色

该市在新农村建设点上,不仅在文化服务中心建设上既实现了"五个一"的共性、硬性指标,而且因地制宜、随情就势,突出差异化、本土化建设,形成了各有特点、各具特色的个性风格。如:广丰区华家源村结合夏布文化布局,宣传、传承非物质文化,打造了一个"夏布文化村",推出的夏布工艺、夏布制作等体验,让长期生活在城里的游人体会到不一般的感受;玉山县包家村利用距县城较近的优势,结合传统习惯,以及水资源、地形、植被等自然景观,以儿童动漫为主题打造亲子家园,让人感觉到进入村庄就像进入了一个动画世界;上饶县周石村作为国定"十三五"贫困村,在秀美乡村建设中融入知青文化,将贫困村退出和秀美乡村建设同步融合推进;弋阳县邓家村围绕弋阳腔开展地方戏保护与发展,文化礼堂、弋阳腔剧场相继投入使用,丰富了文化内涵,补齐了旅游要素短板等,既有效避免了"千村一面"的现象,又打响了村庄特色文化品牌。

4. 基层公共文化产品供给有市场

建好文化阵地，建强文化队伍，基层公共文化服务才能有保证。近年来，该市的基层公共文化产品供给和市场取得了"双兴双旺"的喜人态势。以2018年第一季度文化场馆开放为例，信江书院免费开放702小时，参观人数共计11860人；市图书馆新办读者证近600张，外借30259人次、94005册次，市数字图书馆访问量17万余人次。以第一季度文化活动开展为例，市本级开展了上饶春晚、新春专场音乐会、书画作品展、非遗展等文化活动50余场次，县级开展文化活动210余场次，乡、村两级开展文化活动7000余场次，仅春节期间全市乡村就开展"文化聚亲"演艺活动2100余场。

乡村振兴的内在逻辑绝不仅仅是乡村产业的振兴，更是乡村公共文化的重构。并且，基层公共文化服务体系建设是实现聚民心凝力量，提升村民获得感、满足感和幸福感的关键举措。只有乡村公共文化有生机，乡村活力才能真正迸发，乡风文明和乡村振兴也才能最终实现。

第一，切实把握工作重点是基层公共文化体系建设的前提。毛主席曾说过：农村这块阵地社会主义思想不去占领，资本主义思想和封建主义思想就会去占领。健康积极的基层公共文化服务也正是如此。公共文化服务差异是城乡差异的一个缩影，也是平衡城乡差距，实现乡村振兴、构建城乡一体发展格局的一个先决必要条件。同时，基层乡村公共文化体系建设是一项长期工程，应重点围绕做好加强责任意识、阵地建设、理顺体制、品牌打造等工作的开展推进。让优秀文化在乡村生根，重在让老百姓当主角，把挖掘民间艺人与加强乡村文艺人才培养相结合，坚持"送"文化与"种"文化并重，乡村文化才有可能根深叶茂。应深化文化体制改革，把公益型文化性质单位与经营型文化性质单位区分开来，实行分类管理。上饶公共文化服务体系现状和建设的实践也足以证明，构建公共文化服务体系的重点在基层，难点也在基层。应坚持重心下移、资源下移、服务下移，进一步完善覆盖城乡的基层公共文化设施网络，不仅满足了农民群众日益增长的文化需求，更是增强了农村发展的凝聚力、向心力和创造力，为乡村振兴提供了精神动力和智力支撑。

第二，广泛引导资金投入是基层公共文化体系建设的关键。以群众的需求和满意度为导向，创新公共文化的共享和参与模式，实现从"办文化"向

"管文化"的转变，是推进基层公共文化服务体系建设的内在要求。通过充分发挥市场在配置文化资源中的主体作用，引导鼓励农民个体、私营民营、外资企业等参与农村文化产品生产和文化服务，开发基层文化资源，形成政府、企业、农民主体三者之间的良性互动。另外，在文化阵地建设中应注重资源整合，力求成本与功能最佳结合，避免低水平重复建设，避免仅仅为了完成"上级"任务或检查而建设文化设施。为此，应坚持立足实际，梯次推进，把文化服务与农村重点工作——脱贫攻坚、环境整治、乡村旅游等结合起来，把农村文化体系建设工作经费纳入各级财政预算，并通过建立农村文化发展专项资金等手段切实保障加大投入，通过加强组织领导、政策支持、财政投入、监督管理等，激励和引导社会力量参与公共文化体系建设。强化各地通过政策引导、以奖代补、购买服务等方式，因势利导，培育和发展一批社会非营利组织、文化志愿者队伍等服务主体，扩大延伸公共文化服务建设的触角范围，让文化资源配置从系统"内循环"逐步转向市场和社会的"大循环"。

第三，有效丰富产品供给是基层公共文化体系建设的根本。文化是推动经济社会发展的稳压器和和谐剂，也是生产力。为人民群众提供内容丰富、形式多样、健康向上、品质优良的公共文化产品和服务，是构建基层公共文化服务体系的出发点和落脚点。乡村公共文化建设既要立足于弘扬和继承乡村优秀传统文化，也要善于挖掘本地文化特色，还应契合现代文化精神和文化向度。坚持挖掘发展地域文化和乡土文化，加强对特色文化资源的发掘、整理和保护，坚持以人民群众基本文化需求为导向，加强对公共文化产品创作生产的引导，切实提高公共文化产品质量。同时，应切实增强服务意识，开展菜单式、订单式服务，提供更多群众喜闻乐见、充满正能量、具有本地特色的优秀文化产品，让群众更方便地融入进来，最大限度地缩短文化与群众心灵的距离，努力实现公共文化服务产品"适销对路"，增强乡村文化的吸引力和感染力，让文化惠民、文化育人落到实处，也为乡村振兴吸引更多返乡创业的"新村民"。

## （四）建立"三位一体"基层治理组织，保障城镇村联动有序推进

乡村振兴，首要的是乡村组织振兴，只有健全建强乡村组织，才能保证乡村振兴战略的全面实施。2012年党的十八大以来，适应新时代乡村治理和乡村振兴战略的组织需要，弋阳县针对农村自然村自治组织薄弱问题，探索建立

"党小组＋村民小组＋村民理事会"，即乡村"三位一体"治理模式。全面加强了乡村基层组织建设，实现基层党组织领导和村民自治相融合，为乡村治理和乡村振兴提供了强有力的组织保障。

1. 适应乡村治理和乡村振兴需要，农村自然村必须建立"三位一体"基层治理组织

中国自20世纪80年代农村废除人民公社管理体制后，农村的治理结构是乡、村、组的治理结构体系。而新时代的乡村通过拆村并组改革，逐步形成了以农村自然村为基本单元的乡村治理新格局。为更好地发挥村级组织的自治作用，就必须加强党的领导，创新农村自然村治理组织形式，提高乡村治理水平。

（1）乡村治理必须以农村自然村为最后小区域社会

治理新时代农村自然村是乡村治理的最后小区域社会。农村小区域社会如何治理？如何满足生产生活在农村小区域社会里的村民对各种公共设施建设和各种公共服务的需要？如何把党和政府的各项政策落实到村民群众中去？如何化解基层群众的各种矛盾？近年来，弋阳县适应农村自然村的治理要求，在保留村民小组的基础上，加快培育发展村民理事会组织。目前，全县自然村都建立健全了村民理事会，为乡村治理奠定了村民自治组织基础。

（2）乡村振兴必须以农村自然村为最基本建设区域

目前，农村精准扶贫的村庄整治项目建设，乡村振兴的产业振兴、人才振兴、文化振兴、生态振兴建设，农村环境整治、公共设施、公共服务建设等，其落脚点都在农村自然村。由于农村自然村是农村各种建设的小区域，要保证乡村振兴战略的实施、保证乡村各种建设事业的推进，加强和完善农村自然村治理组织建设，是推进乡村振兴战略的前提。

（3）党领导乡村必须以农村自然村党小组为最基层组织

目前，村级党组织很难发挥领导乡村振兴的作用，主要原因在于村以下没有强有力的组织支撑。由于农村自然村党小组不健全、党员队伍年龄老化、缺乏人才等原因，造成村级事务基本上由村干部承担。而村干部又普遍较少，一些工作难以真正落实到组到户。要解决这个问题，必须加强农村自然村党小组建设。在农村自然村设立党小组，以党小组引领村民自治组织，从而充分发挥村民自治作用。

（4）乡村"三位一体"治理模式保障了乡村治理和乡村建设的组织需要

弋阳县在探索乡村治理的实践中，深刻认识到新时代乡村治理的新情况、新问题，抓住农村自然村组织建设的薄弱环节，在整合农村自然村村民小组、村民理事会自治组织的基础上，科学设置自然村党小组，形成"村党小组 + 村民小组 + 村民理事会"三位一体的农村自然村治理组织，为新时代乡村治理和乡村振兴提供了新的治理组织模式。

2. 以科学设置村党小组为重点，建立健全农村自然村"三位一体"治理组织

近年来，弋阳县以创建红旗党小组和推进党小组规范化建设为突破口，围绕全县农村自然村建立村党小组的总目标，大胆尝试探索，逐步实现了乡村"三位一体"治理模式的规范化建设。

（1）统筹规划，健全组织

为加强实施农村自然村党小组建设，弋阳县委组织部于2012年和2015年制定了《关于开展创建"红旗党小组"活动的实施意见》《关于推行党小组规范化建设的实施意见》，提出了"全覆盖、抓创建、促规范、有作为"的工作目标和"一年抓组建、两年抓规范、三年抓提升"的工作思路，以"一建五有一评"为举措，立足全县农村自然村实际，统筹规划，分步实施。按照基础条件好的村优先建、条件一般的村完善建、条件差的村创造条件建的原则，大力推进了农村自然村党小组建设。目前全县已建立了780个自然村党小组，占全县自然村总数的90%以上。

（2）打造典型，分类建设

按照农村自然村"三位一体"治理组织建设的要求，弋阳县委组织部推进典型打造、分类建设。目前全县已打造了治理型（如樟树墩梅源、漆工义兴源）、文化型（如马安胡家、马安倪家仓、旭光江廖肖）、产业型（如蔬菜江家、排前徐家、朱坑长源）、生态旅游型（如东湖邓家、宝石夏家）等自然村治理组织的不同典型样板，以点带面，引领推广全县农村自然村"三位一体"治理组织的全面建设。

（3）统分结合，职责到位

弋阳县的农村自然村"三位一体"治理组织，是村党小组与村民小组、村民理事会融为一体的自然村治理组织。党小组的主要职责是实行组织领导、事务决策、宣传落实党和政府的各项政策、发挥党员的先锋模范作用。村民小

组的主要职责是管理集体资产、承担村民生产生活的服务、协调、推选村民代表和村民选举委员会成员。村民理事会的主要职责是建立完善和监督执行村规民约、公共事务管理、公共场所卫生管理等各项长效管理机制。在"人、财、事"职责分工的基础上，保证村党小组的统一领导。

（4）能人理事，场所保证

保证农村能人理事是农村自然村"三位一体"治理组织建设的关键。弋阳县为保证建立建强自然村治理组织，实行农村能人优选制度。采取"三推一考"（自我推荐、党员推荐、群众推荐，支部考察）的方式，选好配强村党小组长、村民小组长、村民理事会理事长。是党员的村民小组长或村民理事会理事长，实行村党小组长与村民小组长或村民理事会理事长一肩挑，保证能人理事。为确保农村自然村自治组织有场所议事，县委组织部要求每个自然村党小组活动场所面积要达到 20 平方米以上。目前，全县已建立村党小组的自然村均已落实了活动场所，并做到有标牌、有党旗、有书报、有宣传栏、有设施、有制度、有党员名册、有工作台账，保证有场所理事。

（5）完善提高，质量保证

农村自然村治理组织建设是一项长期工程。弋阳县始终坚持条件成熟—建设—巩固提高的原则，建立农村能人培养制度。把农村优秀青年培养成党员，把年轻优秀的党员培养成"两小"组长或理事会理事长，把年轻优秀的"两小"组长或理事会理事长培养成为村干部，保证治理组织后续有人。建立农村自然村治理组织经费筹集制度。采取组织部门奖励、挂点单位支持、乡镇（场、街道）党委补助、向外筹集、集体经济提留等多渠道的办法，保证治理组织有经费办事。建立农村自然村党小组星级创评制度。创评标准为三、四、五星等级，被评为五星级的村党小组，由县委组织部实行奖励，被评为四星级的村党小组，由乡镇（街道）党委实行奖励，充分调动自然村治理组织的工作积极性。

# 结语与说明

推进城镇村联动发展是一项长期复杂系统性较庞大工程。本课题研究限于时间、精力、经费、篇幅等原因，仅仅从产业发展、乡村公共产品与公共服务

提供、公共文化服务振兴、村党小组建设等四个方面，结合调研和上饶实际，做了初步研究。其中第二部分的"（三）构建基层公共文化服务体系，助力城镇村联动发展"为《上饶师范学院学报》2019 年第 2 期刊发论文《乡村振兴战略实施背景下的地方文化振兴探究——以上饶"三力叠加"打通公共文化服务"最后一公里"的实践为例》的部分内容；"（四）建立"三位一体"基层治理组织，保障城镇村联动有序推进"为调研报告《加强村党小组建设创新乡村"三位一体"基层治理模式——弋阳县农村自然村"党小组＋村民小组＋村民理事会"治理组织建设的实践与成效》的部分内容，此篇调研报告获得上饶市委领导的批示。另外，也将会在今后的工作中，继续就本课题做更为广泛深入的延伸研究。

# B.23
# 上饶市现代农业示范园区建设研究报告

上饶市现代农业示范园区建设研究课题组*

**摘　要：** 2016年上饶市委、市政府一号文件《关于落实发展新理念建设现代农业生态体验区的意见》，确立了把上饶市全域建成高端的绿色生态农产品供应基地、农民生活品质提升高地、乡村休闲旅游目的地的现代农业生态体验区的发展定位。全市各地按照现代农业示范园"四个一"的建设标准，即"一个智能大棚、一栋创客大楼、一个旅游景点、一片基地"，共引进现代化智能型连栋温室10余万平方米，引进培育新品种540个，示范推广新技术219项。全市各地均建有现代化的农业设施，园区主要农作物耕种收综合机械化水平达到74%。下一步，上饶市要强化特色立园，明晰发展定位，创新机制活园，完善发展体系整合项目入园，建设高品质的现代农业示范园区。

**关键词：** 现代农业　示范园区　发展定位

## 一　发展现状

近年来，上饶市围绕国家现代农业示范区建设，加大投入，加快建设，现代农业示范园区建设取得了很好的成效。

---

\* 课题组组长：廖焕水；课题组成员：邢亮。

### （一）强化领导

一是领导高位推动。2016年，全市12个县（市、区）全部成立了以县委、县政府主要领导为组长，分管领导为副组长，相关部门负责人为成员的现代农业示范园区建设工作领导小组及办公室。二是组织机构健全。按照"撤一补一"的原则，各县（市、区）全部成立了正科级"现代农业示范园区管理委员会"机构，人员编制和经费得到落实，负责园区的招商引资、土地流转、基础建设、项目推进等管理工作。三是督察调度强化。以市委、市政府两办名义下发了《2016年现代农业发展倒计时实施方案》，把园区建设工作纳入领导工作考核体系，实行一月一督查，列入全市经济社会发展巡查重点内容。

### （二）规划引领

2016年市委、市政府一号文件《关于落实发展新理念建设现代农业生态体验区的意见》，确立了把上饶市全域建成高端的绿色生态农产品供应基地、农民生活品质提升高地、乡村休闲旅游目的地的现代农业生态体验区的发展定位，同时确立了到2020年"壮大特色产业体系，发展百个休闲农业示范点，打造千个秀美乡村，培育万个高品质农家示范户"的建设目标。大部分县（市、区）结合实际，高标准编制园区建设规划，聘请了国内知名院校和院所进行规划设计。如万年县聘请中国农业大学，上饶县聘请中国农科院，弋阳县聘请农业部规划设计院，横峰县聘请湖南农林工业勘察设计研究总院，铅山县聘请重庆银桥建设设计有限公司等。

### （三）创新模式

各地根据发展实际，积极创新运营模式，形成了不同的发展路径。有PPP模式，如德兴市采用PPP投资方式（政府资本＋社会资本），政府资本占股份比例49%，社会资本占股份比例51%。有政府投资模式，如广丰区财政安排专项资金2.3亿元投入园区基础设施建设和相关配套项目丰溪国家乡村公园建设。有企业投资模式，如玉山县柳林农业科技示范园项目计划投资3.4亿元，目前政府已完成投资1.38亿元。有融资贷款模式，如铅山县由财政担保，铅山农业产业发展有限公司向县农发行贷款5.4亿元，用于运作农业示范园项目及配套设施建设。上饶县加大信贷资金投入力度，2015年11月，园区申报了总投资规模为9.39亿元的总体建设项目，获得国家第三批专项建设资金项目支持，同时，向省农业发展银行申请了规模为6亿元的投贷项目。

### （四）设施改善

全市各地按照现代农业示范园"四个一"的建设标准，即"一个智能大棚、一栋创客大楼、一个旅游景点、一片基地"，共引进现代化智能型连栋温室10余万平方米，引进培育新品种540个，示范推广新技术219项。全市各地均建有现代化的农业设施，园区主要农作物耕种收综合机械化水平达到74%。广丰区建成3.6万平方米钢架大棚，其中一个2万平方米单体大棚为全省最大。德兴市建成1个集示范种植、休闲体验、农业观光、展示展销、采摘体验等为一体的"农业综合体"项目，包括6个智能化玻璃温室，占地面积40000平方米。

### （五）项目整合

市委、市政府大力支持示范园区建设，筹整合各类涉农资金及项目，形成了以政府、国企、上市公司、集体企业、民营企业、农业科技专业户、农业科员院所和外商投资为主体的产权明晰的多元化投融资体系。各县（市、区）切实加大政府资金对现代农业园区建设的集中投入，通过整合财政、农业、林业等资源，充分发挥政府资金在现代农业示范园区建设中的主导作用。如上饶县已筹集项目资金4000余万元，并将通过银行筹资7亿元建设国家现代农业科技示范园。

### （六）主体集聚

各县通过大力开展平台招商、产业招商，引导和支持生产要素向园区主体集聚，初步形成了集蔬菜种植、林果苗木繁育等为一体的现代农业产业集群。如广丰区引进了省级龙头企业6家，市级龙头企业16家，省级以上农民专业合作社12家，省级家庭示范农场7家，种养大户46个。其中江苏绿港公司和

广丰区锦垚农业开发有限公司投资 3000 万元建设水肥一体化蔬菜栽培项目；江西歌田农业开发有限公司投资 1.5 亿元，建设占地 1000 亩的歌田农业项目；万年县 2016 年引进种植企业 4 家，食品深加工企业 8 家，冷链物流企业 1 家落户园区。山东寿光鲁盛农业科技公司、大卫农牧公司和青鸟果蔬专业合作社三家公司已来万年现代农业示范园区考察，现正在积极拟订农业投资项目可行性报告。

### （七）发展融合

一是农旅融合。如万年县农旅互动，核心区引进双德生态农业产业园项目，总投资约 8 亿元打造集智能化设施农业、生态休闲旅游和养生养老为一身的观光休闲农业。二是农业加工融合。如铅山县引入龙头企业江天集团，投资 2.8 亿建江天科技园深加工红芽芋项目，带动辐射以铅山为中心的周边县种植红芽芋 15 万亩，产值 8 亿元，红芽芋深加工产值 20 亿。三是农业科技融合。如万年县整合水稻新品种展示、高产创建、配方施肥、土壤有机质提升、病虫害统防统治、水稻生产全程机械化等项目进入园区，建立百亩院士超级稻攻关试验示范点，集成应用各项水稻高产高效栽培技术。四是农业互联网融合。如玉山县充分放大"国家电子商务进农村综合示范县"带来的政策效应，主动对接农业"互联网＋"时代，建立起便捷的城乡电商网络、物流网络，全县有 200 余家企业在网上销售农产品。

### （八）效益初显

全市按照"六有"即"有规划、有标准、有产业、有主体、有品牌、有机构"的要求，共建成各类农业园区 61 个，面积达 66.2 万亩，其中综合类核心示范区 12 个，总面积达 13.4 万亩，包括国家级现代农业示范园区 1 个（万年县），省级现代农业示范园区 8 个（万年县、上饶县、广丰区、玉山县、铅山县、鄱阳县、余干县、德兴市）。农业特色产业园 49 个，面积达 52.8 万亩。产业涉及粮食、畜禽、水产、水果、蔬菜（葛）、茶叶、中药材、苗木花卉、休闲农业等十大特色优势农业产业。目前，上饶市各园区共计入驻农业企业 340 家、合作社 1834 家、家庭农场 568 个、专业大户 3958 户，园区总产值达 160.5 亿元，其中农业产值 128.8 亿元，吸纳农民就业 30.5 万人。

# 二 存在的问题

从总体上说，上饶市的现代农业示范园区建设尚处于兴起阶段，大部分正在建设当中，园区功能尚不完善，运营模式尚未成熟，经济效益还未充分显现，示范作用也未完全发挥。

## （一）区域特色不够鲜明

各地农业示范园区规划建设大同小异，包括产业结构雷同、建成项目雷同、示范模式雷同，没有因地制宜，结合当地的农业特色发展现代农业示范园。多数核心示范区内涵不足，示范性不强。普遍存在一区多园现象，生产区域分散，产业多而杂。如上饶现代农业科技园"一区二十园"，婺源县"二区五园多基地"，弋阳县"一廊两带三板块"，铅山县"一区两园五中心"。

## （二）运营机制不够灵活

一方面，目前已建的园区投入多以政府投入为主，渠道单一，导致资金不足，经营模式不活；同时园区重基础设施建设，轻产业和市场开发，有的园区甚至成了"样板工程""窗口工程"。另一方面，各县正科级的现代农业示范区管委会与农业主管部门形成"两张皮"体制。农业主管部门应该是园区建设的责任主体，却不是管理主体，而管委会是管理主体，却没有人抓具体产业。园区管委会在管理职能上与农工部、农业局存在部分交叉重叠，在一定程度上存在多头管理现象。

## （三）科技支撑不够强大

目前，大多数现代农业园区缺乏科技研发部门，产业科技水平不高，实施的科技项目较少。即使存在技术支撑单位，也普遍存在科技支撑产业发展能力较弱，与园区主导产业相关的高端科技成果储备少，与国家顶级研发单位的联系不够密切等问题。

## （四）筹资渠道不够宽畅

财政现代农业园区建设扶持有限，资金缺口较大。园区融资渠道较少，金

融支持园区发展的有效机制尚未形成。一些龙头企业、农民专业合作社在前期投资后，资金短缺问题不同程度地存在。部分园区由于受资金制约，基础设施较差，道路交通不便，建设严重滞后或不足。

### （五）制约因素仍然较多

一是政策因素。如德兴市的现代农业示范园，如果太阳能光伏发电指标争取不到，政府就要回购企业股份，企业退出经营，将会严重影响园区的后续发展。二是土地流转因素。随着近年来国家一系列强农惠农政策实施和农村土地经营效益提高，农民更加看重土地收益，抬高土地流转价格，土地流转难度加大。三是土地性质因素。农业示范园区大部分规划在农用耕地上，园区及园区企业都需要建设部分永久性房子用于办公、科研、培训及农产品加工，但园区建设没有配套的建设用地指标，农用地转化为建设用地很难获得土管部门批准。四是法律法规因素。园区租用、反租倒包土地资产化没有明确的法律依据可循，给园区建设、招商引资等带来较大运作难度。

## 三　对策建议

### （一）强化特色立园，明晰发展定位

全面衡量园区功能定位、总体发展方向等因素，注意名、特、优产品的挖掘和开发，形成园区特色主导产业。结合地域特色产业，强化园区科技支撑，建设一批产业带动型、科技支撑型、休闲文化型、循环生态型现代农业园区。

### （二）创新机制活园，完善发展体系

按照特色性、示范性原则，分别采取"企业＋园区＋基地＋农户""合作社＋园区＋农户""科研单位＋园区＋农户"运营模式，吸引相关企业、合作社、科研单位入驻，推动园区持续发展，达到双赢的效果。

### （三）实施科技兴园，创新发展方式

构建多元化的科研投入机制，进一步加大对园区科技项目成果转化的扶持

力度。完善园区农业科研机构，增强园区自主研发能力。加强对园区发展所需专业人才的引进和培养。重视对农民的技术培训，培养一批农民技术骨干和农民企业家。

## （四）整合项目入园，增强发展动力

一是编制园区项目库。在充分调查研究的基础上，编制完善全市现代农业园区建设工程 3 年项目库。二是整合项目资金。将农业综合开发、土地整理、农田水利重点县等项目资金重新整合，投向现代农业园区基础设施建设；同时，利用好国家、省农业产业化引导项目、国家农业示范区建设等项目资金，推进加工业、种养业、冷链物流、休闲农业、检测检验等产业项目建设。三是加大招商力度。鼓励企业领办、创办现代农业园区，支持龙头企业通过订单生产、合作生产、股份合作等方式，吸收农民参与园区建设，享有利益分配。

## （五）推动平台入园，强化发展支撑

土地流转平台。从农民的切身利益和当地发展实际出发，正确处理好适度规模经营和土地流转之间的关系，确保农民合法权益不受到损害。围绕主导产业培育和优势项目，精心制定土地流转规划，加快土地流转平台建设，有偿租赁经营农业土地，发展多种形式的适度规模经营。

投融资平台。进一步完善投融资优惠政策，建立多元化园区投融资平台。积极引导广大农户以土地、资金、劳动力等生产要素及以承包、入股等形式参与园区建设。同时，积极吸引国内外大公司、风险投资机构、高科技企业到园区投资创业。

产学研平台。在园区建立创新试验基地和科技成果转化平台，加快科技成果转化推广。实行科技专家分级分项目负责制，加快农业先进适用技术推广应用。同时，支持有条件的园区创建国家级农业科技园区。

信息服务平台。充分利用政务网，抓好信息平台建设，加大对园区的宣传力度。充分利用网络电子商务平台，做好园区产品宣传、推介、销售工作，多渠道促进产品销售。

# B.24
# 上饶市全域旅游发展分析报告

黄 辉

**摘 要：** 近年来，原上饶市旅发委坚持以习近平新时代中国特色社会主义思想为引领，认真贯彻落实刘奇书记调度上饶市旅游工作时提出的"上饶旅游要做江西旅游的名片、全国同行的标杆"要求，按照优质旅游发展要求，瞄准"十三五"期间"建设一千个项目、争取二千亿投资、决战二千亿收入"目标，全力提升旅游产业发展水平。旅游接待人次、旅游综合收入、门票收入、从业人员、旅游业贡献率等主要指标继续位列全省第一方阵，向建设全国旅游强市迈出了坚实步伐。

**关键词：** 大美上饶 优质旅游 全域旅游

## 一 全域规划，打造"大景区"

规划是建设的龙头。将上饶全市整体作为一个"大景区"来打造，编制全域规划，明确发展的目标、路径和措施。上饶先后编制了《上饶市旅游产业"十三五"规划》《上饶市全域旅游规划》《上饶市旅游产业发展总体规划》等多个总体规划和单项规划，先后编制了《国际医疗旅游先行区规划》《国家中医药健康旅游规划》等多个特色规划。同时，市辖各县（市、区）也编制了当地的旅游发展总体规划，各大景区都编制了专项规划，全市形成覆盖全面、重点突出、特色鲜明、产品齐全的规划网络。

# 二　全域建设，打造"大项目"

发展全域旅游，大项目引领是关键。上饶市坚持大投入、建设大项目，着力增强旅游产业的发展后劲，促进旅游产业大发展、大繁荣。全市共建设旅游重点项目 94 个，总投资达 1416.09 亿元。其中百亿以上的项目 4 个，十亿以上的项目 25 个。

## （一）城区项目快速推进

投资 300 亿元的城东文化旅游综合体、投资 100 亿元的十里槠溪·国际生态旅游度假区项目业已竣工。上饶国际旅游港的初步设计、征地拆迁工作已全部完成，相关后续工作也有条不紊地进行。快速推进投资 20 亿元的高铁农都花博园项目建设，现已投入使用。投资 6 亿元的大型水上乐园"乐翻天"项目进展顺利，2018 年 6 月投入使用。这些项目建设完成后，将彻底改变上饶旅游"景强城弱"的状况。

## （二）景区项目大干快上

投资 11 亿元的铅山葛仙山景区提升改造工程进展顺利，上饶市第六条索道已于 2017 年 8 月 29 日正式投入运营，成为铅山旅游的新亮点。投资 5 亿元的德兴大茅山景区提升工程进展顺利，其中旅游公路建设全面完成，全市第七条索道——大茅山索道正在建设中，2018 年 8 月将投入使用。此外，投资 10 亿元的余干县大明湖景区项目、投资 9 亿元的婺源县水墨上河项目、投资 15 亿元的三清山中国道教文化园项目、投资 5 亿元的三清山玉帘瀑布景区、投资 2 亿元的铜钹山景区项目、投资 2 亿元的鄱阳湖国家湿地公园 5A 级景区提升项目以及投资 3.58 亿元的怀玉山景区项目等均进展顺利。

## （三）"厕所革命"推陈出新

自 2015 年国家旅游局开展"厕所革命"三年行动计划以来，全市共新建（改扩建）厕所 369 座，其中新建 288 座，改扩建 81 座，各项任务已全面完成。

## 三 全域创建，打造"大品牌"

品牌就是影响力。上饶市坚持"只要国际国内设置了的品牌，上饶都要努力去争创"的原则，将品牌创建牢牢抓在手中。

### （一）创建高端品牌

一是弋阳龟峰成功获批国家 5A 景区，上饶市 5A 景区达到 3 个，景区数量全省排名第一，在全国地级市排名第七。二是玉山怀玉山、余干大明湖、铅山葛仙山 3 家景区荣升国家 4A 景区，截至目前，上饶市国家 4A 景区 25 个，数量位居全省第一，并在江西省率县区 4A 景区全覆盖。三是江西铅山（武夷山）被评为世界文化与自然遗产地，上饶市的世界文化与自然遗产地已达 4 个，成为全国遗产地最多的城市。四是上饶市成功获批首批国家中医药健康旅游示范区创建单位，全国仅有 15 个。婺源和德兴分别成功创建中医药健康旅游示范基地和项目。目前，上饶市共有世界文化与自然遗产 1 处，世界自然遗产、世界地质公园各 2 处，世界重要农业文化遗产 1 处，国家 5A 级景区 3 处，国家级风景名胜区 5 处，无论是品牌数量还是质量均位于全省第一。

### （二）创建乡村旅游点

截至目前，上饶市 3A 级以上乡村旅游点达 112 个。成功创评五星级农家乐 3 家、四星级农家乐 9 家，全市星级农家乐总数突破 400 家。

### （三）创建特色品牌

婺源县获评"中国十大乡村旅游目的地""中国优秀国际乡村旅游目的地"，江湾镇获批全国第一批特色小镇，篁岭获评 2017 年国内最受欢迎的十大旅游小镇。鄱阳县成功创评江西旅游强县，鄱阳湖国家湿地公园荣获"首批国家湿地旅游示范基地"。玉山县怀玉山景区获评江西省十大红色旅游目的地。铅山县葛仙山旅游小镇、三清山枫林办事处获批江西省第一批特色小镇。江西婺源旅游股份有限公司江湾分公司、婺源县乡村文化发展有限公司荣获全国旅游服务质量标杆培育试点单位。

# 四　全域营销，打造"大声势"

旅游发展的显著指标是接待了多少人、赚到了多少钱。面对呼啸而来的高铁时代，上饶市积极开展营销推广，讲好上饶故事，拓展客源地市场。

## （一）唱响"江西风景独好"

上饶市积极落实省旅发委部署，积极组织各大景区、旅行社、旅游商品企业等参加各类旅游博览会。不管在哪个地方营销，都冠名"江西风景独好"品牌，既宣传了江西，又推介了上饶。

## （二）抢占高铁沿线市场

上饶是世界第三个、全国首个骑跨式高铁城市，每天始发和停靠列车223次，上下车游客量在全国所有高铁站中名列第18位，高铁给上饶旅游带来难得的发展机遇。上饶紧抓高铁沿线市场，开展目的地营销，深耕长三角、山东、安徽、福建、湖南、广西、贵州和云南市场，冠名京福高铁"上饶号"，开通"大美上饶"号上饶—深圳始发高铁列车。

## （三）开展全媒体营销

一是在央视宣传"高铁枢纽、大美上饶"。经过一年来的宣传，经专家抽样测算，上饶的知名度已明显提高。二是婺源举办的跨国中式婚礼在腾讯视频播出，阅读量秒破100万人次，并荣膺IAI国际旅游营销奖金奖。"2017年三清山空中越野赛"、余干"鄱阳湖开渔节"等视频，同时在线观看人数200余万人，互动评论15万条。

## （四）创新旅游商品

由中国旅游商品研发中心研发的"上饶礼物"全面上线，各种当地名品正通过线上线下销往全国乃至全世界各地。

## （五）策划大事件

2017年国庆前后，上饶市委市政府举办"全民诵读《可爱的中国》"旅游

推广月活动，从国际都市到田间地头，从高山峻岭到广袤平原，从北京上海到伦敦纽约，从广大居民到华人华侨，掀起全民诵读《可爱的中国》热潮，央视《新闻联播》《晚间新闻》相继播放，人民网、腾讯网、人民日报等210多家媒体相继报道，提升了上饶的知名度，为上饶塑造了"可爱的中国"发源地的崭新IP。

## 五　全域改革，打造"大格局"

上饶市把旅游综合改革作为推进全域旅游、优质旅游的重要抓手，先行先试、突出重点、全面推进。

### （一）创新旅游管理体制

继成立旅游警察支队、旅游市场监管科、旅游巡回法庭后，上饶市于2017年开始实行旅发委兼职委员制度，由发改、财政、交通运输、公路、国土资源、城乡规划、建设、城管、文广新、卫计、市场管理11个部门分管领导兼任兼职委员，依法参与旅游管理工作。

### （二）创新旅游执法体制

2017年10月2日，婺源成立江西首个县级旅游诚信退赔中心，通过退赔中心平台，打造放心的旅游购物环境，力争"不让一位游客受委屈"，这一创新举措得到了省市各级领导的高度关注，中国旅游报、新华网、江西日报、今日头条等20多家新闻媒体争相报道。

### （三）开展优质旅游先锋行动

上饶市在国内设区市中率先开展优质旅游诚信理赔工作，成立"上饶市优质旅游诚信理赔中心"，设立一千万"上饶市优质旅游诚信理赔基金"，将理赔范围由旅游购物扩展到旅游全产业链，优化各项旅游指标体系。现已受理理赔20余起，退赔金3万余元，投诉退赔率达100%，为游客提供切实可行的维权通道，营造上饶市诚信经营的旅游市场环境。在提升旅游服务质量上，更注重区域整体服务形象，同黄山、衢州、武夷山、鹰潭、景德镇五市联合成立闽浙皖赣区域城市优质旅游联盟，五市一整体，共同协作，努力提升整个区域的旅游服务质量。

# 六　全域融合，打造"大旅游"

从乡村到城市，从一产到三产，互促发展，握指为拳，形成城乡融合。景城融合，产业融合，通过发展"旅游+"，为全域旅游凝聚强大合力。

## （一）"旅游+农业"

推出生态村寨型、民俗风情型、滨湖渔家乐、依托景区型、产业带动型、乡村度假型、红色经典型、文化村落型、城郊休闲型、农业观光型十大类型乡村旅游发展模式。

## （二）"旅游+体育"

成功举办、承办了"三清山"杯 2017 斯诺克世界公开赛、2017 婺源国际马拉松赛等 20 余个体育节事活动，涌现出一批"旅游+体育"的经纪人，为宾馆入住率贡献了 5.7 个百分点。

## （三）"旅游+扶贫"

积极推动上饶市把发展旅游业作为脱贫致富的重要途径，截至 2017 年底，上饶市开发旅游扶贫项目，126 个旅游扶贫重点村已有 71 个脱贫。如横峰县打造了旅游扶贫示范村，并依托当地旅游资源培育旅游扶贫示范户，成功实现 208 户贫困户脱贫。上饶县灵山景区通过为贫困户提供就业岗位和景区临时摊点免费租用等方式，使景区周边贫困村剩余劳动力 1600 余人成功得到妥善的就业安置，年人均增收 1 万元以上。

## （四）"旅游+文化"

积极参加第五届中蒙俄万里茶道市长峰会高端论坛，就茶文化、旅游发展等进行交流合作。中国首部大型道文化情景舞台剧《天下三清》于 2018 年 4 月在三清山正式开演。原上饶市旅发委与上饶广播电视台合作举办

《"灵山杯"上饶诗词大会》大型文化益智类节目，促进大众对诗词文化的了解感悟和创作热情。

### （五）"旅游＋航空"

2017年11月，投资1.8亿元的新建通用机场暨航空飞行运动营地建设项目落户横峰。12月29日，"江西通用航空弋阳低空旅游"首飞仪式在龟峰举行，开创了上饶市低空飞行观光的新纪元，给游客带来更多的旅游选择和更好的体验。

## 七　全域数据，打造"大应用"

上饶市以建设"江西省旅游大数据中心"为契机，以"景区的智慧化管理、游客的智慧化服务、产品的智慧化营销、产业的智慧化集聚"为目标，大力发展智慧旅游，全面提升旅游品质和服务管理质量。

一是"会旅游"平台全面建成上线，进一步完善了各主要景区智旅设施，游客凭一部智能手机便可玩转上饶。高铁沿线城市"惠旅游卡"热销；引入第三方南昌大学、江西财经大学对全市各景区进行服务质量评估。

二是加速建设江西省旅游大数据中心项目，全省4A、5A景区将全部接入中心。旅游的信息化和数字化在上饶4A级以上景区基本实现，利用手机App和微信公众平台，开启了游客与线上导航、导游、导览、导购"零距离"互动的智慧管理、服务和营销新模式。婺源实现了"刷脸"进景区，通过"人脸识别"即可检票、入景区，开创了旅游人工智能时代的新体验。

三是与深圳蜘蛛网、腾讯公司合作，共同建设上饶市全域旅游综合运营管理平台，该平台与江西省旅游大数据中心平台共建，数据共享，促进旅游行业的全面发展升级。

# 属 县 篇

**Counties Reports**

**B.25**

# 2018年上饶市信州区经济社会
# 发展分析报告

信州区人民政府

**摘　要：**　2018年在上饶市委、上饶市政府和信州区委的坚强领导下，在信州区人大、信州区政协的监督和支持下，全区上下全面贯彻落实党的十九大精神和中央、省、市决策部署，坚持稳中求进工作总基调，贯彻践行新发展理念，落实高质量发展要求，统筹稳增长与调结构、扩需求与促转型、抓改革与防风险、谋发展与惠民生，迎难而上、扎实工作，全区经济社会发展稳中有进、稳中向好，在决胜全面建成小康社会、奋力打造"诚信之州，美好之城"的进程中迈出了坚实步伐，圆满完成了区五届人大三次会议确定的目标任务。

**关键词：**　稳中求进　创新发展　高质量发展

# 一 2018年工作回顾

## （一）全力以赴稳增长、提质效，经济运行稳中有进

### 1. 坚持"稳"字当头，打好了"组合拳"

2018年信州区全年完成GDP 277.1亿元，增长9.5%；第一产业增加值7.6亿元，增长3.1%；第二产业增加值62.7亿元，增长8.9%；第三产业增加值206.8亿元，增长9.9%；财政收入26.42亿元，增长10.61%；税收占比达90.5%；固定资产投资增长11.3%；规模以上工业增加值增长8.9%；社会消费品零售总额146.68亿元，增长10.8%；规模以上服务业营业收入70.8亿元。城镇居民人均可支配收入37724元，增长9.2%；农村居民人均可支配收入17146元，增长9.3%。其中，第三产业增加值、税收占比、社会消费品零售总额、限上消费品零售总额、规模以上服务业主营业务收入、金融机构存款总额、金融机构贷款总额、城镇居民人均可支配收入、农村居民人均可支配收入9项主要经济指标总量排全市第一。

### 2. 工业经济持续壮大

信州区扎实开展"县域工业发展攻坚年"活动。成功申报和设立了省级上饶信州产业园。苎麻产业园一期建成，以光学、汽配和苎麻纺织为主导产业的产业体系更加完善。全年开竣工项目40个，其中开工20个，竣工20个。工业竞争力逐步增强，全年完成工业总产值32.02亿元，增长14.4%，规模以上工业增加值增长9.2%，工业固定资产投资增长39.12%，工业用电量增长22.25%，完成规模以上工业主营业务收入31.22亿元、增长15.2%，新增规模以上工业企业16家，新建标准厂房47.33万平方米。

### 3. 现代农业提质增效

沙溪镇宋宅村1400亩稻虾共作基地、沙溪镇五里村420亩百香果种植基地、秦峰镇五石村250亩现代设施蔬菜示范基地等项目落地。信州区培育市级以上农业龙头企业11家、规模以上特色种养基地11个、农民专业合作社262家、新增高标准农田3600亩。

### 4.三产业态更为繁荣

信州区信息服务业集聚提效，新增信息产业企业 46 家，2018 年纳税总额 2.8 亿元，同比增加 27.6%，位居全省县（市、区）信息服务业纳税额第一。商贸流通企业实现税收 3.7 亿元，同比增长 48.14%。

## （二）坚定不移促改革、扩开放，发展动能日益强劲

### 1.各项改革稳步推进

区级机构改革启动实施，"放管服"改革进一步深化，约 1.2 万平方米的新行政服务中心建成，政务服务效率不断提高。绿色殡葬改革稳步推进，农村宅基地管理工作全面启动，农村集体资产清产核资和农村房地一体确权登记工作扎实推进，清理整合区属国有资产，新建计生服务大楼投入使用，"多证合一"商事制度改革持续深化，信投公司完成 AA 信用评级工作。

### 2.招商引资全面发力

信州区共签约工业项目 67 个，签约总额 111.27 亿元，共有 25 个项目签订了入园协议，完成工商注册的项目 24 个，14 个项目实现了当年引进、当年开工、当年投产。强化省际交流和经贸合作，在温州、东莞等地举办主导产业招商暨招才引智推介会，在厦门举办高新技术暨招才引智专题对接会，全年组织参加省市招商活动 5 次，引进信州置信智能制造谷等一批大项目。

### 3.创新驱动活力显现

信州区专利申请量 1300 件，专利授权量 639 件，均居全市第一。成功举办信州区首届专利奖评奖活动。互联网与实体经济加速融合，完成电子商务交易额 118 亿元，总量列全市第一。"双创"蓬勃开展，成功创建市级创业孵化基地上饶信息服务业产业园。新注册私营企业 3667 户，同比增长 33.15%。荣获全省 2017 年度科学发展综合考核评价一类县（市、区）先进荣誉称号。

## （三）持续发力打基础、补短板，城乡建设快速发展

### 1.城市面貌展现"新容颜"

信州区 2018 年启动了 32 个棚改项目，累计完成各类房屋征收 14378 户（套）、拆迁 132.87 万平方米。大力整治"两违"建筑，累计拆除各类违建面积达 19.57 万平方米。19 条里弄小巷改造有序推进；城东旅游综合体一期、

上饶国际医疗旅游先行区（核心区）、四脚亭集贸市场等征迁项目按时完成；上饶野生动物乐园项目、上饶一中新校区、明叔大道北延伸等项目全力推进；三江片区雨污水管网、三江黑臭水体等整治项目有序推进。"去杂乱、补短板"工程扎实推进，城市环境面貌得到显著改善。

2. 乡村振兴牵好"牛鼻子"

信州区在全省率先启动了区县级乡村振兴规划编制工作。加大了农村基础设施建设力度，改造硬化农村公路34.6公里，改造危桥19座，"七改三网"工作基本完成，"8+4"公共服务配套建设不断完善。大力发展特色农业，推进农村产业融合发展。投入秀美乡村建设资金约2.5亿元，扎实推进180个秀美乡村点建设，精心培育了灵溪镇龙泉村、秦峰镇五石村、朝阳镇溪边村、沙溪镇青岩村等秀美乡村示范点。着力解决改水、改路、改塘、改沟等百姓关心的最根本的问题，提前完成"三年扫一遍"的工作目标。村集体经济规模得到进一步壮大，全区村级集体经济全年总收入1418.12万元，村均收入21.49万元，彻底消灭了集体经济"空壳村"。

3. 生态文明迈上"新台阶"

信州区认真抓好中央环保督察反馈问题整改工作，13批16件信访件全部限时办结。全力打好"净水、净空、净土"保卫战，加强饮用水水源地保护，饮用水水源地水质达标率为100%。节约、集约利用土地获国务院通报表扬并奖励用地计划指标1000亩。规范完善"河长负责制度"，全面推行"林长负责制度"。加强水土保持管理，扎实开展松材线虫病除治工作，大力实施造林绿化。

## （四）上下一心聚合力、强举措，三大攻坚连战连胜

### 1. 打赢打好脱贫攻坚战

信州区着力实施"春季攻势""夏季整改""秋冬会战"脱贫攻坚工作，2018年年共投入财政专项扶贫资金总计2435.17万元，对建档立卡贫困户实现产业全覆盖。落实产业扶贫项目11个，创建了26个就业扶贫车间，其中国家级就业扶贫示范基地1个、省级就业扶贫示范点6个。当前，建档立卡贫困户2828户、共计8648人，脱贫2162户、共计7100人（2018年脱贫194户、共计653人），贫困发生率降至0.78%。顺利通过省脱贫攻坚第三督察组督

察、县际交叉检查和第三方评估。

### 2. 统筹推进污染防治

信州区所设禁养区内所有畜禽养殖企业全部关闭，限养区内规模以上畜禽养殖场全部关停，共关闭养猪场 282 家。开展了"清河行动"。开展水污染、河湖"八乱"、砖瓦窑等 10 项专项整治活动，强制清理采洗砂场 5 个，关闭入河排污口 16 处。黑臭水体、"五尘"、"三烟"、"两气"整治工作有序推进，建立了禁止秸秆焚烧的网格化管理制度。

### 3. 未雨绸缪防范风险

信州区制定了《信州区防范化解政府隐性债务风险实施方案》，严格做好存量债务管理，把控债务规模，规范举债融资行为；坚持量力而行、尽力而为的发展思路，积极壮大区本级财力，加强政府债务监控预警，确保全区政府性债务综合债务率在财政部制定的风险安全线以内。

## （五）千方百计惠民生、增福祉，幸福指数逐步提高

### 1. 保障体系不断完善

信州区公共投入持续加大，八项民生支出 26.23 亿元，增长 20%，占财政总支出的 85.16%。2018 年实现城镇新增就业 4521 人、新增转移农村劳动力就业 4198 人，分别占完成任务数的 125.3% 和 131.2%，城镇登记失业率 2.93%。全区为 9904 名被征地农民办理社保，为 10764 名贫困人员缴纳养老保险费 107.64 万元。发放城市低保金 1977.24 万元，发放计划生育奖励资金 1581.96 万元，发放各项农村惠农补贴资金 6248.10 万元，发放残疾人"两项补贴"资金 398.17 万元。扎实推进农民工工资保障金制度执行和农民工工资实名制信息化工作。在全市率先推进城镇贫困群众脱贫解困工作。

### 2. 公共服务持续优化

教育项目建设快速推进，信州区投入资金 8.14 亿元，新建信美学校、新三中、时乔小学等 8 所学校，新建校舍总面积达 11.63 万平方米。公共卫生服务管理持续加强，全区 35.58 万居民完成健康档案电子建档，水南街道书院路社区和区妇幼保健计划生育服务中心荣获江西省流动人口均等化服务优秀示范社区和优秀服务示范机构。居家养老服务质量不断提升，新增 10 个居家养老服务站。文化体育事业繁荣发展，公共文化基础设施不断完善、群众文化活动

日益丰富。区图书馆被评为国家一级图书馆，《信州年鉴（2017）》荣获全国地方志优秀成果二等奖，信州区圆满承办 2018 上饶国际半程马拉松赛，成功举办了第十届社区文化艺术节，《晒秋》荣获中国曲艺牡丹奖文学奖。

3. 平安根基更加夯实

信州区"七五"普法工作全面推进，打造了"区级－镇街－社区（村）"三级立体化公共法律服务平台，2018 年办理法律援助案件 190 起。深入开展安全生产专项整治工作，2018 年未发生较大及较大以上安全生产事故。信访维稳工作有效开展，网格化管理深入推进，江西省深入推进基层社会治理工作暨综治中心实体化建设现场会在信州区召开，"西市格格"网格化服务管理工作获省委书记刘奇同志表扬。扎实推进扫黑除恶专项斗争工作，2018 年公众安全感满意度测评排江西省第 29 位，群众的安全感、幸福感和满意度进一步提升。全区实现连续 13 年道路春运安全零事故。防灾减灾救灾工作获 2018 年度全国县级防震减灾工作考核先进荣誉称号。森林防火工作获 2018 年度江西省春季森林防火平安县（市、区）先进单位。

## （六）持之以恒转作风、优服务，政府建设持续增强

1. 作风建设不断深入

信州区始终坚持把作风建设摆在突出的位置，学习贯彻习近平总书记系列重要讲话精神和治国理政新理念新思想新战略。牢固树立"四个意识"，坚持做到"两个维护"。扎实推行"两学一做"学习教育常态化、制度化，严格落实中央八项规定精神，大力整治"怕、慢、假、庸、散"等突出问题，全面推动全区干部作风转变。

2. 服务效能显著提升

信州区"五型"政府建设扎实推进，"政务超市"实现升级，服务体系更为完善。强化政务公开，推行"互联网＋政务服务"，政务服务规范运作，政务信息公开透明，共受理各类事项 5.3 万件，按时办结率达 99.5%。

3. 行政行为更加规范

信州区严格按照法定权限和程序行使权力，履行职责，自觉接受人大、政协和社会监督，落实市区两级人大代表建议 104 件、政协提案 114 件，办复率均为 100%。加大了政府投资项目审计力度，建立了严格的督查机制。结合省

委第二巡视组巡视反馈问题，认真梳理，扎实整改。深入开展集中整治和查处侵害群众利益不正之风和腐败问题行动，加大了扶贫、征迁等领域资金的监管力度。

## 二  存在的问题

信州区经济社会发展还存在一些不平衡不充分的问题。一是产业发展的水平还不够高，主导产业还不强，大项目缺少，创新动力不足，产业集聚效应尚未充分显现，经济新动能培育有待进一步增强。二是城市功能与品质仍存短板，基本公共服务供给水平有待提升，城市综合管理能力有待加强。三是民生事业发展离群众期盼仍有差距，就业、教育、文化、医疗、养老等民生工作还有很多短板。四是少数干部敢担当、善作为的能力不强，执行落实的力度不够。对此，在今后工作中，信州区应按照高质量跨越式发展要求，直面问题，精准施策，认真解决。

## 三  2019年工作总体部署

2019年信州区的政府工作，以习近平新时代中国特色社会主义思想为指导，深入贯彻党的十九大、十九届二中、三中全会、中央经济工作会议、省委十四届七次全会和市委四届七次全会精神，坚持稳中求进工作总基调，坚持新发展理念，坚持推动高质量跨越式发展首要战略，坚持以供给侧结构性改革为主线，坚持深化市场化改革、扩大高水平开放，认真落实"巩固、增强、提升、畅通"八字方针，统筹做好稳就业、稳金融、稳外贸、稳外资、稳投资、稳预期，在产业升级、城乡建设、改革开放、区域发展、民生保障、风险防控、社会治理等工作上下工夫，切实巩固信州来之不易的好势头、好局面、好氛围，努力保持经济持续健康发展和社会大局稳定。为与全国、全省、全市同步全面建成小康社会打下决定性基础，奋力向"诚信之州，美好之城"的建成迈出坚实步伐，以优异成绩庆祝新中国成立70周年。

2019年全区经济社会发展的主要预期目标是：国内生产总值增长9%左右；财政总收入增长7%左右；一般公共预算收入增长6.1%，规模以上工业

增加值增长 8.8% 左右；固定资产投资增长 13.5% 左右；社会消费品零售总额增长 11% 左右；实际利用外资增长 6% 左右；城镇和农村居民人均可支配收入分别增长 8.9%、8.7% 左右；城镇登记失业率控制在 4.5% 以内，节能减排完成市政府下达任务。

做好 2019 年政府工作，信州区要做到"六个坚持"。

一是坚持政治担当。认真贯彻落实习近平总书记视察江西重要指示和中央、省市重要会议精神，树立正确的政绩观，自觉在区委领导下，做到"两个维护"，切实增强"四个意识"，始终对党绝对忠诚。

二是坚持解放思想。必须以更高的站位、更宽的视野解放思想，把信州区的发展放到全市、全省、全国的大格局中审视考量，克服传统观念、思维定式，主动学习先进经验，利用好重大机遇的叠加效应，创造性地谋划推进工作。

三是坚持创新引领。聚焦产业发展前沿，把握技术变革趋势，以市场为导向，加快形成企业为主体的技术创新体系，让创新成为推动高质量发展的强大动能。

四是坚持系统提升。运用系统思维谋划信州发展，注重综合平衡，兼顾当前需要与长远目标，整体推进城乡建设，努力实现更高质量、更有效率、更加公平、更可持续的发展。

五是坚持底线思维。按照规范发展的要求，守住稳定底线、安全底线、生态底线和廉政底线，继续打好防范化解重大风险、精准脱贫、污染防治三大攻坚战。

六是坚持以人民为中心的发展思想。坚持运用均衡发展的理念，不断创新政府治理、持续提升公共效能，切切实实把群众"所盼的事"作为政府"要干的事"，使人民群众在共享改革发展成果中拥有更多的获得感、幸福感、安全感。

# 四　2019 年重点工作任务

围绕上述目标，信州区要坚持问题导向、目标引领、实干精神，切实做到立德从政、科学施政、阳光理政、正风肃政、清廉为政，重点抓好六个方面工作。

## （一）保持定力，坚持经济运行"稳""进"并举

发挥实体经济对稳增长的支撑作用，强化项目投资对调结构的关键作用，增强民生消费对经济发展的基础作用。

### 1. 狠抓项目建设

牢固树立"为市服务、借市发展"的理念，以项目论英雄、以项目定奖惩。紧抓国家加大基础设施领域补短板力度的政策机遇，稳定有效投资。2019年列入全市项目库的项目75个，总投资581.84亿元，年度计划完成投资185.64亿元。全力落实《工业崛起"2050"工程实施意见》，确保省级上饶信州产业园每年至少引进一个投资超20亿元的产业项目。面对项目建设中的突出问题，要坚持高位化调度、集成化作战、扁平化协调、一体化办理，全力推动项目建设提速提质提效。

### 2. 聚焦实体经济

健全实体经济成长扶持机制，深入实施"转企升规"工程，开展"独角兽企业""瞪羚企业"培育行动，推进企业上市"映山红行动"，重点培育45家工业企业。加大产业和金融合作对接力度，推动更多信贷资金流向实体经济。大力发展旅游、文化、体育、健康、养老等幸福产业，激发市场活力。持续开展质量提升行动，推进消费环境优化，进一步激发居民消费潜力，让群众敢消费、愿消费。

### 3. 支持民企发展

加大降成本、优环境力度，构建"亲清政商"关系，全面落实支持民营经济健康发展的措施。解决拖欠民营企业资金的问题，依法保护民营企业家人身和财产安全。深入开展"入企帮扶"活动，精准破解企业办证难、用工难问题。充分调动广大企业家群体的创造性和能动性，加强企业自主创新的能力和实力，抓住新机遇，在结构性调整中跨越市场"冰山"、融资"高山"和转型"火山"，实现进一步发展。

## （二）着眼长远，坚持产业发展"量""质"并抓

信州区要立足打基础、管长远，围绕产业发展，不仅要在壮大规模上下工夫，更要同步做到高质量，实现跨越发展。

1. 围绕"集群",推动经济提速

坚持高质量发展工业,围绕光学、汽配、苎麻纺织三大主导产业,以大项目、大投入为支撑,加大新增规模以上工业企业培育力度。持续抓好减税降费政策落实工作,加大服务企业力度,培育工业经济新增长点。确保工业经济发展能力明显增强,产业转型升级明显加快。力争到2019年实现规模以上工业增加值增长8.8%;规模以上工业主营业务收入50亿元,增长29%;工业固定资产投资增长40%;工业用电量增幅超全市平均水平;新增规模以上工业企业18家;新建标准厂房40万平方米;工业项目开(竣)工54个。现代农业要融入乡村振兴,加快蔬菜和果业两大主导产业发展,做强本地特色农业产业,实施休闲农业与乡村旅游精品工程,将信州区现代农业做精做特。信息服务业要加快集聚发展,释放发展活力。商贸服务业要着力打造信州品牌,提升商贸人气、活跃商贸氛围,培育特色鲜明、示范带动性强的商业街。

2. 围绕"多元",优化平台发展

工业要加强"一区三园"的平台建设,朝阳产业园建设要实现强化集约,提质增效;苎麻纺织产业园要对传统产业进行改造提升;要做好秦峰产业园规划,加快建设进度。所有园区都要以"以亩产论英雄"导向,强化综合考评,实施差别化的资源配置和政策。坚持向空中、向地下要空间,继续推进标准厂房建设,鼓励建设多层标准厂房、下沉式厂房,实施"零增地"技术改造。朝阳产业园要加快处置僵尸企业,妥善做好腾笼换鸟工作。信息服务业要大力建设"一城一镇两园"产业载体,形成功能性集聚、产业链支撑、生态型发展格局,努力打造省内领先的信息服务业集聚示范区。城投要通过土地收储和资产收购,继续做大和做实公司资产规模,充分发挥信投 AA 的信用评级优势,创新融资模式,通过市场化经营性项目建设贷款、资产并购贷款等形式,为区级重点经营性项目的建设提供强有力的资金保障。

## (三)突出创新,坚持改革开放"内"与"外"并重

信州区要持续强化供给侧结构性改革,在新起点上谱新篇。做到既优化环境、提升服务、强化内功,又扩大开放、注入活水、引入外力。

1. 持续挖掘改革的深度

加快区级机构改革,同步完成权责清单,确保2019年3月底前完成改革

任务。6月底前，一体化在线政务服务平台要与省市、国家平台实现对接，年底前，申请类政务服务事项"一次不跑""只跑一次"办理率要分别达到80%、70%，上述两项服务事项的网上可办率分别不低于90%、70%，实现"一窗式"受理率达70%以上的目标。推进投资项目审批提质增效改革。推进城投机制改革，进行市场化运作，成立多元化集团公司，强化承载能力，为发展留下后备资源。

2. 不断拓展开放的广度

以"三请三回"、主导产业招大引强活动为抓手，围绕光学、汽配、苎麻纺织三大主导产业打造产业集群，着力引进一批规模大、起点高、带动能力强的重大产业项目，不断壮大规模、提升核心竞争力，使信州区工业向产业集群升级，再造"工业制造"辉煌。区工信局要引进1个5亿元以上的光学电子龙头企业，区商务局要引进1个5亿元以上的高新技术产业或智能制造龙头企业，朝阳产业园要引进1个5亿元以上的汽配龙头企业，苎麻产业园要引进1个5亿元以上的苎麻龙头企业。要在招大引强上创新高度，区发改委、区工信局、区商务局、朝阳产业园、沙溪苎麻产业园要共同完成引进20亿元以上大项目1个。信息服务业要重点围绕人工智能、网红直播、互联网推广和互联网人力资源服务四大领域，引进一批具有国内外有影响力的知名企业，力争2019年信息服务业税收总量突破3亿元。

3. 奋力提升创新的高度

着力构建适应经济社会发展的区域创新体系，加快推进创新型城区建设的总体布局，抓好科技型企业梯次培育行动和实施创新平台培育行动。围绕三大主导产业，落实"科技兴区"措施，为发展特色科技企业提供技术支撑。以重大科技任务培养和凝聚创新人才，造就一批科技创新领军人才、拔尖人才和创新团队。注重动能培育，加快推进传统产业优化升级，突出智能化方向，大力发展数字经济。顺应服务化趋势，发展服务型制造，促进企业从制造向综合性、集成化服务供应转变。通过实施"独角兽企业"培育行动、"瞪羚企业"培育行动、科技型中小微企业培育行动，培育一批有爆发力、带动性强的企业。

### （四）强化统筹，坚持城乡融合"建"与"管"并行

信州区要坚持城乡一体、区域协同发展战略，努力缩小城乡、区域差距，

切实提高全区发展整体水平。

1. 乡村振兴在突出产业上用劲

一方面，在产业上下工夫。在产业发展的基础上，要"拆得彻底、清得干净、改得美观、管得规范"。围绕项目落地，扎实推进华夏智养小镇、灵溪文旅康养小镇等重点项目建设。坚持规划先行，把握政策窗口期，围绕农业增效、农民增收，做好项目谋划工作。通过探索发展"半城郊型"经济新路子，引进市场投资主体，培养一批适应现代农业发展要求的新型企业，进一步提高村集体经济收入，带动周边百姓就业，让农户和贫困户腰包更快鼓起来。深化农村集体产权制度改革，大力发展培育村级集体经济。积极探索村级集体经济的多种实现途径，强化沟通、主动对接，推动村级集体经济向多层次、多领域延伸。另一方面，在基础设施上下工夫。始终以解决老百姓的期盼为重点，扎实做好改路、改水、改环境、改下水道等工作。重点推进各镇污水管网和处理设施建设、村道安防工程、变电站抢点布局工程、秦峰镇中心集镇规划区内路网改造工程、朝阳镇集中供水项目、朝霍公路（一期）、周扬路、松毛岭至郭门美丽生态文明路提升工程。深化农村人居环境整治三年行动，继续抓好"七改三网"整治工作，有力推进沙溪镇、朝阳镇、秦峰镇农村人居改善项目建设。

2. 城市功能在品质提升上发力

积极创建国家卫生城市、全国文明城市提名城市。按照"一年有提升、两年上台阶、三年进一流"的目标要求，抓紧抓实治脏、治乱、治堵、功能修补、生态修复、特色彰显、亮化美化、治理提升"八大行动"。统筹做好三江片区城市总体规划和雨污管网建设的工作；加快三江片区农贸市场、江南商贸城综合整治改造、上广公路城区段景观改造等项目建设；推进三江调蓄池进水口雨污水处理项目、三江片区水环境治理暨雨污水分流基础设施提升改造项目、新建兴隆路南延伸段，钟灵西路维修提升改造，叶挺大道南延段，大义路、上禹路、楮溪南路南延等项目建设。协调解决老旧小区雨污管网建设、路灯安装、停车场建设、里弄小巷改造、主干道提升改造、大市场提升改造、黑臭水体治理的问题。充分发挥好网格化管理的作用，积极引导公众参与，提高城市的精细化管理水平。进一步畅通车辆"行"、优化城市"排"、增加群众"乐"。努力将信州区打造成为经济与社会协调发展、传统与现代交相辉映、人与自然相互融合的特色魅力城市。

3. 生态环境在综合治理上出招

抓紧抓实中央环保督查"回头看"反馈问题整改工作。深入推进长江经济带"共抓大保护"攻坚行动。深入开展净空、净水、净土行动，持续深化工地和道路扬尘、餐饮油烟等专项治理，全力推动城市禁放烟花爆竹工作，开展"乐活"都市绿道示范带建设和森林"四化"项目建设，确保全区 PM 2.5平均浓度和 PM10 浓度持续下降，空气质量优良天数比例完成国家下达目标，让"信州蓝"成为常态。深入推进河湖全域治理，全面落实"河长负责制""林长负责制"。促进农药化肥减量使用，加强固体废弃物处置管控，不断改善土壤环境质量。深入推进城乡环卫一体化发展，完善环卫设施。规范农民建房，继续推行"五到场一公示"制度。构建政府主导、企业主体、社会组织和公众共同参与的环境治理体系，形成生态环境保护大格局。

## （五）注重均衡，坚持社会事业"点""面"并进

信州区要集中办好事关群众切身利益的民生实事，促进点面结合、均衡发展，持续增强全区人民的获得感、幸福感、安全感。

1. 决战决胜脱贫攻坚

深入实施打赢精准脱贫攻坚三年行动，确保如期完成 2019 年脱贫攻坚任务。聚焦保障脱贫需求，汇聚多方投入，强化专项扶贫、行业扶贫、社会扶贫互为支撑的大扶贫格局。进一步巩固脱贫成果，完善动态管理，坚持扶贫与扶志、扶智相结合，扶贫与扶德、扶勤相促进，扶贫与扶技、扶资相统一，下足绣花工夫，做到尽锐出战，建立稳定脱贫的长效机制。用心用情做好全区城镇贫困群众脱贫解困工作，确保全区城乡贫困群众同步实现全面小康。

2. 全力强化民生保障

把稳就业摆在更加突出的位置，加大稳岗支持力度。做好退役军人安置工作，保障其优抚安置权益。强化劳动监察执法，保障农民工权益。落实国家棚改政策，加强住房保障，继续推进安置小区建设，积极协调市相关单位落实安置房建设和分配工作。完善社会保险制度，精准深入实施全民参保计划。稳步提高城乡基本养老、基本医保、城乡低保等补助标准，推进基本医保跨省异地就医住院费用直接结算。积极稳妥推进绿色殡葬改革。稳步提升特困人员供养

水平，建立"老弱病幼残"特殊群体关爱服务体系。继续提升城市居家养老服务，推进幸福养老公寓建设。

3. 持续提升公共服务

统筹推进城乡义务教育一体化，促进优质均衡发展。续建市重点校建项目，确保如期交付使用。继续推进信美学校、新三中、时乔小学、市十五小学等项目，新建沙溪东风小学、市第五小学、秦峰中心小学及幼儿园、叶挺学校等项目。推进健康信州建设，强化医联体建设和分级诊疗制度，落实家庭医生签约服务，推动综合医改。组织落实好基本公共卫生服务项目，按质按量完成重点人群的基本公共卫生服务，推进流动人口基本公共卫生服务均等化。完成区妇幼保健计划生育服务中心、区儿保中心的整体搬迁工作。新建信州区全民健身体育综合馆和信州区党史馆。按照"五个一"的标准，新建51个村级文化活动中心。挖掘文化历史积淀，营造地域文化群，大力引进文化企业，壮大新兴文化产业。加快信州区变电站抢点布局工程、2019年35kV及以下配电网建设改造工程。

4. 纵深推进社会治理

探索建立全要素、全地域、智能化、大联动网格化社会治理模式，努力实现小事不出社区、大事不出街道。推进区镇村三级综治中心（网格化服务管理中心）实体化建设，充分发挥指挥调度、预警预测、防范处置等作用。新建信州区人民来访接待中心，扎实有效做好群体信访源头预防化解工作。抓好普法宣传教育，充分发挥市民公约、乡规民约等社会规范作用，继续深化民族宗教事务管理，推进移风易俗工作，加快城市公益性墓地和镇村公墓建设，提高社会文明程度。深入开展扫黑除恶专项斗争，着力铲除黑恶势力滋生土壤。持续推进安全生产专项整治，完善突发事件应急处置体系，提升应急管理水平和防灾减灾救灾能力。

## （六）树立形象，坚持政府建设"勤""廉"并立

信州区始终把万家忧乐放在心头，把加快发展抓在手中，把全面建成小康社会的任务扛在肩上，高标准践行"忠诚、创新、担当、服务、过硬"，努力建设人民满意的"五型"政府。

1. 打造高效政务环境

扎实推进"五型"政府建设，聚焦打造"四最"营商环境，深入推进"放管服"改革。健全决策机制，完善决策程序，提高决策水平，落实政府重大决策出台前向人大报告制度。加强政府投资建设工程管理，强化资金统筹、规范资金支付。全面深化政务公开，保障广大群众的知情权、参与权和监督权，自觉接受人大法律监督和政协民主监督。扎实推进作风效能建设，始终紧盯"不敬畏、不在乎、喊口号、装样子"等问题，全面整治"怕、慢、假、庸、散"作风顽疾，推动中央和省市重大决策部署落地见效。

2. 锻造担当干事能力

在全区大力倡导"重落实、比速度，重实干、比实效"，坚持干什么就学什么、钻一行就精一行，全面提升工作能力和水平。大力发扬"抓铁有痕、踏石留印"的工作作风，对工作倾注心血、为事业燃放激情，把本领施展在加快发展上，做到敢啃"硬骨头"，敢接"烫山芋"。抓好省委巡视反馈问题整改工作，实行挂牌督办，确保所有整改任务落实落细。将自身职责与解决突出问题结合起来，"对标"找差距、"对表"抓落实，在发现问题、解决问题过程中，体现忠诚担当。

3. 加强廉洁政府建设

始终把纪律和规矩挺在前面，严格遵守各项纪律规定，做到遵守纪律没有特权、执行纪律没有例外。严格落实全面从严治党主体责任，切实加强政府系统党风廉政建设，抓好干部队伍教育管理，加大对项目建设、公共资源交易等重点领域的监管力度。强化审计监督，深入开展专项治理，坚决纠正不正之风，确保干部清正、政府清廉、政治清明。

# B.26
# 2018年上饶市广丰区经济社会发展分析报告

广丰区人民政府

**摘　要：** 在上饶市委、市政府和广丰区委的坚强领导下，在广丰区人大、政协的监督支持下，广丰区上下紧紧围绕"打造新城区、决战新工业、实现新跨越"的目标，全面贯彻习近平新时代中国特色社会主义思想和党的十九大精神，坚持新发展理念，凝心聚力、攻坚克难、砥砺奋进，统筹做好稳增长、促改革、调结构、优生态、惠民生、防风险等各项工作，较好地完成了全年目标任务。

**关键词：** 双百强　质效并提　增进福祉

## 一　发展现状

2018年，广丰区完成国内生产总值403.1亿元，增长9.6%，是上饶全市唯一一个年GDP突破400亿元的县（市、区）；财政总收入51.86亿元，增长11.2%，是全省九个财政总收入突破50亿元大关的县（市、区）之一；税收收入41.5亿元，增长11.8%，占财政收入比重的80%；规模以上工业增加值增长9.1%；固定资产投资增长11.4%；社会消费品零售总额75.48亿元，增长12.4%；限额以上消费品零售总额25.5亿元，增长20.9%。三大产业比重调整优化为5.7：50.45：43.85，三产较上年同期提高4.06个百分点。再次荣获"全国综合实力百强区"（第81位）"全国投资潜力百强区"（第18位）称号，连续四年成为江西省唯一的"双百强"市辖区。获评2015～2017年

"全省发展非公有制经济先进县（市、区）"。在 2018 年度全市经济社会发展和党的建设情况巡查考核中，广丰区再次荣获全市第二、县（市、区）第一的好成绩，新设置的单项奖中获得了生态环境保护工作全市第一，宅基地改革工作全市第二，村级集体经济发展工作全市第三，综合考评连续四年稳居全市县（市、区）第一。

### （一）加快产业优化升级，产业质效显著提升

#### 1. 新型工业持续壮大

电子信息、先进机械制造、新材料三大主导产业加速集聚，广丰区成功引进了总投资 20 亿元的金酷电子、总投资 20 亿元的盈盛科技、总投资 10 亿元的和烁丰薄膜新材料等一批高新技术项目。富荣电子二期、华凯丰二期、柘阳 LED 等一批工业项目竣工投产。烟厂易地技改、台鑫钢铁大修、芦林纸业等一批技改项目全速推进。积极创建国家级高新区，申报报告已由国务院批转至科技部排队审批。大力推进标准厂房建设，全面完成市下达的目标任务。全年新增规上工业企业 28 家，总数达 182 家，规上工业主营业务收入增长 17.69%。上饶高新区获评 2018 年"省级园区循环化改造试点"、江西省第二批"大众创业万众创新示范基地"、2017 年度"全省'两率一度'先进工业园区"。

#### 2. 现代农业持续发展

"果茶蔬"三大主导产业不断壮大，种植总面积突破 35 万亩。其中，马家柚种植面积突破 17 万亩，已开发出柚皮精油、柚子白兰地和柚纤维环保纸巾等深加工产品。广丰区成功举办了大美上饶（广丰）"万人品柚"乡村旅游文化活动，央视"美丽中国乡村行""食尚大转盘"等栏目对马家柚进行了专题报道，马家柚"东柚"品牌影响力不断提升，品牌价值突破 6 亿元。广丰区 2018 年全年新增土地流转面积 1.2 万亩，总数达 10.67 万亩，土地流转率达 36.37%。建成高标准农田 3200 亩。全区"三品一标"农产品总数达 46个。新增区级以上农业龙头企业 22 家、农民合作社 171 家、家庭农场 100 家。荣获"全国农村一二三产业融合发展先导区""全国农村创业创新典型县范例"称号。

#### 3. 现代服务业持续繁荣

广丰区商贸业持续发展，天虹国际、红星美凯龙两个大型商贸综合体项目

建设快速推进。文化产业影响力不断提升，成功举办第二届上饶文博会，现场交易额达4000万元。旅游业加快发展，铜钹山婚姻民俗文化村、小丰驿站小镇等一批独具特色的秀美乡村旅游点精美呈现，新增国家3A级景区1个、省4A级乡村旅游点2个、3A级乡村旅游点8个。全区旅游接待人数、旅游综合收入分别增长27%、24.5%。获2017年度全省旅游产业发展先进县（市、区）称号。金融业稳步发展，广丰区2018年年末存、贷款余额分别达277.64亿元、205亿元，分别增长10.82%、22.76%。渝网科技成为全市唯一一家"新三板"挂牌上市的互联网企业。电商、总部经济等新经济新业态持续壮大，新增农村电商服务站31家，省级贫困村电商站点实现全覆盖；高新区及城南总部经济基地新增入驻企业40家，总数达118家；全年电商交易额达95亿元，总部经济实现税收9600万元。土地经营成效显著，全年完成征地2601亩，报批3015亩，盘活存量用地650亩，处置闲置用地410亩，实现土地收益20亿元。

### （二）统筹城乡一体发展，宜居环境加速打造

#### 1. 基础设施不断完善

路网方面。上浦高速启动建设。广信大道一期、政通路、府东路、桑园东路、铜钹山大道西延段等一批路网竣工通车。广丰区建成农村公路61.5公里，被评为江西省第三批"四好农村路"示范县。公园方面。西溪河湿地公园、城中公园等5个公园建成开园。桥梁方面。夏阳桥、迎宾桥、姚西桥、军潭二桥4座桥梁完成建设，改造农村危桥5座。电力方面。完成1座22万伏变电站、3座11万伏变电站抢点布局前期工作，同步推进城市电力管廊通道建设，农网工程全面开工，新建并投运35千伏桃排线。水利方面。投入3.5亿元，全面完成18个农村饮水安全巩固提升、103口重点山塘整治、5000亩高效节水项目。公交出行方面。投入1200万元，购置10辆新能源汽车，新开通2条环城公交线路。

#### 2. 城区环境不断优化

广丰区投入20.4亿元，谋划和推进了68个城市功能性项目建设。有序完成了东街区域、湖沿片区、徐家弄以西片区1450户、共计18.39万平方米的棚改征收任务，建成棚改安置房846套。深入开展"百日攻坚"净化行动，

全面推进"拆三房治四乱"、打击非法营运黄包车等16项专项整治行动，累计拆除各类违建面积27万平方米，退出销毁非法人力三轮车680余辆，清除各类违规广告牌8000余处。投入3200万元，新改建污水管网10.8公里，污水处理率达95.16%。全面完成西关街、丰溪唐韵步行街、排山路、东街背街小巷等区域的综合改造提升工程。

3. 农村颜值不断提升

广丰区投入3.83亿元，完成362个新农村点建设，改造房屋外立面52万平方米、农村危旧房1428户，硬化维修道路213公里，整修、新建排水沟渠、下水道75.6公里，改水改厕9400户，建成户外活动场所55个，拆除"三房"16.7万平方米。土地开发整治成效显著，全年立项611个，总面积近3万亩，已建成验收1.5万亩，已报备4676亩。持续推进农村生活垃圾专项治理，建成垃圾中转站8座、收集转运站点59个，全区所有自然村建立健全了长效保洁机制，农村生活垃圾有效处理率达95%以上。

4. 生态优势不断巩固

广丰区坚决打好"蓝天、碧水、净土"三大保卫战，认真落实河长负责制、湖长负责制、林长负责制，深入开展长江经济带"共抓大保护"攻坚行动。狠抓中央环保督察"回头看"问题整改工作，53件环境信访件已办结51件。城区56个在建项目全部安装除尘设施，拆除各类养猪场318家，砂场39家，砖瓦窑、滑石窑92座。大力实施国土绿化工程，完成造林1.53万亩，超额完成省定目标任务。扎实开展"百日护渔"专项行动，查处非法电鱼违法行为112起。圆满完成消灭劣V类水工作任务，全区河流断面水质达标率100%，城区饮用水达标率100%。PM2.5平均浓度27微克/立方米，城区空气质量优良率94.6%。被评为江西省第二批"绿色低碳试点县（市、区）"，铜钹山国家森林公园荣获2018年"中国天然氧吧"、江西省首批"低碳旅游示范景区"称号。

## （三）强力推进改革开放，发展动力高效凝聚

1. 重点改革持续深化

广丰区机构改革基本完成。政务服务"一网、一门、一次"改革成效明显，累计梳理"最多跑一次"或"一次不跑"事项634项，"一网通办"事项

662 项，新增"立等可取"即办项目 9 项，区本级依申请类事项网上可办率达 60%。深入推进降成本优环境专项行动，全年为企业减负 4.2 亿元以上。工业投资项目审批时限缩减至 50 个工作日以内。稳步推进殡葬改革，建成乡村公益性墓地 201 处，累计迁坟 18270 座，生态修复 3640 座，火化率实现 100%。全面推行宅基地改革，创新农村土地"择位竞价""地票"制度，出让土地 5 万余平方米，收益超 1 亿元。创新存量用地开发利用模式，消化"批而未用"土地 1300 亩，土地批而未用率下降 9.3 个百分点。有序推进农村土地承包经营权确权登记颁证工作，全面完成集体资产清产核资，累计确权 14.72 万户、共计 29.07 万亩。扎实推进商事制度改革，深入实施"三十九证合一"工程，大力推广应用电子营业执照，全年新增各类非公经济市场主体 6974 户，增长 26.24%。

2. 招商引资成效显著

广丰区全年共引进工业项目 25 个，合同签约资金 98.54 亿元。其中，1 亿元以上项目 20 个、5 亿元以上项目 4 个、10 亿元以上项目 2 个；"广商回归"项目 18 个，合同签约资金 76.9 亿元。全区 2000 万元以上项目进资 60.59 亿元，增长 8.5%。实际利用外资 1.31 亿美元，总量位居全市县（市、区）第一。

3. 创新创业氛围浓厚

广丰区鼓励引导企业自主创新，加大对"财园信贷通""科贷通"扶持力度，全区专利申请量 513 件、授权量 391 件，分别增长 10.7%、34.3%。新增高新技术企业 26 家，科技型中小企业完成入库 42 家，均位居全市县（市、区）第一。新增省级工程技术研究中心 1 家、省级知识产权（专利）孵化器 1 家、省级科技孵化器 1 家、省级众创空间 2 家、市级工程技术研究中心 3 家，各类科技平台和创新载体总数达 22 家。累计发放个人创业担保贷款 9637 万元，扶持创业 708 人，带动就业 2812 人。

### （四）尽心办好民生事业，幸福指数持续提升

1. 脱贫攻坚扎实推进

广丰区深入开展脱贫攻坚春季攻势、夏季整改、秋冬会战专项行动，切实抓好中央、省脱贫攻坚反馈问题整改工作。创新开展马家柚特色产业扶贫

行动，为贫困户种植、认购马家柚树苗近 10 万株，挂果后可为贫困户人均每年增收 1000 元以上，该做法作为上饶市唯一的产业扶贫典型案例上报国务院扶贫办。严格落实教育扶贫、健康扶贫各项政策，全年教育资助减免金额达 935 万元，"医疗五道保障线"累计报销金额达 8066 万元。累计投入扶贫资金 3.2 亿元，完成 2 个省级贫困村、3 个县级贫困村退出任务，1104 户、共计 4595 名贫困人口实现稳定脱贫，贫困发生率降至 1.31%。城镇贫困群众脱贫解困工作全面启动。

2. 社会保障更加有力

广丰区全年投入民生资金 54.71 亿元，占一般公共预算支出的 86.5%，增长 20.2%，是历年来民生投资占比最大的一年。养老、失业、工伤、生育、医疗等社会保险覆盖面不断扩大，参保总数达 134.59 万人次，超额完成年度计划任务。城、乡最低生活保障标准每人每月分别提高到 580 元、340 元。加强就业培训，免费培训家政服务、马家柚种植等各类人员 3295 人次，新增城镇就业 5224 人，转移农村劳动力 9635 人。城镇居民人均可支配收入达 36903 元、农村居民人均可支配收入达 16541 元，分别增长 8.9%、9.3%。

3. 社会事业加快发展

广丰区投入 5 亿元，一年内完成上饶卫校项目建设，实现了广丰中等专科学校的"零突破"。南屏中学、恒立中学、贞白小学、城中小学、城北小学、萃始小学、第十四小学、高新区小学、特殊教育学校、芦林学校改扩建项目完成，新增学位 1.92 万个。全面完成城中幼儿园、区幼儿园、芦林中心幼儿园改建项目，五都、东阳、洋口、霞峰 4 所公办幼儿园建成使用。2018 年高考二本以上录取人数创历史新高，全市成绩排名前十名的学生中来自广丰的有三名，连续两年有学生考入清华大学，教育质量跃升全市第一方阵。医疗设施不断完善，区人民医院内科大楼、区中医院中医药大楼完成主体工程建设，妇幼保健院、华山医院项目加快推进，五都、洋口、吴村 3 所乡镇卫生院完成主体工程建设。区图书馆、文化馆主体工程已完工，档案馆、老年活动中心、青少年活动中心、网络信息中心、应急预警信息中心建成使用，各乡镇（街道）综合文化站整改工作全面完成。

4. 社会大局保持稳定

广丰区第十届村（居）委会换届选举工作圆满完成。安全生产"十大专

项整治"行动和"企业主体责任强化年"活动扎实开展；投入2.81亿元，52家烟花爆竹企业平稳有序关闭退出；12家煤矿企业全部关停。扫黑除恶专项斗争向纵深推进，摧毁黑社会性质组织1个、恶势力犯罪集团4个、恶势力团伙1个；全区刑事犯罪率、八大类暴力犯罪率分别下降22.8%、20.5%。狠抓信访维稳工作，化解各类信访积案47件。社区网格化管理持续强化，社会治理服务效能进一步提升，永丰街道白鹤畈社区成功入选"全国民主法治示范村（社区）"。

### （五）持续加强自身建设，履职能力不断强化

广丰区坚定不移站稳政治立场，牢固树立"四个意识"，坚定"四个自信"，坚决做到"两个维护"，全面落实从严治党要求。自觉接受区人大法律监督、工作监督和区政协民主监督，认真办结人大代表建议112件、政协提案97件，办结率达100%，满意率达96%。持续加大行政监察、审计监督、政务公开力度，着力完善政府常务会议事规则、政府性投资审计、项目设计评审等制度，政府施政行为更加规范、透明、高效。深入开展"五型"政府建设，坚决整治"怕、慢、假、庸、散"等作风顽疾，干部作风和精神状态持续好转。妥善化解政府债务存量，提前归还贷款13亿元，政府负债率降至12.9%，为全市最低。全年清理盘活上级结转结余资金2.83亿元。严格落实中央八项规定精神，坚决全面彻底肃清苏荣案余毒，扎实推进省委巡视反馈问题整改，政府系统党风廉政建设再上新台阶。

## 二　2019年工作安排

2019年是新中国成立70周年，是全面建成小康社会的关键之年。做好2019年各项工作意义重大。2019年政府工作的总体要求是：以习近平新时代中国特色社会主义思想为指导，深入贯彻党的十九大，十九届二中、三中全会，中央经济工作会议，省委十四届七次全会和市委四届七次全会精神，从更高层次贯彻落实习近平总书记对江西工作的重要要求，坚持稳中求进总基调，坚持新发展理念，坚持高质量跨越式发展首要战略，坚持以供给侧结构性改革为主线，聚焦新旧动能转换，着力做好产业升级，坚决打好三大攻坚战，深入

推进改革开放、城乡建设、民生保障、社会治理等工作，努力保持经济持续健康发展和社会大局稳定，为与全国全省全市同步建成小康社会打下决定性基础，奋力迈出"打造新城区、决战新工业、实现新跨越"的坚实步伐，以优异成绩庆祝新中国成立70周年。

2019年全区经济发展的主要预期目标是：国内生产总值增长8.5%~9%；财政总收入增长7%；规模以上工业增加值增长8.6%左右；固定资产投资增长10%左右；社会消费品零售总额增长10.6%左右；实际利用外资增长6.8%；城镇居民人均可支配收入增长8.6%；农村居民人均可支配收入增长9.2%；城镇登记失业率控制在2.8%以内；节能减排完成省政府、市政府下达任务。

## （一）大力发展新型工业，加速提升产业能级

广丰区围绕工业经济总量、质量"双提升"的目标，紧扣产业、企业、项目三大关键要素，坚定不移"主攻工业、决战园区"，加快构建产业新体系、不断凝聚产业新动能。

### 1. 加快产业集聚步伐

全面落实《工业崛起"2050"工程实施意见》和"2+6+N"五年行动计划，大力开展"县域工业发展巩固年"活动，紧盯电子信息、先进机械制造、新材料三大主导产业，全力以赴"大招商、招大商"，进一步发挥专业招商特长，努力引进一批龙头企业、骨干项目，确保全年至少引进一个投资超20亿元的产业项目。加快推进总投资60亿元的循环经济产业园项目签约落地，积极培育一批"独角兽""瞪羚"企业。深入实施工业企业技改三年行动计划，大力推进传统产业技改升级，确保烟厂易地技改、台鑫钢铁大修项目年内建成投产，芦林纸业、银泰乐科技、鸿新盛铜业等一批技改项目全速推进。

### 2. 增强平台承载能力

积极推动创建国家级高新区进程，充分做好迎接科技部审批的各项工作准备。深入推进高新区改革和创新发展，加快经济管理权限向园区"下移"，大力实施"两型三化"园区管理提标提档行动，不断激发园区发展动力和活力。加快"新九通一平"建设，完成土地平整1000亩工程，扎实推进霞峰大道四期、金霞路、灵霞路、标准厂房配套用电、电子信息产业园配套用电、芦洋园区C区污水管网等项目建设，不断完善园区功能配套设施。牢固树立"以亩

产论英雄"的工作导向，下大力气处置"僵尸企业""僵尸项目"，加大闲置土地盘活力度，确保全年盘活闲置土地500亩，完成征地1000亩，报批土地1000亩。统筹推进标准厂房建设和项目引进，为项目加快入驻创造有利条件。

3. 优化投资发展环境

围绕"兴实业、强实体"的目标，持续深入推进降成本优环境专项行动，不折不扣落实好各项政策措施，推动生产要素、政策资源、政府服务向实体经济集聚。认真落实税费减免政策，加快完成涉企行政事业性收费"清零"工作，切实帮助企业降低人力、用电、用气和物流成本。着力完善"政""银""企"常态化对接机制，进一步加大对"产业引导基金""财园信贷通"等金融服务的扶持力度，努力解决企业"融资难、融资贵"问题。完善和落实领导挂点帮扶制度，积极推行"一企一策"，不断提升帮扶精准度，推动企业做强做优做大。积极构建"亲清"政商关系，全力打破制约民营经济发展的各种"卷帘门""玻璃门""旋转门"障碍，推动民营经济健康良性发展。依法保护民营企业家合法权益，使其投资放心、发展安心、生活舒心。

## （二）加快发展现代服务业，不断壮大产业业态

广丰区坚持以市场需求为导向，以推动消费提质升级为目标，高度注重扬优挖潜，加快构建多元化的服务业产业新体系，努力培育壮大服务业新的经济增长点。

1. 持续做强现代商贸业

积极打造商贸业龙头标杆，推动天虹国际、红星美凯龙两个大型商贸综合体尽早落地见效。加快推进总投资3亿元的尚绿四星级酒店项目建设。进一步完善各种商贸基础设施，为商贸业蓬勃壮大夯实承载基础。更加注重农村商贸业发展，紧扣多元化的目标，加大引导培育力度，不断丰富农村商贸业态。着力推动商贸业与现代信息技术相结合，不断提升市场的信息化管理水平，促进企业交易更便利、物流更快捷。

2. 持续做旺全域旅游业

加快推进鹊桥谷至九仙湖栈道、华家源秀美乡村二期工程、东阳乡龙溪古村景区、东阳乡石井峡谷景区等旅游项目建设，不断丰富旅游业态供给。在"旅游＋"融合发展方面做足文章，依托人文优势、生态优势，打造本地特色

的旅游品牌。紧扣"串点成线、连线成面",统筹整合旅游资源要素,加大与周边旅游景区的对接互动,着力打造更多精品旅游线路。持续提升秀美乡村建设与乡村旅游融合发展水平,加快完善旅游设施,健全车位、餐位、床位、厕位、摊位等功能配套,推动两项工作同频共振。持之以恒打造龙头旅游品牌,大力推进铜钹山争创国家5A级景区建设,不断提升景区对外知名度和吸引力。加强旅游服务创新,切实提升旅游服务质量。

3. 持续做优现代金融业

进一步健全完善金融体系,大力吸引各类金融机构入驻,确保年内赣州银行广丰支行落户开业,积极引入金融业发展的"源头活水"。深入实施企业上市"映山红"行动,扶持推动渝网科技在美国纳斯达克上市。充分发挥金融支持实体经济作用,不断创新丰富金融产品,健全完善融资担保体系,推动更多信贷资金流向实体经济。严格落实防范化解金融风险主体责任,健全完善风险监测预警机制,加大防范处置非法集资力度,严控政府债务风险,全力打好防范化解重大风险攻坚战。

4. 持续做大总部经济

充分发挥城南、高新区总部经济基地载体作用,进一步优化政策体系,以提升城市功能与品质建设为契机,不断完善服务设施配套,努力吸引更多项目入驻,提升总体"集聚度"。

## （三）统筹推进城市建设，全力打造宜居城市

按照"精心规划、精致建设、精细管理、精美呈现"的要求,广丰区深入推进城市功能与品质提升三年行动,扎实开展城市治脏、治乱、治堵、功能修补、生态修复、彰显特色、亮化美化、治理提升"八大行动",加快宜居城市建设速度。

1. 着力完善城市功能

按照"一年有提升、两年上台阶、三年进一流"的目标要求,广丰区坚持对标上饶中心城区,加快城市功能性项目建设步伐。路网方面,启动上浦高速出口挂线建设。加快推进广信大道二期、辉腾路、翠屏路、桑园西路一期、北河滨路、东关路、广场北路改造、上呈大道、竹航山路二期、贞白路10条道路建设,完成城区道路硬化改造7公里,着力解决城市"断头路"问题。

桥梁方面，完成翠屏大桥建设。停车设施方面。完成总面积220余亩、6个停车场项目建设，着力解决"停车难"问题。公园方面，完成北河滨路、商贸城周边、翁岭路口等5个城市小游园项目建设。水利设施方面，持续抓好城区左、右岸防洪工程建设。电力设施方面，加快推进大塘、下溪、东街、玉田等1个22万伏、3个11万伏抢点布局电力项目建设，不断完善供电体系。公厕建设方面，全年建设城区公共厕所13座，改建公厕2座。菜市场建设方面，加快推进城东、城北、东街明珠、南山、芦林、安利小区6个菜市场项目建设，为百姓生活创造更多便利。天然气方面，完成下溪天然气门站、湖丰分输站2个天然气项目建设，加快推进城区天然气管道及16公里湖丰至下溪天然气管网建设。垃圾中转站方面，全面完成垃圾压缩中心建设，新建2个城区垃圾中转站。污水管网方面，加快推进生活污水处理厂一级提标改造，全年完成城区生活污水管网综合改造15公里。排水防涝工程方面，完成城西片区排水防涝工程4.2公里。其他项目方面，聚焦户外劳动者等特殊群体，谋划打造一批"爱心驿站""妈咪小屋"，让城市更有温度。

2. 着力提升城市品质

突出以人为本的理念，加快编制"城市双修"专项规划。持续抓好丰溪河两岸、丰溪水街等改造提升。突出抓好里弄小巷改造提升，全面完成天桂路等10条里弄小巷改造工程。对照"300米见绿、500米见园"的标准，大力实施复绿、增绿、透绿工程。持续保持棚改工作的良好势头，加快推进东街以南徐家弄以东片区等棚户区改造项目，以棚户区改造擦靓老城区颜值。持续保持控违拆违高压态势，确保违章建筑"零增长"。

3. 着力强化城市管理

以上饶市创建国家卫生城市、全国文明城市为契机，聚焦城市"脏、乱、差、堵"问题，大力推进城市管理创新。加快推动智慧城管平台建设，不断提升城市管理的智能化、精细化、法治化水平。着力提升环卫作业规范化水平，扎实推进"道路本色、立面清爽"行动，确保中心城区道路机扫率达到80%以上。进一步规范店招门楣和广告牌设置，启动城市架空管线整治。加大城区交通组织优化力度，着力解决城南小学、芦林等红绿灯处的交通堵点问题。广泛动员全民参与城市监督管理，推动人民城市人民管，着力凝聚城市管理"大合力"。

### （四）深入实施乡村振兴战略，推动农业农村现代化

按照"产业兴旺、生态宜居、乡风文明、治理有效、生活富裕"的总要求，大力实施乡村振兴战略，努力让农业更强、农村更美、农民更富。

1. 大力发展农业产业

持续推动"果茶蔬"三大主导产业发展，力争新增果茶蔬种植面积3.4万亩。突出抓好马家柚"东柚"品牌建设，不断健全完善马家柚产、供、销体系；深度推进全果开发利用，突出抓好销售渠道拓展，着力发挥线上销售平台作用，持续提升马家柚品牌影响力和产业效益。加大对广丰地方优质畜禽品种的保护性投入。着力发挥农业园区平台示范引领作用，积极引进一批农业龙头企业，不断增强辐射带动效应，力争新增区级以上农业产业化龙头企业30家、家庭农场40家、农民合作社30家。持续推进高标准农田建设，全面完成7000亩建设任务。

2. 持续改善农村环境

按照提前一年基本完成"四年扫一遍"的目标，全面完成597个新农村点建设，着力打造西溪河湿地公园延伸段秀美乡村示范点。严格执行《农村居民住房建设管理条例》，纵深推进宅基地改革，坚决落实"一户一宅""择位竞价""地票"等制度，不断提升农村宅基地规范化管理水平。持续推进农村人居环境整治，突出解决垃圾污水、"厕所革命"等问题，加快推动洋口镇、桐畈镇、五都镇等13个乡镇垃圾中转站项目建设，不断改善农村环境面貌。进一步改善农村路网条件，加快推进洋口至枧底公路改造项目建设，全年完成县道升级改造20公里、乡村道路窄路面拓宽20公里、农村危桥改造15座，完成农村危旧房改造1500户。统筹推进水利项目建设，完成6座小（2）型水库除险加固、69座山塘水库整治、25个农村饮水项目、1条小流域水土保持项目建设。持续推进土地开发整治工作，实施一批城乡建设用地"增减挂"项目，力争全年完成"造地"1万亩，报备土地1万亩。

3. 全力带动农民致富

抓实农村集体产权制度改革，突出抓好农村闲置宅基地、空闲地、弃耕抛荒地、废弃拆除的养猪场、砖瓦窑等土地资源的盘活利用，进一步培育壮大村级集体经济。大力实施新型职业农民培育工程，进一步发挥农村致富能手、种

269

养大户等传帮带作用，鼓励引导农民整合利用现有要素资源，因地制宜发展自身产业，千方百计拓宽农民增收渠道。加大农村土地流转力度，促进农业规模化经营，推动农民土地增值变现，力争完成土地流转1.5万亩。积极开展多种形式的农村就业创业促进行动，让更多农民在家门口实现就业创业。不断健全自治、法治、德治相结合的乡村治理体系，深入实施"法律明白人"培养工程，大力传承优秀传统文化，着力提升农村居民素养，实现农民物质、精神"双丰收"。

### （五）不断深化改革开放创新，持续增强发展活力

广丰区坚持把改革开放作为推动发展的重要法宝，坚定不移将改革开放进行到底，切实加大改革力度、扩大开放水平、强化创新驱动，不断激发高质量跨越式发展的内生动力。

1. 狠抓重点领域改革

全面完成区机构改革，进一步深化政务服务"一网、一门、一次"改革，持续推进"减证便民"行动，直接与企业和群众日常生产生活密切相关的事项，实行节假日无缝服务；2019年底前依申请类政务服务事项"一次不跑""只跑一次"办理率、网上可办率均要达到70%以上，150个高频事项全部实现"最多跑一次"。持续抓好殡葬改革，加快殡仪馆改造提升，下溪、芦林、洋口三个城市公益性墓地等项目建设，巩固提升改革成效。持续推进商事制度改革，全面推进"证照分离"，加大电子营业执照推广力度，不断提升市场准入的便利化水平。切实抓好投融资平台改革，加快市场化转型步伐，组建AA＋信用等级及资质评定的大型投融资平台，不断提升资产质量和经营能力，有效防范金融风险。

2. 增强开放合作实效

牢固树立"项目为王"的理念，坚持把项目招商作为头等大事，健全完善招商考核奖惩机制，大力营造浓厚招商氛围。注重向更高层次、更广领域发力，进一步发挥好产业基金招商、专业招商作用。大力开展"三请三回""三企入广"、主导产业招大引强活动，努力吸引更多牵动性强的大项目、好项目落户，加快资金流、信息流、人才流回归步伐。强化签约项目后续管理、跟踪服务、落地考核，推动项目早落地、早投产、早见效。全年力争引进1亿元以

上项目 25 个、10 亿元以上项目 5 个、20 亿元以上项目 2 个。

3. 提升驱动创新水平

坚持把创新作为引领发展的第一动力，加快构建以企业为主体、市场为导向、"产学研用金"相结合的技术创新体系，深入实施创新型企业、高新技术企业和科技型中小企业培育工程，积极鼓励引导企业加大研发投入，不断提升 R&D 经费支出占 GDP 的比重。全年新组建省级工程技术研究中心 1 个、新增高新技术企业 10 家以上、专利申请量达到 580 件以上。大力实施"十百千万"人才计划，着力完善"引才"政策、搭建"聚才"平台、强化"留才"保障，不断吸引各类人才汇聚广丰。

## （六）积极推进生态文明建设，着力释放生态红利

广丰区牢固树立"绿水青山就是金山银山"的理念，切实保护好生态环境、巩固好生态优势、提升好生态效益，坚决打好污染防治攻坚战。

1. 不断提升生态治理成效

持之以恒抓实中央和省环保督查反馈问题整改工作，深入推进长江经济带"共抓大保护"攻坚行动。持续打好"蓝天、碧水、净土"保卫战。狠抓大气污染防治，扎实开展工地和道路扬尘、餐饮油烟、工业废气、机动车尾气等专项治理，还空气以"清新"。严格落实"水十条"，深入推进河湖全流域治理，大力推进黑臭水体整治，还水体以"洁净"。严格管控农业面源污染，大力实施化肥农药"零增长"行动，加强固体废弃物处置管控，还土壤以"健康"。广泛发动全民参与环保问题治理，充分发挥"环保警察"作用，严厉打击各类环境违法犯罪行为。

2. 持续加大生态修复力度

加强山体保护、地质灾害防治和水土流失综合治理。大力实施森林质量提升工程，打好松材线虫病防控保卫战，完成植树造林 5000 亩，退化林修复 2.3 万亩，森林抚育 3.3 万亩，落实"绿化、美化、彩化、珍贵化"建设任务 600 亩。大力推动垃圾分类行动扩面、提标、增效，逐步提高广大老百姓垃圾分类意识。全面推行城乡环卫一体化工作，不断提升城乡生活垃圾无害化处理率，着力构建更加高效的城乡环卫保洁体系。

### 3. 切实强化生态环境保护

坚持以健全的生态制度为生态环境"保驾护航"，严格落实河长制、湖长制、林长制，严守生态保护红线、水资源保护红线，切实保护好广丰山川河湖。进一步完善环保责任追究制度，建立健全自然资源资产化、价值化转化机制，全面推行领导干部自然资源资产离任审计，做到源头严防、过程严管、后果严惩。扎实开展第二次全国污染源普查。严格落实项目环评制度，坚决杜绝有环境污染的项目落户。加大环境保护宣传，大力倡导绿色低碳的生产生活方式，不断提升全民环保意识。

## （七）扎实办好民生事业，持续增进民生福祉

广丰区牢固树立以人民为中心的发展思想，立足百姓最关心的问题，办好百姓最期盼的事情，更加注重普及度、普惠性、均等化、可持续，切实增强人民群众的幸福感和获得感。

### 1. 坚决打好脱贫攻坚战

持续巩固提升脱贫攻坚成效，确保全面完成全年2个省级贫困村、1个县级贫困村退出，8018人脱贫的任务。深入推进"十一大扶贫工程"，坚持"输血""造血"双管齐下，探索稳定脱贫的长效机制，加快构建产业与贫困户、村集体的利益联结机制，切实帮助贫困户找到"致富路"、凝聚"内生力"，不断增强抵御返贫风险能力。组织开展脱贫攻坚"感恩行动"，大力营造勤劳致富、脱贫光荣的浓厚氛围。统筹整合资源，扎实开展城镇贫困群众脱贫解困工作。

### 2. 持续发展社会事业

狠抓教育事业发展不动摇，大力实施名师名校长领航工程，持续深化区域间校际合作。加快贞白中学二期、广丰中学西山校区改扩建等教育项目建设。加快推进排山、泉波、少阳等7所中心幼儿园建设，推动乡镇公办幼儿园全覆盖。不断提升医疗服务水平，持续推进医疗服务体制改革，扎实推进医联体建设。加快区人民医院内科大楼、区中医院中医药大楼、妇幼保健中心、华山医院、仁济医院等医疗项目建设，不断健全完善医疗服务体系。全力承办好第三届上饶文化创意产业博览会暨2019年上饶茶文化博览会。深入实施基层公共文化服务设施提升工程，加快推动图书馆、文化馆建成使用，不断健全完善

区、乡、村三级公共文化服务体系，努力让老百姓享受到更多优质的"文化大餐"。

### 3. 不断强化民生保障

落实就业优先政策，重点抓好高校毕业生、退役军人、返乡创业人员等群体的就业创业服务，确保新增城镇就业4400人、转移农村劳动力8400人。进一步深化全民参保计划，不断提高城乡居民基本养老、基本医保和低保等补助标准，推动全民参保提标扩面。切实加大社会救助力度，严格落实优抚双拥安置政策，健全完善城乡困难群众医疗救助制度，不断提高救助水平。顺应人口老龄化趋势，大力发展居家和社区养老服务事业，鼓励社会资本投资建设医养融合的专业养老服务机构，加快推进总投资10亿元的上呈颐养生态园建设。持续推进保障性安居工程，全年完成棚改安置房15万平方米。大力发展社会福利、公益慈善等事业。

### 4. 全力维护社会和谐稳定

持续推进扫黑除恶专项斗争向纵深开展，坚决做到有黑必扫、除恶务尽。大力推动公共安全防范设施建设，进一步升级扩容"天网工程""雪亮工程"，不断健全完善治安防控体系。全面加强禁毒工作，完善禁毒教育基地等基础设施，坚决打赢新时代禁毒人民战争。严格落实安全生产责任，切实抓好非煤矿山、危化企业等重点领域安全监管，坚决遏制重特大安全事故发生。进一步健全防灾减灾体系，切实提高突发事件应对处置能力。依法规范信访秩序，充分运用法治思维和法治方式积极化解老案、积案，加大初信初访办理力度，努力做到"小事不出村、大事不出镇、矛盾不上交"。持续推进社区管理网格化，不断提高社会治理水平。

# B.27
# 2018年上饶市上饶县经济社会发展分析报告

上饶县人民政府

**摘　要：** 在上饶市委、市政府和上饶县委的正确领导下，上饶县上下坚持稳中求进工作总基调，坚定不移地以脱贫攻坚为统领，统筹做好稳增长、促改革、调结构、优生态、惠民生、防风险各项工作，圆满完成十六届人大三次会议确定的目标任务，经济社会呈现高质量跨越式发展的鲜明特征。

**关键词：** 高质量　跨越式发展　脱贫攻坚

## 一　发展现状

2018年，上饶县完成生产总值237.2亿元，增长9.4%，总量和增幅均列全市第三。财政收入实现三个全市第一，其中：总量26.42亿元，增长12.1%；税收收入21.15亿元，增长20.8%；一般公共预算收入16.6亿元，增长74%，增幅均排名全市第一。全社会固定资产投资增长10.6%。三产结构比由8.4∶76.4∶15.2调整为8.1∶75.2∶16.7，荣获江西省委、省政府科学发展考核综合先进奖。

### （一）"脱贫"如期实现

2018年，上饶县围绕"两不愁三保障"持续发力，90个贫困村、2.17万户、8.9万人脱贫退出，贫困发生率降至0.99%，顺利通过了国家第三方评估验收。2018年7月29日，江西省政府正式批准上饶县脱贫退出。

### 1. 识别更精准

紧盯"三率一度"，严格实行村村过、户户筛，新识别贫困户105户280人；严格贫困户退出程序，退出346户1050人；城镇贫困群众脱贫解困工作正式启动，初步认定支出型低收入家庭123户296人。

### 2. 投入更精准

三年来累计投入资金21.3亿元用于脱贫攻坚，其中投入基础设施项目资金9亿元，实施"八大类"项目5657个；投入"十大扶贫"项目资金11.2亿元，投入占比高于省定标准156个百分点，农村居民人均可支配收入达10498元，增长10.3%。

### 3. 措施更精准

产业扶贫方面，统筹整合资金1亿余元，重点推进62个农业扶贫项目建设；建设村级产业扶贫合作社84个，建成村级光伏电站160个16兆瓦，产业扶贫年直接收益达5900余万元，带动2.5万贫困户户均增收1500元以上，村级集体经济年均收入达11万元以上，彻底消除"空壳村"。就业扶贫方面，建立省级以上就业扶贫创业示范点10个、县级就业扶贫车间81个，免费培训劳动力5346人，70%有劳动能力的贫困人员实现就业。教育扶贫方面，资助贫困学生12374人次、资金1060万元，实现县内就读贫困学生资助全覆盖，全县无一名学生因贫困辍学。健康扶贫方面，进一步筑牢医疗保障"七道防线"，累计为贫困患者报销54963人次、资金2.65亿元，贫困人口住院自负比率为9.2%。保障扶贫方面，20个易地扶贫搬迁安置点全部竣工，2824人入住新房；发放贫困户残疾人两项补贴72万元，为所有符合条件的贫困户代缴100元/人的养老保险金，为所有脱贫户购买返贫责任险，贫困户和低保户两类对象购买率达77.6%，高于全省平均水平10.6个分点。金融扶贫方面，对贫困户实行免担保、免抵押贴息政策，在全省率先开展了评级授信工作，授信比例达97%，获贷款贫困户2879户，贴息164万。

## （二）中心实力持续攀升

### 1. 工业经济稳步发展

规上企业主业务收入145亿元，增长40.2%，增幅排名全市第一；规上工业增加值增长9.8%，排名全市第二；工业用电量3.9亿度、增长21.2%，增

幅排名全市第二；新开工企业 20 家，新增规上工业企业 18 家、总数达 75 家。园区基础设施日益完善，广兴路建成通车，发展大道延伸段、华兴路南延伸段、通和路、通德路等道路建设加速推进，累计建成污水管网 26.3 公里，建设标准厂房 26 万平方米；完成调园扩区 10 平方公里，土地平整 1400 亩。三大主导产业加速集聚。大江铜业、欣德广、融源等有色金属龙头企业快速成长，新金叶技改基本完成，有色金属产业总产值达 115 亿元、增长 47.5%，税收入库 7.24 亿元、增长 206.9%。中汽高科技产业园 PP 项目进入国家财政 PPP 中心库，普瑞美新能源动力锂电池项目开工建设，恒道括流道研发制造项目建成投产。米赞光电项目开工建设，骏辆科技项目达产见效。全年新引进投资亿元以上三大主导产业链企业 13 家，总投资达 150 亿元，三大主导产业主营业务收入 125 亿元、增长 45.2%。园区体制机制改革有序推进，制定出台了《关于改革工业园区体制、决胜工业 400 亿的实施意见》，编制 9 大类 115 条企业主要政策调整的集成意见，园区七大机制体制改革迈出实质性步伐。

2. 现代农业健康发展

严格落实粮食安全责任制，粮食总产量达 12.6 万吨。产业结构不断优化，积极落实"东西南北中"特色产业布局，完成农用地土地流转 12.6 万亩，土地流转率达 37.5%；新增马家柚、油茶、蔬菜、茶叶等特色农业基地 3.6 万亩，产业基地总面积达 43.8 万亩，特色产业总产值达 23.6 亿元；新增"三品一标"11 个、国家级农民合作示范社 1 家、省级农业龙头企业 4 家，恩泉公司被评为全国"万企帮万村"精准扶贫行动先进民营企业，盛水现代农业园被评为省级现代农业示范园。发展基础不断夯实，投入资金 8100 余万元，实施病险水库除险加固、中小河流成治理等水利项目 82 个；完成高标农田建设 1 万亩。平合功能不断完善，云谷田园项目 5 万平方米的菌菇基地投产见效，1 万平方米中药材植物工厂全面投产；投资 30 亿元的白眉茶谷农之旅项目一期快速推进；上饶现代农业科技园区通过国家验收并成功申报国家级星创天地。

3. 现代服务业蓬勃发展

新经济新业态加速集聚，新落户新经济企业 5 家、总数达 12 家。海普济斯基金检测项目入驻运营，时普矿机、天佳新型材料公司入库后备上市，贪玩网络、盛六网络等一批大游戏、大数据企业不断大；电子商务进农村示范县通过商务部中期考评，互联网、大数据产业实现交易 56 亿元，税收 3400 万元，商贸物流不断壮大。新城吾悦商业城即将完工，五洲国际商业城二期建成运营，中合农产品交城二期顺利推进，月亮湾汽车城、国际家居城等专业市场实现交易额 104.7 亿元。新华物流园改扩建一期主体工程全面封顶，新增物流企业 19 家，物流业实现税收 1963 万元。全域旅游稳步推进，灵山民俗风情街、灵山大运城基本建成；灵山景区创 5A、望仙峡谷小镇、灵山工匠小镇创 4A 工作加快推进。全县接待游客 831 万人次、增长 16.3%；旅游综合收入 83 亿元、增长 52%。

### （三）城乡环境日益优化

1. 城市面貌日新月异

城市建成区面积达 20 平方公里，城镇化率达 49.6%。城市建设更加有力，实施城建项目 116 个，开工 74 个，竣工 18 个。十里槠溪第一组团核心区、灵山工匠小镇二期等一批城市文旅项目雏形初显；槠溪河综合治理 PPP 项目一期、信江沿岸防洪治涝工程二期稳步实施。城中、城南、城北三大片区棚户区改造纵深推进，完成房屋征收 4300 余户、150 万平方米。60 万平方米安置房建设前期工作准备就绪，504 套保障房建成使用。城市管理更加精致，严格落实《上饶市城市管理条例》，拆除建成区违建面积约 4 万平方米、确保违建"增量零增长、存量负增长"。整治户外广告、出店经营、临时摊点等 5000 余处（起）、清理"牛皮癣"75 万平方米。建成全省首条"智慧斑马线"，建成"雪亮工程"9000 余套，"智慧城市"展示大厅投入使用，智慧城管二级指挥平台建设基本完工；顺利迎接省文明城市复检。城市功能更加完善，槠溪大桥、滨江路、惟义路、稼轩大道、江南大道全面竣工通车；城乡公交一体化进程加快，新增公交线路 2 条；龙潭、桥下、渡头三个 110V 变电站建设顺利推进；吉阳路、春江大道对接市截污干管工程和三清山大道与旭日大道交叉口雨水排放工程全面完成；大坳引水城西支线工程版利通水，城南自来水厂竣工供水，城区 20 万人口喝上安全水、放心水。

2. 乡村振兴势头正盛

秀美乡村建设扎实推进。投入资金 1.42 亿元，编制完成 166 个村庄规划，重点打造皂头周石、尊桥周坞、清水双溪等一批秀美乡村示范点。投入资金 2

亿元，推进"两铁六道"沿线房屋"赣派"风格改造，完成外墙粉刷6961栋、坡屋顶7547栋、马头墙3093个。绿色殡葬稳步实施，完成公益性墓地22个，"三沿六区"坟墓整治5538座，乱埋乱葬整治率达75%以上，村（居）红白理事会覆盖率、公益性墓地行政村覆盖率、火化率、骨灰入墓率均达100%。农村路网日趋完善，完成县道升级改造12.3公里、农村公路生命防护工程148.6公里，S203郑五线灵山至上饶公路清水常埠段3公里路基成形、S203郑五线旭日至五府山高铁站公路列入"十三五"普通国省道建设项目库。农村生活垃圾治理卓有成效，投入农村生活垃圾治理资金6376万元，清理垃圾12.8余万吨，顺利通过农村生活垃圾治理国家考评验收，被评为"全省农村清洁工程先进县"。

3. 生态文明建设成效明显

高质量完成中央、省环保督察反馈的问题，并积极整改工作。"清河护河"效果显著，严格落实"河长制"，主要河流断面水质、饮用水水源达标率均为100%；全县禁养区87家生猪养殖场全部关停到位，非禁养区养殖场污染防治设施配套率达95%以上；大坳水库水质稳定在2类以上。"净空净土"不断深入，依法拆除砖瓦窑厂84家、农村垃圾焖烧炉51座，城区、园区10蒸吨及以下燃煤锅炉清零到位，全年环境空气化良天数294天、优良率达90.2%，PM2.5浓度均值为35微克/立方米、同比下降20.5%，达到国家空气质量二级标准。"育林复绿"蹄疾步稳，全面落实"林长制"，完成营造林10.9万亩，生态修复7.6万平方米，森林覆盖率达到73.04%，高出全市平均水平11.1个百分点。

## （四）经济活力竞相迸发

1. 重点改革走出新步伐

"放管服"改革深入推进，行政服务中心进驻行政审批事项221项、进驻率达70%，37项公共服务事项、60项社会堵点问题得到疏解；梳理公布第一批"最多跑一次"行政审批事项112项、公共服务事项98项，66个高频事项实现一次性办结；4638项行政权力和公共服务事项录入省管系统，在全省率先推行不动产登记制度改革，县房产交易中心和不动产登记中心实现全面整合，"一网、一门、一次"改革成效显现。土地改革有序推进，完成23.9万幢农村房地一体外业调查；参与宅改农户 4.8 万户，拆除空心房、危旧房 3 万余栋，约 325 万平方米，退出宅基地面积约 51 万平方米；征收土地 10611 亩；实施土地整治项目 257 个，面积 12848 亩；消化"批而未用"土地 2852 亩，消化周期从 3.8 年降至 2.9 年。国资国企改革快速推进，县城投公司资产总额超过 200 亿元，成功发行企业债券 15 亿元。新组建广信投资集团，资产总额突破 300 亿元，主体信用等级获评 2A，成为全市率先拥有两个 2A 信用等级国企的县。新组建投融资公司，发行私募债 1.8 亿元。县广信融资担保公司获省金融办批准成立，并成功取得金融许可牌照、行政体制改革扎实推进，党政机构改革顺利完成，"撤县设区"工作有序开展。

2. 创新创业迈上新台阶

新获批国家、省级星创天地和级工程技术研究中心各 1 家，新培育国家高新技术企业 7 家，高新技术产业、战略性新兴产业增加值占规上工业增加值比重分别达到 67% 和 45.3%；成功申报省"双千计划"项目 2 个；盖亚环保院士工作站和云谷田园中科院中药材研究中心启动建设；皂头镇入选首批省级创新型乡镇建设试点。完成专利申请 681 件、授权专利 437 件，均实现翻番。深入实施"三十九证合一"，新增企业 1908 户、个体工商户 5278 家，分别增长 28.1%、44.4%。

3. 开放合作取得新成效

新引进省外 2000 万元以上项目 27 个，实际进资 52.3 亿元，其中：引进亿元以上项目 17 个，百亿元以上项目 3 个，分别为投资 160 亿元的捷成影视项目、投资 110 亿元的十里槠溪项目、投资 170 亿元的中汽高科技产业园项目；实际利用外资 9500 万美元、增长 21.1%，增幅全市第二，其中现汇进资 214.6 万美元；新增"走出去"企业 3 家，对外直接投资 500 万美元。

## （五）发展成果全民共享

1. 社会保障不断扩面

民生支出占一般公共财政预算支出比重达 80%，较上年增长 5 个百分点，2018 年年初承诺的 20 件民生实事得到落实。新增城镇就业 5908 人，转移农村劳动力 9438 人，发放创业担保贷款 1.12 亿元，零就业家庭安置率达 100%；"五大保险"参保总人数达到 127.3 万人次，超额完成年度计划任务；累计发

放养老金 8.35 亿元；84 个在建项目纳入实名制监管，代收农民工工资保障金 1.4 亿元；特困集中供养、分散供养对象保障标准每人每年分别提高到 5460 元、4200 元，城、乡最低生活保障标准每人每月分别提高到 580 元、340 元。

2. 社会事业不断繁荣

教体事业加速发展，投入资金 3.8 亿元，新改建校含面积 12 万平方米，改造运动场面积 4.6 万平方米，县八小新建、职校改建、二中扩建投入使用，七小、特教、三保开工建设，22 所乡镇公办中心幼儿园全部完成选址，荣获"国家基础教育质量监测县级优秀组织单位"。卫计事业稳步发展，成立全省首家县级医院胸痛中心联盟，县域医联体框架基本构建；新改建 9 个乡卫生院业务用房，生育服务试点工作顺利推进。文化事业持续发展，杨惟义故居、五府山银铅矿遗址、上泸余氏宗祠、望仙沙洲红军街旧址群等入选第 6 批江西省文物保护单位；《千年古县　信美之郡——上饶县》拍摄完成，大型原创剧进入《授渔记》文化部全国舞台艺术现实题材创作品计划。

3. 社会治理不断增强

第十届村（居）委会换届选举工作全面完成，基层治理网格化和综治中心实体化建设扎实开展。扫黑除恶深入推进，建成全市首个扫黑除恶集中办案点，扫除黑社会性质组织 2 个、恶势力犯罪集团 4 个，破获涉黑涉恶案件 58 件，成功侦办涉黑"套路贷"类"全省第一案"。治安环境持续向好，"一户一码"App 项目荣获全国公安基层技术革新优秀奖，看守所智慧监所建设走在全省前列；深入推进"全省禁毒示范城市"创建，在全省"双百"缉毒会战工作中名列前茅。刑事警情连续 3 年实现两位数下降，安全形势总体平稳，安全生产责任制全面落实，"十大专项整治"扎实开展，关闭煤矿 2 家、烟花爆竹零售经营场所 42 家，全年无一起较大以上安全事发生。质量强县工作得到巩固提升，食品安全追溯体系建设稳步推进。在全市率先实现视频接访系统乡镇全覆盖，再次被评为全省信访"三无"县，被国家信息中心和《小康》杂志评为"全国幸福百强县"。

## （六）面临的问题

上饶县仍面临的问题表现在以下方面。经济总量还不大，结构还不优；脱贫攻坚巩固提升仍有大量工作要做，教育、医疗等民生领域依然存在不少短板；大项目、好项目还不够多，土地、资金等要素制约仍然突出；污染防治任务艰巨，生态文明建设任重道远；个别干部缺乏担当精神，"怕慢假庸散"现象还不同程度地存在。

# 二　2019年工作安排

2019年是新中国成立70周年的举国共庆之年，是上饶县撤县设区全面融入中心城区的重大机遇之年，更是上饶县脱贫摘帽后进位赶超、大干快上的关键之年。总体要求是：以习近平新时代中国特色社会主义思想为指导，深入贯彻党的十九大，十九届二中、三中全会，中央经济工作会议和江西省委十四届七次全会以及上饶市委四届七次全会精神，从更高层次贯彻落实习近平总书记对江西工作的重要要求，坚持稳中求进的工作总基调，坚持新发展理念，坚持以脱贫攻坚为统领，坚持高质量跨越式发展首要战略，坚持以供给侧结构性改革为主线，着力打好三大攻坚战，着力建设高质量产业体系，着力深化改革开放，着力保障和改善民生，切实巩固上饶县来之不易的好势头、好局面，巩固提升上饶县脱贫攻坚的实效与成果，保持经济持续健康发展和社会大局稳定，为实现撤县设区、决胜全面小康打下决定性基础，奋力迈出新时代上饶县高质量跨越式发展的坚实步伐，以优异成绩庆祝新中国成立70周年。

2019年全县经济社会发展的主要预期目标是：国内生产总值增长8.3%~8.7%；财政总收入增长7%；规模以上工业增加值增长8.7%；固定资产投资增长9.3%；社会消费品零售总额增长10.8%；实际利用外资增长6.3%；城镇登记失业率控制在3.1%以内；城镇居民人均可支配收入增长8.8%，农村居民人均可支配收入增长9.2%；节能减排完成上级下达的计划任务。

# 三　重点工作

## （一）高质量打好三大攻坚战

2019年，上饶县要瞄准精准脱贫、防范化解重大风险、污染防治三大攻

坚战，坚持底线思维、突出重点攻坚、立足常态长效，确保打赢打好。

1. 坚决打好脱贫巩固提升战

围绕"四个不摘"，针对未脱贫的 1 个村和全县 7095 名贫困人口继续攻坚克难，让该贫困村和县辖区的 4000 名左右贫困人口顺利脱贫，同时城镇贫困群众脱贫解困工作更要迎头赶上，更加注重"两业扶贫"。贯彻江西省委、省政府提出的"一领办三参与"模式、做大做强 62 个产业扶贫项目。加大投入产业直补资金，计划投资 1500 万元，支持贫困户发展传统产业和庭院经济；产业扶贫合作社全覆盖，让 60% 以上的贫困户入股参与；不断完善产业扶贫利益联结机制，让贫困群众得到更多的经济实惠。有针对性地开展贫困人口劳动就业技能培训，让其就近在园区就业，专门开发扶贫专岗，2019 年计划完成岗位目标 3500 个，就业培训 2000 人次，以先富带动后富，力争全年农民人均可支配收入达到 11460 元以上。更加注重特殊人群的兜底保障工作，如大病户、残疾户、边缘户、五保户、低保户等。严守"两不愁三保障"，并使之成为长效机制。同时注重建立风险保障机制，杜绝因遇困、遇病、遇灾返贫现象。扶贫先扶志、扶智、扶德、扶勤，让贫困户从精神层面认识到脱贫的重要性，充分激发贫困群众的内生动力。

2. 坚决打好防范化解重大风险攻坚战

坚持标本兼治，疏堵并举，切实平衡好稳增长和防风险的关系。积极推进市场化债转股，加大防范处置非法集资的力度，坚决打击违法违规金融活动，切实堵住风险点。积极稳妥处理政府债务风险，做到坚定、可控、有序、适度。构建房地产市场健康发展长效机制，稳地价、稳房价、稳预期，全力支持县广投公司、城投公司市场化、实体化运营，力争资产规模分别突破 400 亿元、300 亿元，县城投公司资产负债率降至 50% 以下。加大与农发行、国开行等金融机构的密切协作、力争信贷支持 30 亿元以上，让金融"活水"更好地浇灌实体经济。

3. 坚决打好污染防治攻坚战

践行"两山"理念，着力打通绿水青山向金山银山变的双向轨道，更加彰显生态优势和环境竞争力，加强生态污染治理。深入开展散乱污企业整治、非法采矿采砂整治工作，畜禽养殖污染整治、有色金属企业技改等环保专项整治工作，推进大坳水库饮用水源保护区环境治理项目，不断强化茗洋湖等饮用水水源地保护，持续做好长江经济带固废大排查活动，积极开展土壤污染治理，大力开展"四尘、三烟、三气"合整治，深入开展城区烟花爆竹禁放工作，确保 PM2.5 平均浓度严格控制在省定标准以内，空气质量优良天数比例在 90% 以上。建立健全生态制度，严格践行"三线"管理制度，严格落实林长制、河长制，加快推进环境质量、重点污染源、生态状态大数据监测全覆盖，充分发挥"环保警察"作用，严厉打击环境违法犯罪行为。大力发展生态产业，把"生态＋"理念融入产业发展全过程，积极转变发展方式，聚焦绿色产业，严格环境准入，坚决淘汰高污染、高耗能、高排放的落后产能和过剩产能，全面提升资源高效利用、循环利用和综合利用水平。加大生态创建力度，抓好国土绿化和重点生态工程建设，力争完成植树造林 2.6 万亩，森林抚育 8.9 万亩。深入推进国家生态文明试验区建设，力争创建省级生态文明示范县。

## （二）高质量抓好产业结构化

加快推动传统产业转型、新兴产业快速成长，着力构建一、二、三产业协调发展、齐头并进的产业体系。

1. 提升产业能级，挺起工业的"脊梁"

紧紧围绕"三年决战四百亿"目标，坚持"主攻工业、决胜园区"战略不动摇，积极融入信江产业新城发展新格局，力争园区实现主营业务收入 230 亿元、税收 10 亿元，新投产企业实现增值税 1 亿元以上，力促海美Ｕ谷、菲格瑞特、德佳动力等企业投产，普瑞美项目一期达产达标、二期启动建设，推动机械制造产业实现主营业务收入 20 亿元、税收 1 亿元。力促米光电竣工投产，骏翔科技等一批电子信息项目扩大生产，推动电子信息产业实现主管业务收入 30 亿元、税收 1 亿元。加快新金叶、融源、欣德广二期、大江铜业等项目技改升级，推动有色金属产业实现主营业务收入 180 亿元、税收 8 亿元。夯实农业的"基础"、加快推进 1.5 万亩的高标准农田项目建设，确保全年粮食产量稳定在 13 万吨以上。重点扶持思泉油脂、益精蜂业、茗龙茶叶等龙头企业，力争新增省级以上农业龙头企业 3 家。重点抓好"六十万"亩规模化、标准化产业基地建设，培育壮大油茶、毛竹、蜂蜜、茶叶、蔬菜、水果六大主导产业，力争年内新建产业基地 10 万亩，产业总产值达到 35 亿元。力争新增

"三品一标" 10 个，积极争创省级绿色有机农产品示范县。打造服务业的"增长级"。实施新兴产业倍增计划，用足用活新经济优惠政策，加快贪玩网络、盛六网络等一批大数据产业扩增、力促上市公司迪威迅落地落户，主动服务好上饶呼叫城项目，力争大数据产业主营业务收入达 70 亿元、增长 52%。大力扶持壮大月亮湾汽车城、五洲国际商业城、中合农产品交易城等六大专业市场；力促新城吾悦 13 万平方米商贸综合体项目竣工开业，新华龙物流园一期投入运营、二期基本建成；主动服务好上饶铁路西货站、上饶国际综合物流园等市级重点项目建设。力促捷成影视外景组团、摄影棚和剧组酒店主体基本完工，灵山工匠小镇二期精品酒店、茶油工坊、童乐谷对外开放，十里楮溪第一组团竣工运营，第二组团田园综合体示范区成型。谋划建设灵山左溪旅游小镇、灵山景区二期石人殿景区，加快灵山五星级国际度假酒店建设步伐，推进上饶灵山白鹤旅游度假区和灵山光影小镇开工建设，确保灵山大运城、民俗风情街投入运营，打造华东地区"最美夜游景区"；强力推进灵山景区创 5A，灵山工匠小镇、望仙峡谷小镇和云田谷田园生态农业小植创 4A。全年接待游客突破 900 万人次，实现旅游综合收入 85 亿元以上。

2. 做优产业平台

做优园区平台，推进集群式项目满园扩园行动，力争园区引进投资 20 亿元以上企业 1 家，10 亿元以上企业 2 家，饶商回归产业园引进投资亿元以上企业 4 家，5000 万元以上企业 7 家。大力实施"两型三化"管理提标提档行动，以"亩产论英雄"，力争园区项目投资强度达 300 万元/亩以上，亩均税收达 15 万元以上，完成征地 2100 亩，清理"僵尸企业（项目）" 6 家，通过"腾笼换鸟"盘活土地 500 亩，建设高准厂房 45 万平方米。按照新"九通一平"的标准，启动实施通仁路建设，建成通德路、通和路、昌兴路、华兴路及发展大道南延伸段等路网，新建污水管网 10 公里。做优农业平台，以上饶现代农业科技园区为依托、大力推进"一区十园"建设，重点抓好云谷田园生态农业小镇建设，力争世界园艺博览园和六大主题馆竣工运管，1 平方公里农业生态观光园建成开园，做优新经济平台。组建数字经济服务管理机构，建成数字经济产业园，力争引进亿元以上企业 2 家、实现税收 1 亿元以上，新增就业岗位 3000 个，着力打造一个集大游戏、大数据、大健康等为一体的新经济孵化基地，支持"上饶市物流公共服务平台"建设，着力构建智慧物流体系。

### 3. 强化产业创新

积极培育创新企业，以通过国家知识产权强县试点验收为目标，力争引进培育创新型、高新技术型企业5家、省级工程技术中心1家。力争战略性新兴产业和高新技术产业增加值占规上工业增加值分别达到48%、70%。力争新增专利300件，拥有量突破1500件，R&D经费支出占GDP比重达4.16%。积极构建创新环境，加快推进上饶现代农业科技园区中科院博士工作站、云谷田园中科院中药材研究中心建设，力促盖亚环保院士工作站落地建设；以中汽高科技产业园为依托，培育市级以上众创空间2家。大力推动工业园区行政管理、人事等体制改革，开展智慧园区创建，探索打造"一站式"服务平台，逐步实现"一网通办"，着力打造"四最"营商环境的先行区。积极集聚创新人才、大力实施"十百千万"人才计划、努力营造凝聚人才、激励人才、留住人才的良好环境。

## （三）高质量抓好协调发展

积极策应江西省委、省政府支持上饶"打造对接长三角一体化发展的先行区，建设区城中心城市"的战略定位，坚持大干项目，全面实施城市功能与品质提升三年行动，深入实施乡村振兴战略，促进域多融合互动、协调发展。

### 1. 加快打造功能齐聚城市

按照"一年有提升、两年上台阶、三年大变样"的目标要求，着力构建城区四大功能圈，实现"面子""里子"同步提升，打造15分钟社区生活圈。完成第一农贸市场、旭日金桥、罗桥文家农贸市场新改建工程。投入资金8亿元，启动实施县中、六中、七中、三小、邱蕴芳学校改扩建工程；启动城北学校、城南双语学校和城南、城北高中建设，新建杨家塘小学、城南学校和第一幼儿园，确保县七小、特殊学校及第三幼儿园秋季投入使用，解决学位16800个，开工建设棚改安置房60万平方米。打造半小时交通圈，实施姜湖公路（华坛山、望仙段）改造提升工程，力争S203郑五线石人杉树至清水常埠段项目17公里路基本成型，做好S203郑五线旭日至五府山高铁站公路项目前期准备工作；投入资金5.4亿元，逐步打通城区东升路、望江路、古阳路、春

江路北延伸段等 10 条"断头路""丁字路";确保旭日北大道（罗桥段）升级政道项目 2018 年 9 月全面通车;积极服务德兴路北段、三清山机场扩建等市级重点项目建设。全力推进镇村公交建设,开通城区至园区公交线路。投入资金 9000 余万元启动建设县行政服务中心,林业局西侧等 8 处停车场,新增城区泊位 2200 个以上,确保半小时交通圈内四通八达、出行畅通。打造 24 小时保障圈,全面建成灵山、茶亭 2 个自来水厂,启动旭日水厂 8 万吨/日的备用水源改扩建工程,建成北麓公园、旭日公园两座加压泵,推进蔚蓝香庭、友邦华城、名江丽景、帝景湾等 19 个小区水管网改造。力争完成龙潭、桥下 2 个 110KV 变电站建设、建成总长 70 余公里覆盖 6 个乡镇的天然气管网。打造全天候智慧信息圈,加快智慧城市建设,推进"1 + 4"智慧体系建设,开发智慧商圈、智慧停车、智慧警务等便民功能,着力打造智慧城管、智慧社区、智慧交通,真正让信息多跑路,让群众感受"城市智慧化热度"。

2. 加快打造品质提升城市

全面实施城市治理提升"八大行动",突出"城市双修",全力争创国家卫生城市,聚焦治脏治乱治堵。新改建城市公厕 16 座,新建垃圾中转站 3 座,确保中心城区道路机扫率达到 85% 以上,建筑工地"六个 100%"到位。继续开展控违拆违专项整治,有效解决占道经营、马路市场、乱搭乱建等乱序行为。加快推进城市公交一体化进程,优化公交站点和路线设置,科学配置道路交通标志标线,常态化推进交通违法行为整治。聚焦城市棚改,投入资金 23 亿元,实施旭日六期、城南片区三期和十里楮溪二、三组团等棚改项目,力争全年拆迁 100 万平方米、征地 6000 亩。聚焦城市美化,对三清山大道、春江大道等主干道进行绿化、亮化、智能化综合改造提升;按照"300 米见绿、500 米见园"的要求,投入资金 1.4 亿元,新建北麓公园及街头小游园、小绿地、小广场 6 个。投入资金 1700 余万元,采用"微更新"、零星改造等综合整治方式,对金桥路、里施巷、上赵巷等 7 条背街小巷进行改造。聚焦海绵城市建设,加快实施楮溪河综合治理项目,稳步推进信江沿岸防洪治涝工程二期;新建完善城区雨污水管网,实现罗桥片区污水主管与市截污干管对接,统筹完善通信、电力等市政基础设施。

3. 加快打造和谐秀美乡村

抓示范点打造,坚持师范引领,抓好白眉茶文旅项目建设,完成茶园升级改造、老茶厂改造，生态停车场等项目建设，2019 年底前一期项目竣工开园；加快黄沙源溪、望仙九牛等一批景点型、示范型秀美乡村点建设，彰显特色，传承乡愁。抓规范农民建房，坚持"规划先行、标准控制、节约集约"的原则，坚决做到依法行政、依法管理；严格执行"一户一宅""建新必拆旧"。确保宅基地改革全面铺开见效，严格落实《上饶市农村居民住房建设管理条例》，严格执行"五到场一公示"制度，严格农民建房规范审批制度，抓土地整治会战。实施土地开发、"旱改水"、增减挂、农民自主开发"四大"土地整治项目，提高耕地质量，年内新增耕地 11000 亩。抓农村人居环境整治，学习借鉴浙江"千村示范万村整治"经验，大力推进农村"厕所革命"，实现剩余 975 个自然村"七改三网"秀美乡村建设"扫一遍"。全面推进城乡环卫一体化，积极开展农村垃圾分类和污水处理试点工作。持续做好高铁、高速等主要通道沿线整治工作，巩固提升罗桥姜家坞 – 清水左溪沿灵山大道 20 公里示范带和皂头窑山 – 尊桥周坞 10 公里示范带。抓绿色殡葬改革，积极倡导农村移风易俗、充分发挥红白理事会作用，持续巩固"4 个 100%"成果。

## （四）高质量深化改革开放

牢固树立"向改革要红利、向开放要活力"的理念，坚决破除体制机制障碍，不断增强招商引资实效，大力支持民营经济发展、切实为经济高质量跨越式发展提供不竭动力。

### 1. 以更高标准促进重点领域改革

推进"放管服"改革，聚焦打造"四最"营商环境，深入开展"简政便民"行动，企业和群众办事重点领域和高频事项基本实现"一网、一门、一次"，政务服务事项网上可办率和"一窗式"分类受理率均不低于 70%，进驻行政服务大厅基本实现"应进必进"；企业和群众办事提供的材料减少 60% 以上，工程建设项目审批力争 50 个工作日内办结、100 个高频事项全部实现"最多跑一次"。推进机构改革，全面完成党政机构、事业单位改革，统筹谋划镇（乡、街道）管理体制改革，着力构建简约高效的基层管理体制、推进供给侧结构性改革，继续强化"三去一降一补"、全面关闭最后 5 座煤矿。推进农业农村改革，加快产权制度、农村经济体制等体制机制改革，全面完成农村清产核资和县、乡两级农村产权流转交易中心建设，土地流转率达 40%。

### 2.以更实举措增强开放招商实效

突出招大引强，紧盯央企国企、上市企业和全国 500 强，充分发挥商会作用，大力开展"一把手"招商，主导产业招商、以商招商行动，全面开展请老乡回家乡、请校友回母校、请战友回驻地"三请三回"活动，力争年内引进百亿级项目 2 个、30 亿级项目 5 个、亿元以上项目 20 个；全年实际进资 60 亿元，增长 10%；外贸出口稳中提质，建立"时序倒排、任务倒逼、责任倒查"的工作机制，全面考核并提高项目的开工率、竣工率和投产率，确保项目推进和服务不见成效不"收兵"。

### 3.以更大力度支持民营经济发展

使全实体经济成长扶持机制、大力实施"转企升规"工程，推进企业"映山红行动"、力争新增规上工业企业 20 家、上市企业 1 家。精准推进降成本、优环境专项行动，积极跟进国家减税降费举措、年内为企业减税降费 3.5 亿元以上。加大政银企合作力度，帮助企业融资 20 亿元以上，切实解决企业发展资金难题。完善县领导挂点帮扶企业制度，落实项目服务"五人行"机制。竭力为企业排忧解难，放大"多证合一"改革效应、全面推广"证照分离"，提升市场准入的便利化程度、新增私营企业 200 家以上。

## （五）高质量保障民生民利

聚焦人民对美好生活的需要，计划筹集民生资金 100 亿元，重点实施教育、卫生等各类民生项目，切实解决民生热点、难点、痛点、堵点问题。

### 1.织密扎牢民生保障网

深入实施全民参保计划，确保"五大保险"参保总人数达到 128 万人次，城乡居民基本养老保险参保率稳定在 92% 以上，医疗保险参保率稳定在 95% 以上，城、乡低保标准分别提高 50 元/人/月，30 元/人/月，五保户保障标准再提高 30 元/人/月。大力推进社会救助工程、健全临时救助、医疗救助和重特大疾病助制度，实现特困群体数救助全覆盖。加速推进公共服务项目建设，建成上饶县救助站，启动建设南乡片区中心敬老院。大力发展社会福利、公益慈善等事业，鼓励支持居家和社区养老服务发展。

### 2.推进社会事业繁荣发展

推动教体均衡发展，投入资金 7100 余万元，新改建枫岭头中学、应家中心小学、郑坊中心小学等12所乡镇中小学校；投入资金3亿元，每个乡镇建成一所乡镇公办中心幼儿园、解决学位7100个；鼓励支持民办教育发展，吸引更多社会资源进入教育领域。启动建设国际马拉松赛道，推进全民健身运动发展，推动卫生健康高质发展。完善计生奖扶和医养结合服务体系，扎实推进县医院三级综合医院创评工作、县中医院争创三级中医医院、县第五人民医院争创二级综合医院；完成石人、湖村、尊桥等6个乡镇卫生院业务用房建设；完成60所村卫生服务室新改建任务、推动文化繁荣发展，深入实施文化惠民工程，启动"两馆两中心"建设，完善基层公共文化服务设施，新改建142个村级文化室，实现行政村全覆盖；启动《中国名山志灵山志》编纂工作；鼓励促进文艺精品创作。

3. 加强和创新社会治理

深入开展安全生产十大专项整治、企业主体责任强化年等活动，建立健全预防控制体系，坚决杜绝各类重特大安全事故发生，坚持有黑必扫、有恶必除、有伞必打、有腐必反、有乱必治，纵深推进扫黑除恶专项斗争。积极策应"全国禁毒示范城市"创建，坚决打好禁毒的人民战争，继续抓好质量强县工作，进一步加强食品药品安全信用体系建设，营造放心的消费环境。推广新时代"枫桥经验"，健全信访联合机制、视频接访机制、领导包案机制和下访息访机制，切实将矛盾及时化解在萌芽状态。探索建立全要素、全地域、智能化、大联动的网格化社会治理模式，不断提高综治网格化治理水平。扎实做好国防动员、国防教育、拥军优属、征兵等工作，推进退役军人服务保障体系建设，完善应急管理和防灾减灾赈灾体制机制，切实保障人民群众生命财产安全。

## （六）加强政府自身建设

一是胸怀忠诚之心。坚持对党绝对忠诚，牢固树立"四个意识"、坚定"四个自信"、坚决做到"两个维护"，以实际行动维护党中央"定于一尊、一锤定音"的权威和集中统一领导。全面贯彻落实中央和江西省、上饶市决策部署，不忘初心、砥砺前行，做到"同心同德同向、合心合力合拍、尽心尽力尽责"。

二是抢抓发展之机。抢抓打造省域副中心城市机遇，顺势而为、乘势而

上、借势发力，用市中心城区标准来建设城市、完善功能、提升品质，切实增强人民群众的幸福感。抢抓产业发展机遇，积极策应"两光一车"、大数据、旅游康养产业布局，发展新经济、打造新引擎、引领新发展，切实增强人民群众的获得感。

三是探索创新之法。勇于开拓进取，打破思维惯性，突破思想障碍，冲破观念束缚，大刀阔斧、敢为人先，坚持用新思路干事业、谋发展。善于破解难题，正视矛盾，敢于碰硬，主动寻求破题之策、克准之法，坚持用新办法解难题、谱新篇。

四是弘扬实干之风。积极倡导"事事马上办、人人钉钉子、个个政担当"的工作精神，牢固树立"不为不办找理由，只为办好想办法"的工作理念，大力推行"一线工作法"，打通政策落实的"最后一公里"。推进政府工作项目化、清单化、责任化，画出"施工图"，绘好"时间表"、制定"任务书"，使各项工作有人抓、有人管、有人落实。

五是夯实法治之基。严格遵守法律法规，严格执行重大行政决策程序规定，大力推进法治政府建设，以法治思维和法治方式用好"有形之手"，管住"妄动之举"，做到"有权必有责、用权受监督"。切实做好人大代表建议和政协委员提案办理工作，自觉接受人大法律监督、政协民主监督以及各方面监督，主动接受人民群众的评判。

六是常修清廉之身。严格落实全面从严治党主体责任，持续保持对"四风"问题的高压态势。严管公共资金、公共资源、国有资产，进一步压缩"三公"经费等一般性财政支出，把有限的资源和财力用在推动发展、改善民生上。严抓党风政建设，整治群众反映强烈的"怕慢假庸散"等问题，不断涵养政府系统风清气正的政治生态。

## B.28
# 2017~2018年上饶市玉山县
# 经济社会发展分析报告

玉山县人民政府

摘　要： 在上饶市委、市政府和玉山县委的正确领导下，在玉山县人
　　　　　大、玉山县政协的监督支持下，玉山县紧紧围绕"打造江西
　　　　　东部门户城市、对外开放合作'桥头堡'"的奋斗目标，一
　　　　　件一件工作扎实干，一项一项任务踏实做，较好地完成了县
　　　　　十六届人大二次会议确定的目标任务，经济社会发展稳中有
　　　　　进、积极向好，连续第四年获"全省科学发展综合考核评价
　　　　　先进县"。

关键词： 改革创新　高质量发展　乡村振兴

## 一　2017年工作回顾

### （一）综合实力持续提升

#### 1. 经济增长更加稳健

2017年，玉山全县完成地区生产总值172.55亿元，增长9.4%；财政收入23.46亿元，增长6%，税占比较2016年提高3.1个百分点；固定资产投资150.67亿元，增长13.8%；社会消费品零售总额68.25亿元，增长13.4%；各项存款余额244.68亿元，增长19.98%；贷款余额182亿元，增长27.9%。三次产业比由2016年的10.59∶50.86∶38.55调整为9.69∶52.04∶38.27。

## 2. 发展后劲不断增强

全年实施重点项目128个，当年完成投资145.28亿元，连续6年投资超百亿元。争取国家专项建设基金10.5亿元、省级政府债券4.65亿元、政策性融资30.8亿元，新增授信额度80亿元。新报批土地5400余亩、林地1913亩，总量名列全市前茅，其中林地报批数为近十年之最；新收储土地1180亩。新增"四上"企业101家，其中工业45家、商贸业27家，工业、商贸业新增数列全市第一。

## 3. 人民生活持续向好

预计城乡居民人均可支配收入分别为29112元、14045元，同比增长9.53%和9.83%。1972户6437人稳定脱贫，贫困发生率由3.88%下降到2.65%。居民储蓄存款余额为172.11亿元，增长18.5%。汽车保有量4.1万辆，增长17%。城乡居民医保并轨运行，参保率为98.1%。新增城镇就业6950人，转移农村劳动力9640人，城镇登记失业率为3.3%。

## （二）产业结构逐步优化

### 1. 工业经济快速发展

规上工业企业总数达195家，完成主营业务收入382.88亿元，增长22.3%；利润率为7.8%，较上年提高0.6个百分点。完成工业固定资产投资106.26亿元，增长10%。工业用电量9.16亿度，较上年增长20.2%。平台建设日益完善，经开区扩区调区获省政府批复，入选"省级园区循环化改造试点"。水、电、路等基础设施不断完善，工业污水管网二期、科龙路、经开区职工之家基本建成。项目推进成效显著，光电产业基地、橱柜产业园、华凯美科技、德隆防水布等一批重大项目有序推进；上菱电梯智能生产线、致远环保、富旺环保等技改项目基本完成。产业集聚步伐加快，电子信息和装备制造两大新兴产业实现主营业务收入72.66亿元，增长20.36%，占规上工业比重达19%；通用设备制造产业列入"省级重点工业产业集群"。

### 2. 农业地位更加稳固

粮食总产稳定在20万吨以上，实现"十四联丰"；经济作物种植面积26.84万亩，总产量达35.2万吨。产业化水平不断提升，新增规上农业龙头企业11家，总数达86家，实现产值47.9亿元。新增农民专业合作社128家、家庭农场85家、"三品一标"12个。与中国科技大学江苏硒生物工程技术研究中心合作，完成了3100亩富硒功能农业示范区建设。设施农业发展迅速，现代农业示范园建设快速推进。各类设施农业种植面积6260亩，增长15.8%。基础条件逐步改善，完成高标准农田建设7060亩、圩堤应急除险加固22公里。建设村级益农社77个，樟村、岩瑞、下镇防洪续建工程基本完工。

3. 新兴经济日益壮大

电商加速发展，电商企业总数1920家，全年网上交易额105亿元，增长41.5%；电子商务产业园新增入园企业65家，总数达162家，被评选为"全省创业孵化基地"。电商进农村持续推进，在商务部电子商务进农村综合示范绩效考评中获全省唯一优秀评级，获首届"全国百县百品农产品上行十佳县"称号。消费持续繁荣，新增限额以上企业27家，净增12家，实现限额以上消费品零售额30.9亿元，增长23.1%。瑾义路、府后路农贸市场建设完成，农产品物流交易中心加快推进。完成房地产开发投资12.45亿元；销售面积40.58万平方米，增长31.71%；商品房去库存成效显著。旅游继续走旺，怀玉山成功创建国家4A级景区并获评"江西十大红色旅游目的地"；七里街荣获"江西省特色商业街"；仙岩官溪社区、横街周山村入选江西省首批"省级传统村落"；王宅水库获评"省级水利风景区"；新增5个3A级乡村旅游点，全年旅游综合收入为140.2亿元，增长28.56%。金融服务更优，九江银行入驻营业；创丰玉清产业基金完成对众光照明、创丰光电1.87亿元股权投资；与江西联合股权交易中心开展战略合作，设立"玉山板块"，50家企业集中挂牌展示；财园信贷通发放贷款4.33亿元，规模列全市第一。

## （三）城乡面貌明显改观

1. 城乡建设步伐加快

玉山县城十字街、东城片区棚户区改造征迁工作接近尾声；完成东外环路、三清山大道东延、博士大道东延、玉清大道北延工程建设；320国道北移、西外环路建设有序推进；玉山人民医院整体搬迁、东部物流商贸城、城防五期、三清公园综合改造、日供水10万吨二期及配套管网等功能性项目建设进展顺利。美丽乡村建设扎实推进，实施了777个自然村村点建设，打造了山塘、玉峰等一批美丽乡村示范点。统筹推进了5条通道沿线提升，完成房屋外

立面改造 364 万平方米，拆除"三房"22 万平方米，粉墙黛瓦的立面效果基本显现。改造农村公路 280 公里，实施农村公路安全生命防护工程 31 公里，新（改）建桥梁 3 座。临湖、紫湖"整乡整镇"电网改造全面完成，白云 220 千伏输变电站开工建设。

### 2. 城市宜居水平提高

扎实开展了全国文明城市创建活动，完善了城市公共服务设施，提升了市民素质。"多规合一"工作有效推进，县城控规实现全覆盖，完成了 15 个乡镇控规评审和 1247 个村庄规划。严抓"两违"管控，依法拆除各类违建 18.94 万平方米。生活垃圾压缩处理中心二期扩容投入使用，垃圾无害化处理率达 100%；完成县城生活污水管网建设 12.8 公里，城市生活污水收集率达 87.5%；铺设天然气管道 51.65 公里，天然气普及率达 50%；引进共享电单车，方便了市民出行。完成武安山、怀玉公园亮化改造和明代古城墙、阎立本墓修复，城市美化、绿化、亮化和净化水平得到全面提升。

### 3. 生态环境持续改善

扎实推进生态文明先行示范县建设，开展生态保护红线校核调整，建成信江源国家湿地公园科普宣教中心。"河长制"理事会经验得到水利部肯定。砖瓦窑场、青石开采专项整治成效显著，关停拆除 52 家砖瓦窑场，关停 32 家青石开采点。开展了石灰石资源源头管控，促进了矿产资源集约节约开发利用。畜禽养殖专项整治进展顺利，完成"三区"划分；禁养区内共有养殖场 1395 家，已拆除 817 家，其中规模以上 141 家，已拆除 81 家。治理水土流失面积 12 平方公里，完成造林 8886 亩、退化林修复 8300 亩、森林抚育 4.1 万亩，森林覆盖率达 68.59%。全年城市空气质量优良率达 88%，县内主要河流监测断面优质水率达 95.8%。

## （四）发展潜力充分释放

### 1. 各项改革扎实推进

"放管服"改革、"三单一网"改革、城管执法体制改革稳步推进。发布乡镇政府权责清单，深入推进"多证合一、一照一码"改革。通过"降成本、优环境"落实结构性减税和普遍性降费，为企业减负 3.2 亿元。积极推动国地税征管体制改革，建成全省一流智慧办税大厅。成立了政府投资项目管理中心，有效提高了财政资金使用效率。公证体制改革全面完成。医药卫生体制改革向纵深推进，医联体构建初见成效。农村集体土地确权登记颁证基本完成，4个乡镇农村宅基地制度改革试点成效明显，退出宅基地145宗，面积超过1.6万平方米。

### 2. 开放合作水平提高

成功举办玉山（深圳）电子信息产业招商推介会、玉山（上海）意大利环保产业发展交流会、玉山·上海产业发展与招商恳谈会等专题招商活动，全年新签约项目188个。积极开展以商招商，大力推动"玉商回归"；成立福州玉山商会。全年实际利用省外资金2000万元以上项目39个，实际进资49.7亿元，增长15%；实际利用外资7800万美元，增长9.35%；外贸出口3.39亿美元，增长23.9%。再获"浙商（省外）最佳投资城市"称号。

### 3. 创新创业氛围浓厚

成立2家院士工作站和天津大学环保节能技术创新研究中心，设立院士康养服务站和青年科学家实践基地。新增高新技术企业9家、市级工程技术研究中心6个、市级科技创新团队3家；新增国家级星创天地1家、省级众创空间1家、市级众创空间4家，实施省级重点研发计划项目1个，荣获全省"2017年度专利进步十强县"。发放创业担保贷款1.63亿元，带动就业2084人。全年新登记市场主体4264户，增长10.02%，其中新登记注册企业1220家，增长29.6%。

## （五）百姓福祉得到增进

### 1. 脱贫攻坚成效显著

切实抓好省市脱贫攻坚问题整改，重新确认建档立卡贫困户10793户33018人。19个村级光伏扶贫发电站并网发电，直接受益贫困户1649户5288人。大力发展普惠金融，发放扶贫信贷资金2.03亿元，覆盖贫困户3095户9803人。完成易地搬迁167户488人，建设就业扶贫车间32个；实施扶贫基础设施项目68个、产业扶贫项目42个，其中"古法红糖"项目获全国红十字系统首届众筹扶贫大赛"红品项目奖"，5个省定贫困村脱贫摘帽。

### 2. 民生保障不断加强

财政民生八项支出 27.8 亿元，增长 15.56%。实施"全民参保"计划，参加各类社会保险 58.9 万人次，年度基金征缴 10.1 亿元。3760 名失地农民参加养老保险的历史问题得到圆满妥善解决。城乡低保、农村五保、残疾人"两项补贴"、救助救济等保障标准提标到位，累计发放各项社会救助资金 1.5 亿元，连续第二年获"全省社会救助工作先进县"。续建公租房 140 套，完成国有垦区危房改造 2130 户，农村危房改造 700 户。劳资纠纷预防和处置能力进一步提高，解决投诉案件 58 起，为 3914 名劳动者维权"讨薪"4063 万元。

### 3. 社会事业全面发展

坚持教育优先发展，新（改、扩）建校舍面积 7.75 万平方米，完成东城小学、岩洲小学整体搬迁和四股桥中心小学改扩建工程，岩瑞、双明等 5 所乡镇公办幼儿园项目进展顺利，改善 28 所农村附属幼儿园办学条件；县城公办义务教育学校实行"分批招生、同批摇号"，有效破解大班额问题；高考本科上线率全市第一，玉山一中再获全市高考核心指标"七个第一"。积极开展全民健身活动，成功举办第三届中式台球世锦赛、2017 斯诺克世界公开赛，获"全国群众体育先进单位"。公共卫生服务项目扎实推进，分级诊疗制度全面实施，残疾人就业托养中心和 3 所乡镇卫生院建设稳步推进，樟村、怀玉中心卫生院投入使用。养老服务事业快速推进，全面提升改造了 16 个乡镇敬老院。圆满完成 218 名新兵入伍工作，大学生入伍比例达到 62.39%，连续第二年获"全省征兵工作先进县"。群众文化活动丰富多彩，圆满录制央视《乡约》《美丽中国乡村行》节目，县文化馆申报的"三山艺术节"文化品牌获"全国文化馆（站）优秀群众文化品牌"称号，紫湖花灯入选"省级非物质文化遗产"，玉山观赏石、罗纹砚等一大批优秀文化产品正逐渐成为玉山县文化产业名片。

### 4. 社会治理深入推进

扎实推进综治"三项建设"，加强了对流动人口、肇事肇祸精神病人等重点人群服务管理，圆满完成金砖五国厦门峰会、十九大等重点敏感时期安保工作，刑事案件发案率下降 25.21 个百分点，社会大局持续稳定。岩瑞派出所获"全国优秀公安基层单位"称号。全县公众安全感和群众对政法部门满意度继续保持全市第一方阵。全面启动"七五"普法，司法矫正体系不断完善，被江西省司法厅推荐参评"全国法治建设先进县"。坚持依法治访，畅通网上信访通道。全面强化食品药品监管，扎实开展安全生产大检查专项行动，全县未发生一起较大以上事故。有效提升应急管理组织能力，加快地质灾害隐患综合治理，稳步推进防汛防火、防灾减灾体系建设，获国土资源部"地质灾害防治高标准'十有县'"、全省"2017年春季森林防火平安县"称号。

### （六）存在的问题

当前，玉山发展不平衡、不充分的问题仍然突出，总量不大、结构不优、优质项目不多仍是基本县情，作为欠发达地区的地位没有根本改变，爬坡过坎的艰巨性容不得稍有懈怠；脱贫攻坚任务依然艰巨，民生领域还有不少"短板"；创新能力不足，全面深化改革的任务还很重；基层侵害群众利益的"微腐败"问题仍时有发生，全面从严治党任重道远；少数干部本领不强，作风不实，担当不够，能力素质与新时代新使命不完全适应。对此，玉山县将高度重视，认真研究，采取切实有效措施加以解决。

## 二 2018年主要工作

2018年政府工作总体要求是：高举习近平新时代中国特色社会主义思想伟大旗帜，全面落实好玉山县委十三届七次全体（扩大）会议精神，按照高质量发展的要求，坚持稳中求进工作总基调，坚持新发展理念，着力构建现代化经济体系，坚决抓好实体经济、改革开放、乡村振兴三项工作，坚决打好防范化解重大风险、精准脱贫、污染防治三大战役，坚决夯实从严治党、作风建设、民生改善三大保障，促进经济社会持续健康发展，奋力开创玉山高质量发展的新未来！

2018年全县经济社会发展的主要预期目标是：地区生产总值增长9%左右；财政收入增长7.5%左右；固定资产投资增长11.6%左右；社会消费品零售总额增长12.5%左右；城乡居民人均可支配收入分别增长9%和9.5%左右；城镇登记失业率控制在3.5%以内；节能减排完成上级下达的任务。

# 三 2018年经济社会发展的主要任务

2018 年是贯彻党的十九大精神的开局之年，是改革开放 40 周年，是决胜全面建成小康社会、实施"十三五"规划承上启下的关键一年。在新征程上，我们要聚焦新目标、实现新作为，充分抓住江西省支持赣东北扩大开放合作加快发展、上饶市做大做强"上广玉"城市群等政策机遇，打造新时代玉山特色的发展速度、城市靓度和幸福温度，努力实现各项指标保持在上饶市第一方阵，精心描绘发展好、生态美、人气旺的美好未来。

按照上述目标，玉山县要观大势、谋全局、干实事，围绕高质量发展这一根本要求，着力抓好八个方面的工作。

## （一）持续深化改革创新，激发高质量发展新活力

改革是发展的强大动力，是创新的不竭源泉，要以科技创新引领全面创新，推进深层次的制度性变革，不断激发经济社会发展的动力和活力。

1. 激发创新创业活力

加大全社会研发投入，确保研发经费投入比重达 1% 以上。助力企业开展关键核心技术攻关，力争实施省级重点科研项目 2 个以上，申报高新技术企业 10 家。加强研发平台创建，推动企业与高等院校、科研院所加强产学研合作，力争新增市级以上工程技术研究中心 4 家，市级众创空间、星创天地等创新平台 4 家。落实促进就业、鼓励创业各项优惠政策，力争新增城镇就业 4000 人，新增转移农村劳动力 7100 人，提供创业培训 1300 人次。

2. 深化关键领域改革

深化"放管服"改革，新建县行政服务中心，完善乡镇便民服务中心功能，大力推进"互联网＋政务服务"，推进"一次不跑"改革，让数据多跑路、让企业群众少跑腿。完善商事制度改革，开展"多证合一""两证整合"。加强"双随机一公开"监管，抽查情况及查处结果及时向社会公开。全面铺开农村宅基地制度改革，稳步推进农村集体产权制度改革，积极推动农村产权市场交易，保障农民财产权益。巩固和完善农村基本经营制度，深化农村土地制度改革。建立完善守信联合激励和失信联合惩戒制度，加快推进社会诚信建

设。完善基层医疗卫生机构和县级公立医院改革。按照省、市统一部署，做好事业单位公车改革。

3. 切实强化金融服务

引导金融机构加大对"三农"、"中小微企业"、贫困地区等重点领域和薄弱环节的支持力度。充分利用江西联合股权交易中心资源优势，为挂牌展示企业对接资本市场提供服务，加快众光照明、致远环保挂牌上市进程。积极推进政银企对接合作，利用创丰玉清产业基金、玉清融资担保公司等平台，为企业提供多元化金融服务，降低企业融资成本。加快推进企业债券发行，用好"惠农信贷通""财园信贷通""电商信贷通"，推动实体经济发展，力争金融机构贷款余额达215亿元以上。防控金融风险，严厉打击非法集资等违法违规金融活动，维护金融市场稳定。

## （二）继续突出项目建设，培育高质量发展新动能

持续打好项目攻坚战，发挥项目建设对推动经济增长的重要作用，进一步提高发展的速度和质量。

1. 加强项目攻坚

项目是经济的载体、发展的关键，抓住了项目就赢得了发展的主动权。要紧盯国家、江西省、上饶市重大决策和扶持资金方向，建立"全系统，全覆盖，全过程"争取项目工作机制，探索推行乡镇、部门向上立项争资考评激励机制，尽最大力度争取政策及项目资金扶持。推动"三个一批"项目滚动接续，分层次建立项目库。以征地搬迁为主要突破口，全面推进175个重大项目建设，建立重大项目总巡查、总督查、总协调制度，明确时间表、路线图、责任人，真正做到敢于负责、善于管理、和衷共济、决战决胜。

2. 扩大招商成果

紧紧抓住上海产业转移、北京非首都功能疏解、浙商西迁、粤商北进和玉商回归五大战略机遇，主动对接融入G60科创走廊，梳理重点招商目录，着力引进龙头建链型、配套补链型企业，力争引进一批有原创能力和研发优势、能够显著提升结构层次的项目、技术和人才。大力创新招商方式，充分利用省市招商平台，开展专题招商、以商引商等活动。切实提高招商实效，倒逼项目早落地、早建设、早投产、早"入统"。力争全年引进投资过10亿元项目4个

以上、过亿元项目26个以上，实际利用省外资金54亿元以上，实际利用外资7200万美元。

### 3. 强化要素保障

持续深入开展"降成本、优环境"专项行动，组织更多企业参与电力直接交易，切实减轻企业负担。优先保障重大项目建设用地，加快土地报批进度，为新项目提供用地保障。实行差异化扶持政策，集中优势资源推进主导产业、龙头企业建设。优化人力资源供给，探索建立多种形式的劳动力基地。全力保障施工环境，坚持依法征迁、和谐征迁，对各种谋取私利影响施工的非法行为露头就打、坚决治理。

## （三）始终坚持主攻工业，打造高质量发展新引擎

紧紧抓住玉山县经开区扩区调区获省政府批复的机遇，积极策应上饶市"县域工业发展攻坚年"活动，加快培育壮大特色产业，完善配套服务，不断提高工业综合实力和竞争能力。

### 1. 在优化发展载体上蓄势加力

抓好经开区省级园区循环化改造试点工作，加快向省级高新技术产业园区和省级智慧示范园区转型。切实做好征迁工作，完善基础设施建设，推进玉瑞线等6条高压线迁改工程、文成110千伏变电站、白云220千伏变电站、文成区块工业污水处理厂、100万平方米标准化厂房等项目建设。加强经开区土地管理，鼓励企业建设多层厂房；着力开展经开区低效闲置土地清理，有效处置"僵尸企业"，腾笼换鸟，大力提升经开区土地节约集约用地水平。发挥项目"五人行"小组作用，大力推行部门全程式服务和乡镇保姆式服务。

### 2. 在提升产业质效上精准发力

以创新为引领，聚焦电子信息、装备制造等战略性新兴产业，行业抓龙头，分级抓骨干，健全产业链条，推动集群发展。重点围绕光电产业基地二期、华凯美、前望科技等项目建设，加快发展电子信息产业集群。以中高端轴承、新能源汽车及零部件、节能环保装备制造等为重点，壮大轴承产业园，加快电机产业园、环保装备产业园的签约企业入园步伐，打造百亿级装备制造产业集群。

### 3. 在推进企业转型上深处着力

坚持扶优和培强并重,支持华丽丰、速成科技等企业做大做强,实现富旺环保产值超过 50 亿元,致远环保产值冲刺百亿元。力争全年规上企业新增 20 家以上,增加值增长 9.2%。坚持升级和退出"联动",全力改造升级传统产业,支持众光照明、红睿马钢管、飞隆环保等企业实施技改,推进南方水泥日产 1 万吨生产线项目尽快开工建设。坚持两化深度融合,积极申报省级两化深度融合示范企业、省级智能制造示范企业,实现两化深度融合率 80% 以上。

## (四)加速推进乡村振兴,筑牢高质量发展新基础

按照产业兴旺、生态宜居、乡风文明、治理有效、生活富裕的总要求,加快推进农业农村现代化,打造农民幸福生活美好家园。

### 1. 做优做特现代农业

推进智慧农业指挥调度中心建设,加速打造现代农业示范园区精品核心区。大力发展优势农产品,优化农产品结构和区域布局,以生态农业"十大行动"为抓手,推行绿色生态产业标准化,促进农产品冷藏、加工和配送等配套项目建设,创建绿色农产品标准化示范基地 1 万亩以上,建设万亩富硒农业示范区、2.4 万亩高标准农田。力争省级农业龙头企业保持在 12 家以上,创建省级龙头企业联合体 3 个,市级以上示范家庭农场 48 个、示范合作社 45 个。加快"三品一标"认证,新增无公害、绿色、有机食品认证 12 个以上、地理标志农产品 1 个,新增农产品质量安全溯源企业 30 家,争创全国农产品质量安全示范县。

### 2. 大力提升镇容村貌

依托乡村人文、地理、产业等特有资源,加快乡镇经济发展,全面落实好岩瑞镇经济发达镇行政管理体制改革。探索推进四股桥太甲田园综合体建设。遵循乡村发展规律,保留乡村特色风貌,建设具有徽派建筑元素的赣东北民居,规范和提升镇村整体风貌,完成 583 个自然村村点建设,创建 4 条美丽示范带(通道提升)、3 个美丽示范乡镇、52 个美丽示范村、6000 户美丽示范庭院。以提升农村文明程度、提高农民素质为抓手,广泛开展"十个一"创建活动,大力整治农村"五乱",抓好农村殡葬改革,推动农村移风易俗,让文明乡村既有"颜值"又有"气质"。

### 3. 逐步夯实农村基础

实施双明防洪工程，怀玉、南山、樟村中小河流治理，高效节水示范县等工程。全面推进"四好农村路"建设，完成 320 国道改造路基工程、省道升级 7.8 公里、县道升级 31.3 公里，改造自然村道路 158.3 公里、危桥 7 座，实施县乡村道安全生命防护工程 152.3 公里。加快怀玉山垦殖场和大垄垦殖场 9 个垦区棚户区改造基础配套设施建设。扎实做好村（社区）两委换届工作。加强村集体财务管理，大力扶持村级集体经济发展，确保年底前全部消除"空壳村"。

## （五）繁荣发展第三产业，拓展高质量发展新空间

加快发展以电子商务为重点的新兴业态，构建产业互补、复合多元的全域旅游大格局，不断推动商贸流通持续增长，着力提升现代服务业综合实力。

### 1. 继续扩大电商优势

完善电商产业园功能布局，加快推进现代服务业总部经济基地、高铁新区仓储物流产业园项目，启动高铁西路、玉铁北路等路网建设。促进电商与特色农业紧密结合，实现供需、产销的无缝对接。积极引导本地传统企业进行网上销售，促进线上线下融合发展。力争新增规上电商企业 10 家，实现电子商务交易额 135 亿元。

### 2. 推动全域旅游发展

以创建国家级全域旅游示范区为目标，深化与三清山的战略合作，打造"一步一景"全景玉山游。以冰溪河"一河两岸"为依托，打造县城 11 公里历史文化景观风貌带，推动七里街创国家 4A 级景区、中国特色商业街和全省商旅文融合发展示范区。朝着建设国家 5A 级景区的目标，加快怀玉山旅游项目建设步伐和世界地质公园申报工作。大力发展休闲农业和乡村旅游，积极培育民宿经济等旅游新业态。加快旅游接待酒店、生态停车场等硬件设施建设，推进"厕所革命"，提高旅游接待能力。

### 3. 激发商贸流通动能

积极组织开展"十一农博会""横街茅楂会"等活动，培植消费热点，扩大城乡消费。大力培育特色商贸小镇，加快东部物流商贸城、家润福玉恒中心店、大润发超市建设，规划二手车交易市场。鼓励采取租售结合的方

式，推动房地产市场健康发展。支持传统商贸企业转型升级，新增限额以上贸易企业10家以上。提升外贸对经济的贡献度，培育西龙食品、骏马食品等重点企业，推动众光照明、聚美高分子加强发展进出口业务，力争实现外贸进出口3亿美元。

### （六）统筹推进城市双修，塑造高质量发展新形象

积极开展城市生态修复和功能修补，深入融合古今元素，凸显城市特色风貌，完善城市功能，切实改善人居环境，让城市内涵更具厚度，城市品质更有深度。

#### 1. 优化建设格局

高标准打造城东、城南、高铁三个片区，大力推进棚户区（城中村）改造。2018年再投18.5亿元，对3608户92万平方米棚户区进行改造。进一步拓展城市绿地及公共空间，加快三清公园景观综合提升，启动万柳洲公园二期、金沙溪西岸景观工程，高起点打造冰溪古城与冰溪文化村。充分挖掘"赣东古邑""人文玉山"等元素，规划具有县域特色的城市节点标志性雕塑与历史文化名人雕塑。

#### 2. 完善设施配套

补齐城市发展"短板"，实施城市畅通工程，推进西外环路、金沙东路、博士大道西延、玉华南路等一批路网项目建设。加快构建城市地下管网信息平台，续建天然气管网20公里，力争城区天然气覆盖率达70%以上。提升城市供水能力，完成日供水10万吨二期扩建项目建设。完善城市排水系统，启动城南片区、十字街污水管网和老旧小区改造及城区雨污分流建设。新建1个家禽定点屠宰场、2个农贸市场、2个公共停车场、4座垃圾中转站，不断提高城市公共服务水平。

#### 3. 创新城市管理

理顺城市管理和执法体制改革后续各项工作，推动综合执法向乡镇延伸，继续依法查处"两违"行为。策应全市"城市管理提质年"活动，加强社区物业管理，加强公园景区等公共设施维护。扎实抓好市容环境卫生综合整治工作，开展城区扬尘专项治理，加强对主次干道、建筑工地等重点区域环境整治。推动智慧玉山一期及"玉山好停车"项目建设，推行数字化城市管理，

提升城市管理效率。强化宣传教育，引导广大群众增强文明意识，共同参与城市治理，努力营造"城市是我家，治理靠大家"的浓厚氛围。

### （七）高位打造生态标杆，厚植高质量发展新优势

以生态文明先行示范县建设为统领，充分利用生态优势，将其转化为经济社会发展的竞争力，打造美丽中国江西样板的玉山标杆。

1. 坚持防治结合

落实好中央环保督查反馈问题整改，确保不反弹、不回潮。实行城乡环保网格化监管，健全环保信用评价、公安环保执法联动等机制。保护开发石灰石、青石资源，提高资源利用率。深化畜禽养殖污染整治，完成畜禽规模养殖场粪污贮存处理设施建设。逐步推进垃圾分类，提高垃圾处理减量化、资源化、无害化水平。实施大气污染防治行动，落实"气十条"，整治挥发性有机物排放重点企业，6月底前实现10蒸吨及以上在用燃煤锅炉排放达标并实施脱硫改造，确保空气质量优良率保持在90%以上。

2. 倡导绿色引领

开展林业增绿增效行动，完成人工绿化造林1.5万亩、森林抚育提升4.1万亩。推动城乡绿化建设步伐，全民义务植树92.6万株。力争通过信江源国家湿地公园验收。抓好森林防火，严厉打击破坏森林资源的各类违法犯罪活动。倡导简约适度、绿色低碳的生活方式，广泛开展绿色机关、绿色企业、绿色学校等活动，创建公共机构节能工作优秀县。

3. 开展水岸同治

继续开展"美丽家园·清洁水源"及"净空、净水、净土"活动，落实"水十条"，总结推广"河长制"的先进做法，确保主要河流检测断面优质水率稳定在95%以上。进一步强化饮用水水源地保护，着力推进农村饮水安全规范化建设。加快污水处理设施提标改造，规划建设一批农村污水处理设施。加强土壤污染防治工作，落实"土十条"，严厉打击非法排放有毒有害污染物、非法处置危险废物、违法违规存放危险化学品等行为。

### （八）坚持以人民为中心，共享高质量发展新成果

密切关心关注群众生产生活的每一样要素、每一个细节，不断加大民生投

入，办好为民实事，让群众获得更多安全感、满足感和幸福感。

1. 做实做细脱贫攻坚

深入实施脱贫攻坚"十大工程"，确保在巩固脱贫成果的基础上再减贫5800人，6个省定贫困村脱贫摘帽，贫困发生率降至1.5%以内。加快实施"个十百千"产业扶贫工程，建成挂牌就业扶贫车间25个、扶贫示范基地50个。实施贫困户饮水安全工程，解决好2536户7565人的饮水问题。注重扶贫与扶志、助学相结合，帮扶300名贫困劳动力就业创业，落实贫困家庭"雨露计划"，实现贫困户学生资助全覆盖。

2. 统筹落实社会保障

扩大社会保险覆盖面，切实做好城市困难群众帮扶，全力做好社会救助，推进城乡低保信息化建设。做好长期护理保险试点工作，为长期失能的参保人员提供更好的护理保障。完善医疗救助制度，继续加强农村低保与扶贫开发制度衔接。加快发展养老服务业，继续推进养老服务业综合改革、公办养老机构改革等试点工作。重视发展红十字会及社会慈善和公益事业。支持残疾人事业发展，按计划开展"精准"康复工作，力促玉山县残疾人就业托养中心投入运营。

3. 加快发展社会事业

实施教育强县战略，深化与上海等发达地区教育交流合作，促进义务教育优质发展，大力推进乡村教育底部攻坚；启动玉山一中城北分校、城西小学、玉山五中二期建设和横街六村小学、下塘中心小学整体搬迁，新建1所县城公办幼儿园、5所乡镇幼儿园；继续实施"千名特岗教师"招聘计划；完善城区义务教育"分批招生、同批摇号"的入学方式，控制"大班额"。完善公共文化服务体系，推进图书馆、文化馆总分馆制建设，实施乡镇文化站标准化建设，建成225个行政村（社区）基层综合文化服务中心，加大政府购买公共文化服务力度，完成基层公共文化服务公益性岗位设置。加强文物保护，修缮冰溪第一楼、锦溪塔。全面实行农村有线电视数字化整转工作。积极筹备参与第33届"三山艺术节"，深入开展"广场文化周"等群众性文体活动，完善体育健身设施。继续办好中式台球世锦赛、斯诺克世界公开赛。推进健康玉山建设，加速推进人民医院和紫湖、文成、横街3个卫生院整体迁建，启动中医院康复大楼工程，提升基本医疗和公共卫生服务水平。坚持计划生育基本国策，关注生育全周期、服务生育全过程。进一步完善医改措施，巩固医改成

果。加快中医药事业发展，促进与知名医疗机构和院校合作。扶持和规范社会办学、办医。加强国防动员和人民防空建设，做好"双拥"工作。关爱妇女儿童，关心老干部和老龄事业。支持老年体协、老科协、关工委、老年大学开展工作。继续做好统计、工会、民族宗教、机构编制、外事侨务、对台事务、档案、保密、气象、地方志、社科普及等工作，力争各项工作在上饶市居前列、在江西省有影响。

### 4. 全力维护社会稳定

扎实推进综治网格化、信息化和综治中心建设，开展扫黑除恶专项斗争，深化反邪教工作，强化网络舆情处置和网络犯罪的打击力度。加强矛盾纠纷隐患排查，强化行政调解、人民调解和司法调解。加快构建社会求助服务平台联动体系，推动110报警服务台与12345平台互联互通。积极开展拖欠农民工工资、积案化解等工作。持续推进禁毒社会化、消防全民化、"雪亮工程"普惠化建设，提升公众安全感和群众满意度。扎实开展"企业主体责任强化年"活动，夯实安全生产乡镇工作基础，创新道路交通、危爆物品等重点领域安全生产监管机制，守住安全底线。加强食品药品监管，构建县、乡、村三级食品安全监管网络。加强防震减灾体系建设，做好综合减灾示范社区的验收评定工作。

## 四　切实加强政府自身建设

玉山县政府系统必须以习近平新时代中国特色社会主义思想武装头脑，把满足人民日益增长的美好生活需要作为奋斗目标，以更加昂扬的姿态、更加过硬的本领、更加务实的作风、更加积极的作为，提升政府治理现代化水平。

### （一）坚持政治首位导向，增强政治自觉

坚决同以习近平同志为核心的党中央保持高度一致，牢固树立"四个意识"，坚定"四个自信"，提高政治站位。认真学习贯彻党的十九大精神，结合"两学一做"学习教育常态化制度化，开展好"不忘初心，牢记使命"主题教育。坚定落实中央和省、市、县委的决策部署，确保各级政令落地生根、一抓到底。切实抓好政府党组建设，严守政治纪律和政治规矩，推动全面从严治党向纵深发展。

### （二）强化实干担当精神，增强行动自觉

大兴学习之风、调研之风、实干之风，发扬"抢"的意识、"拼"的劲头，扛起责任，抓好落实，真心实意干事创业。强化底线思维，突出问题导向，以化解矛盾、解决问题为目标任务进行开拓性、创造性工作，进而形成解决问题的新体制新机制。加强部门协作配合、融合合作，汇聚齐抓共管的强大合力。

### （三）推进法治政府建设，增强守法自觉

坚持依法行政，依照法定权限和法定程序履行职权。主动接受玉山县人大及其常委会的法律监督、工作监督，积极回应人大执法检查和专题询问。自觉接受玉山县政协的民主监督。高质量办理人大代表建议和政协委员提案。认真听取民主党派、人民团体和社会各界意见和建议。坚持公正文明执法，大力推进政务公开，保障广大群众的知情权、参与权、监督权。

### （四）加大从严治政力度，增强作风自觉

严格遵守中央八项规定精神，落实"一岗双责"，坚决纠正"四风"突出问题，重点整治形式主义、官僚主义新表现，查处懒政怠政、推诿扯皮等行为，破除"中梗堵"。严格控制"三公"经费支出，严控政府债务风险，加强政府投资项目管理，让过"紧日子"成为政府工作常态。深化监察体制改革，持之以恒抓好党风廉政建设和反腐败工作，严查侵害群众利益的不正之风和腐败问题。继续办好党风政风热线、县长热线。加强行政监察、审计监督和财政监管，切实提高政府公信力。

# B.29

# 2017~2018年上饶市横峰县
# 经济社会发展分析报告

横峰县人民政府

摘　要：　2017年以来，横峰县认真贯彻落实党的十九大精神，以习近平新时代中国特色社会主义思想为指引，在江西省委、省政府和上饶市委、市政府的正确领导下，认真落实党的十九大和江西省委十四届六次全体会议、上饶市委四届六次全体会议精神，按照更高质量、更好效益、更可持续的发展要求，坚持以项目建设为主抓手、以改革创新为主动力、以产业升级为主方向、以三产融合为主路径、以生态立县为主战略、以百姓幸福为主目标，打好防范化解重大风险、精准脱贫、污染防治三大攻坚战，开启全面小康、乡村振兴、富民强县，努力建设"经济结构优化、民生发展优先、生态环境优美"的幸福新横峰。

关键词：　新征程　新跨越　幸福新横峰

## 一　横峰县经济社会发展情况

横峰县于明嘉靖三十九年（1560年）建县，原名"兴安"，位于上饶市中部，东毗上饶县、南邻铅山县、西接弋阳县、北连德兴市，总面积655平方公里，辖11个乡镇（街道、场、办事处），总人口22万，农业人口17万。

2017年，全县上下紧紧围绕"脱贫攻坚、富民强县"总目标，深入贯彻新发展理念，统筹推进稳增长、促改革、调结构、优生态、惠民生、防风险等各项工作，全年实现生产总值 67.66 亿元，增长 7.9%；财政收入 10.98 亿元，同口径增长 6.1%；税收占财政收入比重 88.6%，位居全市第一，较上年提高 31.9 个百分点；固定资产投资 73.57 亿元，增长 13.4%。

## （一）全面夯实基础，脱贫摘帽决战决胜

坚决落实江西省委"核心是精准、关键在落实、确保可持续"的工作要求，聚焦"两不愁三保障"，全面打响精准再识别、产业再帮扶、村庄再提升、保障再落实"四大战役"，扎实开展连心、清零、新风、提升"四大活动"，整合资金 13.7 亿元，统筹推进十大扶贫工程，贫困群众生产生活条件显著改善。全县贫困人口由 22912 人减少到 1645 人，贫困发生率由 12.48% 下降至 0.9%，2017 年农村人均可支配收入达 9493 元，各村级集体经济收入均超过 5 万元。2018 年 7 月 29 日，经国务院扶贫开发领导小组审议同意，并经省人民政府批准，横峰县以"零漏评、零错退"的高质量标准退出贫困县行列。

## （二）不断优化结构，三次产业提质增效

深入贯彻新发展理念，以供给侧结构性改革为主线，以振兴实体经济为着力点，推动质量变革、效率变革、动力变革，先后获评全省科学发展先进县、全省两化融合示范县、全省工业崛起贡献奖。

工业经济稳中有升。"多金属、食品药品"主导产业集聚效益增强，"一区两园"格局初步形成。和丰铜业、中旺铜业、飞南环保三大铜业实施"倍增计划"，百川电导体、锐锦装备、复峰科技等企业增资扩产，有色金属产业获评江西省经济总量上 100 亿产业集群奖。新引进红叶、颜记、昌彪等 18 家食品企业安家落户，葛的开发被纳入国家中医药大品种重点研发计划，葛产业被列入全省十大产业技术体系。2017 年横峰经开区扩区调区通过省政府批复，由 200 公顷扩大至 403.13 公顷，成功创建江西省"两率一度"优秀园区。

现代农业势头强劲。以"四园一馆"为核心的现代农业示范园建设成效初显，获评省级示范园并成功申报中国农业公园。全县葛、水稻制种、中草药、果业等种植面积达 10 万亩，培育国家级示范合作社 3 家、省级示范合作社 10 家，创建省级、市级休闲农业示范点 9 个，获评江西省休闲农业示范县，

葛源镇入选全国农业产业强镇示范建设名单。新建了小二型水库2座，除险加固病险水库15座，建成高标准农田6300余亩，完成土地整治1.4万亩。农业信息进村入户工作走在前列，代表江西省在全国"双新双创"现场会上作典型发言。

新兴业态蹄疾步稳。"无中生有"发展全域旅游，创建国家3A景区3个，新增4A、3A乡村旅游点18个，获评全省乡村旅游工作先进单位。电子商务产业从无到有、从小到大，电商众创园迅速扩张，入驻签约企业105家，触电上网农特产品20余种。蓝海物流和驰骋物流货物运转量达200万件，圆通速递赣东转运中心建成使用，辐射周边24个县（市、区）。金融业发展步伐稳健，引进江西银行、九江银行，2017年金融机构存、贷款额分别达89.9亿元和97.1亿元。

### （三）致力统筹联动，城乡品质大幅提升

牢固树立规划先行、建管并重的理念，编制完成城市总规、控规、土地利用总规、集镇规划、村庄规划。城市建设步伐加快，建成了上万高速连接线、城市引供水工程、便民服务中心、综合压缩式垃圾转运站，完成了兴安大道、人民大道、迎宾大道等道路改造提升，全面实施老公安局、上窑口、西门垅三大片区2361户棚改，44.8公里城镇污水管网通过省政府验收，城市品质和颜值不断提升。高标准推进"秀美乡村、幸福家园"创建，全县25户以上的660个自然村实现了"七改三网"扫一遍，打造了105个景点村、亮点村，初步形成了5条乡村旅游精品路线，连续3年获评全省新农村建设先进县，先后吸引了1500余批次党政代表团前来交流考察。扎实推进"厕所革命"，完成改厕11970个。新（改）建农村道路500公里，改造危桥42座，实现道路硬化村村通、组组通、户户通，荣获"四好农村路"全国示范县。

### （四）坚持深化改革，发展活力日益绽放

务实推进供给侧机构性改革，抓好"三去一降一补"，关闭煤矿企业8家，退出产能49万吨。全面推开"营改增"，实施综合治税。扎实推进"放管服"改革，承接上级行政审批事项82项，公布行政服务事项3844项，清理规范中介服务事项43项，行政审批效能不断提升。成功组建医疗保险事业管理局，城乡居民医疗保险实现一体化管理。顺利完成党政机关公务用车、事业

单位公务用车改革，绿色殡葬改革、农村土地确权登记、农村宅基地管理试点有序推进。开放型经济取得新突破，引进省外投资 2000 万元以上的项目 38 个，总投资达 50 亿元，其中亿元以上的项目 23 个；充分利用贫困县企业上市 IPO 绿色通道政策优势，吸引晶科电力总部落户。外资规模不断扩大，利用外资年均增长率保持在 10% 左右，现汇进资实现零的突破。

### （五）持续改善民生，幸福指数节节攀升

坚持以民为本的发展理念，不断满足人民日益增长的美好生活期待。生态环境持续向好，贯彻落实"绿色"发展理念，完成造林 1.6 万亩，抚育改造 2 万亩，成功创建省级森林城市。深入开展"净空、净水、净土"行动，取缔违法排污企业 45 家，关停"散乱污"企业 20 家。严格落实"河长制""湖长制"，全面实行水库退养、人放天养。划定畜禽养殖"三区"，关停不达标生猪养殖场 380 余家。社会事业协调发展，出台教育改革 18 天，新建校舍 10.6 万平方米，新增学位 7240 个，维修改造农村中小学 51 所，教学装备、办学条件、师资力量明显改善，获评国家义务教育质量监测先进县。医药卫生体制改革进一步深化，新建中医院、妇幼保健院、人民医院业务用房，全面完成乡镇卫生院改造，建成 17 所村级标准化卫生室，获评国家慢性病防控示范县、全国计划生育优质服务县。城乡居民基本养老保险、医疗保险、事业保险、生育保险提标扩面，发放就业贷款 2.5 亿元，扶持就业创业 5000 余人。新建养老院及残疾人托养中心，改扩建 3 所乡镇敬老院，新增床位 500 余张。安居工程扎实推进，新建保障性住房 365 套，改造农村危房 2816 户，群众安全住房率达 100%，农村安全饮水普及率达 100%。文体事业日益繁荣，新建体育场、游泳馆、老年活动中心，乡村文化活动场所实现全覆盖，举办荷花节、美食节、葡萄节等各类主题活动 600 余场，连续承办环鄱阳湖国际自行车赛。

在肯定成绩的同时，也要清醒地认识到，全县经济社会发展还存在不少困难和问题："稳"的基础仍然不牢，经济总量偏小、发展质量不优、发展不均衡的问题还没有根本解决；"进"的根基尚未筑牢，产业转型难度大，缺少大项目、好项目支撑，新经济、新业态、新动能发展仍然滞后；"弱"的局面没有根本改变，可用财力虽然在增长，但建设投入大，民生领域支出增加，收支矛盾仍然突出。

## 二 促进横峰未来两年科学发展战略和措施

推动横峰高质量发展，全面建成小康社会，是当前和今后一段时期的工作重点，横峰县委十九届六次全会提出：坚持以习近平新时代中国特色社会主义思想为指导，认真落实党的十九大和江西省委十四届六次全体会议、上饶市委四届六次全体会议精神，按照更高质量、更好效益、更可持续的发展要求，坚持以项目建设为主抓手、以改革创新为主动力、以产业升级为主方向、以三产融合为主路径、以生态立县为主战略、以百姓幸福为主目标，打好防范化解重大风险、精准脱贫、污染防治三大攻坚战，开启全面小康、乡村振兴、富民强县新征程，努力建设"经济结构优化、民生发展优先、生态环境优美"的幸福新横峰。

在全面落实"党建引领是核心、转型升级是关键、融合发展是出路、绿色生态是品牌、富民强县是追求"五个理念的基础上，努力推动经济社会高质量、跨越式发展。具体来说就是重点做好以下五个方面工作。

### （一）聚焦结构优化，着力在推进一、二、三产转型升级上有更大作为

坚持质量第一、效益优先，推动经济发展质量升级、效率升级、动力升级。一是加快新型工业化发展。深入实施"县域工业发展三年攻坚计划"，围绕做大做强"多金属、食品药品"主导产业，大力实施传统产业升级工程，抓好有色金属产业的补链、强链、扩链工作，加快推进和丰、中旺、飞南扩建项目。大力实施新兴产业倍增工程，做大做强食品药品产业，力争再引进30家左右食品药品企业。主动融入上饶市"两光一车"战略布局，紧盯机电汽配产业，支持晶科电力挂牌上市。到"十三五"期末，经开区主营业务收入达到400亿元，力争达到500亿元。二是加快农业现代化发展。调整优化农业结构，围绕水稻制种、中药材、葛业、油茶、果业等产业，大力发展有机农业、富硒农业、休闲农业，力争到2020年争创省级田园综合体、省级农业示范园区10个，确保培育不少于2家国家级农业龙头企业、6家省级农业龙头企业以及一批市级、县级龙头企业。加快推进"四园一馆"建设，把药植园建成辐射华东地区中医药发展的新引擎。三是加快全域旅游发展。精心设计推

出忆江南、原乡记忆等5条乡村旅游精品线路，抓好品牌创建和宣传营销工作，到2020年新增A级乡村旅游点100个，打造10条乡村旅游精品线路，做靓"秀美乡村看横峰""美食横峰"品牌。加快中国农业公园、赭亭山景区、葛源国家4A级旅游景区、火车小镇、阳山风电等项目建设，打造横峰全域旅游的核心景区与龙头企业。四是加快现代服务业发展。大力发展电商物流业，推动县乡村三级快递物流体系全覆盖；积极对接上饶经开区大物流业态，发展国道经济带，打造赣东北区域性物流中心；大力发展金融保险业、信息产业等现代服务业，促进金融机构提格升级。

### （二）聚焦城乡融合，着力在促进城乡统筹发展上有更大作为

坚持产城（村）融合、城乡融合发展，打造"精致小城、秀美乡村、大美上饶'后花园'"。一是推进片区发展战略。做优城北片区，加快推进棚改三期、老公安局片区建设、火车站风貌改造、新建路改造提升等项目；做美城西片区，加快便民服务中心、人民公园二期等项目建设；做靓城东片区，加快古窑大道、横峰窑文化公园、上窑口整村改造提升等项目建设；做旺城南片区，加快320国道南移升级改造，规划建设城南综合市场、职教中心等一批功能性项目。二是推进城乡综合治理。持续加大城区市容市貌管理、静音行动、建筑工地及道路扬尘整治力度，不断提升城市形象。扎实推进城市绿化、亮化、美化、净化和秩序化"五化"工程，着手编制城市夜景专项规划，加快城区停车场、公厕建设。持续加大"两违"查处力度，确保"两违"建筑零增长。规范城区、经开区道路和里弄小巷的命名标识，以及家庭门牌标识。巩固省级卫生县城创建成果，确保2019年成功争创"全国卫生县城"。三是推进产城融合发展。研究实施人民大道南延、沪昆高速横峰出口连接线项目，加快岑阳大道南延、广场东路南延、规划一路项目建设，促进城区、经开区、景区融合发展。科学规划、建设"一区两园""四园一馆"，打造三产融合发展示范区。积极推进葛源经济发达镇规划建设，打造县域副中心、产城融合特色镇。

### （三）聚焦乡村振兴，着力在推动"三农"工作创新发展上有更大作为

围绕"产业兴旺、生态宜居、乡风文明、治理有效、生活富裕"总要求，

持续推进乡村产业、人才、文化、生态、组织振兴。一是全面巩固提升脱贫攻坚成果。大力实施"十大巩固提升"工程，进一步完善"七个一"产业扶贫模式，做好"扶贫＋"文章，确保稳定增收，进一步增强贫困人口"自我造血"能力。统筹推进城镇贫困群众脱贫解困工作，通过3年时间，稳定实现城镇贫困群众"两不愁、三保障"。二是全面提升秀美乡村建设水平。编好、用好乡村振兴规划，继续巩固"秀美乡村、幸福家园"创建成果，大力实施"个十百千万"工程（2020年，发展以葛业为主的"1＋N"特色产业；建设10条乡村旅游精品线；实施"双百"工程，打造100个景点村、100个亮点村；培育1000家新型农业经营主体；实现22万群众全面小康目标）。三是全面推进乡村振兴战略。深入推进宅基地管理、农村承包土地等改革工作，加大财政向"三农"投入的力度，撬动更多社会资本，支持推进乡村振兴发展。大力发展村集体经济，确保2019年"村村过10万元"，2020年要超过20万元，同时打造一批超50万、100万的经济强村。

### （四）聚焦改革攻坚，着力在推进大众创业万众创新上有更大作为

以开展纪念改革开放40周年系列活动为契机，大胆实践、先行先试，争当改革开放的参与者、实践者。一是全面深化改革。抓好机构改革，确保在2019年1月底前县机构调整基本到位，3月底前全面完成机构改革任务；抓好"一网一门一次"改革，让企业和群众尽量不跑或最多跑一次，打造全市最优政务环境；抓好经开区体制机制改革，出台加快横峰经开区跨越发展的实施意见，进一步激发县域工业发展的动力和活力；抓好城投转型，增强造血功能。二是要扩大开放合作。主动融入赣东北开放合作发展区，对接长三角、珠三角、海西经济区，抓好产业招商、小分队驻点招商、商会招商、以商招商，全力引进一批补链、强链、扩链型好项目。大力实施"饶（横）商回归"工程，实现"资本、项目、人才、总部"联动回归。三是强化创新驱动。深入实施创新驱动发展战略，建立多层次、多元化科技投入体系，引导和鼓励企业加强技术改革，争创省级高新技术产业园区。

### （五）聚焦美好生活，着力在改善民生增进福祉上有更大作为

把群众笑脸作为工作好不好的评判标准，守好民生、生态、稳定三条底

线，提升群众的幸福感、获得感、安全感。

一是全力抓好民生实事。加快推进职教中心新建、一小扩建、二中改建、三小筹建、农村党校等一批教育项目。把幼儿教育作为横峰的特色教育来抓，夯实小学、初中基础，重视职业教育，做优高中教育，2020 年全面普及高中义务教育。加快中医院、妇幼保健院等项目投入使用，加强医疗卫计人员培训，提升医疗卫生服务水平，规划建设中医药先行旅游示范区和中医医养结合养老中心，加快残疾人托养中心、康复中心的投入使用。二是全力抓好生态建设。深入实施"净空、净水、净土"和城乡环境综合整治行动，严厉打击生态环境违法犯罪行为。加快农村污水处理设施建设，集中整治入河排污口。实施"林长制"，推进森林绿化、彩化、美化、珍贵化，2019 年打造彩色森林5000 亩，2020 年达到 3 万亩。

# B.30
# 2017~2018年上饶市弋阳县经济社会发展分析报告

弋阳县人民政府

摘　要：　2017年以来，弋阳县认真贯彻落实党的十九大精神，以习近平新时代中国特色社会主义思想为指引，在江西省委、省政府和上饶市委、市政府的正确领导下，围绕建设"信江河谷城镇群新增长极、江西绿色崛起新标杆、国内健康旅游目的地"的目标定位，凝心聚力，抢抓机遇，扬优成势，攻坚破难，经济社会发展呈现良好态势。

关键词：　创新发展　经济社会发展　旅游目的地

## 一　经济社会发展现状和成绩

2017年，弋阳县完成生产总值102.3亿元，增长8.7%；财政总收入15亿元，增长6%；固定资产投资108.7亿元，增长12.1%；在上饶市经济社会发展和党的建设情况巡查中，弋阳县在12个县（市、区）中排名第六，荣获全市唯——个"进步奖"，创造了弋阳县参加全市巡查以来的最好成绩。2018年1~9月，地区生产总值、金融机构人民币各项存款余额、利用省外资金、出口额四项指标增速列全市一；5000万元以上和亿元以上项目数两项指标列全市第一；财政总收入14.3亿元，增长9.3%，增速列全市第六，税占比达86.7%，列全市第二；第三产业增加值、城建投资、房地产开发投资三项指标增速均列全市第二。

### （一）解放思想、凝聚合力，加快发展的心更齐

1. 举好旗，把红色品牌"立"起来

把拍好以方志敏为主题的电影《信仰者》、建设方志敏干部学院、评选方志敏式好党员好干部、培育方志敏精神宣传员作为传承红色基因的重点工程，掀起了学习方志敏精神的热潮。在省市的关心支持下，启动了总投资 1.83 亿元的方志敏干部学院建设，努力将其打造成全国"理想信念教育基地""地方党性教育特色基地""廉政教育基地"和"爱国主义教育示范基地"。目前方志敏干部学院已开班运营；电影《信仰者》已在全国各大影院全面上映。

2. 树好形，把党员先锋"亮"出来

把改进干部作风、树立先锋形象作为推进经济社会发展的主抓手，扎实开展了"两学一做"学习教育常态化、制度化，集中整治"微腐败"，党员"亮身份、树形象"等活动。大力治顽疾、着力转作风、全力树形象，全县广大干部的创造力、凝聚力、战斗力不断增强，干部的精气神明显提振。比如，全面推行"一线工作法"，县四套班子每人挂点一个项目、联点一个企业、对接一个乡镇、扶贫一个村。在县四套班子以上率下、全县干部的共同努力下，全县重大项目有序推进。

3. 选好人，把用人导向"树"起来

一是坚持重点岗位练兵法。突出在经济发展主战场、重大项目主战场和重点工作主战场"三个主战场"培养、锻炼、选拔干部，让全县的干部始终保持旺盛的斗志和高昂的激情。两年来，在"三个主战场"提拔重用干部达 49 人，树立良好的用人导向。二是探索乡镇工作量化法。对乡镇领导干部"德、能、勤、绩、廉"的表现情况按百分制进行分值量化，客观公正评价乡镇领导干部，有效激发乡镇干部队伍活力。三是推行机关末位问责法。对全县 41 个具有行政审批、行政执法和公共服务职能的县直单位，每年开展两次优化经济社会发展环境测评，推行末位问责，达到知耻而后勇的效果。

### （二）突出重点、干在实处，加快发展的劲更足

1. 低水平跃上高起点，工业经济增强了动力引擎

弋阳县工业呈现良好的发展态势，实现了"一个总量翻番、两个十亿企

业、三个优势产业、百个规上企业"的发展目标,即主营业务收入达到137亿元,两个企业年销售收入过10亿元,形成了建材、生物医药和智能装备三个优势产业,规上工业企业数量翻番、达到105家。一是抓平台建设。全面完成了4035亩拓园征收,投入3.5亿元推进基础配套和平台项目建设,园区扩园调区、规划环评、高新技术产业园区相继获批,园区的规划面积扩大了3倍、达6.16平方公里,制约工业发展的空间瓶颈从此打破。随着泰山石膏、巴顿环保科技、万华板业等一批带动能力强、辐射面广的500强企业相继落户,园区平台的承载力更强、发展前景更广阔。二是抓招大引强。累计引进亿元以上的工业项目34个、总投资33.57亿元,为经济发展增添了动力。2018年7月,弋阳县在义乌成功举办了招商推进会,签约项目28个,总投资27亿元。三是抓主导产业。围绕建材、生物医药和智能装备优势产业,引进相关企业,形成产业链条。建材产业方面,海螺水泥再投10.5亿建成二期项目,2017年产能、销售收入和纳税分别达到540万吨、12.8亿元和1.8亿元;利用水泥窑协同处理固废项目投产,垃圾焚烧发电项目年内建成,届时弋阳海螺水泥税收将超过4亿元。生物医药产业方向,江西康恩贝再投资5亿元启动康恩贝中药材项目,中药配方颗粒饮片项目获批,为进军全国十亿级市场打下基础。智能装备产业方向,新引进了熔岩汽配、莱宝农机、伟通科技等7个汽配产业项目。此外,鸥迪公司院士站设立,阀门产成品月销售量从原来的10万套提高到100万套,年销售收入达4.3亿元;无铅铜技术获得31个国家和地区的授权;3年后有望成为弋阳第一家上市的本土企业。

2. 旧面貌焕发新容颜,秀美城乡释放了强大魅力

一是提质提速建设县城。城市建设阔步前行,全面推进城市"双修",旧城改造、新城开发同步跨越,中心城区建成区面积达16.5平方公里。城市形象明显提升,徐家片区、上万高速东西出口片区、东站大道片区、花亭路口片区升级改造全面推进,四大区域实现"脱胎换骨"的变化,城市南北大门逐步畅通。城市路网逐步完善,实施了城区东环线,新增一条南北纵向道路,双向六车道,收费站五改十;建设了东站大道,双向四车道;贯通了凤凰大道,直通320国道;城南片区新添3条横向路网,弋阳大桥加快续建。通过路桥的兴建,构建起了"四纵十二横"的城市路网格局。城市功能明显优化,建设了学校、医院、养老、星级宾馆等一批功能性项目,实施了有史以来规模最大

的征迁，城市棚户区改造累计拆除房屋4677户、74万平方米。二是精致精细打造乡村。大力实施乡村振兴战略，完成6条通道提升、289个秀美乡村点建设，"徽改"房子1.2万栋，确保2019年秀美乡村点实现全覆盖。稳步推进殡葬改革，全县遗体火化率、红白理事会覆盖率、棺木处置率均达到了100%。全面推进对垃圾、污水、乱堆乱放等的治理，清理垃圾3.1万吨，新增绿化9.8万平方米，农村环境得到明显改观。三是尽心尽力抓好生态。扎实推进中央环保督察反馈问题整改，涉及弋阳县的三个方面12个问题，均已按时间节点全部整改到位。同时，划定畜禽养殖三区并在上饶市率先完成禁养区内规模畜禽养殖场关闭搬迁任务。深入推进"净空、净水、净土"行动，县城空气质量达Ⅱ级以上，主要河流断面水质达标率为100%，饮用水源水质达标率为100%，综合治理水土流失面积12.5平方公里。重拳整治非法河道采砂，依法取缔非法采砂场25个。

3.过境游升级目的地，全域旅游亮出了美丽名片

一是突出龟峰引领。龟峰景区成功摘得国家5A金字招牌，升级为拥有国际国内顶级品牌的"大满贯"景区，成为江西省第3个、上饶市第2个同时拥有世界自然遗产、世界地质公园、国家5A品牌的景区。新游客中心、玻璃栈道、扩容后的龟峰湖等一批项目对外开放，省航投公司飞机在龟峰实现首飞并常态化飞行。二是突出品牌营销。积极融入"高铁枢纽、大美上饶"品牌推广，营销投入翻了两番，达2400多万元，策划了全国登山赛、皮划艇赛等系列活动，社会反响强烈，旅游人气飙升；与中国国际旅行社合作，打造无障碍旅游区，疏通了省外市场渠道，并撬动海外市场。三是突出资源整合。围绕"红、古、绿"三色旅游资源，串珠成链，有效整合，着重抓好以"人山村院剧"为特色的旅游升级战略。2018年上半年，弋阳县旅游接待人次达到700.9万人次，旅游综合收入达到41.76亿元，有效拉动了经济增长。

4.品牌化融合多元化，现代农业焕发了勃勃生机

坚持用工业化的理念去发展农业。现代农业产业园持续健康发展，华西希望集团国家生猪核心育种场引种运营，千亩蔬菜种植科技示范园一期项目建成投产，形成集中连片的规模效应，农业产业园持续、有生命力的发展模式获得肯定。现代农业示范园核心园区和艺林雷竹现代农业示范园荣获"省级现代农业示范园"。全省林下经济现场会在弋阳县现场观摩，大禾和雷竹产业年产

值超过 20 亿元，建成雷竹、猕猴桃、泥鳅养殖等农业观光点 17 个，推动了观光农业、体验农业和精致农业发展。

5. 新思维破解老机制，改革创新激发了活力动力

先后完成了三县岭场设镇、花亭场设街道工作，扫清了垦殖场发展体制机制障碍；推进了"放管服"、国有资产等改革，进一步理顺体制机制。围绕项目融资难的问题，实施了 PPP 项目建设模式，与江西建工集团和上饶交通投资集团合作，将总投资 33.7 亿元的 16 个重大项目纳入 PPP 项目包并正式列入国家发改委和国家财政部项目库。通过 EPC 模式，与中铁十五局集团合作建设总投资 2.5 亿元的县乡道路工程，与南昌水投、中国绿林、江西际洲合作建设总投资 12.8 亿元的 12 个重点城建项目。围绕项目用地难的问题，两年以来收储土地总量接近 1.9 万亩，是历史存量用地的 3 倍多；新增国有建设用地估值、新增整合国有资产均突破 100 亿元，计划外争取 3188 亩土地林地指标，为经济发展拓展了空间、储备了"能量"。围绕企业扶持难的问题，持续推进"降成本优环境"专项行动，累计减轻企业负担 9.12 亿元，累计发放"财园信贷通" 7.6 亿元，县财政每年安排 2 亿元设立"创新创业扶持专项资金"，解决企业融资难题。围绕乡镇财税难的问题，推进乡镇财税体制改革，财税过亿乡镇达到 2 个，实现了历史性的突破。

### （三）民生优先、共建共享，加快发展的气更顺

1. 用最大的投入改善民生

实施的民生项目占项目总数的一半以上，财政用于民生方面的支出占财政支出的比重达 81.2%。一是教育方面，在国家和江西省县域义务教育均衡发展督导评估认定中均列全省第一。成功与华东师范大学"联姻"，投入 5.4 亿元建设华东师范大学方志敏基础教育园区，目前园区两所学校已全面竣工并开学招生，将给弋阳人民带来优质教育的全新"体验"。二是交通方面，采取 EPC 模式，投资 2.6 亿元对 12 条县乡道路、4 座桥梁进行了升级改造，采取 PPP + EPC 模式，投资 8.43 亿元对 4 条国省道进行了省级改建，工程投用后，将全面提升弋阳公路交通的等级；投资 7000 万元，在弋阳高铁站兴建了集长途客运、农村班车、城市公交为一体的综合客运站，工程投用后，将全面实现客运"零换乘"。三是医疗方面，投资近 2.5 亿元的新县人民医院投入使用，占地面积

130余亩,是原来的4倍,病床数达到600张,是原来的3倍,为群众就医提供了设施优良、服务一流的环境。四是养老方面,社会福利服务中心正式运营,总床位665张,无论是规模还是功能在上饶市乃至江西省都屈指可数,打造了弋阳养老事业的优质品牌。五是饮水方面,总投资2.9亿元的方团引水工程年底竣工,农村饮水工程有序推进。通过饮水工程的实施,弋阳人民将喝上优质水。

2. 用最实的办法脱贫攻坚

把精准扶贫、精准脱贫作为最大政治、最大任务、最大责任,两年来,整合财政涉农扶贫资金3.2亿元,推进"十大扶贫"工程,实施产业扶贫项目53个,实现14330人脱贫、5个"十三五"省级贫困村退出。2017年,弋阳县脱贫攻坚工作进入江西省第一方阵,列全省所有县市区第26名。

3. 用最硬的措施维护稳定

坚持党政领导开门接访、定期调度信访案件和包案处理信访问题等制度,确保了党的十九大、全国"两会"、"一带一路"论坛、"G20"峰会等重要敏感会议期间均无赴京访、无越级访、无非访的"三无"目标。加强社会治安综合治理工作,公众安全感和社会满意度稳步提升。2018年上半年,在江西省公众安全感测评中,弋阳县荣获全省第二名,为弋阳历史上最好成绩。全面落实"党政同责、一岗双责"制度,安全生产形势总体平稳,社会大局保持和谐稳定。2017年荣获上饶市综治工作目标管理先进县。

两年来,弋阳先后获得全国"互联网+林业产品营销模式"示范县、全国经济林产业区域特色品牌建设试点单位、全省农业农村工作先进县、省级双拥模范县、省级森林城市、省级卫生县城、全省计划生育工作先进县、省级卫生应急综合示范县、全省县域金融综合改革试点县等省级以上荣誉近20项,义务教育均衡发展工作在教育部新闻发布会上作典型发言,8个专项工作在全省大会上作典型发言,5个全省专项工作现场会在弋阳召开或观摩,城乡义务教育均衡发展、妇幼健康服务模式、非法采砂整治等9项"弋阳经验""弋阳模式"在江西省乃至全国推广。

# 二 经济社会发展存在的问题和困难

在充分肯定成绩的同时,也应清醒地认识到:弋阳县经济社会发展还面临

不少困难和问题。主要有以下几点。一是经济总量不够大。从主要经济指标看，GDP总量、规模以上工业增加值增幅、社会消费品零售总额总量等指标全市排名靠后。二是发展质量不够好。项目规模总量偏小，主导产业集聚度不高，产业层次有待提升；企业创新能力不够，高新技术企业数量相对偏少；新业态、新动能培育力度不够，新经济潜力挖掘不足，供给侧改革有待加强。三是环境保护压力加大。弋阳县大部分产业仍对钢材、水泥等资源依赖比较大，随着中央环保督查力度不断加大，节能减排、环境保护的任务更加艰巨。

# 三　今后经济社会发展措施和对策

弋阳县经济社会发展的总体要求和战略重点是：全面贯彻党的十九大和中央经济工作会以及省市全会精神，以习近平新时代中国特色社会主义思想为指导，牢牢把握高质量发展的要求，坚持稳中求进工作总基调，坚持新发展理念，坚持以供给侧结构性改革为主线，坚持"传承文脉、创新创业、经济倍增、决胜小康"发展战略，大力弘扬方志敏精神，继续向实干要实绩，全面做好稳增长、促改革、调结构、惠民生、防风险各项工作，促进经济社会持续健康发展，不断满足人民对美好生活的新期待，开启弋阳发展新征程，奋力迈出决胜全面小康、建设"两新一地"、谱写新时代弋阳新篇章的坚实步伐。

## （一）聚焦发展质量提升，进一步优化产业体系

### 1. 着力振兴实体工业

一是深入实施"主攻工业、决战园区"战略，围绕首位产业、优势产业，全力支持海螺水泥、康恩贝制药、巴顿环保、泰山石膏、煌朝装饰等一批重大企业发展壮大。二是启动高新区产城融合规划编制和新一轮扩区调区征地拆迁工作，加大高新区基础设施和配套服务设施建设力度。完成志敏园区企业搬迁，为城市发展留足空间。三是谋划打造2000亩的非金属材料产业园（钙产业园），让"石头经济"插上腾飞的翅膀。

### 2. 着力提升现代农业

围绕上饶市"东柚、西蟹、南红、北绿、中菜"产业布局，瞄准市场需求，大力发展绿色农业、特色农业和品牌农业。依托蔬菜种植产业示范园，启

动国家级现代农业示范园创建工作。支持雷竹、马家柚、铁皮石斛、猕猴桃、特色水产、规模化养殖等基地不断壮大,全力创建全国有影响力的特色农产品生产基地。

3. 着力繁荣现代服务业

一是围绕打造"国内健康旅游目的地"目标,加快推进龟峰景区项目建设,谋划环龟峰旅游半程马拉松赛道建设,大力改善乡村旅游基础和公共服务设施,丰富旅游特色商品种类。二是探索采取 EPC 模式,建立总部经济大楼,打造城南金融聚集区,支持金融机构来我县设立分支机构。三是力促国际物流商贸城落户,加快龙城国际商业广场、文化创意(电商)产业园建设。

4. 着力推进创新创业

加快高新技术企业培育和申报,力争新增高新技术企业 10 家、国家级星创天地 1 个、省级科技企业孵化器 1 个、省级工程技术研究中心 2 个、省级众创空间 1 个,专利申请量和授权量增长 30%。

## (二)聚焦发展格局优化,进一步提升城乡品质

1. 加速中心城区建设步伐

一是完成城区控制性详细规划、"一江两岸"修建性详细规划等规划编制。二是加快新建和续建路网建设,打通外环"动脉",形成内环"骨架"。三是全面开展生态修复、城市修补工作,大力推进"厕所革命",进一步提升城市基础运行功能、公共服务功能和文化传承功能。

2. 加快乡村振兴战略实施

做好乡镇总体规划修编和秀美乡村规划编制,按照"四年任务三年完成"的目标,打造一批亮点突出的秀美乡村点和贫困村"整村搬迁"示范点。开展农村人居环境整治行动,抓好农村生活垃圾治理,建立长效保洁机制。

3. 加大城乡综合整治力度

扎实开展城乡环境综合整治行动,继续实施城市道路"白改黑"工程,抓好城市主次干道两侧建筑外立面、店招门楣升级改造。坚决遏制城区新增"两违",加强乡村农民建房管理,不断提高城乡建房用地集约化水平。

### （三）聚焦发展动力增强，进一步推进改革开放

1. 继续深化各项改革

深入推进"五型"政府建设，深化"放管服"、财政体制、医疗卫生体制改革。完成农村土地承包经营权、农垦国有土地使用权、房地一体的农村宅基地和集体建设用地使用权确权登记颁证工作。

2. 继续扩大对外开放

紧盯行业龙头企业，实施"招大引强""弋商回归"工程，每年确保引进1个主营业务收入超30亿元的龙头企业和一批龙头型、旗舰型、链条型的重点企业，完成全年省外资金、利用外资、外贸出口任务，切实提高招商引资实效。

### （四）聚焦发展方式转变，进一步巩固生态优势

1. 狠抓生态环境治理

巩固中央环保督察问题整改工作成果，坚决打好大气污染、水污染、土壤污染防治等攻坚战。完善提升"河长制""林长制"升级版，抓好志敏园区涉重企业废弃遗留场地土壤治理与修复试点工作，完成城市生活污水处理厂污泥处置设施改造工程。深入开展城乡环境综合整治，抓好砖瓦窑、乱埋乱葬治理和村庄"清边理界"等工作，解决城乡环境"顽疾"。

2. 狠抓绿色循环发展

严把项目审批关，加强重点排污企业监管，努力从源头控制污染。深入开展县、乡、村三级生态创建活动，确保成功创建"省级生态文明示范县"。

3. 狠抓生态环境保护

严格生态保护红线、永久基本农田、城镇开发边界管控，严肃查处生态红线区域违规开发建设行为；进一步推进国土绿化，做好公益林、天然林保护工作，保质保量完成营林造林任务，提升自然生态系统的稳定性。

### （五）聚焦发展成果共享，进一步增进民生福祉

1. 坚决打赢脱贫攻坚战

按照"脱真贫、真脱贫"的总要求，围绕稳定实现农村贫困人口"两不

愁、三保障"的目标，紧扣"精准"二字，扎实推进"十大扶贫工程"，打好脱贫攻坚"组合拳"，圆满完成脱贫任务。

2. 坚决做实民生工程

扎实推进就业、各类保险、教育、卫生、文化、交通、饮水、住房、公共服务等民生工程，让老百姓更好地享受改革发展成果。

3. 坚决维护社会和谐稳定

深入开展法治弋阳建设，加大依法治访力度，促进公众安全感和群众满意度稳步提升。加强危险化学品、矿山、建筑施工、道路交通等重点领域整治，坚决遏制重特大事故发生。

# B.31

# 2017~2018年上饶市铅山县
# 经济社会发展分析报告

铅山县人民政府

**摘　要：** "十三五"规划实施以来，铅山县委、县政府在江西省委、省政府，上饶市委、市政府的正确领导下，团结带领全县人民深入贯彻落实新发展理念，紧紧围绕全面建成小康社会的战略目标，牢牢把握稳中求进工作总基调，坚持不懈抓重点、补短板、强弱项，坚定不移稳增长、促转型、惠民生、防风险，全县经济社会发展保持了总体平稳、稳中趋优的态势。先后获得"全国农村集体三资管理示范县""中国红芽芋之乡""全省农业与农村工作先进县""全省国有林场改革试点工作先进县""省级卫生县城""省级森林城市""省级生态文明示范县"等称号，连续两年被评为全省信访工作"三无县"。

**关键词：** 稳中趋优　创新驱动　深化改革

## 一　经济社会发展情况

2017年以来，铅山县经济和社会发展取得长足进步，主要指标实现稳步增长。一是经济实力持续增长。2017年，全县生产总值121.32亿元，年均增长9.5%。人均生产总值为26768元，年均增长9%。财政总收入为19.78亿元，年均增长5.54%。全社会固定资产投资150.42亿元，年均增长11.9%。社会消费品零售总额56.33亿元，年均增长13.6%。出口总额2.52亿美元，年均增长 12.5%。外商直接投资 6222 万美元，年均增长 10.8%。二是转型升级步伐提速。2017 年，三次产业结构比由 2015 年的 16.9∶46.3∶36.8 调整为 13.3∶47.0∶39.7，非农产业占比提高 3.6 个百分点，其中第二产业提高 0.7 个百分点，第三产业提高 2.9 个百分点。城镇化水平稳步提高，2017 年城镇化率达到 49.41%，比 2015 年提高 2.99 个百分点。三是社会民生稳步提升。2017 年，铅山县城镇居民人均可支配收入为 24569 元，年均增长 8.7%。农村居民人均可支配收入为 11965 元，年均增长 9.6%。四是生态文明切实加强。2017 年，空气质量达到 Ⅱ 级标准，优良天数 319 天，优良率达 87.4%，高于全市平均水平。主要河流断面水质达标率为 91.7%，饮用水水源水质达标率 100%。城镇生活垃圾无害化处理率达 100%。

## （一）产业加快转型升级

### 1. 新型工业化稳中趋优

拓园 1200 亩，盘活闲置土地 1427 亩，完善区内水电路基础，着力建设新园区，高位推进上铅快速通道汽车产业经济带建设。着力打造以有色金属精深加工、非金属新材料、新兴制造和新能源、食品加工为主导，生产性服务业相配套的现代工业体系。

### 2. 农业现代化稳中向好

粮食实现"十四连丰"，农产品产量稳定增长。铅山县农业产业化经营组织总数发展到 256 个，成立铅山县首个"院士工作站"。现代农业示范园二期启动 80 亩农业企业孵化园。"两红"产业加速培育。"河红贡"在第十八届中国绿色食品博览会上荣获金奖。铅山红芽芋被评为"全国名特优新农品"。

### 3. 现代服务业稳中提质

江西（铅山）武夷山成功被列入世界文化与自然"双遗产"、首批"国家森林步道"范围。成功举办第四届万里茶道与城市发展中蒙俄市长峰会，与省旅游集团共同组建铅山乡村全域旅游运营平台。铅山旅游知名度持续提升。电商产业园荣获"江西省现代服务业集聚区"称号。与上饶银行签订 5 年授信 30 亿元战略合作框架协议，在 30 个贫困村设立了金融（扶贫）服务工作站。

### （二）城乡加快协调发展

1. 城市魅力持续提升

编制完成《铅山县城市总体规划（2015—2035年）》。行政中心顺利搬迁新址，城东新区功能日趋完善。实施沿惠济河、菜湖路、凤来村等片区棚户区改造，启动惠济河、清湖河"两河"改造工程，老城区品质不断提升。积极开展"靓城行动"、本色行动、洗城行动等专项整治，城市面貌更加有序。

2. 全域打造秀美乡村

全面实施"八大行动"，完成432个秀美乡村点建设，对主要干道沿线民居进行改造，深入实施农村生活垃圾城乡一体化处理项目，乡镇（中心）实行环卫作业市场化运作。秀美乡村、民居改造工作被列为"全省农村工作会议暨新农村建设现场推进会"的现场参观点。

### （三）生态文明持续推进

1. 绿色创建成效显著

编制完成《铅山县生态文明先行示范区建设实施方案》。划定生态保护红线区域728.9平方公里，组建江西省首支环境和资源犯罪侦查大队，有力守护铅山生态环境底线。成功获批省级森林城市、江西省第三批生态文明示范县、江西省第二批低碳发展示范县，鹅湖山国家森林公园跻身上饶市十大生态文化示范基地。

2. 环境治理扎实开展

建成空气自动监测站，建立党政主要领导挂帅的"河长制"。

3. 节能减排有效落实

定期开展环境监测，实现实时监控全覆盖。完成县工业污水管网建设和污水处理厂提标改造工程，实现城区、园区污水管网基本覆盖。

### （四）改革开放不断深化

1. 深入推进简政放权

在全市率先开展行政服务"只跑一次"和"一次不跑"改革，深化商事制度改革，全面实施多证合一。深化不动产登记制度改革，不动产登记局挂牌运行。推进农村宅基地改革试点。

2. 稳步推进各项改革

铅山县23家煤矿已全面停止井下作业，消化房地产库存36.77万平方米。全面推开"营改增"，组建4家融资平台，铅山县农村商业银行正式挂牌。农村集体土地确权登记颁证工作基本完成，小型水利工程体制和水资源使用权确权登记两项改革试点进展顺利。推进公立医院人事薪酬制度改革，全面执行公立医院药品采购"两票制"。有序推进绿色殡葬改革。完成党政机关公务用车制度改革。

3. 加快推进开放创新

与福建武夷山市签署《武夷山世界遗产保护与利用战略合作框架协议》。加快推进科技创新，铅山县共有国家高新技术企业13家，院士工作站1个，省级工程技术研发中心2个，大力推动"大众创业，万众创新"，铅山县共有国家级和省级众创空间各1家，市级众创空间5家。

## （五）基础设施日臻完善

建成葛仙山大道、永葛快速通道、河永快速通道等项目，改造农村公路里程547公里，硬化农村公路里程582公里。抓好农村电网升级改造等工程，江西省首座赣闽联网输变电工程35千伏篁碧输变电工程建成联网。加快水利设施建设，农村自来水普及率达82.83%。加快"智慧铅山"建设，在上饶市率先实现行政村100%覆盖光纤网络，3G、4G网络铅山县覆盖率均达95%以上。

## （六）社会民生协调发展

1. 脱贫攻坚决战决胜

围绕"两不愁、三保障"标准，大力推进"产业扶贫全覆盖、健康扶贫再提升、易地搬迁再精准、教育扶贫再对接、贫困村庄整治再推进"五大工程。2017年底，4个省级贫困村摘帽。

2. 社会保障日臻完善

养老、医疗、工伤、失业、生育保险覆盖范围不断扩大，农村五保、孤儿、重度残疾人等特殊群体实现了动态管理下的应保尽保。建成县社会福利中心、县残疾人托养中心，"医养结合"养老新模式取得实质性进展。

3. 社会事业繁荣发展

实施"全面改薄"工程，顺利通过县域义务教育基本均衡发展国检、省级督导。深化县级公立医院综合改革，实施县医院整体搬迁等卫生基础设施项目。切实稳定低生育水平，人口自然增长率为4.96‰。新增省级非遗1项、市级非遗3项。永铜社区被评为全国"扫黄打非"先进基层示范点。陈坊乡陈坊村等5个村落入选江西省首批省级传统村落，太源畲族乡荣获"全国民族团结进步创建活动示范乡镇"，河口镇、葛仙山乡入选"江西省第五届文明村镇"。

4. 社会大局和谐稳定

深入开展"积案大化解活动"，全面实施社区网格化服务管理试点工作，公众安全感测评指数得到提升。筑牢安全生产防线，安全生产形势总体平稳。

## （七）治理能力不断加强

稳步推进法治政府建设，推行"双随机一公开"制度，开展领导干部自然资源资产离任审计试点工作，增强保护自然资源意识。全面加强党风廉政建设和反腐败工作，始终把纪律挺在前面，严惩违法违纪行为。

# 二 机遇与挑战

当前国际环境发生深刻变化，国内宏观环境稳中有变，县域竞争格局发生了新的历史位移。未来县域经济和社会发展将面临新的困难和问题。一是稳增长、稳就业、稳投资、稳预期、稳财税的压力更加显现。二是经济发展的生态瓶颈更加突出。三是企业进一步提质增效压力较大。四是消费拉动乏力，消费拉动经济增长的效应不足。五是公共服务供给不足、水平不高，民生领域短板仍然较多，难以满足人民日益增长的美好生活需要。六是少数干部的思维方式、工作作风、能力本领、担当精神与新时代发展的需要还有不少差距，"中梗阻"现象在一些部门仍然不同程度地存在。

尽管面临诸多问题和困难，但未来铅山县仍迎来大发展、大提升、大跨越的历史发展新机遇。一是国家供给侧结构性改革的政策机遇。国家货币政策将更加面向实体经济精准释放充分的流动性，这将为铅山实体产业提供良好的融资环境和机会。二是江西省委"一圈引领、两轴驱动、三区协同"的区域发展新布局和"创新引领、改革攻坚、开放提升、绿色崛起、担当实干、兴赣富民"的新方针,激活了未来江西发展创新动力、释放了发展活力、彰显了区域优势。为实现铅山在新时代下的高质量、跨越式发展提供了政策新红利。三是上饶新的战略定位的区域机遇。铅山禀赋资源得天独厚,历史文脉积淀深厚,山水田园秀美,对接大美上饶发展战略,构建美丽铅山、打造全域旅游有着先天优势和比较优势。四是上饶国家级经济技术开发区"两光一车"产业定位为铅山带来产业转型、产业配套、产业链接等区位机遇。铅山可以充分对接上饶市经开区产业发展,构建上饶最具活力、最具链接、最具特色的汽车产业经济带。

# 三 攻坚谋划

2019～2020年,铅山将牢牢把握新的历史机遇,以习近平新时代中国特色社会主义思想为指导,坚持稳中求进工作总基调,坚持新发展理念,坚持以供给侧结构性改革为主线,按照高质量发展的要求,强化创新驱动,振兴实体经济,着力构建现代化经济体系,着力深化改革开放,着力建设生态文明,着力打好脱贫攻坚战,着力保障和改善民生,统筹推进稳增长、促改革、调结构、优生态、惠民生、防风险各项工作,奋力迈出"打造'四个基地',建设'四个铅山',建成山水园林城市"的坚实步伐,努力开创新时代铅山经济社会发展新局面。

## (一)贯彻新发展理念,扎实推进铅山高质量发展

### 1. 大力发展先进制造业

加快有色金属、新能源、非金属材料三大主导产业集群发展,培育战略性新兴产业,围绕"工业三年翻番计划",支持企业加快技术改造,努力建设成为江西省有影响力的有色冶金精深加工产业基地、清洁能源基地、非金属材料基地,力争形成主导产业龙头企业聚集的态势,打造四个百亿级的产业集群。

### 2. 大力发展全域旅游

重点推进明清古街、葛仙山、石塘、鹅湖书院等重要景区的建设,重视连四纸和河红茶的深度开发,建设非遗孵化园并重新恢复部分历史悠久的作坊,打造以连四纸及河红茶为核心特色的铅山旅游商品市场。推进畲族民族风情游

发展。加快森林旅游市场的培育和开拓，加快引进战略合作方，高规格、高标准开发明清古街、鹅湖书院、北武夷山等核心旅游资源，面向全球借智、借势，打造具有国际影响力的城市会客厅、新鹅湖论坛、万里茶道市长峰会，实现铅山全域旅游新格局。

3. 大力发展现代农业

围绕农业供给侧结构性改革，切实提高农业现代化水平。加快农业园区二期规划建设，建立农业企业孵化培育基地，建设一批标准厂房，采取租售并举方式，加快农产品加工企业在铅山现代农业产业园落地生根、发展壮大。对接上饶"东柚、西蟹、南红、北绿、中蔬"农业产业布局，集中做优、做强"两红"特色产业。

4. 大力发展铅山现代服务业

依托沪昆高速、上武高速、上铅快速通道，引进和培育一批具有现代物流服务品牌和核心竞争力的物流企业，构建赣闽交界区域物流节点。深入实施"电子商务进农村"工程，努力建好国家级电商示范基地。积极发展普惠金融，引导更多金融资源流向实体企业。培育新兴业态，紧盯大健康、大数据、云计算、滴滴呼叫城、文化创意等领域，推动大众创业、万众创新，不断提升服务业的发展层级。

## （二）践行绿色发展理念，建设美丽铅山

1. 抓好生态文明建设

完成城市生活污水管网建设，确保惠济河、清湖河污水管网全覆盖。完成乡镇生活污水处理设施规划并启动污水管网建设，建成污水处理厂二期项目。全面推进生活垃圾处理设施建设，加强农业面源污染防治，大力发展生态农业、中药产业、林业经济和林下经济，构建绿色产业体系，推动形成绿色发展方式。

2. 打赢污染防治攻坚战

推进环境监测监察执法垂直管理改革。把好源头关，严禁引进环境容量压力较大的高耗能、高污染项目。持续强化"环保警察"队伍建设，坚决制止和惩处破坏生态环境的行为。

3. 压实生态环保责任

继续落实"河长制"，抓好铅山河、陈坊河、惠济河、信江流域环境综合

治理；实施重点行业脱硫脱硝、有色金属冶炼企业废气治理工程，鼓励推广使用新能源汽车，加强秸秆综合利用和禁烧工作。开展净土行动计划，加强土壤污染源头治理。

### （三）全面推进"放管服"改革，优化铅山发展环境

1. 大力营造高效便民的政务环境

进一步精简下放审批事项。全面落实社会资本准入前国民待遇加负面清单管理制度。加强基础设施及公共服务领域政府和社会资本PPP项目合作，进一步激发社会投资的积极性和创造性。全面推进"证照分离"改革。完善投资项目管理服务机制。扎实推进政务服务"一网、一门、一次"改革。

2. 大力营造公平竞争的市场环境

全面实施市场准入负面清单制度，保障各类市场主体依法平等进入负面清单以外的行业、领域和业务。建立行政审批中介服务清单管理制度，建立健全中介服务标准化体系，进一步降低企业成本。

3. 大力营造公正透明的法治环境

加快推进"信用铅山""平安铅山""法治铅山"建设，进一步营造亲商安商氛围。加强政务诚信建设，加强社会信用体系建设，全面开展"扫黑除恶"专项斗争。

### （四）推动城乡一体化，构建铅山发展新棋局

1. 提升中心城区吸附能力

以城东新区建设为龙头，加快疏解老城空间，推动新区、老城联动发展。加快城市棚户区改造和棚改安置房建设，编制"生态修复、城市修补"规划，展现名镇古镇魅力。高起点高标准规划建设城东新区，加快推进功能性和基础性项目建设，推动城东新区商业集群。深入挖掘"万里茶道"第一镇的历史文化底蕴和民俗文化精髓，提高铅山县城首位度和知名度。推行网格化、智能化、精细化城市管理，加快智慧城市、绿色城市、人文城市建设。

2. 推进乡村振兴战略示范点建设

按照"产业兴旺、生态宜居、乡风文明、治理有效、生活富裕"的总要

求，建设覆盖铅山全境的秀美乡村。构建现代农业产业体系、生产体系、经营体系，完善农业支持保护制度，促进农村一、二、三产业融合发展。

### （五）共建共享共治铅山社会，改善民生福祉

1. 实施教育民生工程

实施学前教育第三期三年行动计划，加快城区义务教育学校扩容和标准化、农村义务教育薄弱学校改造和边远艰苦地区农村学校教师周转宿舍建设。均衡配置教育资源，持续推动城乡义务教育均衡发展。

2. 推进健康铅山建设

建立健全县、乡、村三级医疗卫生服务网络，促进基本公共卫生服务均等化。加强基层医疗卫生服务体系建设。深入开展爱国卫生运动，实施食品安全战略。积极应对人口老龄化，推进医养结合，加快老龄事业和产业发展。深入开展全民健身运动，加强公共体育设施建设。

3. 提高就业质量

坚持就业优先战略，开展职业技能培训，鼓励创业带动就业。落实创业担保贷款政策，推动就业创业深度融合，实现更高质量、更加充分的就业。

4. 织密社会保障

大力推进社会保险精准扩面、精准征缴，完成全民参保登记工作。加快建立多主体供给、多渠道保障、租购并举的住房制度。抓好农村、国有垦区危旧房改造，满足群众多层次居住需求。

5. 打造共建共治共享的社会治理格局

加强社会治理制度建设，完善党委领导、政府负责、社会协同、公众参与、法治保障的社会治理体制，提高社会治理社会化、法治化、智能化、专业化水平。健全公共安全体系，坚决遏制重特大安全事故，提升防灾减灾救灾能力。加快社会治安防控体系建设，加强社区治理体系建设，推动社会治理重心向基层下移，发挥社会组织作用，实现政府治理与社会调节、居民自治良性互动。

6. 打赢脱贫攻坚战

围绕"两不愁、三保障"标准，按照"脱真贫、真脱贫"的总要求，加快推进五大工程，完成省定6个贫困村全部摘帽。

# B.32
## 2017~2018年上饶市
## 德兴市经济社会发展分析报告

德兴市人民政府

**摘　要：** "十三五"规划实施以来，德兴市委、市政府按照"发展升级、小康提速、绿色崛起、实干兴赣"总体部署，紧紧围绕2017年在江西省率先全面建成小康社会，2020年力争迈入全国百强县（市）的总目标，团结带领全市人民深入贯彻落实新发展理念，紧紧围绕全面建成小康社会的战略目标，主动适应经济发展新常态，对接江浙沪闽，积极融入长江三角洲和海西经济区，放大高铁效应，打造长江中游城市群、鄱阳湖生态经济区和皖江经济带通往长江三角洲和海西经济区的桥头堡与中转站，成为四省交界的重要节点城市。实现"转型升级样板城市、生态文明示范城市、健康产业先行城市、大众创业试验城市"的建设目标。

**关键词：** 转型升级　生态文明　健康产业

## 一　"十三五"规划纲要实施进展情况

"十三五"规划纲要涉及经济发展、转型升级、民生福祉、生态文明4个方面38个指标，其中预期性指标16个，约束性指标22个。

16个预期性指标中，有10个指标达到进度要求，其中，500万以上固定资产投资2018年预计完成185亿元，前三年年均增长11.91%；社会消费品零售总额2018年预计完成62.07亿元，前三年年均增长12.93%；出口总额已达

到"十三五"规划目标，实际利用外资2018年预计完成5342万美元，前三年年均增长10.59%；三次产业结构比调整为9.3:39.4:51.3，高新技术产业增加值占GDP比重3.22%，研究与试验发展经费投入强度达到0.55%，城镇化率提升至59.85%，互联网普及率达60%，人均预期寿命76.69岁，已提前实现"十三五"规划目标。有6个指标完成情况不太理想，分别是地区生产总值、财政总收入、城镇人均可支配收入、农民人均可支配收入、城镇新增就业人口和基本养老参保人数，按照目前的增速到2020年要完成规划有一定难度。地区生产总值2018年完成156.35亿元，年均增长10.78%；财政总收入2018年完成38.18亿元，前三年年均增长4.87%；城镇人均可支配收入2018年34290元，前三年年均增长8.59%，农民人均可支配收入2018年15591元，前三年年均增长9.89%，前三年年均增幅均低于"十三五"平均增幅。因此必须紧紧围绕发展目标，积极转变发展方式，力争最大程度接近规划目标。

22个约束性指标都基本上达到进度要求。农村安全饮用水普及率达92%；每千人口拥有医疗卫生机构床位数达6.74张；每千名老年人拥有养老床位数达38张；主要劳动年龄人口平均受教育年限为11年，农村贫困人口脱贫0.42万人，城镇棚户区住房改造0.69万套；新增建设用地规模0.957万亩；森林覆盖率2020年预测为76.2%，森林蓄积量900万立方米，分别高于60%和220万立方米的约束性要求；主要河流监测断面三类以上水质比重达100%；城市环境空气质量优良天数比例达94.1%；城镇生活污水集中处理率达86.4%；城镇生活垃圾无害化处理率达100%；万元GDP用水量、非化石能源占一次能源消费比重、城市环境空气细颗粒物浓度下降指标都在按进度有序推进；单位GDP能耗降低、单位GDP二氧化碳排放量、主要污染物排放量累计下降指标基本都在江西省下达的目标内。

# 二 德兴市重大项目推进情况

## （一）率先全面建成小康社会

县（市）全面建设小康社会指标体系共分为五大类27项指标，从经济发展、民主法制、文化建设、人民生活、资源环境五个方面对全面建设小康社会进程进行监测，结果显示，2017年德兴市全面建设小康社会总体实现程度为97.11%，比上年提高2.47个点，比2010年提高14.19个百分点，平均每年提高2.02个百分点。

1. 经济发展稳步提升

2017年经济发展方面实现程度为99.57%，比上年提高3.75个百分点。GDP（2010年不变价）为178.6亿元，指标实现占比为98.43%，还未实现翻番目标；人均地方公共财政预算收入9760.2元，超出目标值5760.2元，已经超出一倍多；第三产业增加值占GDP比重为47%，超过目标值7个百分点，但比上年下降2.2个百分点，主要是第三次经济普查修正了农业数据；常住人口城镇化率达到57.81%。这三个指标实现程度均达到100%。

2. 民主法治不断健全

2017年民主法治方面实现程度为94.7%，较上年提升1.76个百分点。基层民主参选率为98.2%，比上年提高1个百分点；每万人口拥有律师数与上年持平；社会安全指数为96.85%。这三项指标实现程度都达到100%。刑事犯罪与事故死亡指数为78.81%，比上年增加7.06个百分点，增长较快，生产生活环境不断改善。

3. 文化建设平稳发展

2017年文化建设方面实现程度为93.69%，较上年略有提高。三项监测指标中人均文化体育与传媒财政支出实现程度达到100%；"三馆一站"文化服务设施覆盖率实现程度为81.17%，与上年持平；有线广播电视入户率实现程度为99.9%，比上年有所提升。

4. 人民生活持续改善

2017年人民生活方面实现程度为97.6%，比上年提高4.2个百分点。反映生活质量的指标共有8项，其中有6项指标实现程度达100%，新增指标有2个，一是高中阶段毛入学率，已经达到91.2%。二是农村贫困发生率1.79%，比上年降低0.79个百分点，表明德兴市农村贫困情况有明显的改善，脱贫人口增加。另外2项指标实现程度明显提高：城乡居民人均收入（2010年不变价）由上年的80.75%提高到现在的90.79%，提高了10.04个百分点，提高幅度比较大；基本社会保险覆盖率为95.69%，比上年减少4.31个百分

点，主要是统计口径、人口外统等技术层面上的问题。

5. 资源环境力度加大

2017 年资源环境方面实现程度为 97.13%，比上年提高 0.42 个百分点。反映资源环境的 8 项指标中有 7 项指标实现小康进程：城市建成区绿化覆盖率为 42.42%，比上年降低 3.73 个百分点，主要是建成区扩大造成的，但仍然超过目标值，完成程度为 100%；空气质量优良天数比例达到 94.1%，比上年提高 3.7 个百分点，超出目标值 9.1 个百分点；农村自来水普及率为 83.5%，超出目标值 3.5 个点；农村卫生厕所普及率 98.42%，超出目标值 13.42 个点；地表水达到或好于Ⅲ类水体比例为 91.7%，低于上年的 100%，但仍然高出目标值 11.7 个百分点、污水集中处理率和生活垃圾无害化处理率均达到 100%。目前只有单位 GDP 能耗没有达标，为 0.58 吨标准煤/万元，比上年略有降低，实现程度为 78.98%。

## （二）生态文明建设

德兴市委、市政府高度重视生态文明建设，每年组织召开 1~2 次生态文明建设领导小组会，研究部署全市生态文明工作，及时报送相关信息资料。德兴市生态文明建设已纳入每年度的德兴市科学发展综合考核评价中，2017 年德兴市科学发展综合考核评价指标体系权重分值为 1000 分，其中生态文明建设权重分为 140~155 分，占 14%~15.5%，远超占比 10% 的目标要求，预计到 2020 年可以顺利完成占比 15% 的目标任务。立足自身实际，重点围绕生态文明建设公众参与、城乡环境综合治理，积极构建"人人参与、个个践行、大家动手、保护家园、绿色共享"的生态文明创建格局，在全市全面铺开"垃圾兑换银行"，实现行政村全覆盖，使环保工作从"政府包揽"转变为"人人参与"，有效解决了乡村卫生点多面广、应接不暇的问题。同时，在全市倡导推行龙头山生态公益"五护队"模式，宣传引导全民共同参与保护生态环境，构建生态环境社会监护机制，不断提高社会组织参与程度和公众参与程度。一是循环化改造基础夯实。德兴市正逐步建立以资源节约型、清洁生产型、利废环保型为重要特征的工业循环经济体系，2017 年成功创评"省级循环经济示范县"。二是农村环境整治政府购买服务试点工作取得重要突破，出台了《德兴市政府购买服务试点方案》，为江西省推广政府购买服务积累了宝贵经验。三是积极争创绿色矿业发展示范区。编制了《德兴市建设国家绿色矿业示范区建设方案》，在绿色矿山建设方面卓有成效，德兴铜矿、金山金矿、银山矿业先后被国土资源部列为国家级绿色矿山。2017年德兴市获评"江西省生态文明示范县（市）""中国绿色发展优秀城市"，蝉联"全国创新社会治理优秀城市"，2018年成功申报第二批绿色低碳试点县。董氏家规家训列入省级非物质文化遗产名录，在中纪委网站头条推出。

### （三）通用机场项目

为全力推进德兴市通用机场项目建设，本着专业人做专业事的原则，德兴市政府决定与江西航空投资有限公司合作，委托江西航空投资有限公司开展德兴市通用机场项目的选址报告、飞行程序设计以及飞机性能分析报告、可行性研究报告编制等各项前期工作；同时将德兴市通用机场建设项目列入2018年重大建设项目进行调度。目前，省航投委托的设计咨询单位4次深入德兴市进行调研，已编制完成机场选址报告和飞行程序分析报告。

### （四）国家独立工矿区申报

按照申报要求，聘请专业机构编制完成《德兴市铜矿独立工矿区搬迁改造实施方案》。2018年6月1日，德兴市市委书记刘瑞英和常务副市长陈武军率相关部门负责人到北京亲自参加专家论证会，并顺利通过专家评审。目前已按照评审专家意见对实施方案进行了修改完善，并于6月21日将修改好的文本报送给江西省发改委，由江西省发改委再次上报给国家发改委东北振兴司审定，等待东北振兴司最终批复。

### （五）金融支持返乡创业

德兴市积极与国家开发银行开展战略合作，在国家发改委、国家开发银行的大力支持、推动和指导帮助下，江西省发改委、国家开发银行江西省分行与德兴市人民政府签署了合作备忘录，旨在通过三方合作，发挥政策支持引导作用、开发性金融先锋向导作用、政府组织协调优势，到2020年为德兴市提供总量达10亿元的开发性金融意向性返乡创业融资资金，在培育创业环境、壮大产业集群、增加返乡人员收入等方面给予重点支持，全力破解返乡创业融资

难、融资贵、融资慢等问题，并实现脱贫攻坚和区域发展双重目标，为在江西乃至全国提供可借鉴、可推广的模式奠定基础、创造经验。目前，在国开行江西省分行的指导下，德兴市正有序推进"四台一会"体制机制的构建，申报贷款的企业与返乡创业基地项目业主也正按照国开行江西省分行的要求积极完善申贷材料，德兴市返乡创业示范基地标准厂房及基础配套建设项目的6亿元贷款和首批7家4500万元的贷款于近期落地。7月中旬，国家发改委支持农民工等人员返乡创业试点工作现场会在德兴市顺利举行，并由此荣获省发改委"感谢信"。

## （六）重点项目提质加速

2016年以来上饶市上下凝心聚力，深入实施"五年决战五百亿"战略，较好地推进有色金属、硫化工、先进机械制造、遮阳、健康旅游五大产业发展。2016年至2018年上半年德兴市纳入市重点项目包括：有色金属12个、硫化工17个、先进机械制造13个、遮阳9个、健康旅游18个。德兴市牢牢树立"抓项目就是抓经济、抓项目就是抓发展"的理念，坚持项目储备、签约、落地、建设统筹推进，扎实推进项目建设。

### 1. 工业经济提质增效

成功创建中国（德兴）遮阳产业之都。获评"江西省循环经济示范县（市）""江西省产城融合试点县（市）"。园区功能继续完善，建成标准化厂房30.78万平方米，完成园区970亩、路网建设6.7公里、公租房970套。德兴经济开发区成功更名为"江西德兴高新技术产业园区"。招商引资取得突破，在深圳成功举办"2017江西上饶德兴高新产业推介会"，创新委托招商等模式，签约项目109个，签约金额达279.43亿元。项目建设强力推进，翔鹰航空、德芯科技、万顺化工、德宏新材料、国家电投黄柏林（农）光互补、精工能源20兆瓦光伏电站等13个投资过亿元项目竣工投产。积极参与"一带一路"建设，与中国黄金集团共同投资5亿元，开发吉尔吉斯斯坦布丘克金矿；与香港卓尔珠宝共同投资10亿元建设国际黄金珠宝文创产业园；随锐科技落户德兴，其研发的第一台机器人成功下线，成为上饶市第一家、全省第二家"智能机器人整机制造"企业；北京现代电动车和上海凤凰电动车中部研发生产基地项目仅用两个月即顺利实现落户、开工、投产，创造了德兴项目建设"新速度"。这些大项目及一大批大小工业项目的建设及完工，为德兴市工业经济发展注入了新的生机和活力。

### 2. 农业效益不断提高

在上饶率先成立"德兴市农村综合产权流转交易中心"，乡镇交易平台实现全覆盖。加快完善《德兴市现代农业示范园区总体规划》，加快建设张村无公害蔬菜种植园、东东农业生态休闲园等五大特色产业园。香屯楼上楼"互联网＋"休闲农业初具规模，被评为"省级休闲农业示范点""国家级金牌农家乐"，截至2018年7月，新增农民专业合作社23家、新增家庭农场6家。到目前为止德兴市农民专业合作社已达404家，家庭农场128家，严格落实耕地保护责任，2018年高标准农田建设任务1.8万亩、大棚蔬菜基地3000亩，投入129.5万元为全市水稻免费购买保险。德兴市获评"全国有机农业示范基地""全国平安农机示范县（市）"。全面实施"河长制"，完成了148座山塘水库整治。

### 3. 商贸金融服务业日益活跃

服务业集聚区一期建材商贸城已建成，汽车服务中心及车辆管理所等项目主体完工，成功获评"全省现代服务业集聚区"。新组建了德投集团，资产规模达122亿元、信用等级升为2A级；成立了德兴市铜都融资担保有限公司、德兴市铜都产业发展中心，为市场前景好、科技含量高的中小企业提供担保、转贷和产业引导基金支持；三一重工培训基地完成签约。创建了新经济创业产业园，已有中国网库、随锐科技、安郡电商等60余家企业入驻。电子商务产业园获评全省现代服务业集聚区，电子商务孵化基地进驻企业达51家。德兴市成为国开行开发性金融支持返乡创业、促进脱贫攻坚、振兴乡村经济工作全国唯一县级示范点，成功跻身江西省7家县域金融改革创新试点之一。确定每月8日为"旅游日"。大茅山风景名胜区东部临时游客中心全面完工，凤凰湖景区获评省级休闲服务业集聚区。

### 4. "宜居德兴"的环境不断优化

投入1000余万元编制完善了《德兴市城市总体规划（修编）》《德兴市海绵城市建设规划》《德兴市域乡村建设规划》等规划20余项。在新城区实施了凤凰湖湿地公园、中医院二部、农贸市场、五四大道等15个强功能项目，在老城区实施了老政府、中医院、老民政局、总工会4个小游园、停车场，以

及里弄小巷硬化、亮化等补短板项目；扎实开展卫生城市创建工作，省级卫生城市通过复审；划行归市工作基本完成；推行交警、巡警、城管执法"三勤合一"的城市管理新模式，成为江西省深改工作的成功案例，并引起中央深改办高度关注。

5. 乡村面貌有改观

投入 7.41 亿元完成了境内所有 7 条国省道共 301 公里通道提升和 399 个新农村点建设，重点打造了"新东线"沿线乡 21 个高品质秀美乡村示范点，形成"连线打造、线上挂珠"的秀美乡村建设格局；泗洲镇入选"全国综合实力千强镇"，花桥镇入选江西省首批"特色商贸小镇"，海口村成功创建第一批省级"传统村落"，新岗山农科新社区入选"国家地震安全示范社区"。

6. 城乡功能有提升

九景衢铁路德兴东站正式通车运营，打通了江西对接浙江的又一条快速通道；三清快道一期、"银十线"一期全面完工；南门路网 36 号、18 号路和幸福家园连接线建成通行；新改建农村公路 220 公里，完成危桥改造 10 座；润泉第二水厂正式通水；投入 2000 万元实施盘—黄农村饮水安全巩固提升工程，解决了 3 万余人安全饮水问题；全面完成 148 座山塘水库整治工作。德兴市获评"全国第一批城乡交通运输一体化示范县（市）"。

7. 生态建设进一步推进

森林覆盖率达 76.2%，城区空气优良率达 92% 以上，负氧离子含量达到公园级标准。划定生态保护红线 696.26 平方公里，占国土面积的 33.48%。德兴市获评"江西省生态文明示范县（市）""中国绿色发展优秀城市"。全面完成中央环保督察反馈问题的整改；全面推行"河长制"工作，扎实开展"清河行动"，新建乡镇农村污水处理厂 5 个，完成"三区划定"标注。

8. "健康德兴"的活力不断释放

着力打造集文化旅游、休闲度假、康体养生为一体的旅游综合体。归心谷药博园、红岭养生谷等项目成功落户；三清山港首文化旅游度假区正式启动；大茅山风景名胜区、凤凰湖景区基础设施建设加快推进；大茅山双溪湖被评为"国家级水利风景区"，为德兴再添一"国字号"旅游品牌；龙头山石头部落、畈大溪边花园村落、万村蟠龙山木屋休闲度假养生园等 7 家乡村旅游点获评

"3A级乡村旅游点",凤凰湖景区(矿冶博物馆)被评为"江西省工业旅游示范区(点)",香屯楼上楼农庄获评全国"合作社+农户"旅游扶贫示范项目和"五星级农家乐"。

9. 中医药产业蓄势待发

大力实施振兴中医药发展计划,编制了振兴中医药"十三五"规划,出台了《关于加快中医药发展的实施意见》《关于扶持中药材种植实施方案(试点)》,对种植中草药进行奖补,新增覆盆子、铁皮石斛、枳壳、黄精等中草药种植近5万亩;引进了中国中医科学院(德兴)试验培训基地建设、国药药材、江中集团生产加工基地等项目。

# 三　存在的问题

## (一)农业持续增收压力增大

部分农产品价格不高,销路不畅,影响了农民生产投入的积极性。虽然全市农村专业合作经济组织数量很多,但农业龙头企业和专业合作组织带动作用不明显,难以带动农民做到规模化种植、标准化生产,乡村振兴任重道远。

## (二)工业经济面临困难较多

工业项目建设推进缓慢,缺乏重大工业项目支撑,企业规模小,经济总量不大,规模效益相对较低,特别是缺乏对产业结构调整升级具有重要影响作用的龙头企业。

## (三)服务业发展步伐有待加快

当前,德兴市服务业的发展仍以传统服务业为主,发展的基础平台尚未形成。从全部服务业产值、增加值、从业人员结构来看,交通运输、餐饮住宿、商贸批发零售仍占主体地位,服务业新业态未能形成。另外,从2018年计划投资的重大项目建设情况来看,计划新开工和在建的经营性服务业项目不多,且投资总规模不大,服务业发展的弱势未能得到根本性扭转,健康旅游产业潜力巨大。

### （四）重大项目建设进度滞后

一是征地拆迁依旧是困扰项目建设的"拦路虎"，导致建设项目迟迟不能开工建设，或建设进度迟缓；同时有限的用地指标，难以满足不断增长的项目用地需求，据统计，2018 年有 12 个项目不同程度地存在征地拆迁或用地指标问题。二是项目前期准备周期过长，有 15 个项目因立项、国土、规划等手续办理未完成而未动工。

## 四 "十三五"后半期发展的战略重点、发展措施、重大布局及相应对策

### （一）战略重点

#### 1. 经济实力跨上新台阶

建设美丽德兴，加快绿色崛起，在优化结构、提高效益、降低消耗、保护环境的基础上，保持经济中高速增长，确保到 2020 年，GDP、财政总收入、固定资产投资额和社会消费品零售总额分别达到 245 亿元、60 亿元、220 亿元和 45 亿元。在 2010 年基础上，2017 年提前实现 GDP 和城乡居民收入翻番，2018 年实现人均 GDP 1 万美元；力争到 2020 年，德兴市生产总值在 2015 年的基础上实现翻番，达到 310 亿元，综合经济实力基本跨入全国百强县行列，建成发展后劲足、经济实力强的德兴。

#### 2. 转型升级取得重大进展

经济增长的科技含量不断提高，富有竞争力的现代产业体系加快构建，城乡区域发展的协调性明显增强。三次产业结构比调整为 5.5∶51.5∶43；工业化率提高到 50% 以上；城镇化率提高到 60%；高新技术产业增加值占地区生产总值比重达 18.4%；形成一批拥有自主知识产权和知名品牌、竞争力较强的优势企业和特色产业集群。

#### 3. 城乡居民收入大幅增加

城乡居民收入普遍较快增长，基本形成合理有序的收入分配格局，城镇就业持续增加，人居环境明显改善。德兴市总人口控制在 37 万人以内；城镇登

记失业率控制在3.8%以内,五年累计城镇新增就业2.3万人;城镇居民人均可支配收入和农村居民人均可支配收入年均增长分别达9%和10%以上,分别超过4.12万元和1.9万元;价格总水平基本保持稳定;城镇保障性住房建设套数完成江西省下达任务。

4. 深化改革不断强化

社会主义市场经济体制继续完善,市场主体活力充分显现,政府行政效率明显提高,重点领域和关键环节改革取得新突破,对外开放广度深度不断拓展,参与国内外合作竞争能力显著增强。外贸出口总额年均增长3.5%,实际利用外资年均增长9%。

5. 社会建设全面加强

基本建立惠及全民的社会保障体系,基本公共服务均等化水平显著提高,社会管理制度趋于完善。基本养老保险参保人数达到18.86万人,人均预期寿命74.5岁,农村安全饮用水普及率达到95%,每千人口拥有医疗卫生机构床位数5张,每千名老年人口拥有养老床位数45张。财政教育经费支出占财政一般预算支出比重达21%,新增劳动力平均受教育年限达13.3年,义务教育巩固率达98%。

6. 生态环境更加优良

生态市建设取得阶段性重要成果,经济增长、人口布局和资源环境承载力更趋协调。森林覆盖率继续保持江西省前列,森林蓄积量达1180万立方米,耕地保有量不低于27.06万亩;单位地区生产总值综合能耗和二氧化碳排放强度、主要污染物排放总量完成江西省下达任务。

## (二)主要措施

德兴市"十三五"期间的主要措施有八项,具体是:着力创新发展,加快产业结构转型升级;坚持低碳环保,建成生态文明先行示范市;推进城乡统筹,拓展新型城镇化发展格局;增强支撑能力,加快基础设施体系建设;深化改革开放,增强经济发展活力;保障改善民生,全面增进人民福祉;发展社会事业,提升综合软实力;加强党的领导,推进规划有效实施。

## (三)重大布局

按照"发展升级、小康提速、绿色崛起、实干兴赣"总体部署,紧紧围

绕2017年在江西省率先全面建成小康社会、2020年力争迈入全国百强县（市）的总目标。主动适应经济发展新常态，对接江浙沪闽，积极融入长江三角洲和海西经济区，放大高铁效应，打造长江中游城市群、鄱阳湖生态经济区和皖江经济带通往长江三角洲和海西经济区的桥头堡与中转站，成为四省交界的重要节点城市。实现"转型升级样板城市、生态文明示范城市、健康产业先行城市、大众创业试验城市"的建设目标。

### （四）相应对策

1. 着力创新发展，加快产业结构转型升级

发挥优势，着力创新，加快工业产业集聚；以产业集群为依托打造成熟园区；深化农村改革，推进农业现代化进程；全面提升服务业整体实力，做活新兴服务业；明确旅游发展定位，做热现代旅游业。

2. 坚持低碳环保，建成生态文明先行示范市

率先建成生态文明先行示范，大力发展循环经济，全面推进节能减排，加强生态环境保护建设。

3. 推进城乡统筹，拓展新型城镇化发展格局

深入实施主体功能区战略；完善城镇空间体系布局；优化空间布局，增强中心辐射带动功能；提高小城镇综合承载力；加大扶持力度，建成农民工返乡创业试点县（市）。

4. 增强支撑能力，加快基础设施体系建设

突出项目带动；建设现代综合交通运输网络；增强能源保障能力；加快水利改革发展；全面提升信息化水平，建设智慧德兴。

5. 深化改革开放，增强经济发展活力

深化行政管理体制改革；大力培育市场主体；加快企业改革发展；拓宽招商引资渠道；提升对外开放合作水平。

6. 保障改善民生，全面增进人民福祉

全面推进新型城市建设；提升城乡公共设施保障能力；努力扩大就业促进创业；精准扶贫，率先实现全面脱贫奔小康；健全完善社会保障体系；全面提高全民健康水平；重视做好人口工作。

7. 发展社会事业，提升综合软实力

推动科技领域持续发展；坚持教育优先发展；繁荣文化事业，推进文化体制改革创新；深入实施人才强市战略。

8. 加强党的领导，推进规划有效实施

持续推进党风廉政建设；增强党的执政能力，加强社会主义政治文明建设；提高社会治理水平，建设法治德兴；加强公共安全体系建设；营造干事创业的浓厚氛围。

# B.33
# 2017~2018年上饶市婺源县
# 经济社会发展分析报告

婺源县人民政府

**摘　要：** “十三五”规划实施以来，婺源县委、县政府在江西省委、省政府，上饶市委、市政府的正确领导下，全县上下紧紧围绕“发展全域旅游，建设最美乡村”的奋斗目标，坚持发展为先、项目为重、生态为源、民生为本，统筹抓好稳增长、促改革、调结构、优环境、惠民生等各项工作，全面完成了各项目标任务，经济社会呈现良好的发展势头，迈出了与全市同步全面建成小康社会的坚实步伐。下一步，要坚持稳中求进工作总基调，按照高质量发展要求，全面落实婺源县第十三次党代会精神，以提高经济发展质量和效益为中心，以推进供给侧结构性改革为主线，以项目建设为总抓手，着力培育发展新动能，着力推动转型升级，着力建设生态文明，着力打好脱贫攻坚战，保持经济平稳健康发展与社会和谐稳定。

**关键词：** 全域旅游　最美乡村　改革发展

## 一　2017年全年工作情况

### （一）主要指标稳步增长

全年完成生产总值101亿元，增长8.6%；财政总收入14.51亿元，增长6%；固定资产投资114.5亿元，增长13.6%；社会消费品零售总额55.44亿元，增长 13.5%；外贸出口 2 亿美元，增长 28%；城镇居民人均可支配收入 23627 元，增长 9%；农村居民人均可支配收入 11825 元，增长 10%；金融机构存款余额 170 亿元，增长 17%；贷款余额 100 亿元，增长 19.5%。

### （二）项目建设步伐加快

全年安排重点项目 87 个，其中总投资 5 亿元以上项目 18 个，占地 200 亩以上项目 16 个。实际竣工项目 9 个，新开工项目 14 个，汽车城、建材城等一批重点项目竣工投入使用。全年争取国家、省、市各类项目扶持资金 14.38 亿元。实施省外投资 2000 万元以上项目 26 个，实际进资 50 亿元，增长 12%，其中亿元以上项目 14 个，实际进资 39 亿元；实际利用外资 5300 万美元，增长 10%。全年收储土地 6119.15 亩，报批土地 5082.83 亩，完成房屋征迁 18.52 万平方米，均为历史最多的一年。

### （三）产业发展势头强劲

旅游产业方面，全年接待游客 2100 万人次、门票收入 5.1 亿元、旅游综合收入 160 亿元，分别增长 20%、19%、45%。工业经济方面，全年开竣工项目 64 个，总投资 74.91 亿元。新增省级高新技术企业 4 家，规模以上工业企业 19 家，其中当年投产、当年上规 3 家。预计婺源县规模以上工业增加值增长 8.4%；实现主营业务收入 51 亿元，增长 11.8%。农业经济方面，以有机茶产业为龙头的特色农业逐步壮大。有机茶园面积达 6.41 万亩，采制茶叶 1.7 万吨，加工贸易 6.5 万吨，实现系列产值 35.02 亿元，出口创汇 5000 万美元，"婺源绿茶"连续 20 年通过国际有机食品认证，品牌价值 15.86 亿元，在江西省"四绿一红"品牌整合绩效考核中位列第一。油菜种植 11 万亩，吸引赏花游客 475.2 万人次，游客量位居全国四大油菜花海之首。文化产业方面，着力将文化资源优势转化为经济优势，传统文化企业和商铺发展到 600 多家，年销售收入达 4 亿元。全力实施文化惠民工程，完成了 99 个村级综合文化服务中心标准化建设，承办了江西省争当文化强省排头兵"看特色、看亮点"现场交流会。

### （四）城乡面貌变化喜人

一是以最坚定的决心保护了青山绿水。继续实施天然阔叶林禁伐，全面推

进天然林保护、乡村风景林建设和林业生态项目建设三大工程，举全县之力开展松材线虫病防控工作。全面落实了"河长制"，持续开展山塘水库承包养殖管理整治，实行"人放天养"，严格控制沿河沿溪项目开发。深入开展农村面源污染防治，扎实推进了 10 个集镇垃圾转运系统项目，推动全县生活垃圾无害化处理；开工建设了城区雨污分流项目，完成 18.27 公里管网检测、清淤、修复，建成管网 64.73 公里，加快推进了 9 个集镇生活污水处理设施项目、80个自然村生活污水处理设施项目，全县河流水质全部达到Ⅱ级以上。二是以最坚决的态度保持了徽派建筑风格。坚定不移地"将徽派进行到底"。编制完成了《婺源县城乡总体规划暨多规合一》，制定了《古城保护规划》，城市景观设计有序推进，对城区主要街道立面和主要节点进行了景观设计，被列为江西省城市设计试点县。严格城乡建房审批管理，统一风格、限层限高、彰显特色。改造提升城区主干道及重要节点绿化 6 万平方米，改造防盗窗 1800 个，修缮古建筑 380 幢。甲路村、上严田村、黄村、东山村获批中国传统村落。三是以最美的标准启动了一批民生项目。围绕打造最美县城，启动建设了旅游商品产业基地六条道路、七里亭文化公园周边三条道路和锦屏路、规划路、中心城区九条道路改造提升等二十条道路项目，图书馆、文化馆、非遗展示馆、徽剧传习所、古拓片馆、古陶馆、古砚馆、档案馆八个馆项目，七里亭文化公园、一江两岸公园、天佑森林公园和田岭公园改造提升四个公园项目，体育中心、门球中心、社会福利中心、行政服务中心四个中心项目。围绕建设最美乡村，高标准推进了 400 多个秀美乡村建设，行政村活动场所建设实现全覆盖，建设行政村应急预警广播站 145 个、雨量站 166 个。建设高标准农田 4880 亩，完成 11 座小（2）型水库除险加固和 5 条河流防洪工程建设。四是以最严的要求强化了城乡管理。以"零容忍"的态度，铁心硬手整治城乡违法用地、违法建设和非法买卖土地行为，拆除新增"两违"建筑面积 19273 平方米，拆除存量"两违"建筑面积 7950 平方米，查处非法转让、买卖土地案件 12 起，刑拘 19 人，起诉 10 人。

## （五）深化改革扎实推进

行政审批制度改革深入推进，衔接上级调整行政权力事项 48 项，取消和调整县本级行政权力事项 121 项，全面推行了乡镇政府权责清单和政务服务清单制度。持续开展商事登记制度改革，落实企业登记注册"多证合一、一照一码"，个体工商户登记注册"两证整合，一照一码"工作。加快投融资体制改革，注资成立了国有控股的婺源投资公司、绿色产业投资公司和旅游产业投资公司三大平台，拓宽了投资渠道。统计管理体制进一步完善，农村土地确权登记全面完成，供销社综合改革、农村集体产权制度改革、农村宅基地管理稳步推进。农村住房财产权抵押贷款试点工作成效初显，授信225户，办理贷款8684万元。

### （六）社会事业全面进步

县财政投入民生资金21亿元，占总支出的76%。新增城镇就业6186人，发放创业担保贷款12437万元，扶持创业653人，带动就业3128人。城乡居民基本养老保险参保率达到95.14%。落实困难群体补助提标工作，发放城市低保金1099万元、农村低保金2728万元。完成农村困难群众危房改造550户、林垦区危旧房改造245套、灾后重建221幢。获省市科技立项7个、市科技进步奖2项，被列为江西省"科贷通"工作试点县。中小学教育教学质量继续保持上饶市前列，中考平均分全市排名第一。获上饶市第四届运动会总分和金牌数第一。人口出生率14.3‰，人口自然增长率10.5‰。"七五"普法工作全面展开。畅通群众诉求渠道，全年接待来信来访5075件（人次）。加强社会治安综合治理，创新开展"守三规、创四无，推动平安村居建设"工作，逐步健全自治、法治、德治相结合的基层社会治理体系。生产安全、防火安全和食品药品安全形势总体平稳。

## 二 存在的问题

一是发展不足仍然是婺源的主要矛盾，加快赶超发展仍然是最紧迫的任务。二是缺乏顶天立地的大项目、好项目支撑，推进产业升级、增强发展后劲任重道远。三是生态保护任务艰巨。四是城市管理压力加大，比如，停车难问题日益凸显，地下管网建设给群众出行带来了不便。五是刚性支出增长快，可用财力不足，民生事业发展与广大群众的期盼还有一定差距。

# 三 2018年工作任务

## （一）实施五大战略，推动经济社会升级发展

1. 实施全域旅游战略，推动旅游转型升级

一是品牌创建工程。新增国家5A级景区1个，4A级景区1个，江西省5A级乡村旅游点1个，4A级乡村旅游点3个。二是旅游综合体和特色小镇建设工程。深化与国开城市交通基金、上旅集团、山水文园四方合作，推动婺源旅游综合开发项目尽快落地，加快特色小镇建设，催生旅游新业态。三是旅游设施配套工程。全面深化旅游"厕所革命"，新建和改扩建旅游厕所50座。推进城乡客运一体化，促进高铁站、长途客运站及景区景点间的快速连接和高效循环。鼓励发展共享单车、新能源汽车、汽车分时租赁等互联网共享出行新模式，引进城市公共自行车和景区自行助力车项目，形成互联互通的旅游交通体系。四是民宿农家乐标准化、品牌化工程。充分发挥民宿行业协会作用，整合民宿资源，严格民宿标准，挖掘本土文化，突出特色主题，强化品牌营销，打造中国乡村民宿"婺源样板"。

2. 实施茶业振兴战略，推动绿色农业发展

一是有机茶产业化升级工程。每年新改造有机茶园1万亩，新认证有机茶园1万亩。加快建设总投资4亿元的婺源绿茶产业园，年内建成茶博物馆、茶博园、标准化厂房等。二是茶叶品牌提升工程。在高端媒体统一投放婺源绿茶广告，精心组织婺源国际茶事活动、婺源有机茶发展高峰论坛。扶持茶叶企业拓展销售网络，鼓励茶业企业争创品牌。三是茶文旅产业融合工程。推进茶业与文化、旅游业的深度融合发展，谋划一批茶文旅项目，促进中国绿茶之乡品牌和中国最美乡村品牌共荣共享。

3. 实施工业富县战略，壮大工业经济总量

一是平台拓展工程。加强园区改革创新，提升园区服务水平。加快推进"调区扩区"，扩建园区1平方公里。推进旅游商品产业基地、婺商返乡创业基地、小企业创业基地建设。建立银企对接投融资平台、校企合作人力技术资源平台、综合物流货运中转平台。二是产业培育工程。鼓励企业通过技术创

新、品牌创建、合资合作等方式进一步做大做强,引导旅游商品等传统优势产业转型升级,瞄准智能制造领域,积极培育新兴产业。三是环境优化工程。坚持以企业为中心,持续开展"降成本、优环境"专项行动,坚持县领导与工商联会员定期沟通座谈制度,深入开展县级领导干部挂钩服务、"工业日"专题会等活动,不断提升安商、扶商水平。引导和鼓励个体户转企业、小微企业升规上企业,做大规上工业经济总量。

**4. 实施弘扬徽文化战略,增强文化自信和自豪感**

一是文化产业扶持工程。打造一批天然影视基地、摄影基地、写生基地、文学创作基地,打造一条文化创意特色产业街区,培育一批砚台、三雕、纸伞生产企业,引进一批设计、影视、文创行业总部,内外结合、捻粗捻长文化产业链。二是文化事业发展工程。编写一批乡土文化丛书,申报一批非物质文化遗产,培养一批非物质文化遗产传承人,建设一批文化公园、文博馆,保护一批徽派古民居,打造一批徽文化景观村,申报一批中国历史文化名村、中国传统村落、全国重点文物保护单位。传承历史文脉,展示人文韵味,留住梦里老家的悠悠乡愁,在新时代再一次激发朱子乡人的文化归属感和自豪感。

**5. 实施城乡提升战略,打造徽派建筑大观园**

一是推进城市功能完善工程。加快推进"二十条路、八个馆、四个公园、四个中心"项目,策划并开工建设"一环七区"。加大生态修复、城市修补力度,全面改造提升才士大道和县城高速公路连接线景观,推进市政道路、环卫设施、污水管网、旅游公厕、停车场等基础设施建设,全面实施城区"绿化、美化、亮化"提升工程,道路实行"白改黑",里弄小巷全面修茸,塑造重要区域、街道及节点城市景观,加强住宅小区物业管理,提升城市品位。全力争创省级文明城市,启动全国卫生城创建工作。二是推进乡村风貌提升工程。全面落实"乡村振兴战略"。修编乡村规划,严格农村宅基地管理,逐步建立农村宅基地有偿使用、有偿退出、农民自主管理新机制。继续打造400多个秀美乡村点,实施好"七改三网""8+4"公共服务项目。深入推进城乡环境综合整治提升,进一步抓好"四房"拆除、坟墓改造搬迁、林相改造、天然水岸改造和古建筑修缮工程,改造非徽派建筑4000幢。三是推进城乡交通提升工程。全力服务德上高速婺源段建设。用两年时间高标准推进"四好农村路"建设,实现所有县道和通乡镇所在地公路达到三级及以上标准,98%以上的建

制村通客车，所有 25 户以上的自然村通水泥路。年内实施国省道"畅安舒美"示范路创建工程 155 公里，升级县道 150 公里，改造乡道 150 公里，开展县乡道生命防护工程 150 公里，修复古驿道 50 公里。

### （二）落实三大保障，推动经济社会可持续发展

1. 全域推进生态保护，为经济社会发展提供环境保障

一是保护好一方青山。推进天然阔叶林长期禁伐，逐年减少商品林采伐，到"十三五"末实现商品林零采伐。坚决抓好松材线虫病防控，大力推进"封、改、造"等林业工程建设，新增造林 10 万亩，积极争创国家森林城市。二是呵护好一江清水。编制水生态文明建设总体规划，全面落实"河长制"，确保出境断面水质保持在 Ⅱ 级以上。所有山塘水库实行"人放天养"。集镇生活污水处理设施全覆盖，启动 40 个自然村生活污水处理设施项目。三是守护好一片净土。全面完成土壤污染防治项目，坚决执行畜禽养殖三区规划，所有乡镇规划建设建筑垃圾填埋场，全面完成集镇生活垃圾转运系统建设，加快推广垃圾分类回收，启动实施垃圾焚烧发电项目。

2. 全力推进项目建设，为经济社会发展提供强劲支撑

一是丰富项目储备。紧贴国家产业发展政策，着力发展实体经济，建立健全重大项目筛选储备机制，积极谋划、精心储备一批能够充分发挥婺源资源优势、强基础补短板的重大产业项目和一批破解发展瓶颈、完善城乡功能的重大基础设施类、民生类项目，积极争取国家和省市对婺源的倾斜支持。二是加强项目引进。突出大项目招商、产业集群招商和新兴产业招商，围绕国内行业 50 强龙头企业，用活用好产业引导基金，积极引进一批大企业大集团落户婺源。继续实施"婺商回归"工程，抓好旅游商品产业基地、电子商务产业园、绿茶产业园招商建设。引进省外投资 2000 万元以上的项目 28 个，实际进资 56 亿元，利用外资 5830 万美元。三是加快项目建设。安排重点建设项目 104 个，总投资 358.58 亿元，年内完成投资 122.85 亿元。其中产业类项目 45 个，总投资 251.12 亿元。

3. 全面深化改革，为经济社会发展提供强劲动力

一是推动全面改革。深化"放管服"改革，继续取消或下放一批行政权力事项，加快推进"互联网＋政务服务"，全面推开"最多跑一次"改革。稳

步推进供销社综合改革、农村集体产权制度改革。探索开展分级诊疗、医联体试点，完善"医保、医疗、医药"三医联动机制。二是推动全民创业。紧跟时代步伐，运用新思维，催生新技术，激发新动能，培育新业态，发展新经济。深入实施创新驱动战略，推动众创、众包、众筹机制创新，依托互联网、大数据，发展共享经济、智慧经济。大力推进创业服务模式，发挥创业引领示范作用，打造一大批创业孵化基地。加强对旅游业、电商产业等具有本土特色经济实体的引导扶持，鼓励支持有创业愿望的各类人士发展实体经济。全年新增个体工商户2200户、非公有制企业1000户、农村经济合作组织120个。

### （三）坚持以人民为中心，突出抓好民生事业，全面提升群众幸福指数

#### 1. 发力精准扶贫

一是推进扶贫政策落地。深入实施"五个一批、九大工程"，推进农村最低生活保障制度与扶贫政策有效衔接，规范推进贫困户危房改造，继续提升教育扶贫工程、健康扶贫工程，防止因病因灾返贫，杜绝因贫辍学。深入推进贫困村村庄整治和基础设施建设工作，着力改善贫困村人居环境。二是坚持扶贫与扶志相结合。扶贫先扶志，致富先治心。实行贫困户生产直补奖励机制，激发贫困群众内生动力。三是创新产业扶贫模式。因地因村制宜，因户因人施策，重点发展乡村旅游扶贫、光伏扶贫、特色种养扶贫和电商扶贫；统筹推进产业扶贫与发展村级集体经济、调整农业产业结构、培育农业新型经营主体相结合；完善利益联结机制，依托合作组织，打造"龙头企业＋合作组织＋贫困户"的产业扶贫模式。确保10个贫困村摘帽，2650人脱贫。

#### 2. 完善社会保障

实施全民参保计划，推进社会保险精准扩面、精准征缴；做好城乡居民基本养老保险最低缴费提档工作。完善养老服务体系建设，支持社会化养老事业发展。加快保障性住房建设，全面启动老城2608户危旧房改造，建成棚改安置房1491套，农村危房改造600户。加强社会救助能力建设，规范城乡低保管理，完善残疾人救助和服务，确保困难群众都能分享到改革发展成果。

#### 3. 创新社会治理

全面落实安全生产责任制，加快隐患排查治理体系建设，有效防范和坚决

遏制重特大事故发生。深入开展省级食品安全示范县创建工作，加大对食品药品领域违法违规行为专项整治力度，确保人民群众饮食用药安全。全面加强金融风险监测预警，规范政府举债，坚决打击非法集资、非法吸储，维护良好的金融生态环境。深化平安婺源、法治婺源建设，畅通群众诉求渠道，严格实行诉访分离，切实防范和化解社会矛盾，完善立体化社会治安防控和公共安全体系，依法严厉打击违法犯罪行为，切实提高人民群众安全感。

# B.34

# 2017~2018年上饶市万年县
# 经济社会发展分析报告

万年县人民政府

**摘　要：** "十三五"规划期间，万年县以习近平新时代中国特色社会主义思想为指导，深入学习贯彻党的十九大会议精神和习近平总书记系列重要讲话精神，围绕"弘扬稻作文化，推动产业升级，打造生态城乡，建设幸福万年"的发展思路，按照高质量发展的要求，坚持稳中求进工作总基调，注重防范化解重大风险，着力深化改革开放、实施乡村振兴战略、加强生态文明建设、保障和改善民生，把万年建设成上饶滨湖板块增长极、江西绿色崛起先行县、世界稻作文化体验地。

**关键词：** 创新发展　转型升级　稻作文化　生态城市

## 一　经济社会发展现状及存在的问题

### （一）经济社会发展现状

2017年以来，万年县坚持用新发展理念统领发展全局，坚持发展为要、项目为先、民生为本，统筹推进各项工作，经济社会保持平稳健康有序发展，基本实现"十三五"规划"双过半任务"。2017年，全县地区生产总值139.59亿元，同比增长8.9%；财政总收入18.78亿元，同比增长6%；税占比79.9%，较2016年提高4.7个百分点；固定资产投资140.5亿元，增长

357

13.9%；农村居民人均可支配收入 12498 元，增长 9.6%；城镇居民人均可支配收入 29315 元，增长 9.2%。

### （二）存在的问题

发展不充分依然是万年县当前最大的实际问题，经济总量不大、发展速度不快、发展质量不高、综合竞争力偏弱、发展不平衡的问题尚未解决，产业结构不优，民生事业还存在很多短板，脱贫攻坚任务还很艰巨；创新能力还不足，全面深化改革任务还很重；管理水平有待提升，环境保护压力较大，城市管理中还有许多亟待解决的问题。干部队伍建设仍有不足，少数干部还存在为官不为、落实不力等现象，"中梗阻"现象在一些部门仍然不同程度地存在。在今后的工作中，将着力解决影响全县经济社会发展的突出问题，千方百计推动高质量发展，抢抓发展机遇，深化项目建设，坚定信心、保持定力，主动作为、迎难而上，推动万年县各项事业再上新台阶。

## 二 今后发展的指导思想

"十三五"规划期间万年县经济社会发展的指导思想是：以习近平新时代中国特色社会主义思想为指导，深入学习贯彻党的十九大会议精神和习近平总书记系列重要讲话精神，围绕"弘扬稻作文化，推动产业升级，打造生态城乡，建设幸福万年"的发展思路，按照高质量发展的要求，坚持稳中求进工作总基调，注重防范化解重大风险，着力深化改革开放、实施乡村振兴战略、加强生态文明建设、保障和改善民生，把万年建设成为上饶滨湖板块增长极、江西绿色崛起先行县、世界稻作文化体验地。

## 三 今后发展的重点和举措

### （一）推进转型升级，提升产业发展水平

1. 构建集聚集群的工业体系

紧盯"以企业为核心，五年决战 600 亿元"的目标，加快培育机械电子、

现代纺织、食品加工三个百亿元产业，着力把机械电子产业打造成"首位产业"，大力培养带动能力强的龙头企业、"小巨人"企业。

**2. 构建高效生态的农业体系**

坚定不移贯彻落实"东西南北中"产业总体布局，围绕万年县"六个一"（一粒米、一颗珠、一头猪、一枚糖、一滴油、一个柚）特色农业产业大做文章，持续推进现代农业示范区"一核四区"标准化建设，依托"院士工作站"，充分发挥技术优势和人才优势，推进农业规模化生产，实现农业产业化经营，不断提高农业现代化水平。

**3. 构建优质集约的服务业体系**

不断优化三次产业结构，全力打造精品旅游线路、绿色金融创新实验区，加快推动大旅游、大健康、大金融和商贸物流等新经济、新业态的发展，推进一、二、三产业有效深度融合，着力构建现代服务业新体系。

## （二）推进创新创业，提升自主创新水平

**1. 着力打造创新平台**

加大评价体系创新力度，实施创新平台培育行动，以三大产业内龙头骨干企业为主体，联合产业链上下游企业、科研院所和高等院校，进一步推进工程技术研究中心和企业技术中心等创新平台建设，探索推进科技孵化器和"异地孵化器"等开放式创新平台建设，健全科技成果转化机制，最大限度地激发全社会创新创业的积极性。

**2. 积极支持全民创业**

降低创业门槛，激发大众创业热情。广泛动员城乡居民致富创业，重点支持高技能专业人才创新创业，吸引更多的万年籍成功人士返乡投资创业，鼓励科技人员利用科技成果入股或创办科技企业，支持城镇失业人员、失地农民、退役军人和大中专院校毕业生自主创业，鼓励大学生、社会青年创办小微电商企业。

**3. 推进人才强县战略**

大力推进人才强县战略，健全人才关爱机制，加大成果处置、收益分配、股权激励、人才流动、兼职兼薪等政策落实力度。严格按照项目、基地、人才一体化的模式，创新人才培养机制，贯彻落实好全市创新能力"六大培育行

动"，打造一批高层次的科技人才和创新创业团队。整合万年县职教资源，开展企校联合、企业订单式人才培养，发掘培养本土人才资源。

### （三）推进城乡建设，提升协调发展水平

1. 强化城市建设管理

加快城市"双修"步伐，推进城市科学发展，加强城市规划建设管理，提升城市管理精细化水平，完善城市基础设施，加快公共服务体系建设，推进城区干道"五位一体"综合改造、城中村、棚户区、里弄小巷综合改造，全面提高城乡人居生活质量。

2. 强化秀美乡村建设

深入实施乡村振兴战略，推动农业全面升级、农村全面进步、农民全面发展，深入推进秀美乡村建设"十大行动"，持续加大"拆三房、建三园"力度，规范农民建房、加强农村环境治理，稳步推进绿色殡葬改革、宅基地改革等工作，充分发挥村规民约作用，培育文明和谐的乡村新风尚。

3. 强化城乡统筹发展

大力推进产城融合陈营上坊一体化和梓埠石镇一体化高质量发展。提高人口城镇化率，积极鼓励在城镇稳定就业和生活的农业人口进城进镇落户，促进农业人口生活方式、居住条件、生产方式转变。

### （四）促进互联互通，提升民生保障水平

1. 优化综合交通网络

加快推进综合枢纽工程建设，努力争取皖赣线电气化改造工程万年段线路东移，新建万年火车站和鹰潭至鄱阳城际铁路，途经万年并设立万年站，继续推进万年通勤通用机场项目建设和万年航运码头建设，完成万鹰快速通道，推进危桥改造工程，加快建设中心城区外环线、县域外环线和县城与12个乡镇的快速通道，实现村组通工程。

2. 完善水利设施建设

加快推进防洪减灾、农村水利、重点水源、行业能力建设、水土保持和河湖生态修复等方面的工程建设，使水安全保障能力、水资源承载能力和水环境监管能力不断提高。推进完成圩堤除险加固工程、山塘整治工程、农村饮水提

质增效工程、江西省五河尾闾疏浚工程、乐安河重金属污染治理工程和万年河等中小河流及主要支流流域面积（50平方公里以上）治理工程。

3. 增强能源保障能力

提高能源总量保障，完善能源输送网络，加快建设安全稳定、经济实惠、清洁低碳的现代能源体系。推进光伏精准扶贫工作，加快风力发电项目、光伏发电项目建设，大力发展智能电网，完成城乡电网升级改造及电网配套工程，建设天然气管网和加气站。

4. 完善信息网络体系

推进"宽带中国"示范城市和智慧城市建设，推广"三网融合"，推进4G网络、光纤宽带覆盖，切实推进覆盖城乡的新一代信息基础设施建设。加快信息化平台建设，推进网络信息安全和应急通信能力建设，大力发展新一代信息通信技术的创新和应用。

### （五）推进污染治理，提升生态文明质量

1. 推进生态文明建设

牢固树立"绿水青山就是金山银山"的生态环保意识，牢牢树立"共抓大保护、不搞大开发"理念，深入持久推进生态文明建设，打好污染防治攻坚战，深入开展"十大攻坚行动"，策应国家生态文明试验区建设，全面落实河（库）长制，加强农业面源污染、畜禽养殖污染等治理工作，强化重点行业大气污染减排，强化城乡生活垃圾清运市场化服务、一体化管理。

2. 推进大气污染防治

强化重点行业大气污染减排，加大燃煤锅炉、窑炉淘汰力度，加快推进江西万年青水泥股份有限公司万年水泥厂异地技改搬迁项目，抓好扬尘治理、油烟污染整治以及农作物秸秆禁烧和综合利用，力争空气质量优良天数稳定提高，确保PM 10控制在省市考核目标值以下，强化PM 2.5指标约束，发展绿色交通，加强机动车尾气污染防治，开展黄标车区域限行工作，将城市总体环境空气质量控制在Ⅰ级至Ⅱ级内。

3. 开展水污染防治

落实最严格的水资源、水环境保护制度，全面歼灭劣Ⅴ类水，深化"河（库）长"制，加大乐安河、万年河等境内河流保护力度，推进水利基础设施

建设，进一步完善防洪减灾体系、水利管理和运行保障体系、水生态环境保护和河湖生态健康保障体系、城乡水资源合理配置和高效利用体系建设。大力整治城市黑臭水体，严厉打击各种偷排、直排等非法行为，加强城镇生活污水和高新技术产业园区污水处理设施规划建设和提标改造，关停所有不达标排放企业。对工业高耗水行业实行节水技术改造，对化工、纺织等高耗水行业的用水实行严格约束。鼓励企业创新技术，实现水资源循环利用，严格控制地下水开采。加快推进农业面源污染、畜禽养殖污染等治理工作。推广渠道防渗新技术和节水灌溉技术，发展节水高效农业，切实提高农业水资源利用效率。大力推进生猪养殖业废水深度治理工程，水库养殖禁止投放饵料，禁止向水库排污，禁止高密度养殖。

4. 推进土壤污染防治

开展土壤污染源头综合整治工作，加大重金属污染排放监管力度；规划污染场地治理修复项目建设示范工程，依法依规推进万年矿业尾矿库安全闭库工作；全面推进重点区域土壤环境质量评估和污染源排查，切实加强土壤污染监控预警体系建设，创建土壤环境质量监测网络。深入开展城乡环境综合治理，加快推进垃圾转运系统、改善人居环境综合治理等项目建设。加强农业面源污染防治，严控县内生猪养殖规模。

## （六）推进改革开放，提升资源配置水平

### 1. 深入推进改革攻坚

以问题为导向深化各项改革，持续深化"放管服"改革，继续取消或下放一批行政权力事项；深化供给侧结构性改革，持续深入开展"降成本、优环境"专项行动；进一步放宽准入限制，毫不动摇鼓励、支持、引导非公有制经济发展，构建"亲清"新型政商关系；稳步推进国资国企改革，加快推进国有企业"去行政化"步伐，逐步建立健全现代企业制度；加快金融体制改革，积极稳妥防范和化解金融领域、房地产领域、政府债务等风险，坚决守住不发生系统性、区域性风险的底线；积极推进公共资源交易、教育体制、公立医院、供销合作社等领域改革工作；加快农村集体产权制度改革，全面铺开宅基地改革工作，提高农村建房集约化水平。

2.积极开展靠大联强

主动对接"一带一路"倡议,及长江三角洲、珠江三角洲、海西经济区、长江经济带等区域,积极融入大南昌都市圈、昌九一体化以及上饶高铁试验区等省市级战略,抢抓机遇,构建全方位、多层次、复合型的发展新格局。策应"一圈引领"决策部署,积极融入一体发展的大南昌都市圈;策应"两轴驱动"决策部署,推进万鹰快速通道等项目建设,加快融入高铁经济圈。以机械电子、食品药品、纺织新材料三大主导产业为重点,坚持产业招商、"一把手"招商,大力实施资本招商,利用产业引导基金、供应链基金撬动社会资本。充分利用万年在外商会平台,主动承接东部和沿海地区产业转移,定期举办一次专题招商活动,力争引进行业领军型、产业龙头型企业,特别是央企、国企和大型民企投资项目。

3.不断推进对外开放

不断提升农业开放水平,培育发展一批农业龙头企业和农产品知名品牌;不断提升制造业开放层次,支持骨干行业和重点企业加大技术改造力度,快速融入地区生产制造和加工配套分工体系;不断提升服务业开放程度,进一步扩大服务业开放领域,鼓励支持利用民间资本、外资发展现代服务业;不断提升金融领域开放创新,加快发展服务贸易,持续培育对外贸易新的增长点。

## （七）推进共享合作,提升人民幸福水平

1.坚决打好脱贫攻坚战

坚持以习近平总书记关于脱贫攻坚的重要论述为指引,提高政治站位,坚定信心决心,坚持精准方略,下足"绣花"功夫,坚决打好打赢脱贫攻坚战,确保如期保质完成脱贫目标。深入推进脱贫攻坚"十大工程",重点抓好产业扶贫全覆盖、健康扶贫再提升、易地搬迁扶贫再精准、教育扶贫再对接、贫困村村庄整治再推进工作。注重扶贫与扶志、扶智并举,激发脱贫发展内生动力,坚决纠正"懒、等、靠、要"错误思想。提供开发公益性岗位,帮助更多贫困劳动力就业创业。健全资金运作、督查考核和贫困人口"进、退"动态管理等制度,严防"假脱贫""被脱贫""数字脱贫",确保万年县贫困人口按时完成脱贫任务。

2. 优先发展社会事业

坚持把教育事业放在优先位置，继续谋划建设各城区公立学校，有序推进农村学校标准化建设，增加农村教师周转房等配套设施。加快教育信息化进程，推进产教深度融合、校企深度合作，大力发展职业教育，加快推进职教中心与江西机电、江西外语外贸、江苏扬杰电子科技等职业学院合作办学。深入实施健康万年战略，加快启动特色专科医院和乡镇中医馆建设，完善县、乡、村三级妇幼保健网络和"医保、医疗、医药"联动机制。扎实推进爱国卫生运动，用2～3年时间争创全国卫生县城、省级文明城市。优化计划生育服务，构建生育友好型社会环境，促进人口长期均衡化发展。推进居家养老服务场所建设，全面放开民办养老服务市场。

3. 全面加强社会治理

推进平安万年建设，加快"天网"、"地网"和"雪亮"工程建设，扎实开展"扫黑除恶"专项斗争，严厉打击各种违法犯罪活动。深化社区网格化服务管理工作，实行扁平化管理、精准化服务、社会化参与、信息化运行，着力打造共建共治共享的社会治理新格局。完善信访维稳工作机制，落实信访主体责任，推进信访积案和各类信访事项有效化解。严格落实安全生产责任制，建立完善安全隐患排查治理长效机制，有效防范和遏制各类安全事故发生。加快建立县、乡、村三级食品药品安全监管网络。

# B.35

# 2017~2018年上饶市余干县
# 经济社会发展分析报告

余干县人民政府

摘　要：　2017~2018年，余干县上下深入学习贯彻党的十九大精神和
习近平新时代中国特色社会主义思想，把加强和改进党的建
设作为贯穿整个工作的主线，完成脱贫摘帽考核验收的任务，
完成义务教育均衡发展评估验收的任务，推进"放管服"改
革、城乡殡葬改革、农村宅基地改革、村级治理机制改革，
重点开展了以高标准农田改造为重点的农业产业化结构调整
工作，以三大园区平台招商为重点的开放型经济工作，以
"三湖四线"为重点的乡村旅游开发建设工作，以村庄整治为
重点的城乡环境卫生整治工作，以民生工程为重点的重大项
目建设工作，凝心聚力谋发展，攻坚克难求突破，全县经济
继续保持平稳较好的发展势头。

关键词：　绿色发展　精准脱贫　城乡环境整治

## 一　2017年经济社会发展情况

### （一）坚持稳中求进的主基调，推动了经济发展

余干县坚持把发展作为解决一切问题的关键，自觉践行新发展理念，全力
以赴促进经济平稳较快发展。

1. 千方百计增后劲，发展步子稳

一是主要经济指标较快增长。顶住了经济持续下行的压力，余干县2017年全年生产总值达145.9亿元，同比增长8.6%。财政总收入16.7亿元，同比增长10.1%，增幅居上饶市第一，其中税收占比为81.6%，列上饶市第三位。规模以上工业增加值增长8.4%。500万元以上项目固定资产投资161.4亿元，增长13.3%。社会消费品零售总额64.4亿元，增长13.3%，增幅居上饶市第二；限额以上消费品零售总额16.3亿元，增长23%，增幅居上饶市第三；金融机构各项存款余额306.3亿元，增长19.7%；贷款余额149.3亿元，增长39.1%，增幅居上饶市第三；城镇居民人均可支配收入23338元，增长9.8%，农村居民人均可支配收入9555元，增长11.4%。二是项目建设势头强劲。余干县始终把项目建设摆在重要的战略位置，实施了计划总投资476.7亿元的134个重点项目，开工建设项目82个、竣工投产项目27个；列入省市县联动推进重大项目14个，总投资62.9亿元，超额完成了年度投资计划任务。抢抓江西省委、省政府支持鄱余万都小康攻坚的机遇，跟踪对接落实了一批重大项目，余干县总投资217.8亿元的54个项目列入了支持鄱余万都基础设施和民生事业发展行动方案。争资成效前所未有，争取到了政策性银行贷款到位资金27.2亿元，政府新增债券到位资金5.7亿元，中央预算内到位资金5.3亿元，有力地保障和推动了项目建设。三是改革开放攻坚破难。余干县持续推进供给侧结构性改革，化解房地产库存53万平方米。扎实开展了农村宅基地试点改革，拆除一户多宅房屋1872栋，无偿退出土地520.7亩。大刀阔斧地推进农垦体制改革，注资2亿元组建了余干农垦集团。深化了商事制度改革，新增纳税人5152户，同比增长24.3%，释放了市场活力。加大了招商引资力度，引进县外2000万以上项目33个，实际进资40.4亿元。

2. 千方百计强产业，发展动能足

一是工业运行稳中增效。余干县新增规模以上工业企业25家，全县规模以上企业总数突破100家。规模以上工业完成主营业务收入204.4亿元，同比增长16.2%。推进了韬创科技、港宇卫浴、银泰科技等一批重点企业项目建设，完成工业固定资产投资61.8亿元，同比增长16.9%。加快了园区平台建设，高新技术产业园完成了路网环境提升改造工程，产城融合步伐加快；生态食品产业园建设区面积达到850亩，入驻食品加工企业6家；城西创新创业产业园基本建成了 25 万平方米的标准厂房，招商入园势头火热。二是现代农业发展稳中有进。稳步提高农业综合生产能力，投资 4.8 亿元实施了江西省集中连片面积最大的高标准农田改造项目，建成了上饶市规模最大的 3 万亩稻虾共作产业融合基地。粮食生产获得"十四连增"，粮食总产量达到 86.7 万吨。大力发展特色优势产业，新增余干辣椒种植面积 4000 余亩、芡实种植面积 5000 余亩、马家柚脐橙种植面积 6000 余亩、虾蟹养殖面积 10000 余亩。支持农业经营主体做大做强，累计为 1117 户农业经营主体发放"惠农信贷通"贷款 6.9 亿元，规模以上农业企业发展到 53 家，新增农民专业合作社 531 家、达 2320 家。加大了农业品牌建设力度，新增无公害农产品 6 个、地理标志 1 个，获评为全国绿色食品原料（芡实）标准化生产基地。三是服务业稳中提速。全力突破旅游景区短板，开发了鄱阳湖田园综合体、智慧农业园、民宿文化村、大明花海、康山忠臣庙、鄱阳湖亲子小镇、康山水利风景区、鄱阳湖开湖渔俗文化大舞台等一批重点旅游项目，2018 年是余干县旅游发展史上项目体量最大、投入最多的一年。大明湖花海景区成功创评为国家 4A 级旅游景区，彻底结束了余干县有旅游资源、无旅游景区的历史。康山忠臣庙景区主体建筑已封顶，并入选 2017 年全国优秀旅游项目名录。成功举办了 2017 年余干"鄱阳湖开湖民俗文化旅游节"，提升了余干县的对外美誉度。乡村旅游发展势头强劲，玉亭镇神湖村、大溪乡牛头湖山庄、瑞洪镇斗魁园村、黄金埠镇七零河、杨埠镇塔尾人家、杨埠镇汤源村、玉亭镇冕山村被评为省 3A 级乡村旅游点，康山垦殖场获得"中国诗意地标"称号。加快了电商进农村示范县工程建设，余干县电商交易额突破了 36 亿元。

3. 千方百计美城乡，发展面貌新

一是城乡建设步伐更快。余干县完成面积 30 万平方米、1100 户的玉亭片区棚户区改造征拆任务，加快推进城西南、城东南棚户区改造项目建设进程，有关做法在全省棚改工作现场会上被作为典型宣传。完善了城市功能，开工建设城建项目 40 个，完成投资 53.7 亿元，建设了余干三中、城区污水管网等一批功能性项目。大力推进秀美乡村建设，在主要通道沿线建成了 20 个秀美乡村示范点。二是秀美余干"底色"更靓。严格落实农村建房管理责任，问责干部 63 人、立案审查 12 人，有效遏制了农村违规建房势头。开展了"五清五创"专项活动，拆除违法违规建筑面积 25.3 万平方米，拆除、迁移、遮挡坟

墓 2545 座；取缔了境内 116 座黏土砖瓦窑，退出土地 4160 亩。完成了总投资
3.2 亿元的人居环境整治工程，拆除违章建筑 1.3 万平方米，提升道路绿化
150 公里，完成房屋外立面徽派改造 2.3 万栋，实现了"白墙黛瓦、飞檐翘
角"的华丽变身。三是基础设施投入更大。境内总投资 55 亿元的昌景黄高铁
于 2018 年开工建设。投资 4.5 亿元建成了昌岭公路、康瑞公路、康山旅游公
路、高峰至杨埠公路、院前至康山大堤公路，完成了 37 公里的康山大堤和
17.1 公里的城市道路"白改黑"工程，重建改造危桥 18 座，改善了交通出行
环境。投资 3.1 亿元，新建改造农村电网 522.8 公里，改造完善 110 千伏电网
主网 147.1 公里，提升了供电保障能力。总投资 43.8 亿元的信江八字嘴航电
枢纽工程已全面开工；整治山塘 19 座、小（二）型水库 20 座，修复水利设施
61 处，完成了总投资 4.5 亿元的蒋坊圩、金埠圩、黄埠圩、中洲圩 4 座 1 万~
5 万亩圩堤除险加固工程，实施了总投资 5 亿元的子念圩润溪圩除险加固、三
塘河互惠河综合治理、信瑞联圩易涝区防洪能力提升工程，奠定了防汛抗灾的
物质基础。

### （二）坚持绿色发展的主方向，保护了生态环境

牢固树立"绿水青山就是金山银山"的理念，坚决打好污染防治攻坚战，
切实保护好绿水青山、蓝天白云。

1. 加大力度全域治山

余干县投资 1.5 亿元开展了冕山生态修复工程，让千疮百孔的冕山重新披
上了绿装；建设了凤凰山、罗家岭、银子湖等 18 座生态公园。实施造林绿化
工程，完成造林 5.6 万亩，建成林业特色产业基地 21 万亩。实施封山育林工
程，完成封山育林面积 46 万亩，育林面积达到历史最高水平。

2. 加大力度全域理水

余干县全面落实"河长制"，大力开展"清河行动"，严控水库湖面发包、
实行人放天养；狠抓中央环保反馈问题整改工作，在上饶市率先依法关停 29
家规模养猪场；实施了小港河、陈道港、互惠河、三塘河等生态综合整治工
程，综合治理河流 21.3 公里；投资 8800 万元建成城镇污水管网 15.7 公里、
污水处理设施 31 个。

### 3. 加大力度全域净空

余干县完成了国电黄金埠电厂的超低排放改造工程；依法拆除了余干县116座砖瓦窑，有效遏制了二氧化硫等污染物直排现象；出台了农业秸秆禁烧责任追究暂行办法，有效遏制了秸秆焚烧屡禁不止的现象。开展中心城区扬尘、油烟污染专项治理，空气质量稳步提升。通过生态保护和治理，新增省级生态乡镇1个、省级生态村1个、市级生态村9个。

## （三）把握百姓为天的主旋律，增进民生福祉

牢固树立以人民为中心的发展思想，加快补齐民生短板，让人民群众过上更加富裕、更加幸福的美好生活。

### 1. 提高了人民群众的幸福感

余干县坚持把打赢脱贫攻坚战作为当前全县最大的民生工程，全力推进精准脱贫。投入1.7亿元开展了114个产业扶贫项目，发展了菌菇、光伏、芡实、油茶、马家柚等一批效果好的脱贫产业，带动3.6万户贫困户户均增收2000元以上。全面推进基础设施及村庄整治工程，投入6.7亿元完成了拟退出的127个贫困村的基础设施建设工程，惠及人口27.6万人。全面落实各项扶贫政策，易地搬迁安置932户4059人；资助了所有贫困户免费参加医疗保险，贫困户医疗报销比例提高到90%，贫困户医疗报销4.9万人次、报销金额3.2亿元；完善了贫困户学生助学体系，发放各类助学资金3134.4万元、生源地信用助学贷款915.1万元；解决了3721户贫困户、1.3万人的安全饮水问题。全年累计投入脱贫攻坚资金12.8亿元，顺利通过了国家省际交叉检查，余干县退出省级贫困村51个、实现脱贫20810人。

### 2. 提高了人民群众的获得感

余干县坚持把解决好人民最关心、最直接、最现实的利益问题放在首位。县财政用于民生保障支出达到36.9亿元，占公共财政支出的74.8%，同比增长17.5%，完成各项民生指标任务。一是让群众学有所教。开工建设乡镇中心幼儿园14所，改造增加农村校舍面积5.9万多平方米，办学条件持续改善。二是让群众劳有所得。发放小额担保贷款1.1亿元，新增城镇就业6127人、新增农村劳动力转移就业1.4万人。三是让群众病有所医。加大了县级公立医院综合改革力度，公立医院药占比下降了14.2%；血吸虫病综合防治连续9

年实现"零急感"。四是让群众老有所养。建成了上饶市规模最大、功能最全的社会福利中心，新建农村敬老院 2 所，困难群众的居住养老条件得到改善。五是让群众住有所居。完成农村危房改造 3614 户，国有垦区危房改造 200 栋。六是让群众困有所助。做好了农村低保与建档立卡贫困户的精准衔接，清退不符合条件的城乡低保对象 5251 户 11332 人。七是让群众闲有所乐。投资 3000万元实施了农村社会主义先进文化阵地"七个一"工程，成功举办了首届余干县全民健身运动会，群众业余生活丰富多彩。

3. 提高了人民群众的安全感

余干县坚持把维护社会大局稳定作为人民群众安居乐业的最基本需求。一是维护了社会安定和谐。妥善办理敏感群体的重点信访案件，余干县信访形势持续好转，全年无赴京重复非正常访、无赴京集体访、无赴省非正常集体访。二是强化了安全生产监管。深入开展了夏季百日安全专项行动、安全生产执法年活动，有序做好鄱阳湖开湖、民间划龙舟安全管理工作，全年未发生重特大安全事故。三是加大了社会治理力度。重拳打击"重金求子""毒品贩卖""两抢一盗"等违法犯罪活动，社会治安管控水平显著提高，治安类案件、刑事案件发生率分别下降了 9.5%、21%，成功摘除了电信网络诈骗犯罪重点地区"帽子"。

## 二 2018年1~9月的经济社会发展情况

2018 年以来，在江西省委、省政府和上饶市委、市政府的坚强领导下，余干县上下深入学习贯彻党的十九大精神和习近平新时代中国特色社会主义思想，按照"1245"的总体工作思路（"1"就是一条主线，即把加强和改进党的建设作为贯穿整个工作的主线；"2"就是两大任务，即完成脱贫摘帽考核验收的任务、完成义务教育均衡发展评估验收的任务；"4"就是四大改革，即推进"放管服"改革、城乡殡葬改革、农村宅基地改革、村级治理机制改革；"5"就是五大重点工作，即以高标准农田改造为重点的农业产业化结构调整工作、以三大园区平台招商为重点的开放型经济工作、以"三湖四线"为重点的乡村旅游开发建设工作、以村庄整治为重点的城乡环境卫生整治工作、以民生工程为重点的重大项目建设工作），凝心聚力谋发展，攻坚克难求突破，余干县经济继续保持平稳较好的发展势头。

### （一）主要指标稳步增长

2018年1～9月，余干县完成生产总值103.3亿元，同比增长8%；固定资产投资77.5亿元，同比增长11.8%；规模以上工业增加值24.3亿元，同比增长8.9%；全社会消费品零售总额达44.5亿元，同比增长11.2%；实际利用2000万元以上项目资金34.1亿元；金融机构各项贷款余额175.4亿元，同比增长17.5%；城镇居民人均可支配收入16365元，同比增长8.4%，农民人均可支配收入6976元，同比增长12.5%，经济运行保持了总体平稳的发展态势。

### （二）产业结构稳步优化

工业运行企稳回暖，工业用电量6.4亿度，同比增长17.6%，增速居上饶市第三；规模以上工业利税10.1亿元，同比增长49.5%；大力推进了汽摩配、智能锁两个产业园建设，建成标准厂房45万平方米，引进了总投资84.5亿元的39家上下游配套企业，工业固定投资完成21.1亿元。农业生产形势较好，预计全年粮食生产86.6万吨；余干县农民专业合作社发展到2911家，家庭农场发展到248家。市级以上农业龙头企业实现销售收入4.46亿元，同比增长5%，带动农户61544户；投资4.8亿元，全面完成16万亩高标准农田建设，同时，再启动了16万亩高标准农田建设。旅游产业快步发展，集中力量建设康山忠臣庙景区，其被评定为国家级4A旅游景区。

### （三）发展后劲稳步增强

坚持向改革要后劲。余干县推进了农村宅基地试点改革进程，拆除一户多宅1.02万幢，无偿退出土地170万平方米，可立项实施"增减挂"65万平方米；实施了绿色殡葬改革，建成乡级公墓20个、村级公墓304个，整治搬迁"七区一线"坟墓13000座，自2018年8月1日起余干县火化率达到100%；推进了放管服改革、村级治理机制改革。坚持向项目要后劲。2018年年初共谋划重大项目114个，总投资465亿元，其中5000万元以上项目35个，较上年同期增加18个，目前已开工项目58个，正在做前期工作项目22个，完成投资77.4亿元。

### （四）城乡环境稳步变好

全面开展清垃圾污水行动，清理陈年垃圾 3.9 万吨。全面改革垃圾清扫模式，大力推行城乡环卫一体化建设，实现了垃圾清扫的长效化管理，制约农村环境卫生改善的这一顽疾得到了有效整治，上饶市城乡环卫一体化工作现场会在余干县召开。持续开展主要通道沿线和村庄整治，投入 3 亿多元，推进 39个秀美乡村示范点和 411 个新农村点建设，一个个"看得见山、望得见水、记得住乡愁"的美丽乡村正逐步展现在大家面前。严控严管农民建房，拆除违法违章建筑 18 万平方米。

### （五）民生福祉稳步提升

2018 年 1～10 月，余干县各项民生支出达 38.2 亿元，同比增长 17.7%，占财政总支出的 77.7%，各项民生工程顺利推进。全力攻坚精准扶贫，深入开展脱贫攻坚"春季攻势""夏季整改""秋冬冲刺"行动，整合涉农扶贫资金 6.95 亿元，全面推进了扶贫攻坚十大工程，脱贫成效显著，计划 2018 年全县脱贫摘帽。就业形势稳定，发放小额担保贷款 8020 万元，全县城镇新增就业人数 4672 人，新增转移农村劳动力 10323 人。

# B.36

# 2017~2018年上饶市鄱阳县
# 经济社会发展分析报告

鄱阳县人民政府

**摘　要：** 2017年，鄱阳县上下围绕"十三五"规划目标任务，以建设"绿色、富裕、美丽"新鄱阳为总要求，抢抓鄱余万都滨湖四县小康攻坚重大历史机遇，发挥江西省直管试点县先行先试政策优势，统筹各项工作，全县经济社会保持稳中有进、稳中向好的发展态势，较好地完成了鄱阳县十六届人大二次会议确定的目标任务，为"十三五"规划目标的实现奠定了基础。

**关键词：** 脱贫攻坚　转型升级　绿色发展

## 一　2017年国民经济和社会发展计划的执行情况

据统计，鄱阳县全年实现生产总值208.9亿元，同比增长（以下简称"增长"）8.2%；财政总收入18.02亿元，增长7.1%；规模以上工业增加值增长8.7%；固定资产投资182.8亿元，增长13.1%；社会消费品零售总额81.3亿元，增长13%；城镇和农村居民人均可支配收入分别达22410元、9540元，分别增长9.5%、11.3%；城镇登记失业率控制在4.5%以内；人口自然增长率8.5‰，上升0.11个千分点。

### （一）"三驾马车"持续发力，经济持续平稳较快发展

1. 固定资产投资强势增长，重大项目建设持续发力

2017年确定的134个重点项目中，竣工或在建的共107个，当年完成投资

120亿元。其中，九景衢铁路正式通车；昌景黄高铁可研报告获批；鄱余高速公路项目控制性工程桥梁全面开工，信江航道双港枢纽工程已开工建设，信江高等级航道配套工程已完成初步设计评审，鄱阳通用机场完成项目选址工作，"三高一场"项目全面顺利启动；国省道改造工程全面顺利实施；饶州北大道等城市建设项目全面推进；全亚洲最大的单体渔光互补光伏电站项目——饶丰晶科120兆瓦光伏电站建成投产。

2. 消费市场持续繁荣，经济发展基础不断夯实

2017年，社会消费品零售总额完成81.3亿元，增长13%；全年新增限额以上商贸企业13家，"万村千乡"农家店达441家，新建县级电商运营中心4个、农村电商站点211个，完成电商交易18亿元。住房消费市场活跃，鄱阳县商品房销售面积达79万平方米，增长20.4%；销售金额32.83亿元，增长26.6%。汽车消费强势增长，受居民收入水平提升和个人消费信贷政策优化等的影响，全年新增汽车销售量达1.2万辆。

3. 招商引资成效显著，开放型经济稳步发展

2017年，实际利用外资7401万美元，增长16.8%；外贸出口额达17500万美元，增长40.45%；实现现汇进资500万美元。积极引进内资，新签约项目共62个，合同金额126.4亿元。2017年，鄱阳县参加了"天津市上饶商会成立暨投资上饶（天津）产业推介会、2017年全球饶商回归大会"、赣港经贸合作活动等省市举办重大招商活动，接待来鄱考察团128次，成功召开了2017年鄱商回归大会。

### （二）创新发展战略深入实施，产业转型升级步伐加快

1. 工业兴县步伐加快

2017年，新增规模以上工业企业37家，实现规模工业增加值增长8.7%。深入实施工业兴县战略，新增院士工作站1家，市级工程技术研究中心3家，实现了鄱阳县工程技术研究中心平台建设零的突破。产业集聚集群步伐进一步加快，电镀集控区、五金拉丝基地、五金产业园、鄱商回归创业园等项目快速推进，五金机电产业已挤进省重点调度产业集群，落户企业达110家，实现主营业务收入超过127亿元。

### 2. 农业强县扎实推进

2017年，粮食总产达113.5万吨。现代农业示范园核心区建设全面启动，全面推进了19.8万亩高标准农田建设，创建了22万亩全国水稻绿色高产高效示范区，高标准建设了莲湖乡、饶埠镇、鄱阳镇5万亩有机蟹虾示范区。持续推进"鄱阳湖大米、鄱阳湖水产"品牌建设，创建有机、绿色、无公害农产品基地17个，新增"三品一标"12个，建成江西省首家县级智慧农业信息平台。全面推动农业机械作业，全县农业综合机械化水平达79.1%。

### 3. 服务业旺县稳步推进

2017年，鄱阳县规模以上服务业企业营业收入5.1亿元，增长38.59%。全年全县旅游接待人次和旅游综合收入分别增长28%和41%，荣膺"江西旅游强县"称号；重点服务企业如鄱阳创客工场、江西金花劲草星创天地、鄱阳聚能星创天地等先后被国家、省、市认定为"星创天地"；电子商务数字产业园建设基本竣工，建成县级电商运营中心4个，新增农村电商站点211家，成功申报了2017年国家电子商务进农村综合示范县。

## （三）各项改革深入推进，创新活力有效激发

2017年，持续深入推进江西省直管县试点改革。深化财税金融改革，全面推开营业税改征增值税试点政策，并落实高新技术企业税收优惠政策，全年减免企业税费6.1亿元。不断深化"放管服"改革，精简各类行政权力事项97项，梳理"一次不跑"事项88项，公布了乡镇（街道）服务事项清单。深化商事制度改革，全面实施"五证合一、一照一码"登记制度。基本完成农地确权登记颁证，完成9个试点村组农村集体经济产权制度改革。大力推进户籍制度改革，完成户口一元化改登6.2万人。

## （四）城乡建管力度加大，县域面貌深刻变化

2017年，实施城建重点项目42个，完成投资61.6亿元。顺利推进无害化垃圾处理场、城市污水管网等十大基础设施项目，鄱阳湖体育中心、长途汽车站等十大功能项目，妇幼保健院、环东湖棚户区改造等十大民生项目，以及一批停车场、菜市场等便民设施。集镇建设明显加快，启动了7个乡镇的总规修编，田畈街镇"县域副中心"功能更强。大力实施"千里千村"工程，完成

1016 个秀美乡村点建设、13 条主要通道整治提升和 1.8 万栋房屋外立面改造；升级改造县乡道 274 公里，重建危桥 45 座，硬化自然村公路 150 公里。

### （五）生态建养扎实开展，环境整治初见成效

2017 年，鄱阳县不断强化环境治理。全域深入推进"三清"工作，全县城区空气质量优良率达 90.1%，地表水监测断面水质达标率 81%，土地污染得到有效控制，并拆除违法违规建房 649 栋，清理乱搭乱建 5307 处、各类广告牌 4671 个，拆迁豪华及乱葬坟墓 466 座。努力实施珠湖湖泊生态环境保护及农村水环境污染治理整县推进示范项目。加快推进污水处理厂提标改造和中心城区污水管网管护。划定生态空间保护红线总面积 1384 平方公里，并全面落实了"河长制"，实现县域河流全覆盖。

### （六）脱贫攻坚成效显著，民生福祉持续增进

2017 年，大力开展精准识别整改工作，完成建档立卡贫困群众易地搬迁 2072 人，危房改造 2677 户，实施产业扶贫项目 2728 个、村庄整治项目 331 个。进一步增加民生领域投入，社保、教育、医疗卫生等民生类支出 54.9 亿元，增长 20%。优先发展教育事业，新（改、扩）建校舍 38 万平方米、运动场地 60 万平方米，改造学校 432 所。社会保障体系建设进一步完善，启动失地农民进社保工作，城镇职工和城乡居民基本养老保险参保率超过 90%。法治鄱阳建设进程加快，严打各类违法犯罪行为，全县刑事发案率下降 20.2 个百分点。

## 二 2018 年国民经济和社会发展的预期
## 目标和工作重点

2018 年是贯彻落实党的十九大精神的开局之年，经济工作的总体思路是：以习近平新时代中国特色社会主义思想为指导，全面贯彻党的十九大、中央经济工作会议、江西省委十四届五次全会以及上饶市委四届五次全会精神，抢抓"鄱余万都"小康攻坚重大历史机遇，坚持发展第一要务，坚持质量第一、效益优先，坚持深化改革、开放创新，坚持生态文明、绿色发展，坚持实体为要、项目为王，坚持保障民生，确保人民群众在共建共享中有更高的获得感、

幸福感、安全感。

2018年鄱阳县国民经济和社会发展主要指标预期如下：地区生产总值达到227.7亿元，比上年增长（以下称为"增长"）9%左右。财政总收入达到18.92亿元，增长5%左右；全社会固定资产投资达到203.82亿元，增长11.5%左右；社会消费品零售总额达到92亿元，增长13.2%左右；规模以上工业增加值增长9.1%；外贸出口增长3%左右；实际利用外资增长9%左右。城镇居民人均可支配收入达到24427元，增长9%左右；农村居民人均可支配收入达到10494元，增长10%左右；人口自然增长率8.65‰，上升0.15个千分点左右；城镇登记失业率控制在4.5%以内；节能减排完成上级下达的计划任务。

按照上述要求目标，重点抓好以下工作。

## （一）抓发展，增强经济发展后劲

### 1. 多措并举扩大投资

一是着力做好上级资金争取工作。认真研读和把握国家资金支持方向和相关要求，用好用活《关于支持鄱余万都滨湖四县小康攻坚指导意见》政策，做好项目谋划储备工作，争取将更多项目纳入国家中央预算内投资、中央财政专项资金，向上争取更多的国家资金支持。二是以项目建设带动投资。重点推进"三高一场"等基础设施项目建设；加快推进东湖环境综合治理、环东湖棚户区改造安置小区（春风花园）、环东湖片区棚改（城中村）安置房、城区主干道白改黑工程、五湖连通工程等项目建设；加速推进长隆科技、哈迪威实业、众汇照明材料等重大产业项目建设。

### 2. 深挖消费潜力

一是进一步完善消费服务设施建设。扎实推进国际商贸城、谢家滩特色商贸小镇等项目建设，加大城乡农贸市场和物流设施等改造升级力度。二是扩大旅游休闲消费。创新旅游发展业态，促进生态游、乡村游等多种业态发展，加大旅游扶贫力度，支持各乡镇旅游扶贫开发项目的建设。三是进一步优化消费环境。鼓励银行积极开展消费信贷试点，加大消费领域产品质量监管力度，进一步释放消费潜力，营造便利、安心、放心的消费环境。

### 3. 切实提高招商实效

围绕做强实体经济，完善产业结构，继续加大产业招商力度，着力打造五

金机电、新能源、航空制造、食品加工、纺织鞋服等产业集聚区。着力对接好有意向的中小五金企业入园落地工作，加大利用国定贫困县 TPO 优惠政策吸引上市公司力度。积极追踪江西省项目建设动向，力争更多更好的商贸建设项目充实鄱阳县商贸市场建设。加大电子商务招商工作，建立和完善电商人才培养、引进和奖励机制，吸引电商相关人才返乡就业创业。

### （二）抓转型升级，促进经济提质增效

#### 1. 推动传统产业提档升级

通过强化技术工艺创新、信息技术和商业模式创新，加速推进互联网与实体经济融合，继续传统产业技术改造升级工程。加快产业集群发展，强力培育五金机电、纺织鞋服、粮食加工"三个百亿级"主导产业，力争三年内主营业务收入达到 400 亿元。加快推进企业梯次发展，实施中小企业上规模、规上企业上台阶专项行动，培育主营业务收入超过 20 亿元的企业 2 家，新增税收过千万元的企业 2 家，新增规模以上的企业 24 家，力争 1 家企业上市。

#### 2. 推动战略性新兴产业稳步发展

继续实施企业主导的创新机制，力争新增高新技术企业 6 家，力争实现省级以上技术中心零的突破。加快新能源、无人机、电子商务、网游等新兴产业发展，新增光伏发电 100 兆瓦以上，力争开工 1 ~ 2 个风电项目，努力打造南方光电之都。加快无人机产业基地建设，力争年内实现军用无人直升机首飞，实现鄱阳县战略性新兴产业突破性发展。

#### 3. 推动现代服务业提速发展

一是加快推进重点旅游项目建设和景点改造，推动发展鄱阳"五湖联通"旅游休闲度假区产品落地。加快推进鄱阳湖根亲文化园、鄱阳湖博物馆、鄱阳湖渔夫小镇、外湖码头项目建设。二是狠抓工业设计、科技研发、仓储物流等生产性服务业提速发展。积极推进鄱阳湖商贸物流仓储园项目建设。三是大力推进金融服务。引导金融机构加大对实体经济的支持力度，完善金融安全防线和风险应急处置机制，构建良好金融环境。

### （三）抓重点领域改革，提升经济发展活力

一是深入推进供给侧结构性改革。深化"放管服"改革，推行政务服务

"一窗受理、集成服务",全面推进"最多跑一次"改革;稳步推进事业单位公车改革;进一步深化医疗卫生体制改革,完善"医保、医疗、医药"联动机制。二是继续推动投融资、财税、金融等重点领域和关键环节改革。持续深入开展"降成本、优环境"专项行动,进一步完善政府投资体制,推广政府和社会资本合作、政府购买服务等模式,有效发挥政府投资引导带动作用。

### (四)抓城乡协调发展,增强经济发展内生动力

一是加快补齐补足城乡基础设施短板。全力推动"三高一场"等重大项目建设;实施国省道升级改造80公里、县乡道升级改造400公里以上,危桥改造100座,全面实现村村通硬化路;加快水利设施建设,完成9座1~5万亩圩堤重点险工险段应急处理工程、千亩以上圩堤填塘压浸应急除险工程,加快实施26座病险水库除险加固工程、鄱湖灌区节水与续建配套改造工程。二是全力优化城乡发展格局,拓宽发展新空间。加快新型城镇打造,因地制宜发展特色鲜明的新型城镇;加快田畈街镇火车站新区建设,加快特色小镇及历史文化名镇(村)培育创建工作,试行推广PPP建设模式,充分发挥市场在资源配置中的决定性作用;大力实施乡村振兴战略,加快农业现代化发展,推进新农村建设进程,持续推进基础设施、公共服务平台建设和村庄环境整治。

### (五)抓生态建设,增强跨越发展的承载力

一是发展生态循环经济。围绕重点产业集群和龙头企业,通过"生产装置互联、上下游产品互供、废弃物相互利用",推进工业绿色化、生产循环化、产业智能化。二是抓好生态保护建设。大力实施退耕还林等生态修复工程,完成人工造林、低产低效林改造工作。实行最严格的生态环境保护制度,健全和落实控制污染物排放许可制度。三是整治突出环境问题。深入推进"净空、净水、净土"生态治理行动,加大环境执法力度,对环境违法行为实行"零容忍";大力提升中心城区污水管网贯通率,启动城区污水管网全面改造;全面推进生活垃圾处理设施建设,启动建设生活垃圾焚烧发电项目。

### (六)抓精准扶贫,增进民生福祉

一是继续坚决打好脱贫攻坚战,实施精准扶贫,扎实推行"五包"扶贫

法，把扶贫和扶志、扶智结合起来，坚决防止"养贫助懒"，确保实现年度脱贫3.5万人和拟退55个贫困村的目标任务。二是大力发展社会事业，提升社会保障水平，推进民生改善，共享社会发展成果。全面放开养老服务市场，建成3所乡镇中心敬老院；加快教育现代化建设，继续做好全县中小学均衡发展、"全面改薄"和学前教育项目实施工作；推进社会保险精准扩面、精准征缴，完成全民参保登记工作；推行多元复合式医疗保险支付方式改革，扎实推进跨省异地就医直接结算工作；开展"扫黑除恶"专项行动，稳步提升公众安全感和群众满意度，确保社会和谐稳定。

# 2017~2018年上饶经济技术
# 开发区经济社会发展分析报告

上饶经济技术开发区管委会

**摘　要：** 近年来，在江西省委、省政府，上饶市委、市政府的坚强领导下，上饶经开区牢固树立和贯彻落实新发展理念，主动适应和引领经济发展新常态，大力实施集群发展和产城融合战略，开启了改革创新、高质量发展的新征程。

**关键词：** 集群发展　产城融合　改革创新　高质量发展

## 一　经济社会发展亮点纷呈

### （一）开放经济跃上新台阶

上饶经开区成立了正县级的招商局，组建了"五局一办"共42人的专业招商队伍，改革了现行的招商引资考核办法，注重质量优先，着重考核项目的产业关联度、投资强度、技术含量、成长性和产出水平，坚持招商数量服从质量的原则。2017年以来，累计签约引进项目105个，签约资金778.73亿元，平均每天进账项目资金1.22亿元，可以说是"日进斗金"。特别是共引进8个百亿千亩项目，分别是：投资100亿元、占地1834亩的汉腾二期项目，投资30亿元、占地1200亩的博能商用车项目，投资31亿元、占地1005亩的中汽瑞华项目，投资133亿、占地1200亩的爱驰汽车项目，投资120亿元、占地1166亩的长安跨越项目，投资146亿元、占地1200亩的吉利商用车项目，投资20亿元、占地6000亩的吉利试车场项目和投资150亿元、占地2000亩的晶科双倍增项目。

### （二）金融服务呈现新态势

一是创造了"资源变资产，资产变资金，资金变基金，基金扶产业，产业造资源"的"三变一扶一造"资本运营模式，共筹集产业发展资金160亿元，带动社会资本498亿元，有力地支持了15个重大项目落地。

二是重新组建了集投资、融资、建设、管理等功能于一体的正县级国控集团，公司总资产规模由150亿元增加到500亿元，一年翻了两番多。

三是打造了江西省首个国际金融产业园，开园以来，签约入驻区域性银行、股权投资机构等金融机构95余家，吸纳各类资本500亿元，有力支撑了实体经济的发展。

四是开展了"映山红"专项行动，出台了推进企业上市"映山红"行动的实施意见，进一步激发企业上市活力，拓宽企业融资渠道。

### （三）科技创新显现新局面

#### 1. 抓好智慧园区建设

打造智慧公安云、智慧建管云、智慧政务云、智慧环保云、金融招商云"五朵云"，建设智慧经开区。目前智慧政务云已有部分功能上线服务，其他功能将于2019年1月底前全部投入使用。

#### 2. 抓好产学研工作

强化校企交流合作，做到问需于企，问计于校，搭建校企创新桥梁。与厦门理工大学就技术研究院建设、人才培养等签订战略合作协议，与上饶师院合作聘请了36人的博士顾问团。汉腾近期将与电子科技大学、中汽研究汽车检验中心签约，分别共同建立"联合研究院"与"联合开发试验中心"。

#### 3. 抓好科技平台建设

加强企业技术中心、工程技术研究中心、工程研究中心的建设工作，2018年新增省级以上工程技术研究中心3家，企业技术中心2家，截至目前共有省级以上研发机构23家，其中国家级研发平台1家。同时，晶科能源成功申报2018年重大科技创新平台培育（国家级预备）。

#### 4. 抓好企业创新服务

大力优化科技创新发展环境，持续推进"降成本优环境"专项行动，进一步加大科技创新投入。近两年发明专利保持30%以上的年增长率，外观、实用新型专利保持200%以上的年增长。2018年成功申报40家高新技术企业，同比记录翻番，总数达到77家，再创历史新高。

### 5. 抓好招才引智保障

在江西省率先召开招才引智大会，吸引了3名院士、4名国千专家、1名国家万人计划在内的125名博士参会，会上产业化项目签约10个、产学研项目签约20余个，引进高层次人才30余人，引进伯乐遇马等人力资源专业服务机构20余家。实施了"十百千万人才计划"，准备利用5年时间，安排5亿元人才发展经费，聚集10名以上国家级领军人才、100名以上省级领军人才、1000名以上急需紧缺人才与1万名以上专业技术人才。

## （四）产业集聚兴起新势力

### 1. 光伏领衔发展

集聚22家光伏及关联企业，形成了以晶科能源为龙头，涵盖"硅料加工－硅片－电池片－组件－应用"晶体硅垂直一体化产业链。龙头企业晶科能源跻身全球最大的光伏组件制造商和"中国企业500强"，2017年组件出货量达9.8GW，同比增长47%，稳居全球同行业第一。2018年1～9月，光伏产业实现主营业务收入263.6亿元，同比增长10.5%；晶科组件出货量6.1吉瓦，同比增长8%，继续保持全球同行业第一。

### 2. 光学转型升级

光学产业集聚147家光学企业，基本形成了光学冷加工全产业链，年加工镜片6亿片以上，占全国产量的65%以上、占全球产量的50%，初步形成"131格局"，即"1个龙头（凤凰光学）＋3个基地（光学一二三基地）＋1个产业城（智慧光电产业城）"。2017年全区光学产业实现主营业务收入22亿元，税收3456万元，同比分别增长21%、83.6%。2018年1～9月，光学产业实现主营业务收入16.5亿元，同比增长9.3%。

### 3. 汽车强势崛起

汽车产业发展迅猛，已形成了6个整车、1个发动机整机、70余家汽车核心零部件企业的产业格局，2020年全部建成后将形成121.5万辆的产能，新能源汽车比重超90%，列全国前三、江西第一。6个整车分别是：投资150亿元年产30

万辆传统、混电、纯电 SUV、MPV 的汉腾汽车；投资 31 亿元年产 2 万辆新能源大巴的中汽瑞华；投资 133 亿元年产 30 万辆纯电动乘用车的爱驰汽车；投资 30 亿元年产 2 万辆新能源商用车的博能客车；投资 120 亿元年产 30 万辆新能源乘用车和 7.5 万辆新能源商用车的长越新能源；投资 146 亿元年产 20 万辆新能源智能化城市商用车的吉利新能源。1 个发动机就是利用世界领先的德国马勒技术生产的发动机整机，设计总产能 100 万台。零部件企业包括了安驰、星盈锂电池等一批新能源汽车核心零部件。2018 年以来汉腾整车销售 5.2 万辆，腾勒发动机销售 6.5 万台，安驰新能源电池销售 0.5GWH。2017 年上饶经开区汽车产业实现主营业务收入 73 亿元、税收 1.64 亿元，同比分别增长 96.8%、329.3%。2018年 1~9 月，汽车产业实现主营业务收入 51.2 亿元，同比增长 8.9%。

### （五）绿色园区塑造新形象

近年来，上饶经开区致力打造"资源节约型""循环利用型""科技创新型"工业园区，成为江西省首家清洁化园区。2018 年又获得国家级绿色园区、省级绿色园区绿色名片。区内晶科能源、汉腾汽车获国家级绿色工厂称号，博能上饶客车获省级绿色工厂称号，25 家规模以上企业通过清洁化生产审核，上饶经开区"绿色园区"建设实现跨越式发展。

### （六）产城融合实现新突破

用地保障方向，近两年征收土地 17900 亩、平整土地 13400 亩，是过去六年的总和；基础设施建设方向，新开工基础设施项目总投资 60 亿元，是过去八年的总和；产业项目推进方向，2017 年新开工工业项目 73 个、开工厂房面积 268 万平方米、投产企业 65 个、竣工厂房面积 129 万平方米，2018 年力争实现开工厂房 350 万平方米、竣工厂房 200 万平方米，争取再创新高。高水准编制并实施产城融合一体化规划，新建道路 27.5 公里，完成主干道"白改黑"、景观提升等工程，依法整治违法建设行为取得明显成效，高质量完成秀美乡村主干道沿线民居徽派改造工作。经开区历史上首个棚户区改造项目顺利实施，2018 年又启动 6 大棚改项目，计划征收房屋 96 万平方米，任务量超过近十年的总和。园区正向"产业新城、经济新区"转变；乡村正向"农民的庄园、工人的游园、市民的乐园、幸福的家园"转变。

### （七）营商环境推出新做法

构建营商环境方面，经开区始终贯彻"一切为了企业，为了企业的一切"的服务理念，当好企业的全天候"保姆"和勤跑腿"店小二"。进一步完善了在建项目七人行，将党建、监察干部纳入服务小组，强化了责任落实；建立了"全程代办、一站办结、容缺受理、并联审批、超时默许"等工作制度，每个项目都建立项目服务微信群，对企业诉求快速响应，确保项目"零障碍"施工；深入开展了"放管服"改革，推出"一次不跑"或"最多只跑一次"审批服务机制，大力推进网上审批；全面实施了小事不过夜、大事不过周、难事不过月的"三不过"服务机制，启动了企业精准帮扶 App，实现了"亮灯机制"，企业问题得到有效解决，截至目前解决在建项目重点问题 200 余项。

## 二 存在的困难和问题

### （一）融资难

主要表现为信用评级和担保体系不健全，融资总量不足，融资成本偏高。加上中央提出防范和化解金融风险后，无论是政府融资还是企业融资，融资难、融资贵问题没有解决。

### （二）用工难

随着经开区产业升级，汉腾二期、晶科双倍增等大项目的陆续投产，经开区对普通工人、技术工人、高端人才需求持续增强，同时受本地高等院校、大专院校及职业技术院校较少、本地劳动力大量输出等因素影响，企业在用工过程中存在需求大、招工难、成本高的问题。

### （三）用地难

目前经开区处在发展的爬坡期。大项目一个接着一个落户，用地需求急剧增长。从未来的预期来看，项目建设将面临用地保障挑战。

## 三　下一步发展方向和举措

### （一）围绕主导产业招商

抓产业招商、专业招商、科学招商，进一步完善大招商格局。紧紧围绕"两光一车"主攻方向，开拓大健康、人工智能等其他战略性新兴产业，强化专业招商团队建设，优化科学招商方式，带着补链、延链、强链招商目标，突出经开区营商环境、政策环境、产业集聚优势，进一步强化经开区招商的专业性、科学性、精准性、高端性。

### （二）推进产业升级发展

光伏产业以晶科产能双倍增为重点，不断完善晶体硅光伏供应体系，力争落户规上光伏企业 30 家以上、光伏组件产能占全球市场的 20% 以上、产值超千亿，建成世界最大的光伏组件制造基地，成为"世界光伏城"。光学产业以百亿凤凰光学、百亿华芯科技和百亿裸眼 3D 为重点，全力引进光机电、智能物联网、芯片封装、裸眼 3D、安防车载等高端光学项目，不断拓宽延伸光学产业链，力争光学产业主营业务收入达到 300 亿元以上，建成全国闻名的"中国光学城"。汽车产业立足现有 6 个整车资源，加大动力系统、底盘系统、电子电器、车身及内外饰、新能源三电项目的引进力度，落户 300 家汽车零部件企业，形成完整的汽车产业链条，实现 120 万辆产能、1500 亿产值的目标，把经开区打造成为名副其实的"江西汽车城"。

### （三）强化推进园区合作

进一步贯彻落实好《上饶市信江产业新城发展和空间布局规划》和《上饶市政府工作报告》。与周边区、县进一步加强合作共建、错位发展，并以"两光一车"产业优势为依托，实施产业西进，促进配套产业融合发展，力争高标准规划、高起点定位，将该经济带打造成为信江产业新城区。

### （四）加快推进产城融合

以每年新增 10000 亩工业用地、200 万平方米标准化厂房的速度推进平台建设，为企业提供拎包入驻服务；加快推进占地 10 平方公里的特色产业城、占地 6000 亩的汽车综合试验场、占地 1000 亩的核心零部件产业园、占地 1000 亩的关键零部件产业园等产业配套项目；加快建设总投资 77.1 亿元的基础设施及邻里中心项目、投资 8 亿元的优质学校、招生规模达 1 万人的技师学院以及千亩花海，使经开区的基础设施、功能配套和城乡面貌焕然一新。

### （五）持续优化营商环境

一是抓亲商安商服务。进一步抓好百名干部联百企、在建项目七人行工作小组建设，持续抓好企业、项目服务。落实好"三不过""亮灯机制""企业精准帮扶 App"问题解决机制，开展好"项目月调度""安商口半月调度""现场办公会"等项目推进协调会，强化企业的问题解决，快速推进项目建设。二是创新人才引进制度。实施好"十百千万人才计划"，围绕"两光一车"和新经济产业的人才需求，用活用好人才专项基金，加强与宁波伯乐遇马合作，加快人力资源产业园建设，通过资金、政策、平台和税收等扶持政策，引进和培养服务经开区经济社会发展的高层次人才、创业型人才和紧缺型人才，激发人才的创新创造活力。三是强化金融保障。持续打造金融产业园，认真研究、主动对接国家金融政策，充分利用私募债、中期票据、企业债券等方式，拓宽融资租赁、信托计划等渠道，抓好棚户区改造、标准化厂房、产城融合等重点融资项目，千方百计优化融资结构，发挥融资效益，强化融资保障。

### （六）着力打造绿色园区

加快环境友好型园区建设。坚持低碳化、循环化、集约化发展理念。坚持源头控制、过程严管、后果严惩，严把环境准入关，严格落实环境保护制度。全面开展循环化改造工作，强化经开区重点企业清洁生产和 ISO 14000 认证工作。

### （七）加强企业清理整顿

进一步完善土地收储、"腾笼换鸟"等工作机制。对土地全部闲置的企业

协商收储；对部分闲置、低效企业，鼓励企业采取技改、股改或引进合作伙伴等方式"腾笼换鸟"。规范租赁企业管理，实施好《上饶经济技术开发区关于对"污、散、乱、非、僵"问题企业开展清理整治行动的实施方案》，按照"先治理、后规范、再提升"的原则，加大企业整治力度，对不符合产业规划和行业规范的"污散乱非"企业、作坊全部清退；对少数非法生产经营、触犯法律、违反政策的，依法依规处罚。

# B.38
# 2017~2018年三清山风景名胜区经济社会发展分析报告

三清山风景名胜区管委会

**摘　要：** 近年来，在上饶市委、市政府的正确领导下，三清山以开创新时代"国际知名、国内一流、省内标杆"全域旅游优质景区为目标，全面贯彻落实党的十九大、江西省委全会和上饶市委全会精神，积极提升三清山旅游产业发展水平，有效推动了景区各项事业全面进步，经济社会发展保持了平稳、有序、高效、生态的良好发展态势。2018年三清山风景名胜区主要经济指标是：游客接待人次同比增长10%；旅游综合收入同比增长10%；财政收入同比增长6%。围绕上述目标，风景区将狠抓宣传营销工作，使全域旅游品牌更响亮；狠抓文旅融合，使全域旅游产品更丰富；狠抓深化改革，使旅游发展环境更优化；狠抓项目建设，使全域旅游后劲更强劲等。

**关键词：** 旅游经济　全域联动　新业态

## 一　工作情况

2017年，三清山风景名胜区接待境内外游客2061.3万人次，同比增长24.3%；实现旅游综合收入198.9亿元，同比增长29.16%；实现地区生产总值58.3亿元，同比增长7.5%；完成全社会固定资产投资38亿元，同比增长8%，主要经济指标再创新高。2018年1~9月，接待游客1729.49万人次，同比增长8%；旅游综合收入155.29亿元，同比增长9.8%；完成财政

总收入 4.22 亿元；完成全社会固定资产投资 12.25 亿元；旅游经济各项指标增幅位居江西省 5A 级景区前列。

### （一）坚持在保护中发展、在发展中保护，多措并举、重点突破，打开生态文明建设新局面

一是突出规划引领。先后编制《三清山风景名胜区总体规划》《金沙休闲旅游中心控制性详细规划》《枫林旅游综合服务区控制性详细规划》《三清山遗产保护管理规划》等各类规划。聘请全球顶级规划团队编制《三清山风景区世界旅游目的地规划》，全面启动新一轮总规修编，辖区 15 个行政村村庄建设规划全覆盖。二是重视生态保护。辖区内有 2373 种高等植物、1728 种野生动物，截至 2017 年底，辖区林地面积 2.15 万公顷，森林覆盖率达 89.7%。景区仅 2017 年就投入资金 3700 万元，新建金沙、枫林、八磜、方塘等地污水处理站 7 座，有效防止水体污染，保护信江、钱塘江两江源头。三是倡导全民保护。全面停止风景区林木砍伐指标，变伐木工人为护林员，大力发展旅游农家乐，启动"千户万床"工程；改善能源结构，大力推广"无烟山"工程，坚持树不能伐、猎不能捕、水不能污、沙不能采等管理原则。

### （二）坚持从抓项目入手、以兴业态为突破，全力拓宽景区优质旅游新业态，形成旅游产业新集群

景区管委会 2017 年、2018 年谋划重点项目百余个，总投资近百亿元，涵盖全域智慧管理、公路景观提升、旅游业态提升、秀美乡村建设、文教卫生事业等各个方面。

1. 强化机制保障

实行党政领导班子担任指挥长的项目推进机制，出台《三清山风景区重点项目建设督查管理办法》，成立"一办三组"，将项目前期报批、招投标和资金筹管、审计等流程全部归于指挥部统筹管理，确保管理规范、程序到位。

2. 丰富项目业态

实现"南北呼应，两翼齐飞，全域联动"业态布局。一是枫林服务区业态初显，枫林村成功申报江西省首批特色小镇；神仙谷景区季候风房车度假营地正式营业；八磜村 3A 级乡村旅游点成功设立。二是金沙滩功能区形成集群，2018

年10月玉帘瀑布景区成功获得国家4A级景区称号，与核心景区形成"山水画廊"新旅游路线；中国道教文化园入选全国优选旅游项目，道教文化园逍遥谷景区被评为"2018江西省旅游风情小镇"，中国首部大型道文化情景舞台剧《天下三清》正式开演；"360极限飞球"成为落地江西的第一个裸眼5D球幕影院。三是山县联动抱团发展。"金沙－紫湖－玉山"和"枫林－怀玉乡"旅游经济走廊发展成效显著，通过三清山地质公园扩园，带动怀玉山等周边乡镇和景区协调发展。最终实现"南北呼应，两翼齐飞，全域联动"的业态布局。

### （三）坚持宣传营销高起点策划、高水平打造，游客和结构不断优化，拓宽了旅游市场新半径

一是活动丰富特色明显。管委会结合山岳型景区特点和时下热点，创新策划一批特色明显、影响广泛、类型多样的景区营销活动。例如："三清山二次元cosplay趴""三清山中国直播节""三清山首届抖音创意挑战赛""最美杜鹃花、神秘送花人"等。二是资源整合产品优化。深化"最美之旅·清婺景""乡愁之旅·清婺千"的项目合作；尝试推动"三清山＋"旅游新产品创新发展；整合全景区全业态，设计打造多条旅游产品，形成三清山游山玩水观演艺的业态格局。三是事件营销热点发力。在2017年"4·15驴友攀爬巨蟒峰事件"中，管委会紧跟热点、高效处置，展示出景区科学严谨的保护举措和应急处理能力。5个央视频道、13个省级媒体及39个全媒体正面播报了驴友攀爬巨蟒峰事件。四是境外游客逐年递增。近年来，来景区旅游的人数占江西省游客总人数的5%以上。特别是希尔顿国际品牌酒店成功入驻三清山后，景区已承办世界500强企业及国内知名企业的许多活动，如雅培、罗氏、大众汽车、欧莱雅、平安保险、汇丰银行、腾讯、国美等。欧美、日本、东南亚各地的游客数量也在逐步增长。

### （四）坚持以改革求创新、以规范促管理，向改革要红利，做好景区管理服务提升大文章

1. 国有企业绩效化改革，提质增效

三清山旅游产业发展集团有限公司改革推进顺利，实现了机构裁减、人员精减、成本节减、扭亏增效的预期目标，成功走出了一条国企改革的新路子。

主要成效有：第一，机构大幅缩减1/3。机构设置上，14个子分公司被拆并为10个，被减近1/3；管理层级上，撤销部门和子分公司副经理和经理助理层，压减七级管理为四级管理；管理员名额上，班子成员从7人减为4人，部门级经理从21人减少到10人，2个层级的5个经理助理全部裁减，综合裁减率达57%。第二，人员平稳精减1/3。通过理顺关系分流一批、帮扶创业分流一批、协商一致分流一批、提前退休分流一批、包干分流一批、服务外包分流一批的办法，公司将326名员工精简为224名，累计减员102人，整体裁员率达31.2%。第三，成本有效节减1/3。全面导入现代公司成本控制体系，由投资股东注资2.28亿元化解集团公司在浦发银行借贷的债务，便可节约年财务成本1300余万元；累计减员102人可节省开支500万元左右；加之管理、运营等方面的控本节支，每年综合成本节减1/3。第四，公司业绩增效1/3。通过控本节支、股份改造、靠大联强，尤其是积极参与市场竞争和业态开发，公司业绩从连年亏损到2017年实现经营收入934万元，赢利631万元，公司业绩增效1/3。

2. 票务一体化改革，全省示范

三清山深化票务改革，打破了国有、民营、股份等多种所有制形式的体制壁垒，推动景区门票和索道实行一体化运营，全面实现景区票务销售一体化、服务一体化、管理一体化、线上线下一体化，实现了门票、索道票的印制、管理、销售、验证、结算"五个合一"，将景区门票、索道票分开排队售票、排队验票进站的方式整合为一张联票游全国的方式，解决了三清山30多年的管理问题，对江西省多体制交叉、多头管理、多企业运营的景区起到了良好的示范作用。

3. 管理智慧化改革，国内一流

三清山全域智慧旅游指挥中心以"两个中心、一个大数据库、两个平台"为核心，覆盖了景区保护、管理、服务、营销四大方面，重点突出了遗产保护智慧化、经营管理智能化、旅游服务人性化等功能。通过智慧旅游指挥中心，景区管理服务一线化、精准化、效率化、优质化成效初显。对票务、导游、环卫、轿务等服务质量进行全程监督，通过周界防护、轨迹管理、大数据运用等方式全面实现了景区遗产保护智慧化、经营管理最优化、旅游服务人性化。

### 4. 行业管理改革，业界领先

创建江西旅游示范景区以来，景区管委会累计出台了包括遗产保护管理规范、栈道建设、讲解员、轿业、景区党建示范等在内的 11 项地方管理服务标准，其中，《三清山风景名胜区栈道管理和维护规范》更是凝结了三清山管理者 2000 年首创高空栈道建设以来的管理经验，成为国内景区栈道管理的标准和规范。同时，2018 年年初在国内率先设立 1000 万元"上饶市三清山优质旅游诚信理赔基金"，并推出"优质旅游先锋行动（2018~2020）"，提出"不让一位游客在三清山受委屈"，这一做法受到了江西省内外媒体与游客的赞誉。

## （五）坚持共建共享，财政支出重点向民生领域倾斜，有效提高景区群众获得感

2017 年管委会民生领域支出达 3.55 亿元，辖区农民人均收入达到 13811 元，远超上饶市平均水平。

### 1. 精准扶贫出实招

2017 年管委会投入 3500 万元，实现贫困户"两不愁，三保障"全覆盖，贫困发生率小于 2% 的目标，完成精准退出贫困户 49 户，共 150 人。一是强化组织保障。组建三清山扶贫和移民办公室，按照"总调度＋大片区＋小网格"的架构，建立起"七位一体"的帮扶管理机制。二是创新扶贫措施。创新开展亮照扶贫举措，以省定贫困村八磜村为突破点，积极实施全山形成旅游全域化提速脱贫、产业特色化抱团发展、金融灵活化群力致富、电商网络化对接市场、卫计全优化保障健康、教育均衡化积蓄后劲等亮点举措。三是资金帮扶到位。财政兜底实现教育扶贫、健康扶贫、医疗扶贫全覆盖；通过推行旅游扶贫基础设施贷款，管委会贷出金额 1270 万元，对符合条件的 127 户贫困户办理金融扶贫贷款，户均收入达 1600 元以上。

### 2. 秀美乡村建设见实效

管委会全面实现"山清水秀、村容整洁、民风淳朴、留住乡愁"目标，实现一体化整治。实施全山垃圾处理一体化，景区和新村办卫生全部归农工部统筹管理。配备保洁员 48 名、垃圾收集点 24 个、运送垃圾车辆 22 辆、垃圾兑换银行 2 个，建设完成垃圾日处理能力 90 吨的三清山枫林垃圾压缩转运站，切实提升景区垃圾处理能力。实现全通道提升，旅游公路景观提升成为新的生

态文化绿色长廊；八磜－柴门慢道系统全面开放，实现车在景中行、人在画中走、人车分流的游览效果，营造"快旅慢游"氛围。

3. 社会事业亮实绩

一是重教育投入。管委会近3年累计投入1亿元对15个行政村的17所学校进行标准化升级改造，校建项目投资达5520万元，超过历年投入总和。顺利通过国家、省、市教育督导评估认定，获得了"三清山最美的风景在学校"的美誉。二是重医疗保障。三清山医院—市立医院分院率先在上饶市采用托管形式投入运营，获得中国初级卫生保健中心捐赠的2700万元医疗设备。三是重抓"扫黑除恶"工作。景区成立扫黑除恶专项斗争领导小组；利用多种形式广泛宣传，集中时间对"村霸"问题进行大排查，第一时间按照管理权限移交涉嫌违纪违法党员干部的问题线索。四是重绿色殡改。殡葬改革工作稳步推进，截至目前，收缴棺木2394副，收缴完成率84.6%，剩余436副棺木由农户自己生态处理；15个行政村村级生态公益性墓地建设工作正在有序推进。五是重旅游安全。结合三清山智慧旅游建设获得的大数据，全面实现互联网监控和预警，对防汛抗旱执法进行规范化管理。同时，加强冰雪天气、大雾天气、台风天气时对景区旅游公路、旅游设施的巡查和维护，确保游客安全，必要时关停索道和景区。

## （六）推进党建标准化，拓展党员示范服务平台，建立以景区党员标准化管理统领党建工作的新模式

管委会以列入"全国首批党建标准化试点单位"为契机，以党员示范岗为抓手，大力探索"党建＋"工作新机制。

一是示范引领。自2015年起，三清山风景区发布共产党员示范岗服务规范地方标准，着力打造全优示范服务窗口，开展"佩党徽、亮身份、树形象、做表率"主题实践活动，该标准在全国旅游行业领域先行先试的经验中率先上升为"地方标准"。二是合理配置。围绕党的工作全覆盖、管理服务"零距离"、游客诉求"全响应"目标，科学划分网格，坚持把党组织建在网格上，把党员作用发挥在网格内，构建一体化党建格局。三是融入旅游。让"党组织＋"充分融入"旅游＋"，支持15个村的村党支部结合本村特点、引导党员示范户参与旅游发展的做法，把行业能手发展培养成党员，把党员培养成行

业精英。四是强化作风。严格对照省市作风建设会议上提出的突出问题，解决敬业不够、作风不实、为政不端的问题，使三清山社会风气持续好转。

## 二　当前存在的不足

一是旅游经济发展仍然不充分不平衡，旅游业态不够丰富，企业运作的市场化程度不高。二是旅游市场竞争激烈，三清山的品牌营销与市场推广仍需大力推进。三是游客日益增长的高品质旅游体验需求和管理服务相对滞后的矛盾，需要进一步提升服务质量和水平。四是干部作风和思路需要进一步改善提高。

## 三　下一步工作重点

2018年三清山风景区的主要经济指标是：游客接待人次同比增长10%；旅游综合收入同比增长10%；财政收入同比增长6%。围绕上述目标，风景区将狠抓六个方面工作。

### （一）狠抓项目建设，使全域旅游后劲更强劲

重点抓好"十个一工程"建设，即提升一条景观路、打造一座科普馆、建好一所幼儿园、提升一个核心区、培育一个创意园、演好一台道节目、开放一批新景区、引进一批新业态、完成一批秀美乡村建设、推进一批整村搬迁，以抓项目建设为根本，推动景区全域、优质发展。

### （二）狠抓宣传营销，使全域旅游品牌更响亮

做好资源整合，景区管委会联合黄山、武夷山、千岛湖等景区，以"清婺景"线路为基础，整合"360极限飞球"、《天下三清》大型演艺、玉帘瀑布景区、神仙谷景区等新兴旅游业态资源，推出主题多元的新旅游线路产品。做好市场营销，加强与信江旅游股份、蜘蛛网、携程、去哪儿、驴妈妈等知名网络旅游平台合作，实现OTA线上营销游客人数占比20%以上的目标。扩大市场半径，巩固提升江浙沪等重点传统市场，深度开拓东北、华北、西北市场，对接扩展北美、东南亚、日韩等境外市场，提高入境游市场占比。

### （三）狠抓文旅融合，使全域旅游产品更丰富

以道教文化为主线，以三清山中国道教文化园项目投产为载体，大力开发道教文化研习游、道教养生游等新旅游产品；以道教文化专著《三清之道 皇建其极》为开端，衍生更多的道文化产品，丰富道教文化游的内涵和外延。以《天下三清》道教文化演艺剧目和《飞越三清》5D 球幕影片为载体，扩大宣传中国道教文化思想和三清山民俗风情，打响"三清故事"文化品牌。

### （四）狠抓深化改革，使旅游发展环境更优化

深化推进企业改革，推动集团公司、兴财公司、担保公司、天下秀旅游公司和乐游农林公司五大投融资平台进行布局优化、结构调整、战略性重组，促进国有资产保值增值。鼓励企业通过竞聘上岗、加强内控等方式，为企业做强做大提供保障。优化旅游管理改革，开展优质旅游先锋行动，设立优质旅游诚信理赔基金，实现旅游管理优质服务全覆盖。依托全域智慧旅游指挥中心，打造智能化管理、服务和营销平台。

### （五）狠抓乡村振兴，使全域旅游供给更多元

高标准发展乡村旅游，制定奖励扶持政策，对荣获五星和四星特色的乡村旅游农家乐，分别设立资金奖励，鼓励争创3A、4A级乡村旅游品牌，包装设计并推广乡村旅游线路产品，积极培育民宿经济等旅游新业态，打造保留乡村特色风貌、具有徽派建筑元素的赣东北民居。推动"旅游+扶贫"，完善"旅游企业+村委会（合作社）+贫困户"模式和政府购买公益性就业岗位模式，开通扶贫户办理农家乐的"绿色通道"，推出"旅游贷"产品，为贫困户脱贫致富提供有力的帮助。

三清山风景区党委、管委会在上饶市委、市政府的正确领导下，会进一步加强自身建设，抓好工作落实。做到坚持政治首位导向，增强政治自觉。强化实干担当精神，增强行动自觉。加大从严治政力度，增强作风自觉，力争打造一支"清明、清正、清廉"的"三清"干部队伍。

# B.39
# 2018年上饶高铁经济试验区
# 经济社会发展分析报告

**摘　要：** 2018年以来，上饶高铁经济试验区深入学习贯彻习近平新时代中国特色社会主义思想和党的十九大精神，在上饶市委、市政府的坚强领导下，按照上饶市委四届六次全会提出的"上饶新经济的主阵地是高铁经济试验区，要把高铁经济试验区建设成为新经济新动能的增长极，数字经济的示范区"的发展要求，坚持发扬"闻鸡起舞、日夜兼程"的奋斗精神，紧抓招商引资第一任务，全力以赴加快推进各项工作。

**关键词：** 数字经济　新动能　新增长极

## 一　2018年工作情况

### （一）坚持抓好招商引资

高铁经济试验区（以下简称试验区）明确了以大数据为首位产业，以云计算、文娱、大旅游、总部经济为特色的产业发展定位。引进了一批新经济重大项目。截至目前，共引进企业710多家，其中，大数据企业近140家，投资总额超过600亿元。

1. 数据存储方面

华为云数据中心拥有江西省最高等级的数据机房，将成为华为在江西唯一的数据节点城市；引进了博雅软件项目，公司总部将整体迁入，开展软件开

发、系统集成等研发。

### 2. 数字文化方面

试验区形成了以韩国娱美德、恺英网络、贪玩游戏等领军企业为核心的业态圈，文化创意产业园基本建成；五洲山石文化传媒、泛娱乐影视数据中心等20多个项目也已落户。

### 3. 数字医疗方面

试验区与迈普医学公司合作建设华东数字医学工程研究院，开展生物3D打印和活体组织打印研究，目前研究院已正式投入运营；与腾讯大数据事业部合作"觅影实验室"项目，开展医学影像处理研究和应用。

### 4. 数字金融方面

试验区与上海数荃科技合作建设大数据联合创新实验室；引进了点牛金融、钜石科技、数联铭品、银承库等项目。

### 5. 数字营销方面

试验区引进了跨境电商独角兽企业上海洋码头，建设洋码头全球总部、国际贸易区及新零售总部基地。

### 6. 数字交易方面

试验区与江西金轩合作成立江西易知邦知识产权运营中心，打造全国领先的知识产权网上交易平台。

### 7. 数字呼叫方面

试验区与健康之路合作建设健康服务呼叫中心，为用户享受医疗咨询、预约挂号、导诊陪诊、分级转诊等全方位的个性化服务提供平台支撑。

### 8. 总部经济方面

试验区已落户的饶商总部基地、建筑科技产业园已引进企业500多家；引进了山东联星能源、深圳星火科技。

## （二）坚持抓好项目提速

试验区坚持抓好产业项目和城市功能性项目建设，促进产城融合发展，高铁新区变化日新月异。对各项目实行"五人全程服务小组"制，主动服务，及时协调解决项目推进过程中存在的问题。目前，各项目正在按照时间节点快速推进，部分项目已投入运营。

上饶市首个现代服务业标准厂房文娱创意中心（南区）已完工，2019年11月底一批大数据企业将入驻运营。华为江西云数据中心正全面开展机房设备安装工作，10KV新建配电工程正在施工，预计2019年12月底投入运营。华东数字医学工程研究院已投入运营。农业观光旅游项目高铁农都一期花博园已进入收尾阶段。欢乐风暴水上乐园20多个水上游乐项目和配套设施基本完成。饶商总部基地8栋楼已封顶。江天农博城一期蔬菜、水果、水产市场已全部竣工，正在实施道路管网等基础设施。建筑科技产业园、城东文化旅游综合体、电竞总部基地等项目正在建设。游戏产业孵化中心正在积极推进土地预征、林地报批、协调水电等前期工作。国药上饶医疗电子商务物流中心年底前开工。贪玩游戏、游戏产业园等项目征地拆迁、方案设计相关工作正紧锣密鼓地推进。高铁新区内的道路基础设施和公园、学校、医院等功能性项目正在有序推进。

### （三）坚持抓好平台建设

抓好实体平台建设。目前，试验区正在高标准规划建设上饶大数据科创城，充分利用江西省大数据产业基地、江西省数字经济特色小镇等产业承载平台，大力发展数据存储、数字金融、数字文化、数字医疗、数字呼叫、数字营销等业态，着力打造省级大数据产业集聚区。规划建设1000亩游戏产业园，打造200亩游戏产业孵化中心，为更多企业入驻研发、孵化提供平台。

抓好科研平台建设。试验区与中科院合作成立江西省首个大数据领域研发机构大数据研究院，重点在政务大数据、城市管理大数据等领域开展技术研究、成果转换，已投入运营。引进了国家"千人计划"专家袁玉宇博士、徐弢博士等高层次人才，与迈普医学公司合作成立的华东数字医学工程研究院，开展生物3D打印和活体组织打印研究，完成安装和调试设备130余项，目前拥有博士科研团队20人。与阿里云合作建设阿里云大数据学院，为上饶大数据产业发展培养专业人才，目前正在进行规划选址。

### （四）坚持做优营商环境

试验区以"打造江西省数字经济最佳营商环境"为目标，以最佳营商环境为服务保障，创新理念、创新政策、创新服务，打造数字经济的集聚区和示

范区。高标准建设三中心（政务服务中心、企业服务中心、人才服务中心）合一的数字经济服务大厅。通过全程帮办代办制，为落户企业提供保姆式服务。组织安商服务工作小组走访入驻企业，主动上门了解企业运营情况及发展诉求，解决实际困难，共为企业提供代办工商注册、核名、税务登记等服务90多次。截至目前，数字经济服务大厅建设基本完成，正在与上饶市直有关部门对接，明确入驻单位及时间节点，2019年12月底前投入运营。

## 二　今后的发展措施

2019年是上饶高铁经济试验区（江西上饶数字经济示范区）开启里程碑式发展的首年。总体思路是：全面深入贯彻习近平新时代中国特色社会主义思想和党的十九大精神，认真按照江西省委十四届六次全体会议以及上饶市委四届六次全体会议精神，深入实施江西省委"创新引领、改革攻坚、开放提升、绿色崛起、担当实干、兴赣富民"工作方针，紧扣"决胜全面小康、打造大美上饶"战略目标，加快上饶大数据科创城建设，坚持招商引资第一任务，大力培育数字经济，打造数字经济最佳营商环境，为加快把试验区建设成以数字经济示范区为主核支撑的上饶市现代服务业集聚区而努力奋斗。

### （一）紧抓招商引资不放松

试验区坚持以大数据为核心主导产业，下大力气招商引资，重点培育数据存储、计算、运营，数字医疗，数字金融，数字文化，数字营销，数字呼叫等业态，推动数字经济快速集聚发展。积极引进文娱、大旅游、总部经济等项目，重点瞄准行业龙头，精准发力、招大引强。细化产业方向，通过五个招商服务分局，开展专业招商、以商招商。

### （二）紧抓项目建设不放松

试验区对已签约落户的博雅软件、上海洋码头、贪玩游戏、阿里云大数据学院等项目，要积极主动以优质高效的安商服务加快项目推进，促使项目早日开工建设。对已开工的建筑科技产业园、国药上饶医疗电子商务物流中心等项目，要强化"五人全程服务小组"服务力度，及时帮助解决项目推进中的困难。同时，加大数创公园、道路设施等政府性投资项目推进力度，积极打造产城融合新区。

### （三）紧抓打造"四链"不放松

试验区将打造以中科院大数据研究院、华东数字医学工程研究院、阿里云大数据学院、大数据联合创新实验室等科研机构为支撑的人才链；以数字经济服务大厅为主要特色的创新链；以数字存储为核心，数字医疗、数字金融、数字文化、数字营销、数字呼叫多业态发展的产业链；以上饶数字经济科创基金、江西省数字经济创投基金为重点的资金链。形成"人才链、创新链、产业链、资金链"融合一体的发展驱动模式。

### （四）紧抓营商环境不放松

坚持"打造江西省数字经济最佳营商环境"的目标，试验区将全面落实政务服务"一网、一门、一次"改革，充分发挥试验区数字经济优势，在数字经济服务大厅实行"一网通办""无差别全科办理"。通过"前台综合受理、后台分类办理、综合窗口出件"，"一站式"办结审批事项。实行全程帮办代办制。

## ❖ 皮书起源 ❖

"皮书"起源于十七、十八世纪的英国，主要指官方或社会组织正式发表的重要文件或报告，多以"白皮书"命名。在中国，"皮书"这一概念被社会广泛接受，并被成功运作、发展成为一种全新的出版形态，则源于中国社会科学院社会科学文献出版社。

## ❖ 皮书定义 ❖

皮书是对中国与世界发展状况和热点问题进行年度监测，以专业的角度、专家的视野和实证研究方法，针对某一领域或区域现状与发展态势展开分析和预测，具备原创性、实证性、专业性、连续性、前沿性、时效性等特点的公开出版物，由一系列权威研究报告组成。

## ❖ 皮书作者 ❖

皮书系列的作者以中国社会科学院、著名高校、地方社会科学院的研究人员为主，多为国内一流研究机构的权威专家学者，他们的看法和观点代表了学界对中国与世界的现实和未来最高水平的解读与分析。

## ❖ 皮书荣誉 ❖

皮书系列已成为社会科学文献出版社的著名图书品牌和中国社会科学院的知名学术品牌。2016年，皮书系列正式列入"十三五"国家重点出版规划项目；2013~2018年，重点皮书列入中国社会科学院承担的国家哲学社会科学创新工程项目；2018年,59种院外皮书使用"中国社会科学院创新工程学术出版项目"标识。

# 中国皮书网

（网址：www.pishu.cn）

发布皮书研创资讯，传播皮书精彩内容
引领皮书出版潮流，打造皮书服务平台

## 栏目设置

关于皮书：何谓皮书、皮书分类、皮书大事记、皮书荣誉、
　　　　　皮书出版第一人、皮书编辑部

最新资讯：通知公告、新闻动态、媒体聚焦、网站专题、视频直播、下载专区

皮书研创：皮书规范、皮书选题、皮书出版、皮书研究、研创团队

皮书评奖评价：指标体系、皮书评价、皮书评奖

互动专区：皮书说、社科数托邦、皮书微博、留言板

## 所获荣誉

2008 年、2011 年，中国皮书网均在全国新闻出版业网站荣誉评选中获得"最具商业价值网站"称号；

2012 年,获得"出版业网站百强"称号。

## 网库合一

2014 年，中国皮书网与皮书数据库端口合一，实现资源共享。

# S 基本子库
## UB DATABASE

## 中国社会发展数据库（下设 12 个子库）

全面整合国内外中国社会发展研究成果，汇聚独家统计数据、深度分析报告，涉及社会、人口、政治、教育、法律等 12 个领域，为了解中国社会发展动态、跟踪社会核心热点、分析社会发展趋势提供一站式资源搜索和数据分析与挖掘服务。

## 中国经济发展数据库（下设 12 个子库）

基于"皮书系列"中涉及中国经济发展的研究资料构建，内容涵盖宏观经济、农业经济、工业经济、产业经济等 12 个重点经济领域，为实时掌控经济运行态势、把握经济发展规律、洞察经济形势、进行经济决策提供参考和依据。

## 中国行业发展数据库（下设 17 个子库）

以中国国民经济行业分类为依据，覆盖金融业、旅游、医疗卫生、交通运输、能源矿产等 100 多个行业，跟踪分析国民经济相关行业市场运行状况和政策导向，汇集行业发展前沿资讯，为投资、从业及各种经济决策提供理论基础和实践指导。

## 中国区域发展数据库（下设 6 个子库）

对中国特定区域内的经济、社会、文化等领域现状与发展情况进行深度分析和预测，研究层级至县及县以下行政区，涉及地区、区域经济体、城市、农村等不同维度。为地方经济社会宏观态势研究、发展经验研究、案例分析提供数据服务。

## 中国文化传媒数据库（下设 18 个子库）

汇聚文化传媒领域专家观点、热点资讯，梳理国内外中国文化发展相关学术研究成果、一手统计数据，涵盖文化产业、新闻传播、电影娱乐、文学艺术、群众文化等 18 个重点研究领域。为文化传媒研究提供相关数据、研究报告和综合分析服务。

## 世界经济与国际关系数据库（下设 6 个子库）

立足"皮书系列"世界经济、国际关系相关学术资源，整合世界经济、国际政治、世界文化与科技、全球性问题、国际组织与国际法、区域研究 6 大领域研究成果，为世界经济与国际关系研究提供全方位数据分析，为决策和形势研判提供参考。

# 法律声明

　　"皮书系列"（含蓝皮书、绿皮书、黄皮书）之品牌由社会科学文献出版社最早使用并持续至今，现已被中国图书市场所熟知。"皮书系列"的相关商标已在中华人民共和国国家工商行政管理总局商标局注册，如LOGO（ ）、皮书、Pishu、经济蓝皮书、社会蓝皮书等。"皮书系列"图书的注册商标专用权及封面设计、版式设计的著作权均为社会科学文献出版社所有。未经社会科学文献出版社书面授权许可，任何使用与"皮书系列"图书注册商标、封面设计、版式设计相同或者近似的文字、图形或其组合的行为均系侵权行为。

　　经作者授权，本书的专有出版权及信息网络传播权等为社会科学文献出版社享有。未经社会科学文献出版社书面授权许可，任何就本书内容的复制、发行或以数字形式进行网络传播的行为均系侵权行为。

　　社会科学文献出版社将通过法律途径追究上述侵权行为的法律责任，维护自身合法权益。

　　欢迎社会各界人士对侵犯社会科学文献出版社上述权利的侵权行为进行举报。电话：010-59367121，电子邮箱：fawubu@ssap.cn。

社会科学文献出版社